上市后备企业
知识产权培育指南

主　编　谢商华　赵　辉
副主编　冯　雷　付　仲

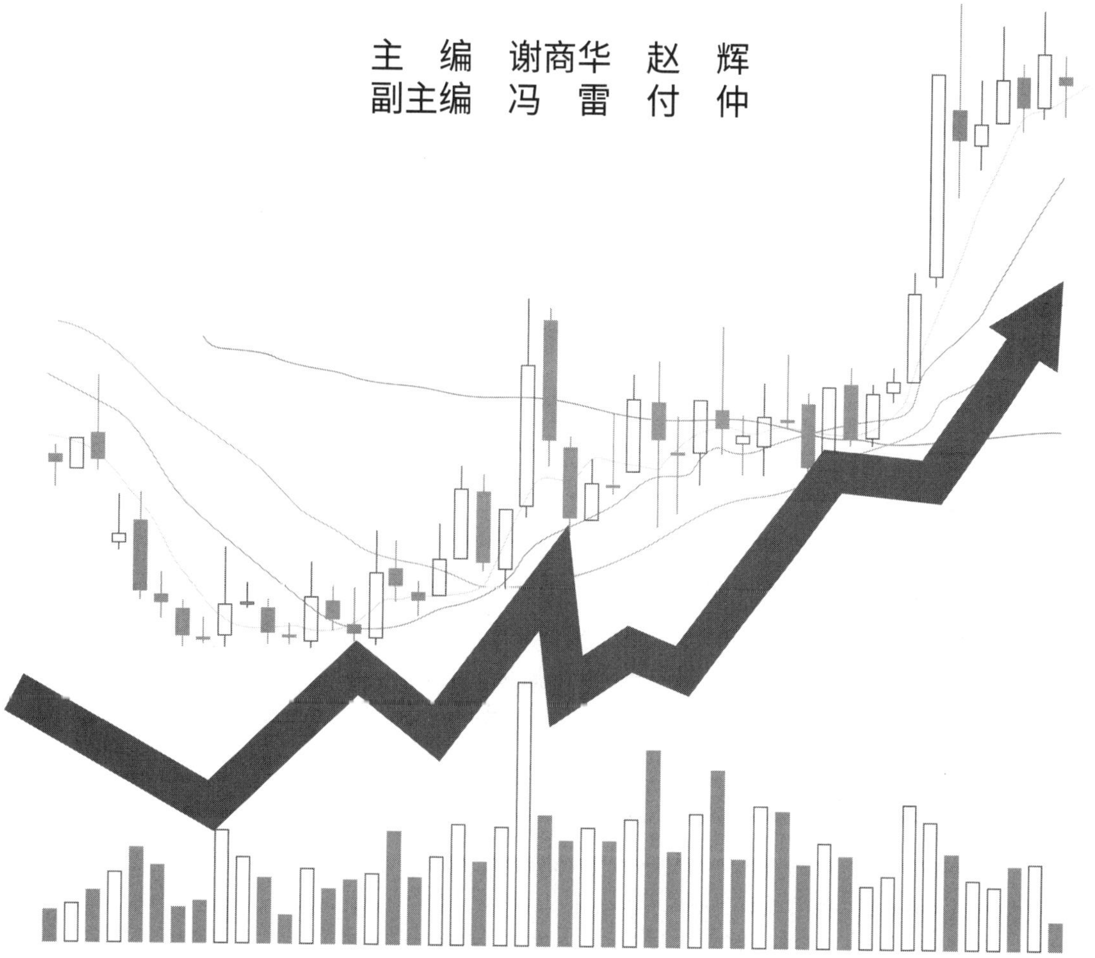

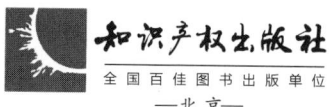

知识产权出版社

全国百佳图书出版单位

—北　京—

图书在版编目（CIP）数据

上市后备企业知识产权培育指南／谢商华，赵辉主编；冯雷，付仲副主编. —北京：知识产权出版社，2023.10

ISBN 978-7-5130-8951-7

Ⅰ.①上… Ⅱ.①谢… ②赵… ③冯… ④付… Ⅲ.①上市公司—知识产权—中国—指南
Ⅳ.①D923.4-62

中国国家版本馆 CIP 数据核字（2023）第 198590 号

内容提要

本书围绕服务上市后备企业，从知识产权的角度出发，系统介绍了上市企业相关的知识产权概念、战略规划、知识产权规则，并结合培育重点，从科技人才、核心技术体系、人才引进、劳动合同等方面进行分析，最后以案例的形式，讲解了企业在上市过程中遇到的知识产权阻碍和知识产权纠纷。本书主要服务科技板上市后备企业，特别是针对存在知识产权问题的创新型企业，具有较高的指导价值。

责任编辑：王玉茂　章鹿野　　　　　　　责任校对：王　岩

封面设计：任志霞　　　　　　　　　　　责任印制：刘译文

上市后备企业知识产权培育指南

主　编　谢商华　赵　辉
副主编　冯　雷　付　仲

出版发行：知识产权出版社有限责任公司	网　　址：http://www.ipph.cn
社　　址：北京市海淀区气象路 50 号院	邮　　编：100081
责编电话：010-82000860 转 8541	责编邮箱：wangyumao@cnipr.com
发行电话：010-82000860 转 8101/8102	发行传真：010-82000893/82005070/82000270
印　　刷：三河市国英印务有限公司	经　　销：新华书店、各大网上书店及相关专业书店
开　　本：787mm×1092mm　1/16	印　　张：25
版　　次：2023 年 10 月第 1 版	印　　次：2023 年 10 月第 1 次印刷
字　　数：513 千字	定　　价：120.00 元
ISBN 978-7-5130-8951-7	

本书编委会

主　任　谢商华　赵　辉

副主任　董宏杰　陈朝先　杨早林　高晓宇

编　委　李　轶　徐　波　黄　武　冯　雷

　　　　　陈　云　杨柏强　刘　刚　刘　峰

　　　　　李　龙　杨　波　卢志红　王健民

　　　　　张言瀚

本书编写组

主　编　谢商华　赵　辉

副主编　冯　雷　付　仲

编　写　张　锋　赵　云　徐秉晖　杜欧凌

　　　　　马晓林　任思静　杨译惟

编写人员介绍

张　锋，四川明炬律师事务所高级合伙人，中华全国律师协会知识产权专业委员会委员，中国知识产权研究会知识产权鉴定专业委员会副主任，第九届四川省律师协会知识产权专业（信息网络与高新技术）委员会主任，四川省法学会知识产权法学研究会副会长，国家海外知识产权纠纷应对指导中心指导专家，《亚洲法律杂志》（ALB）2015 年"中国 15 佳知识产权律师"。

赵　云，北京大成（成都）律师事务所合伙人、知识产权专业组负责人，第八届、第九届中华全国律师协会信息网络与高新技术专业委员会委员，上海交通大学信息内容分析技术国家工程实验室网络空间治理研究中心特邀研究员，四川省电子学会电子信息产业知识产权专业委员会委员。

徐秉晖，四川省社会科学院助理研究员，北京盈科（成都）律师事务所知识产权法律事务部主任，北京盈科律师事务所全国知识产权专业委员会副主任，四川省知识产权维权保护专家，最高人民法院中国应用法学研究所知识产权中心著作权司法保护课题研究员。

杜欧凌，北京大成（成都）律师事务所合伙人，第十届四川省律师协会知识产权（信息网络与高新技术）专业委员会秘书长，第七届成都市律师协会网络与高新技术法律专业委员会秘书长。

马晓林，四川明炬律师事务所律师、知识产权业务部副主任，四川天府新区智库知识产权专家，四川省律师协会知识产权（信息网络与高新技术）专业委员会十佳知识产权律师，成都市律师协会知识产权专业委员会十佳知识产权律师。

任思静，四川明炬律师事务所合伙人、知识产权业务部副主任，第十届四川省律师协会知识产权（信息网络与高新技术）专业委员会副秘书长，中国（四川）知识产权保护中心、四川省知识产权纠纷人民调解委员会调解专家，四川天府新区智库知识产权专家。

杨译惟，北京盈科（成都）律师事务所律师，知识产权师、会计师。

前　言

有一句话说得非常好：IPO，如果没有 IP，就只剩"O"了。

2023 年 10 月，在不到一个月的时间，锂电池隔膜市场占有率排名第四和第五的两家正在科创板上市审核的企业，先后主动撤回了上市申请。戛然而止的背后，则是行业竞争对手利用知识产权这一武器发起了一系列诉讼，使得上市后备企业深陷诉讼和赔偿泥潭，不得不终止上市。

企业上市期间或者之前，通过知识产权手段影响竞争对手，已经成为一种惯用手段，有些企业，特别是拥有技术优势的跨国企业甚至乐此不疲地以此作为其专利货币化的最好时机，经常在国内企业上市阶段发起专利诉讼。因此，应该理性看待企业上市期间的知识产权问题，不能完全将这种利用知识产权的竞争手段，简单地归结为恶意诉讼。事实上，上市后备企业只要重视知识产权，任何时候都应有足够的底气来应对风险。目前，上市后备企业面临的知识产权核心问题主要表现为：

第一，企业科技人才与核心技术方面的不足；

第二，企业知识产权权利状况效力评估的缺失；

第三，知识产权综合风险排查与争议解决（无效、诉讼或者仲裁）的应对不足。

由此可见，上市后备企业遭遇的知识产权相关问题会直接影响其正常上市进程，书面回复知识产权相关问询的错误可能直接产生上市暂停、搁浅、终止的严重后果。因此，上市后备企业在上市辅导期，尤其需要熟练掌握知识产权专业知识的相关专项法律服务，积极预防、合理规避上述问题，以顺利实现上市。

为此，在四川省知识产权服务促进中心的指导下，四川省律师协会组织长期深耕四川本地专业化知识产权法律服务，口碑、影响力和综合能力卓越的专业律师编写本书，积极破解当下企业上市辅导过程中的知识产权专业服务的缺位、不力甚至忽视，以及相关中介机构真正能够提供相关服务者鲜见的难题，填补相关服务领域空白。本书旨在精准解决上市后备企业知识产权相关问题，助力企业顺利上市，通过上市审查，畅通资本市场，实现经营目标。

是为本书编写的重要目的和逻辑起点。

四川省法学会知识产权研究会副会长

张　锋　律师

2023 年 11 月

目　录

第一章 与企业上市相关的基本概念

第一节 知识产权

一、知识产权的概念

知识产权是人们对其智力活动创造的成果和经营管理活动中的标记、商誉等依法所享有的权利,通常被赋予创造者对其智力成果在一定时期内享有专有或独占的权利。

二、知识产权的范围

从定义范围来看,知识产权有广义和狭义之分。

(一)广义上的知识产权

广义上的知识产权包括专利权、著作权及其邻接权、商标权、商号权、商业秘密权、地理标志权、集成电路布图设计权等权利。从国际法的角度来看,广义的知识产权范围目前已为《建立世界知识产权组织公约》和《与贸易有关的知识产权协议》(TRIPS)认可。其中,《建立世界知识产权组织公约》第二条规定:"'知识产权'包括有关下列项目的权利:文学、艺术和科学作品;表演艺术家的表演以及唱片和广播节目;人类一切领域内的发明;科学发现;工业品外观设计;商标、服务标记以及商业名称和标志;制止不正当竞争;以及在工业、科学、文学或艺术领域内由于智力活动而产生的一切其他权利。"

TRIPS 规定,知识产权包括版权和相关权利、商标、地理标识、工业设计、专利、集成电路布图设计(拓扑图)、对未披露过的信息的保护。

从国内法的角度来看,《民法典》❶ 第一百二十三条规定:"民事主体依法享有

---

❶ 为表述简洁,在不影响读者理解的情况下,本书中有关我国法律文本直接使用简称,其完整表述前面应有"中华人民共和国"。——编辑注

知识产权，即知识产权是权利人依法就下列客体享有的专有的权利：（一）作品；
（二）发明、实用新型、外观设计；（三）商标；（四）地理标志；（五）商业秘密；
（六）集成电路布图设计；（七）植物新品种；（八）法律规定的其他客体。"

（二）狭义上的知识产权

狭义上的知识产权包括著作权（含邻接权）、专利权、商标权 3 个主要组成部
分，即传统的知识产权权利类型。狭义的知识产权可以分为两个类别：一类是著作
权，包括著作权及与著作权有关的邻接权；另一类是工业产权，主要是专利权和商
标权。

实际上，我们理解狭义上的知识产权，至少应当以我国《民法典》规定的权利
为主。

三、知识产权的性质与特征

（一）知识产权的性质

知识产权的客体即知识产品（也称为智力成果），是无形的精神财富，客体的非
物质性是知识产权的本质属性。客体即知识产品的非物质性特征体现在，它具有不
同的存在性、利用性、处分性，即不发生有形控制的占有、不发生有形损耗的使用、
不发生消灭知识产品的事实处分与有形交付的法律处分。

（二）知识产权的特征

1. 专有性

知识产权的专有性也称排他性或独占性，知识产权为权利人所独占，没有法律
规定或未经权利人许可，任何人不得使用。

2. 地域性

知识产权的地域性是指知识产权受法律保护的地域有范围限制，即具有严格的
领土性，知识产权的这一特征有别于有形财产权。除了签有国际公约或双边互惠协
定的地域，知识产权没有域外效力，其他国家对知识产权权利并没有天然保护的
义务。

3. 时间性

知识产权的时间性是指知识产权受法律保护的期限有时间限制，知识产权仅在
法律规定的期限内受法律保护，一旦超过法律规定的有效期限，这一权利自行消灭，
该知识产权即成为社会的共同财富。

四、专利权

（一）专利权的概念

专利权简称"专利"，是发明创造人或其权利受让人对特定的发明创造在一定期限内依法享有的独占实施权，是知识产权的一种。

（二）专利权的分类

根据《专利法》（2020 年修正）第二条规定："本法所称的发明创造是指发明、实用新型和外观设计。发明，是指对产品、方法或者其改进所提出的新的技术方案。实用新型，是指对产品的形状、构造或者其结合所提出的适于实用的新的技术方案。外观设计，是指对产品的整体或者局部的形状、图案或者其结合以及色彩与形状、图案的结合所作出的富有美感并适于工业应用的新设计。"

（三）专利的申请和公开

"公开换保护"是专利制度的宗旨与核心，专利法在专利权人与公众之间建立了一种权利义务相平衡的机制。我国 3 种专利类型因为其授权机制差异，其公开程序也有差异。

1. 发明

发明专利要经过初步审查与实质性审查后才可授权，因此有两次公开。

第一次是专利申请的公开。根据《专利法》（2020 年修正）第三十四条规定："国务院专利行政部门收到发明专利申请后，经初步审查认为符合本法要求的，自申请日起满十八个月，即行公布。国务院专利行政部门可以根据申请人的请求早日公布其申请。"

第二次是专利授权的公开（公告）。根据《专利法》（2020 年修正）第三十九条规定："发明专利申请经实质审查没有发现驳回理由的，由国务院专利行政部门作出授予发明专利权的决定，发给发明专利证书，同时予以登记和公告。发明专利权自公告之日起生效。"

2. 实用新型与外观设计

实用新型与外观设计经过初步审查即获得授权，仅有一次公开，即授权公开。

根据《专利法》（2020 年修正）第四十条规定："实用新型和外观设计专利申请经初步审查没有发现驳回理由的，由国务院专利行政部门作出授予实用新型专利权或者外观设计专利权的决定，发给相应的专利证书，同时予以登记和公告。实用新型专利权和外观设计专利权自公告之日起生效。"2023 年 1 月，在全国知识产权局局长会议公布以在实用新型审查中引入明显创造性审查。

(四) 核心专利

1. 核心专利的概念

核心专利是指具有原创性,因原理设计、实施过程科学优化及技术领域涉及广而绕不开,并且蕴含巨大经济效益和战略意义的专利或专利组合。❶

从技术层面来讲,核心专利是指原创技术专利,且其在某产业链中处于关键位置、被引频次较高,在某研究领域中起到基础性或引导性的作用,同时也是该领域技术路线上的重要突破点或重要改进点,是相关产业产品的发展难以绕开的专利。

从经济层面来讲,核心专利是指有较高专利实施率和专利许可率的专利,该专利是生产某类产品时必须使用的专利技术,其具有较高的稳定性,可以成功抵御专利复审和无效审查。

从受重视程度来讲,核心专利是指一项专利在多个国家和地区申请专利保护,拥有大量的同族专利,其潜在的技术市场和经济势力范围广阔。

2. 核心专利评价指标

从技术价值、经济价值和受重视程度来评价,核心专利的具体评价指标如表 1 - 1 所示。

表 1 - 1　核心专利评价指标

评价角度	具体指标	评分占比/%	缺点
技术价值	是否在某产业链中处于关键位置	15	准确性较差
	是否为该领域技术路线上的重要的突破点或改进点	15	需要该专利技术人员参与,较为费时费力
	被引频次	5	不利于查找近期重要专利
	相关产业产品的发展是否可以绕开该专利	10	准确性较差
	是否为原创技术	10	无
经济价值	是否有较高的专利实施率	10	信息较难查全
	是否有较高的专利许可率	10	信息较难查全
	是否具有较高的稳定性	10	准确性较差
受重视程度	是否具有较多的同族专利	10	查全率较差
	专利维持年限	5	精确性较差

---

❶ 马永涛, 张旭, 傅俊英, 等. 核心专利及其识别方法综述 [J]. 情报杂志, 2014, 33 (5): 38 - 43, 70.

3. 核心专利与核心技术的关系

核心技术具有难以模拟性、异质性、价值性、延展性以及不可交易性的特征❶。但是并不是所有的核心技术都会申请专利，因为专利是以公开换保护，所以大多数企业的核心技术会被选择作为商业秘密加以保护，这些核心技术就被作为保密信息一直保护下去，例如较为有名的可口可乐配方。如果所有的核心技术都申请专利，那么这些核心专利就会将相关领域核心技术的要点公开出来，竞争对手可以通过权利说明书逐步识别并掌握该核心技术，这无疑会对企业造成毁灭性的打击。综上所述，核心专利尽管是一家企业的核心技术，但一家企业的核心技术并非都有相对应的核心专利。两者关系如图 1-1 所示。

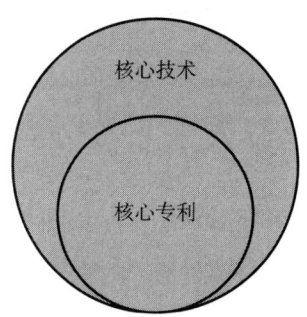

图 1-1   核心专利与核心技术的关系

4. 核心专利与外围专利、重要专利、一般专利的关系

外围专利是围绕核心专利而产生的概念，是指对核心专利进一步研发或改进而产生的新的专利权。❷ 一方面，例如某企业针对已经取得授权的企业核心专利申请了大量与之相关的外围专利，对核心专利形成包围之势，构成一个"专利池"，这便是一种对核心专利进行保护的巧妙策略，因为核心专利在实际应用实施的过程中肯定会涉及未被纳入核心专利保护范围内的技术点，而围绕着核心专利申请的大量的外围专利能够进一步加强核心专利的稳定性；另一方面，假设核心专利掌握在甲企业中并且已经取得授权，而乙企业作为竞争对手针对甲企业的核心专利申请了大量外围专利，也对该核心专利形成了包围之势，将导致甲企业在核心专利的运用实施过程中可能会触及乙企业的外围专利，而乙企业也无法在绕过核心专利的前提下使外围专利发挥最大价值，这样甲、乙企业只有选择在互利合作的前提下进行交叉许可，才能更好地发展。

在提及核心专利、重要专利、一般专利之前，首先要了解何为"专利强度"，

---

❶ 郁培丽，孙飞. 基于提炼企业核心技术的技术集成创新模式探究 [J]. 现代管理科学，2005（9）：62-64.

❷ 高峰. 外围专利的战略价值浅析 [EB/OL]. [2022-10-20]. http：//blog. 163. com/shield_shn/blog/static/18342905820 113855841244/.

"专利强度"正是表1-1提到的"核心专利评价指标"（包括同族专利数量、专利实施率、专利许可率、专利被引频次、专利诉讼、专利原创性）所构成的一种综合性指标，依据专利强度的大小依次将专利划分为核心专利、重要专利、一般专利。❶理论界目前尚没有关于专利强度统一的划分标准，但一般来讲，专利强度在75% ~ 80%以上的为核心专利，在25% ~ 30%以下的为一般专利，介于两者之间的为重要专利。需要注意的是，重要专利一般都是外围专利，但外围专利不全是重要专利，外围专利也包括了一般专利。四者关系如图1-2所示。

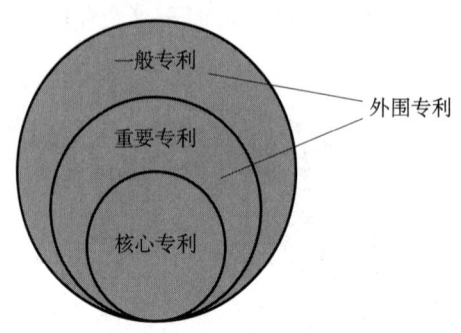

图1-2 核心专利与外围专利、重要专利、一般专利的关系

5. 核心专利与基本专利的关系

基本专利是指独立的、不依附其他专利的原始专利，是在后获得一系列专利发明的基础专利或在后一系列专利都是在基本专利的基础上改进，是覆盖了创新技术成果的基本方案的主要技术特征、为其提供最大保护范围的若干专利，能够发挥对技术成果最基础、最重要的保护和控制作用。❷相对于基本专利，核心专利是指制造某技术领域的某一产品必须运用的技术所对应的专利，覆盖了创新技术成果的核心方案的主要技术特征，为基本专利提供了进一步细化的支持、产业化的方向以及未来优选的方向。

（五）同族专利

1. 同族专利的概念

同族专利是指同一专利族中每件专利或专利申请之间的一种互称，而专利族是由具有共同优先权的在不同国家或国际组织多次申请、公开、批准的内容相同或基本相同的一组专利或专利申请组成。❸

---

❶ 陆萍，柯岚馨. Innography 在学科核心专利挖掘中的应用研究 [J]. 图书馆工作与研究，2012（8）：122-125.

❷ 华智众创（北京）投资管理有限责任公司. 高价值专利（组合）培育和评价标准 Q/JHZZC 0001-2019 [S]. 国家知识产权运营公共服务平台，2019.

❸ 吴泉洲，刘小青. 浅析同族专利的复杂性 [J]. 专利文献研究，2002（3）.

2. 同族专利的分类

（1）简单同族专利。在该专利族中，所有同族专利共同拥有一个或多个优先权的称为简单同族专利，如表 1 - 2 所示。

表 1 - 2　简单同族专利

同族专利	优先权
DE × × × × ×	P1 + P2
FI × × × × ×	P1 + P2
GB × × × × ×	P1 + P2
JP × × × × ×	P1 + P2

（2）复杂同族专利。在该专利族中，所有同族专利（无论每件专利本身有多少个优先权）至少共同拥有一个相同的优先权的称为复杂同族专利，如表 1 - 3 所示。

表 1 - 3　复杂同族专利

同族专利	优先权
DE × × × × ×	P1
FI × × × × ×	P1 + P2
GB × × × × ×	P1 + P3
JP × × × × ×	P1 + P2 + P3

（3）扩展同族专利。在该专利族中，所有同族专利（无论每件专利本身有多少个优先权）至少与该专利族中另一件专利拥有一个相同的优先权的称为扩展同族专利，如表 1 - 4 所示。

表 1 - 4　扩展同族专利

同族专利	优先权
DE × × × × ×	P1
FI × × × × × ×	P1 + P2
GB × × × × ×	P1 + P2
JP × × × × ×	P2

（4）本国同族专利。在该专利族中，所有同族专利均是由一个国家专利文献进行原始申请而产生的增补申请、继续申请、部分继续申请、分案申请的专利称为本国同族专利或国内同族专利。

（5）人工同族专利。在该专利族中，所有专利的内容基本相同或近似，但没有共同的优先权，而是人为的根据专利文献的内容等进行归类的称为人工同族专利、非常规同族专利或仿同族专利，如表 1-5 所示。

表 1-5　人工同族专利

同族专利	优先权
DE × × × × ×	P1
FI × × × × ×	P2
GB × × × × ×	P3
JP × × × × ×	P4

五、商标专用权

（一）商标的概念

根据《商标法》（2019 年修正）第八条规定："任何能够将自然人、法人或者其他组织的商品与他人的商品区别开的标志，包括文字、图形、字母、数字、三维标志、颜色组合和声音等，以及上述要素的组合，均可以作为商标申请注册。"

（二）商标的特征

商标的特征主要有以下四点：第一，商标是依附于商品或服务而存在的标志。第二，商标是区别商品或服务来源的标志（这也是商标的本质特征）。第三，商标应当具有显著特征。商标的显著特征是指商标应当具备的足以使相关公众区分商品来源的特征。判断商标是否具有显著特征，应当综合考虑构成商标的标志本身的含义、呼叫和外观构成，商标指定使用商品，商标指定使用商品的相关公众的认知习惯，商标指定使用商品所属行业的实际使用情况等因素。第四，商标是一种可以为人所感知的符号，由文字、图形、字母、数字、三维标志、颜色组合和声音等或上述要素组合而成。

（三）商标的种类

1. 商标的种类按照商标使用载体的不同进行划分

（1）商品商标是指商品的生产者或经营者为了将自己生产或经营的商品与他人生产或经营的商品区别开来，而使用的文字、图形或其组合标志。

（2）服务商标是指提供服务的经营者，为将自己提供的服务与他人提供的服务相区别而使用的标志。

世界知识产权组织提供的《商标注册用商品和服务国际分类尼斯协定》（以下简称《国际分类》）第十一版（2022 文本）于 2022 年 1 月 1 日起正式使用。以此为基础，国家知识产权局商标局对《类似商品和服务区分表》（以下简称《区分表》）作了相应调整，形成《区分表》第十一版（2022 文本），在《区分表》中共分为商品（第一类至第三十四类，共 34 个类别）和服务（第三十五类至第四十五类，共 11 个类别）两大部分，在商品类中申请获得授权的注册商标即为商品商标，在服务类中申请获得授权的注册商标即为服务商标。

2. 按照商标与使用者的关系及作用的不同进行划分

（1）普通商标是指自然人、法人或其他组织，在自己生产、制造、加工、拣选、经销的商品或提供的服务上使用的用于区别他人商品或服务的标记。

（2）集体商标是指以团体、协会或其他组织名义注册，供该组织成员在商事活动中使用，以表明使用者具备组织成员资格的标志。

（3）证明商标是指由对某种商品或服务具有监督能力的组织所控制，而由该组织以外的单位或个人使用其商品或者服务，用以证明该商品或服务的原产地、原料、制造方法、质量或其他特定品质的标志。

3. 按照商标的构成要素不同划分

（1）传统商标是指由文字、字母、数字、图形等要素或其组合构成的商标，包括文字商标、图像商标、字母商标、数字商标、组合商标等。

（2）非传统商标构成要素主要以人的接触、感知为基础，按照构成要素不同可分为立体商标、听觉商标（声音商标）、味觉商标（气味商标）、触觉商标（接触性商标）以及颜色组合商标等。

（四）商标专用权

1. 商标专用权的概念

根据《商标法》（2019 年修正）第五十六条规定："注册商标的专用权，以核准注册的商标和核定使用的商品为限。"

2. 商标专用权的权能

商标专用权的"专用"两字强调了商标的独占性和排他性，而且不局限于使用这种行为。实际上，独占性和排他性还衍生出禁止、许可、转让等权能。

（1）使用权是指商标注册人有权在其指定的商品（服务）上使用被核准注册商标的权利。

（2）禁止权是指未经商标注册人许可，在与指定的商品（服务）相同或类似的商品（服务）上，禁止他人使用与注册商标相同或近似商标的权利。

（3）许可权是指商标权人可以通过签订商标使用许可合同许可他人使用其注册商标的权利。具体规定在《商标法》（2019 年修正）第四十三条："商标注册人可以通过签订商标使用许可合同，许可他人使用其注册商标。许可人应当监督被许可人使用其注册商标的商品质量。被许可人应当保证使用该注册商标的商品质量。"

（4）转让权是指商标权人依法享有的将其全部或部分商标专用权依法定程序与条件转让给他人的权利。具体规定在《商标法》（2019 年修正）第四十二条："转让注册商标的，转让人和受让人应当签订转让协议，并共同向商标局提出申请。受让人应当保证使用该注册商标的商品质量……转让注册商标经核准后，予以公告。受让人自公告之日起享有商标专用权。"

3. 商标专用权的特征

商标专用权的特征包括独占性、地域性和时效性。

（1）独占性又称专有性或垄断性，是指商标注册人对注册的商标享有独占使用权，在商标注册范围内，他人未经权利人许可的所有使用，都将构成对商标专用权的侵害。

（2）地域性是指一国核准的商标仅在该国领域范围内生效，对其他国家不发生效力。

（3）时效性是指一国核准的商标专用权具有期限性，根据《商标法》（2019 年修正）第三十九条规定："注册商标的有效期为十年，自核准注册之日起计算。"第四十条规定："注册商标有效期满，需要继续使用的，商标注册人应当在期满前十二个月内按照规定办理续展手续；在此期间未能办理的，可以给予六个月的宽展期。每次续展注册的有效期为十年，自该商标上一届有效期满次日起计算。期满未办理续展手续的，注销其注册商标。"

（五）我国商标法体现的基本原则

1. 注册保护原则

注册保护原则是指我国的商标专用权需要通过注册的途径获得法律保护，"注册"也可以理解为确认商标专用权归属的一个过程，因为在我国申请商标注册是获得商标专用权的法定途径，但未注册的商标并不意味着不受任何保护。综观全球，各个国家商标法确认商标专用权的基本原则有两个，一个是注册原则，另一个是使用原则。注册原则是指无论商标是否实际使用，只要符合该国商标法的规定，向特定机构申请注册商标得到核准后，申请人即获得该商标的专用权，受该国法律保护。而使用原则是指商标必须经过实际使用后才能产生权利，即最先使用该商标的主体，即可以获得商标的专用权。从我国《商标法》（2019 年修正）第三条的规定可以看出，我国采用的注册原则。

2. 申请在先原则

根据注册保护原则，我国商标专用权基于注册产生，那么总会有同一种商品或类似商品上有相同或近似的注册商标申请，这时根据申请时间先后确认商标专用权的归属即体现了申请在先原则。具体体现在《商标法》（2019 年修正）第三十条："申请注册的商标，凡不符合本法有关规定或者同他人在同一种商品或者类似商品上已经注册的或者初步审定的商标相同或者近似的，由商标局驳回申请，不予公告。"第三十一条："两个或者两个以上的商标注册申请人，在同一种商品或者类似商品上，以相同或者近似的商标申请注册的，初步审定并公告申请在先的商标；同一天申请的，初步审定并公告使用在先商标，驳回其他人的申请，不予公告。"

3. 诚信原则

诚信原则是我国民法领域的一项基本原则，也是我国商标法的基本原则之一。诚信原则要求民事主体在从事民事活动时既要维持当事人之间的利益平衡关系，也要维持当事人与社会之间的利益平衡关系，在当事人之间双方要互相尊重对方的利益，以对待自己事务之注意对待他人的事务，保证当事人双方都能得到应得的利益，不得损人利己；在当事人与社会之间的利益关系中，当事人不得通过自己的活动或行为造成第三人或社会公共的利益受损。诚信原则在《商标法》（2019 年修正）中直接体现在第七条的规定："申请注册和使用商标，应当遵循诚实信用原则。"间接体现在第十条、第十九条、第四十四条等条款的规定。

4. 自愿注册原则

自愿注册原则是指是否申请商标注册、使用注册商标，由使用人根据自己的实际需要决定，我国法律不予强制。具体体现在《商标法》（2019 年修正）第四条："自然人、法人或者其他组织在生产经营活动中，对其商品或者服务需要取得商标专用权的，应当向商标局申请商标注册。"

与自愿注册原则相对应的是全面注册原则，也称强制注册原则，我国在 20 世纪 50~80 年代实行的便是全面注册原则，只要企业的商品应当使用商标的，都必须使用商标，并且所有使用的商标都必须进行注册。但全面注册原则不利于市场经济的发展，所以当今世界上大多数国家采用的是自愿注册原则。

目前我国也不是纯粹地采用自愿注册原则，仍然保留了部分领域实施强制注册原则。具体体现在《商标法》（2019 年修正）第六条："法律、行政法规规定必须使用注册商标的商品，必须申请商标注册，未经核准注册的，不得在市场销售。"

5. 行政保护与司法保护并举原则

行政保护与司法保护并举原则是我国《商标法》的突出特点之一，我国行政机关不仅负责商标注册的行政事务，还通过监管注册商标专用权的行使和规范未注册商标使用行为对商标专用权给予保护。在保护商标权益途径上，司法和行政是并行的，当事人可以向行政机关寻求保护，也可以向人民法院起诉。如果被侵权人（当事人）向市场监督管理机关投诉，市场监督管理机关可以依据被侵权人提供的有效证据或者自行调查时取得的证据，责令侵权人立即停止其侵权行为，并赔偿被侵权人的损失，还可以同时对侵权人处以罚款。当事人对市场监督管理机关所作出的处罚决定不服的，可以向人民法院起诉。这种行政保护与司法保护并举原则为当事人解决商标纠纷提供了便利，也有利于商标专用权的保护。

上述五项原则贯穿在我国《商标法》以及《商标法实施条例》中，构成了我国对商标专用权保护的基础。

六、著作权

（一）著作权的客体

著作权又称版权，其客体即为作品，作品是指文学、艺术和科学领域内具有独创性并能以一定形式表现的智力成果。

1. 作品的概念

从《著作权法》（2020 年修正）第三条规定以及相关法律法规、司法解释可看出，要成为我国著作权法中规定的"作品"要同时满足以下三个条件：①作品应当是文学、艺术和科学领域的智力创作成果；②作品应当具有独创性；③作品应当具有可复制性，具有能够被人感知的客观外在表达。具有可复制性是作品可以被重复利用的前提，也是著作权人从作品的利用中获取经济利益的关键。

2. 作品的分类

（1）按照创作作品的来源进行划分，可以将作品分为原始作品、演绎作品和集合作品。原始作品的创作来源于原始作品的作者；演绎作品的创作同时来源于演绎作品和原始作品的作者；集合作品以汇编作品为典型，其创作亦同时来源于集合作品和原始作品的作者。与演绎作品不同，集合作品通常仅是将多个原始作品以一定的方式进行编排，并未在原始作品的基础上作出独创性的改编、翻译、注释、整理。

（2）按照作品创作者的人数进行划分，可以将作品分为单独作品和合作作品。

（3）按照作品创作主体的国籍进行划分，可以将作品分为本国作品和外国作品。

（4）按照作品是否发表进行划分，可以将作品分为已发表作品和未发表作品。

（5）按照作品的表现形式进行划分，也是根据《著作权法》（2020 年修正）第三条的规定，可以将作品分为以下九类，包括文字作品，口述作品，音乐、戏剧、曲艺、舞蹈、杂技艺术作品，美术、建筑作品，摄影作品，视听作品，工程设计图、产品设计图、地图、示意图等图形作品和模型作品，计算机软件以及符合作品特征的其他智力成果。

3. 我国著作权客体排除的对象

根据《著作权法》（2020 年修正）第五条规定，不适用著作权法保护的对象主要包括：①法律、法规，国家机关的决议、决定、命令和其他具有立法、行政、司法性质的文件，及其官方正式译文；②单纯事实消息；③历法、通用数表、通用表格和公式。

（二）著作权的主体

著作权的主体，也称著作权人、著作权权利人，是指对文学、艺术或者科学领域的作品依法享有著作权的自然人、法人或者非法人组织。具体规定在《著作权法》（2020 年修正）第二条："中国公民、法人或者非法人组织的作品，不论是否发表，依照本法享有著作权。外国人、无国籍人的作品根据其作者所属国或者经常居住地国同中国签订的协议或者共同参加的国际条约享有的著作权，受本法保护。外国人、无国籍人的作品首先在中国境内出版的，依照本法享有著作权。未与中国签订协议或者共同参加国际条约的国家的作者以及无国籍人的作品首次在中国参加的国际条约的成员国出版的，或者在成员国和非成员国同时出版的，受本法保护。"

（三）著作人身权与著作财产权

1. 著作人身权

著作人身权也称为著作权的精神权利，是指作者对其创作的作品所享有的与其人身不可分割的非财产权利，著作人身权具有无期限性、不可分离性、不具有直接的财产内容等特点，具体包括发表权、署名权、修改权和保护作品完整权。

（1）发表权是指决定作品是否公之于众的权利，需要注意的是，发表权虽然是一项著作人身权，但该权利与著作财产权联系紧密。发表权是一次性权利，作品一旦发表，作者就不能再行使发表权，他人也不可能侵犯其发表权。

（2）署名权是指表明作者身份，在作品上署名的权利，需要注意的是，对于演绎作品而言，原作品的作者也应享有署名权。

（3）修改权是指修改或者授权他人修改作品的权利，修改权的行使方式包括自行修改、授权他人修改、禁止他人修改作品等。

（4）保护作品完整权是指保护作品不受歪曲、篡改的权利，需要注意的是，作者享有的保护作品完整权在一定条件下也会受到一定的限制，例如，著作权人将作品著作权转让或者许可给第三人，受让人或者被许可人根据作品的性质、使用目的、使用方式可以对作品进行合理限度内的改动。

2. 著作财产权

著作财产权也称著作权的经济权利，是指著作权人依法享有的利用或者许可他人利用其作品并获得报酬的权利，但著作财产权有一定的期限限制。

（1）复制权，即以印刷、复印、拓印、录音、录像、翻录、翻拍、数字化等方式将作品制作一份或者多份的权利。

（2）发行权，即以出售或者赠与方式向公众提供作品的原件或者复制件的权利，需要注意的是发行权受到权利用尽原则的限制。

（3）出租权，即有偿许可他人临时使用视听作品、计算机软件的原件或者复制件的权利，计算机软件不是出租的主要标的的除外。

（4）展览权，即公开陈列美术作品、摄影作品的原件或者复制件的权利，需要注意的是，作品原件所有权的转移，不改变作品著作权的归属，但美术、摄影作品原件的展览权由原件所有人享有。

（5）表演权，即公开表演作品，以及用各种手段公开播送作品的表演的权利，需要注意的是，表演权不同于表演者权，表演者权是表演者对其表演所享有的一项邻接权。

（6）放映权，即通过放映机、幻灯机等技术设备公开再现美术、摄影、视听作品等的权利。

（7）广播权，即以有线或者无线方式公开传播或者转播作品，以及通过扩音器或者其他传送符号、声音、图像的类似工具向公众传播广播的作品的权利，但不包括信息网络传播权。

（8）信息网络传播权，即以有线或者无线方式向公众提供，使公众可以在其选定的时间和地点获得作品的权利，信息网络包括以计算机、电视机、固定电话机和移动电话机等电子设备为终端的计算机互联网、广播电视网、固定通信网和移动通信网等，以及向公众开放的局域网络。

（9）摄制权，即以摄制视听作品的方法将作品固定在载体上的权利。

（10）改编权，即改变作品，创作出具有独创性的新作品的权利，需要注意的是，未经作者许可在其作品中使用了原作品的表达，但并未形成新作品的，属于复制行为，不受改编权控制。

（11）翻译权，即将作品从一种语言文字转换成另一种语言文字的权利，需要注意的是，翻译作品的著作权一般由译者享有，且翻译作品属于双重著作权的作品。

（12）汇编权，即将作品或者作品的片段通过选择或者编排，汇集成新作品的权利。

（四）特殊情况下的著作权归属

1. 合作作品

根据《著作权法》（2020年修正）第十四条规定："两人以上合作创作的作品，著作权由合作作者共同享有。没有参加创作的人，不能成为合作作者。合作作品的著作权由合作作者通过协商一致行使；不能协商一致，又无正当理由的，任何一方不得阻止他方行使除转让、许可他人专有使用、出质以外的其他权利，但是所得收益应当合理分配给所有合作作者。合作作品可以分割使用的，作者对各自创作的部分可以单独享有著作权，但行使著作权时不得侵犯合作作品整体的著作权。"

2. 委托作品

受委托创作的作品，著作权的归属由委托人和受托人通过合同约定。合同未作明确约定或者没有订立合同的，著作权属于受托人。

3. 汇编作品

根据《著作权法》（2020 年修正）第十五条规定："汇编若干作品、作品的片段或者不构成作品的数据或者其他材料，对其内容的选择或者编排体现独创性的作品。汇编作品的著作权由汇编人享有，但行使著作权时，不得侵犯原作品的著作权。"

4. 演绎作品

根据《著作权法》（2020 年修正）第十三条规定："改编、翻译、注释、整理已有作品而产生的作品，其著作权由改编、翻译、注释、整理人享有，但行使著作权时不得侵犯原作品的著作权。"

第十六条规定："使用改编、翻译、注释、整理、汇编已有作品而产生的作品进行出版、演出和制作录音录像制品，应当取得该作品的著作权人和原作品的著作权人许可，并支付报酬。"

5. 职务作品

根据《著作权法》（2020 年修正）第十八条规定："自然人为完成法人或者非法人组织工作任务所创作的作品是职务作品，除本条第二款的规定以外，著作权由作者享有，但法人或者非法人组织有权在其业务范围内优先使用。作品完成两年内，未经单位同意，作者不得许可第三人以与单位使用的相同方式使用该作品。"

6. 其他情况下的著作权归属

（1）根据《著作权法实施条例》（2013 年修订）第十三条规定："作者身份不明的作品，由作品原件的所有人行使除署名权以外的著作权。作者身份确定后，由作者或者其继承人行使著作权。"

（2）当事人双方约定以特定的人物经历为题材所完成的自传体作品，当事人双方对著作权权属有约定的，按约定；双方对著作权权属没有约定的，著作权归该特定人物享有，执笔人或者整理人对作品完成付出劳动的，著作权人可以向其支付适当的报酬。

（3）由他人执笔，经过本人审核、修改定稿并以本人名义发表的报告、讲话等作品，若不存在相反的署名，则著作权权属归报告人或讲话人所有，著作权人可以支付执笔人适当的报酬。

（五）著作权取得条件和保护期

1. 著作权的取得条件

在国际上，著作权自动保护是《保护文学和艺术作品伯尔尼公约》所确认的一项原则，我国对著作权也采用的是自动保护原则，即著作权自作品完成之日自动产生。

2. 著作权的保护期限

（1）在一般情况下，作者的署名权、修改权、保护作品完整权的保护期不受限制。这是著作人身权与一般人身权的不同之处，一般人身权的保护期通常截止于权利人死亡之时。

根据《著作权法》（2020年修正）第二十三条规定："自然人的作品，其发表权、本法第十条第一款第五项至第十七项规定的权利的保护期为作者终生及其死亡后五十年，截止于作者死亡后第五十年的12月31日。"

（2）特殊情况下，如合作作品，截止于最后死亡的作者死亡后第五十年的12月31日；法人或者非法人组织的作品、著作权（署名权除外）由法人或者非法人组织享有的职务作品，其发表权的保护期为五十年，截止于作品创作完成后第五十年的12月31日；视听作品，其发表权的保护期为五十年，截止于作品创作完成后第五十年的12月31日。

第二节　证券交易所

一、证券交易所的概念

在我国，证券交易所是指依据国家法律法规设立的为证券集中交易提供场所和设施，组织和监督证券交易，实行自律管理，依法登记的特殊法人，是一个高度组织化、集中进行证券交易的市场，是整个证券市场的核心。证券交易所一般具有以下特征。

（1）证券交易所一般都是依法设立的法人组织，根据《证券法》（2019年修订）第九十六条的规定，证券交易所的设立、变更和解散均由国务院决定。

（2）证券交易所是集中竞价交易的场所。所谓集中竞价是指所有证券经纪商、自营商主要集中在这个场所通过竞争的方式，从事证券的代理或自营买卖活动。

（3）证券交易所是证券交易活动的组织者、管理者。

（4）证券交易所是特殊的法人。证券交易所在法律上具有独立的地位，但其本身是不参与证券交易的，除了提供服务充当交易组织者的角色，还需执行法律法规赋予其一线监管的职能。

（一）证券交易所的作用

证券交易所的作用包括：①为各个类型的证券提供便利的交易条件以及安全保

障；②实施公开、公正以及充分及时的信息披露；③提供安全、便利、快速的交易与交易相关的服务；④保证各种证券交易公平、公开、公正的价格竞争环境。

（二）证券交易所的职能

（1）证券交易所除了组织集中交易，还应对为集中交易的公平提供保障，及时公布证券交易的行情，按照交易日制作证券市场行情表并进行公布，未经过证券交易所的许可，任何单位、个人和组织均不得发布证券交易即时行情。

（2）证券交易所有权依照法律法规、行政规章，以及国务院证券监督管理机构的规定，办理股票、公司债券的暂停上市、恢复上市或者终止上市的事务，这一点在我国证券法中有明确规定。

（3）证券市场突发情况对正常的证券交易产生影响时，证券交易所应对其采取必要措施，如技术性停牌；在不可抗力事件对证券交易产生影响时，或为了维护证券交易的正常交易秩序，交易所可以决定临时性停市，但交易所采取以上措施时必须及时向国务院证券监督管理机构报告。

（4）证券交易所为维护证券交易的正常秩序和交易公平，从其交易中收取交易费用、会员费或席位费，并从上述费用中提取一定比例的金额成立风险基金，风险基金由证券交易所理事会进行管理，并应当存入开户银行专门账户中，不得擅自使用。

（5）证券交易所对证券交易实施实时监控，并按照国务院证券监督管理机构的要求，对异常交易的情况作出报告。证券交易所应当对上市公司及相关信息披露义务人披露信息进行监督，督促其依法及时、准确地披露信息。证券交易所根据需要，可以对出现重大异常交易情况的证券账户限制交易，并报国务院证券监督管理机构备案。

二、我国的证券交易所

（一）上海证券交易所❶

上海证券交易所（以下简称"上交所"）成立于 1990 年 11 月 26 日，1990 年 12 月 19 日正式开业，受中国证券监督管理委员会（以下简称"中国证监会"）监督和管理，是为证券集中交易提供场所和设施、组织和监督证券交易、实行自律管理的会员制法人。

上交所致力于创造规范、透明、开放、有活力、有韧性的市场环境，主要职能包括：①提供证券集中交易的场所、设施和服务；②制定和修改上交所业务规则；

---

❶ 上海证券交易所. 交易所介绍［EB/OL］. ［2022 - 10 - 10］. http：//www. sse. com. cn/aboutus/sseintro-duction/introduction/.

③按照国务院及中国证监会规定，审核证券公开发行上市申请；④审核、安排证券上市交易，决定证券终止上市和重新上市等；⑤提供非公开发行证券转让服务；⑥组织和监督证券交易；⑦组织实施交易品种和交易方式创新；⑧对会员进行监管；⑨对证券上市交易公司及相关信息披露义务人进行监管，提供网站供信息披露义务人发布依法披露的信息；⑩对证券服务机构为证券发行上市、交易等提供服务的行为进行监管；⑪设立或参与设立证券登记结算机构；⑫管理和公布市场信息；⑬开展投资者教育和保护；⑭法律、行政法规规定的及中国证监会许可、授权或者委托的其他职能。

截至 2020 年底，上交所首次公开募股（IPO）数量及融资金额均位列全球第一；股票成交金额超过 75 万亿元，在全球交易所中排名第四，已经成为全球第三大证券交易所和全球最活跃的证券交易所之一。

（二）深圳证券交易所❶

深圳证券交易所（以下简称"深交所"）于 1990 年 12 月 1 日正式开业，是经国务院批准设立的全国性证券交易场所，受中国证监会监督管理，是实行自律管理的会员制法人。

深交所履行市场组织、市场监管和市场服务等职责，主要包括：①提供证券集中交易的场所、设施和服务；②制定和修改该所的业务规则；③审核、安排证券上市交易，决定证券暂停上市、恢复上市、终止上市和重新上市；④提供非公开发行证券转让服务；⑤组织和监督证券交易；⑥组织实施交易品种和交易方式创新；⑦对会员进行监管；⑧对证券上市交易公司及相关信息披露义务人进行监管；⑨对证券服务机构为证券上市、交易等提供服务的行为进行监管；⑩设立或参与设立证券登记结算机构；⑪管理和公布市场信息；⑫开展投资者教育和保护；⑬法律、行政法规规定的以及中国证监会许可、授权或者委托的其他职能。

（三）香港证券交易所❷

香港证券交易所（以下简称"港交所"）对拟在香港特别行政区市场上市的公司进行监管，以及在上述公司上市后，继续对该公司进行监察。根据法例，港交所负责在合理并切实可行的范围内，确保香港特别行政区市场的公平、有秩序及信息披露的及时性。

---

❶ 深圳证券交易所. 本所简介［EB/OL］.［2022－10－10］. http：//www. szse. cn/aboutus/sse/introduction/index. html.

❷ 香港证券交易所. 概要［EB/OL］.（2020－09－08）［2022－10－10］. https：//www. hkex. com. hk/Listing/How－We－Regulate/Overview？sc_lang＝zh－HK.

（四）北京证券交易所❶

北京证券交易所（以下简称"北交所"）于 2021 年 9 月 3 日注册成立，是经国务院批准设立的我国第一家公司制证券交易所，受中国证监会监督管理。经营范围为依法为证券集中交易提供场所和设施、组织和监督证券交易以及证券市场管理服务等业务。其发展建设目标主要有三个：一是构建一套契合创新型中小企业特点的涵盖发行上市、交易、退市、持续监管、投资者适当性管理等基础制度安排，提升多层次资本市场发展普惠金融的能力。二是畅通北交所在多层次资本市场的纽带作用，形成相互补充、相互促进的中小企业直接融资成长路径。三是培育一批专精特新中小企业，形成创新创业热情高涨、合格投资者踊跃参与、中介机构归位尽责的良性市场生态。

三、主　板

（一）主板的概念

主板一般指大盘股、大盘蓝筹股或较大的企业，查询有关资料股票属于大盘股的一般属于主板股票，主板上市又称为第一板上市（Main Board Listing），是指风险企业在国家主板市场（Main‑Board Market）上发行上市。主板市场也称一板市场，通常指的是传统意义上的证券市场，是该国家或地区债券发行、企业上市及交易的主要场所。同时主板市场对发行人的营业期限、股本大小、盈利水平高低、最低市值等方面的要求比较高，在主板获批上市的企业都是大型成熟企业，具有较为雄厚的资本规模以及稳定的盈利能力，例如中国工商银行、中国人寿保险股份有限公司、中国石油天然气集团有限公司等。主板市场是资本市场中最重要的组成部分，很大程度上可以反映出经济发展状况，具有"宏观经济晴雨表"之称。❷

（二）主板上市的基本条件

根据《证券法》（2019 年修订）第十五条第一款规定："公开发行公司债券，应当符合下列条件：（一）具备健全且运行良好的组织机构；（二）最近三年平均可分配利润足以支付公司债券一年的利息；（三）国务院规定的其他条件。"

---

❶ 北京证券交易所. 本所简介［EB/OL］.［2022‑10‑10］. http：//www.bse.cn/company/introduce.html.
❷ 证券考试命题研究组. 金融市场基础知识［M］. 成都：西南财经大学出版社，2015：41.

四、科创板

（一）科创板的概念

2018 年 11 月 5 日，上交所设立科创板（Science and technology innovation board）并且试点注册制，科创板于 2019 年 6 月 13 日正式开板。

设立科创板并试点注册制是提升服务科技创新企业能力、增强市场包容性、强化市场功能的一项资本市场重大改革举措，其特点是不限制首次公开募股的定价，并允许企业采取双重股权结构。

科创板是面向世界科技前沿、面向经济主战场、面向国家重大需求，主要服务于符合国家战略、突破关键核心技术、市场认可度高的科技创新企业。重点支持新一代信息技术、高端装备、新材料、新能源、节能环保以及生物医药等高新技术产业和战略性新兴产业，推动互联网、大数据、云计算、人工智能（AI）和制造业深度融合，引领中高端消费，推动质量变革、效率变革、动力变革。

（二）科创板重点服务的企业类型

根据《上海证券交易所科创板企业发行上市申报及推荐暂行规定》（2022 年 12 月修订，以下简称《暂行规定修订版》）规定，保荐机构应当按照《关于在上海证券交易所设立科创板并试点注册制的实施意见》《科创板首次公开发行股票注册管理办法（试行）》《上海证券交易所科创板股票发行上市审核规则》等有关规定，明确了科创板定位要求优先推荐下列企业。

（1）国家科技创新战略、拥有关键核心技术等先进技术、科技创新能力突出、科技成果转化能力突出、行业地位突出或者市场认可度高等的科技创新企业。

（2）互联网、大数据、云计算、人工智能和制造业深度融合的科技创新型企业。

（3）属于新一代信息技术、高端装备、新材料、新能源、节能环保以及生物医药等高新技术产业和战略性新兴产业的科技创新型企业。

需要注意的是，保荐机构在优先推荐上述规定企业的同时，可以按照《上海证券交易所科创板企业上市推荐指引》的要求，推荐其他具有较强科技创新能力的企业。

（三）科创板重点服务的行业领域

根据《暂行规定修订版》第四条规定，保荐机构应当精准把握科技创新发展趋势，重点推荐下列领域的科技创新型企业。

（1）新一代信息技术领域，主要包括半导体和集成电路、电子信息、下一代信息网络、人工智能、大数据、云计算、软件、互联网、物联网和智能硬件等。

（2）高端装备领域，主要包括智能制造、航空航天、先进轨道交通、海洋工程装备及相关服务等。

（3）新材料领域，主要包括先进钢铁材料、先进有色金属材料、先进石化化工新材料、先进无机非金属材料、高性能复合材料、前沿新材料及相关服务等。

（4）新能源领域，主要包括先进核电、大型风电、高效光电光热、高效储能及相关服务等。

（5）节能环保领域，主要包括高效节能产品及设备、先进环保技术装备、先进环保产品、资源循环利用、新能源汽车整车、新能源汽车关键零部件、动力电池及相关服务等。

（6）生物医药领域，主要包括生物制品、高端化学药、高端医疗设备与器械及相关服务等。

（7）符合科创板定位的其他领域。

需要注意的是，《暂行规定修订版》第四条也明确规定了限制金融科技、模式创新企业在科创板发行上市；禁止房地产和主要从事金融、投资类业务的企业在科创板发行上市。

（四）科创板的上市条件和指标

（1）根据《暂行规定修订版》第五条规定："支持和鼓励科创板定位规定的相关行业领域中，同时符合下列四项指标的企业申报科创板发行上市：

"（一）最近三年累计研发投入占最近 3 年累计营业收入比例 5% 以上，或者最近三年研发投入金额累计在 6000 万元以上；其中，软件企业最近 3 年累计研发投入占最近三年累计营业收入比例 10% 以上；

"（二）研发人员占当年员工总数的比例不低于 10%；

"（三）形成主营业务收入的发明专利（含国防专利）5 项以上，软件企业除外；

"（四）最近三年营业收入复合增长率达到 20%，或者最近一年营业收入金额达到 3 亿元。"采用《上海证券交易所科创板股票上市规则》第 2.1.2 条第二款第（五）项规定的上市标准申报科创板发行上市的发行人除外。

（2）根据《暂行规定修订版》第六条规定："支持和鼓励科创板定位规定的相关行业领域中，虽未达到本规定第五条指标，但符合下列情形之一的企业申报科创板发行上市：

"（一）拥有的核心技术经国家主管部门认定具有国际领先、引领作用或者对于国家战略具有重大意义；

"（二）作为主要参与单位或者核心技术人员作为主要参与人员，获得国家自然科学奖、国家科技进步奖、国家技术发明奖，并将相关技术运用于主营业务；

"（三）独立或者牵头承担与主营业务和核心技术相关的国家重大科技专项项目；

"（四）依靠核心技术形成的主要产品（服务），属于国家鼓励、支持和推动的关键设备、关键产品、关键零部件、关键材料等，并实现了进口替代；

"（五）形成核心技术和主营业务收入相关的发明专利（含国防专利）合计50项以上。"

（3）根据《上海证券交易所科创板股票上市规则》（2020年12月修订）第二章第一节第2.1.1条规定："发行人申请在本所科创板上市，应当符合下列条件：

"（一）符合中国证监会规定的发行条件；

"（二）发行后股本总额不低于人民币3000万元；

"（三）公开发行的股份达到公司股份总数的25%以上；公司股本总额超过人民币4亿元的，公开发行股份的比例为10%以上；

"（四）市值及财务指标符合本规则规定的标准；

"（五）本所规定的其他上市条件。"

（4）根据《上海证券交易所科创板股票上市规则》（2020年12月修订）第二章第一节第2.1.2条规定："发行人申请在本所科创板上市，市值及财务指标应当至少符合下列标准中的一项：

"（一）预计市值不低于人民币10亿元，最近两年净利润均为正且累计净利润不低于人民币5000万元，或者预计市值不低于人民币10亿元，最近一年净利润为正且营业收入不低于人民币1亿元；

"（二）预计市值不低于人民币15亿元，最近一年营业收入不低于人民币2亿元，且最近三年累计研发投入占最近三年累计营业收入的比例不低于15%；

"（三）预计市值不低于人民币20亿元，最近一年营业收入不低于人民币3亿元，且最近三年经营活动产生的现金流量净额累计不低于人民币1亿元；

"（四）预计市值不低于人民币30亿元，且最近一年营业收入不低于人民币3亿元；

"（五）预计市值不低于人民币40亿元，主要业务或产品需经国家有关部门批准，市场空间大，目前已取得阶段性成果。医药行业企业需至少有一项核心产品获准开展二期临床试验，其他符合科创板定位的企业需具备明显的技术优势并满足相应条件。"

第2.1.3条规定："符合《国务院办公厅转发证监会关于开展创新企业境内发行股票或存托凭证试点若干意见的通知》（国办发〔2018〕21号）相关规定的红筹企业，可以申请发行股票或存托凭证并在科创板上市。营业收入快速增长，拥有自主研发、国际领先技术，同行业竞争中处于相对优势地位的尚未在境外上市红筹企业，申请在科创板上市的，市值及财务指标应当至少符合下列标准之一：

"（一）预计市值不低于人民币100亿元；

"（二）预计市值不低于人民币 50 亿元，且最近一年营业收入不低于人民币 5 亿元。"

（五）"4＋5"的科创属性评价指标体系

2021 年 4 月 16 日，中国证监会发布了《科创属性评价指引（试行）》（2021 年修订），该科创属性评价指标体系由 3 项常规指标变更为 4 项常规指标，其中第 2 项为新增指标，5 项例外条款并未发生变化，规定："一、支持和鼓励科创板定位规定的相关行业领域中，同时符合下列 4 项指标的企业申报科创板上市：

"（1）最近三年研发投入占营业收入比例 5% 以上，或最近三年研发投入金额累计在 6000 万元以上；

"（2）研发人员占当年员工总数的比例不低于 10%；

"（3）形成主营业务收入的发明专利 5 项以上；

"（4）最近三年营业收入复合增长率达到 20%，或最近一年营业收入金额达到 3 亿元……

"二、支持和鼓励科创板定位规定的相关行业领域中，虽未达到前述常规指标，但符合下列情形之一的企业申报科创板上市：

"（1）发行人拥有的核心技术经国家主管部门认定具有国际领先、引领作用或者对于国家战略具有重大意义；

"（2）发行人作为主要参与单位或者发行人的核心技术人员作为主要参与人员，获得国家科技进步奖、国家自然科学奖、国家技术发明奖，并将相关技术运用于公司主营业务；

"（3）发行人独立或者牵头承担与主营业务和核心技术相关的国家重大科技专项项目；

"（4）发行人依靠核心技术形成的主要产品（服务），属于国家鼓励、支持和推动的关键设备、关键产品、关键零部件、关键材料等，并实现了进口替代；

"（5）形成核心技术和主营业务收入的发明专利（含国防专利）合计 50 项以上。"

（六）科创板制度设计的创新点

我国科创板制度设计具有六大创新点：上市多元化、发行审核注册制、发行定价市场化、交易机制差异化、持续监管具有较强针对性、退市制度严格化。

五、中小板

（一）中小板的概念

中小板即中小企业板，是指流通盘大约 1 亿元以下的创业板块，是相对于主板市场而言的,有些企业的条件达不到主板市场的要求,只能在中小板市场上市。中小板市场是创业板的一种过渡,中国中小板的市场代码以 002 开头。

2004 年 5 月,经国务院批准,中国证监会批复同意深交所在主板市场内设立中小板。中小板的建立是构筑多层次资本市场的重要举措,也是创业板的前奏,揭幕的中小板并没有满足市场的若干预期,例如全流通等,而过高的新股定位更是在短时期内影响了指数的稳定,但中小板所肩负的历史使命使得这个板块在未来的制度创新中显示出越来越蓬勃的生命力。2021 年 4 月 6 日,深交所主板与中小板合并。❶

(二) 中小板的设立宗旨和要点

我国中小板的设立宗旨是向主业突出、具有成长性和科技含量的中小企业提供直接的融资平台渠道,这是我国多层次资本市场体系建设的一项重要内容,也是分步推进创业板市场建设的一个重要步骤。

我国中小板的设计要点主要考虑了以下四个方面。

第一,在考虑上市企业成长性和科技含量的同时,尽量扩大行业覆盖面,以此来增强上市公司行业结构内的短板,形成互补作用。

第二,在不降低主板发行上市的标准情况下,在主板市场发行上市标准框架下设立中小板,这样可以有效避免因上市发行标准变化带来的不可控风险。

第三,在现有市场下设立中小板,这样既可以依托于主板市场形成初始规模,也能有效避免直接创建创业板带来的不可靠风险。

第四,在主板市场制度框架下建立相对独立运行的中小板块,既能有效、针对性地解决市场监管的特殊性问题,也能逐步推进制度创新,为后期创业板市场建立积累有效经验。

(三) 中小板总体设计上的"两个不变"与"四个独立"

"两个不变"是指我国开设的中小板实际运营所遵守的法律法规、行政规章与主板市场是相同的,中小板上市公司也须符合主板市场的发行上市条件和关于上市信息披露等相关要求。

"四个独立"是指我国中小板实行运行独立、代码独立、监察独立、指数独立。

其中:①运行独立是指中小板块的交易均由独立于主板市场交易系统的第二交易系统负责承担;②代码独立是指中小板的股票作为一个整体,其使用的股票编码与主板市场不同;③监察独立是指深交所针对中小板块建立了独立的监察系统,该系统对中小板块进行实时监控,同时该系统也是针对中小板的交易特点、交易风险

---

❶ 证券考试命题研究组. 金融市场基础知识 [M]. 成都:西南财经大学出版社,2015:41.

单独设置了监控指标和报警阀值；④指数独立是指中小板的上市股票达到一定数量之后，会发布该板块独立的指数。

六、创业板

（一）创业板的概念

创业板，又称二板市场，即第二股票交易市场，是与主板市场不同的一类证券市场，专为暂时无法在主板上市的创业型企业、中小企业和高科技产业企业等需要进行融资和发展的企业提供融资途径和成长空间的证券交易市场，创业板深入贯彻创新驱动发展战略，适应发展更多依靠创新、创造、创意的大趋势，主要服务成长型创新创业企业，支持传统产业与新技术、新产业、新业态、新模式深度融合，是对主板市场的重要补充，在资本市场有着重要位置。中国创业板的市场代码以 300 开头。

（二）创业板与主板相比具有的特点

（1）创业板基本采取的都是场外交易方式，交易对象针对的都是中小型企业，其中最主要的是高科技类型公司。

（2）由于在创业板上市具有较大的风险，一般来说，在创业板上市对于信息披露、上市保荐人等方面具有更高的要求。

（3）创业板市场的上市条件与主板市场相比是较为宽松的，只有比较低的盈利要求，对公司规模要求也较低。

（4）创业板采用的是为其量身定做的新交易制度，不同于主板上市的交易制度。

创业板市场是不同于主板市场的独立资本市场，具备前瞻性、高风险性、监管严格和高技术产业导向的特点。创业板上市企业规模较主板市场小，所以更容易募集上市所需要的资金。

（三）创业板市场的功能

创业板市场在风险投资机制中承担风险资本的退出窗口作用。其作为资本市场固有的功能，包括资源配置优化、引导与促进产业升级等，从企业角度来说，上市除了融通资金，还有提供企业知名度、信誉、分担企业投资风险、规范企业运营制度等作用。

综上，设立创业板市场是完善风险投资体系的重要步骤，也是为中小型高科技企业直接融资提供了渠道，属于我国多层次资本市场构成的重要组成部分。

七、新三板

（一）新三板的概念

新三板又称全国中小企业股份转让系统，是经国务院批准的全国性证券交易场所，也是依据证券法设立的继上交所、深交所之后第三家全国性证券交易场所和我国第一家公司制运营的证券交易场所。其运营机构为全国中小企业股份转让系统有限责任公司（以下简称"全国股转公司"），是专门面向科技型、创新型和高成长的非上市股份公司进行股权挂牌转让和定向增发融资的交易平台，具有公司挂牌、公开转让股份、股权融资、证券融资和资产重组等多重功能，主要服务对象为创新型、成长型和创业型的中小微型企业。

全国股转公司为新三板运营管理机构，公司的经营范围包括：①组织安排非上市股份公司股份的公开转让；②为非上市股份公司融资、并购等相关业务提供服务；③为市场参加主体提供信息上、技术上的支持以及相关培训服务。

（二）新三板较主板、中小板、创业板的特点

新三板在盈利方面没有业绩或指标方面的要求。申请新三板的企业申报条件没有主板、中小板、创业板的申报条件那么高。

八、北交所

（一）北交所的概念

北交所是经国务院批准设立的我国第一家公司制证券交易所，受中国证监会监督管理。经营范围为依法为证券集中交易提供场所和设施、组织和监督证券交易以及证券市场管理服务等业务。❶

（二）北交所成立的意义

1. 坚守"一个定位"

北交所将牢牢坚持服务创新型中小企业的市场定位，尊重创新型中小企业发展规律和成长阶段，提升制度包容性和精准性。

---

❶ 北京证券交易所. 本所简介［EB/OL］.［2022 - 10 - 10］. http：//www. bse. cn/company/introduce. html.

2. 处理好"两个关系"

一是北交所与上交所、深交所，以及区域性股权市场坚持错位发展与互联互通，发挥好转板上市功能；二是北交所与新三板现有创新层、基础层坚持统筹协调与制度联动，维护市场结构平衡。

3. 实现"三个目标"

一是构建一套契合创新型中小企业特点的，涵盖发行上市、交易、退市、持续监管、投资者适当性管理等基础制度安排，提升多层次资本市场发展普惠金融的能力；二是畅通北交所在多层次资本市场的纽带作用，形成相互补充、相互促进的中小企业直接融资成长路径；三是培育一批专精特新中小企业，形成创新创业热情高涨、合格投资者踊跃参与、中介机构归位尽责的良性市场生态。

（三）北交所的特点

北交所采取的是公司制，设立董事长，全国股转公司是唯一股东，这与上交所、深交所的会员制有所不同。新三板采取的也是公司制，需要注意的是：北交所和新三板均为独立的法人，两者最直接的关系是新三板创新层是北交所的必要条件，新三板又是北交所退市的主要去处，从市场结构上看，全国股转公司统筹新三板创新层、基础层和北交所的建设、发展，实行"一体管理、独立运营"。

北交所作为公司制交易所，为何实行会员管理制度呢？原因有以下三点：一是为了落实《证券法》（2019 年修订）和《证券交易所管理办法》对于交易所会员管理制度提出的明确要求；二是易于市场理解，交易所在采取公司制下，对参与市场业务的证券公司的监管要求，与会员制交易所大体是一致的；三是会员管理制度符合境内外公司制交易所的实际发展，境内外公司制交易所对参与市场业务的证券公司实施会员管理，在我国已经积累了丰富经验。根据国家企业信用信息公示系统的数据显示，北交所已完成工商注册，成立及核准日期为 2021 年 9 月 3 日，全国股转公司为股东。

（四）北交所的主要制度框架

2021 年 10 月 30 日，中国证监会正式对外公布北交所的主要制度与规则，其中包括发行上市、实时监管、融资及资产重组等相关的配套文件。同日，北交所正式发布证券发行上市审核规则、股票上市规则、证券发行承销管理细则等具体业务有关的实施细则。上述的行政规章及制度文件均在 2021 年 11 月 15 日开始实行。北交所的相关制度与规则，从企业上市规则、监管规则、转板制度等方面均延续了精选层的相关业务规则，但在延续的同时又对其进行了一定程度的改良与升级。

北交所的主要制度框架及适用的规则如表 1-6 所示（统计日期截至 2021 年 11 月 15 日）。

表1-6　北交所主要制度及适用规则汇总

序号	类别	文件名称	发布机构和发布日期
1	发行融资	关于发布《北京证券交易所向不特定合格投资者公开发行股票并上市业务规则适用指引第1号》的公告	北交所 （2021年11月12日）
2		关于发布《北京证券交易所上市公司重大资产重组业务指引》的公告	北交所 （2021年11月2日）
3		关于发布《北京证券交易所上市公司向特定对象发行可转换公司债券业务办理指南第2号——存续期业务办理》的公告	北交所 （2021年11月2日）
4		关于发布《北京证券交易所上市公司向特定对象发行可转换公司债券业务办理指南第1号——发行与挂牌》的公告	北交所 （2021年11月2日）
5		关于发布《北京证券交易所上市公司证券发行业务办理指南第3号——向原股东配售股份》的公告	北交所 （2021年11月2日）
6		关于发布《北京证券交易所上市公司证券发行业务办理指南第2号——向特定对象发行股票》的公告	北交所 （2021年11月2日）
7		关于发布《北京证券交易所上市公司证券发行业务办理指南第1号——向不特定合格投资者公开发行股票》的公告	北交所 （2021年11月2日）
8		关于发布《北京证券交易所上市公司证券发行与承销业务指引》的公告	北交所 （2021年11月2日）
9		关于发布《北京证券交易所向不特定合格投资者公开发行股票并上市业务办理指南第2号——发行与上市》的公告	北交所 （2021年11月2日）
10		关于发布《北京证券交易所向不特定合格投资者公开发行股票并上市业务办理指南第1号——申报与审核》的公告	北交所 （2021年11月2日）
11		关于发布《北京证券交易所股票向不特定合格投资者公开发行与承销业务实施细则》的公告	北交所、中国证券登记结算有限责任公司 （2021年11月2日）

续表

序号	类别	文件名称	发布机构和发布日期
12	发行融资	关于发布《北京证券交易所向不特定合格投资者公开发行股票并上市审核规则（试行）》的公告	北交所 （2021 年 10 月 30 日）
13		关于发布《北京证券交易所上市公司向特定对象发行可转换公司债券业务细则》的公告	北交所 （2021 年 10 月 30 日）
14		关于发布《北京证券交易所上市公司向特定对象发行优先股业务细则》的公告	北交所 （2021 年 10 月 30 日）
15		关于发布《北京证券交易所上市公司证券发行上市审核规则（试行）》的公告	北交所 （2021 年 10 月 30 日）
16		关于发布《北京证券交易所上市公司重大资产重组审核规则（试行）》的公告	北交所 （2021 年 10 月 30 日）
17		关于发布《北京证券交易所证券发行与承销管理细则》的公告	北交所 （2021 年 10 月 30 日）
18		关于发布《北京证券交易所证券发行上市保荐业务管理细则》的公告	北交所 （2021 年 10 月 30 日）
19		关于发布《北京证券交易所上市委员会管理细则》的公告	北交所 （2021 年 10 月 30 日）
20	持续监管	关于发布《北京证券交易所上市公司业务办理指南第 7 号——信息披露业务办理》的公告	北交所 （2021 年 11 月 2 日）
21		关于发布《北京证券交易所上市公司业务办理指南第 6 号——定期报告相关事项》的公告	北交所 （2021 年 11 月 2 日）
22		关于发布《北京证券交易所上市公司业务办理指南第 5 号——表决权差异安排》的公告	北交所 （2021 年 11 月 2 日）
23		关于发布《北京证券交易所上市公司业务办理指南第 4 号——证券简称或公司全称变更》的公告	北交所 （2021 年 11 月 2 日）
24		关于发布《北京证券交易所上市公司业务办理指南第 3 号——权益分派》的公告	北交所 （2021 年 11 月 2 日）
25		关于发布《北京证券交易所上市公司业务办理指南第 2 号——股票限售及解除限售》的公告	北交所 （2021 年 11 月 2 日）

序号	类别	文件名称	发布机构和发布日期
26	持续监管	关于发布《北京证券交易所上市公司业务办理指南第1号——股票停复牌》的公告	北交所（2021年11月2日）
27		关于发布《北京证券交易所上市公司持续监管指引第6号——内幕信息知情人管理及报送》的公告	北交所（2021年11月2日）
28		关于发布《北京证券交易所上市公司持续监管指引第5号——要约收购》的公告	北交所（2021年11月2日）
29		关于发布《北京证券交易所上市公司持续监管指引第4号——股份回购》的公告	北交所（2021年11月2日）
30		关于发布《北京证券交易所上市公司持续监管指引第3号——股权激励和员工持股计划》的公告	北交所（2021年11月2日）
31		关于发布《北京证券交易所上市公司持续监管指引第2号——季度报告》的公告	北交所（2021年11月2日）
32		关于发布《北京证券交易所上市公司持续监管指引第1号——独立董事》的公告	北交所（2021年10月30日）
33		关于发布《北京证券交易所股票上市规则（试行）》的公告	北交所（2021年10月30日）
34	交易管理	关于发布《北京证券交易所 全国中小企业股份转让系统证券代码、证券简称编制指引》的公告	北交所、全国股转公司（2021年11月12日）
35		关于发布《北京证券交易所合格境外机构投资者和人民币合格境外机构投资者信息报备指南》的公告	北交所（2021年11月12日）
36		关于发布《北京证券交易所合格境外机构投资者和人民币合格境外机构投资者证券交易实施细则》的公告	北交所（2021年11月12日）
37		关于发布《北京证券交易所交易规则（试行）》的公告	北交所（2021年11月2日）
38		关于发布《北京证券交易所上市公司股份协议转让细则》的公告	北交所、中国证券登记结算有限责任公司（2021年11月2日）

序号	类别	文件名称	发布机构和发布日期
39	交易管理	关于发布《北京证券交易所上市公司股份协议转让业务办理指引》的公告	北交所 （2021 年 11 月 2 日）
40		关于发布《北京证券交易所上市公司股份协议转让业务办理指南》的公告	北交所 （2021 年 11 月 2 日）
41		关于发布《北京证券交易所交易异常情况处理细则》的公告	北交所 （2021 年 11 月 2 日）
42		关于发布《北京证券交易所 全国中小企业股份转让系统交易单元管理细则》的公告	北交所、全国股转公司 （2021 年 11 月 2 日）
43		关于发布《北京证券交易所 全国中小企业股份转让系统交易单元业务办理指南》的公告	北交所、全国股转公司 （2021 年 11 月 2 日）
44		关于发布《北京证券交易所投资者适当性管理业务指南》的公告	北交所 （2021 年 9 月 17 日）
45		关于发布《北京证券交易所投资者适当性管理办法（试行）》的公告	北交所 （2021 年 9 月 17 日）
46	市场管理	关于发布《北京证券交易所 全国中小企业股份转让系统证券公司执业质量评价细则》的公告	北交所、全国股转公司 （2021 年 11 月 12 日）
47		关于发布《北京证券交易所业务收费管理办法》的公告	北交所 （2021 年 11 月 12 日）
48		关于发布《北京证券交易所自律管理听证实施细则》的公告	北交所 （2021 年 11 月 2 日）
49		关于发布《北京证券交易所复核实施细则》的公告	北交所 （2021 年 11 月 2 日）
50		关于发布《北京证券交易所自律监管措施和纪律处分实施细则》的公告	北交所 （2021 年 11 月 2 日）
51		关于发布《北京证券交易所会员管理规则（试行）》的公告	北交所 （2021 年 11 月 2 日）

（五）北交所上市基本流程

在北交所上市的过程与主板上市的过程基本一致，其上市规范的要求标准也相同，该上市过程需要经过以下四个步骤。

第一，辅导阶段，也称顾问阶段，主要包括确定中介机构、企业尽职调查、上市前辅导和确定上市方案等内容，该阶段确认中介机构后，中介机构会按照上市的要求与标准，对拟上市的企业进行各种财务方面和法律方面调查与规范。

在实践中，上市前辅导阶段会碰到的主要问题包括：企业收入不准确、进销存账实不符、工程行业成本计量不够准确、坏账计提不充分、资金占用问题、知识产权问题和银行卡流水异常等，这些问题都需要在辅导阶段进行解决，辅导时间基本为 3~6 个月。

第二，申报阶段，主要包括补充尽职调查、审计评估、准备募投项目、中介机构走访、制作底稿、准备申报材料、内核和申报反馈等内容。

第三，审核阶段，主要包括向北交所递交申请文件、反馈意见回复、上市委员会（以下简称"上市委"）表决和证监会注册等内容。

第四，发行上市阶段，主要包括路演、累计投标询价、定价、配售发行和核准上市等内容，从理论上讲，从申报开始到正式上市的时间为 6~8 个月。

第三节　中国证监会

一、中国证监会的概念

中国证监会成立于 1992 年 10 月，其为国务院直属正部级事业单位，依照法律、法规和国务院授权，统一监督管理全国证券期货市场，维护证券期货市场秩序，保障证券市场合法运行。

中国证监会设在北京，现设主席 1 名，副主席 4 名，驻证监会纪检监察组组长 1 名；会机关内设 20 个职能部门，1 个稽查总队，3 个中心；除此之外，中国证监会还设有股票发行审核委员会，委员由中国证监会专业人员和所聘请的会外有关专家担任。中国证监会在省、自治区、直辖市和计划单列市设立 36 个证券监管局，以及上海、深圳证券监管专员办事处。

我国证券市场监管机构是国务院证券监督管理机构，国务院证券监督管理机构依法对证券市场进行监督与管理，维护证券市场的公平、公开与公正，防范系统性的风险，维护投资者合法权益，促进我国证券市场进一步发展，国务院证券监督管理机构由中国证监会及其派出机构组成。❶

---

❶ 中国证券监督管理委员会. 证监会简介［EB/OL］.（2021 - 10 - 18）［2022 - 09 - 10］. http：//www. csrc. gov. cn/csrc/c100002/c5c05724baf164183a5c1c7ab0da7eb34/content. shtml.

二、中国证监会派出机构

中国证监会在各个省、自治区、直辖市、计划单列市共设立 36 个证券监管局，其主要职责是根据法律法规、行政规章的规定及中国证监会的授权开展行政许可等相关工作，对其机构辖区内上市公司、证券期货机构、证券投资咨询机构、从事证券业务的律师事务所、会计师事务所等中介机构的证券业务进行监督、管理以及风险防范和处置，对于其机构辖区内的违法、违规事件进行查处，对辖区内的投资者开展教育与保护工作等职责。

三、中国证监会的职责

（1）研究和拟订证券期货市场的方针政策、发展规划；起草证券期货市场的有关法律、法规，提出制定和修改的建议；制定有关证券期货市场监管的规章、规则和办法。

（2）垂直领导全国证券期货监管机构，对证券期货市场实行集中统一监管；管理有关证券公司的领导班子和领导成员。

（3）监管股票、可转换债券、证券公司债券和国务院确定由证监会负责的债券及其他证券的发行、上市、交易、托管和结算；监管证券投资基金活动；批准企业债券的上市；监管上市国债和企业债券的交易活动。

（4）监管上市公司及其按法律法规必须履行有关义务的股东的证券市场行为。

（5）监管境内期货合约的上市、交易和结算；按规定监管境内机构从事境外期货业务。

（6）管理证券期货交易所；按规定管理证券期货交易所的高级管理人员；归口管理证券业、期货业协会。

（7）监管证券期货经营机构、证券投资基金管理公司、证券登记结算公司、期货结算机构、证券期货投资咨询机构、证券资信评级机构；审批基金托管机构的资格并监管其基金托管业务；制定有关机构高级管理人员任职资格的管理办法并组织实施；指导中国证券业、期货业协会开展证券期货从业人员资格管理工作。

（8）监管境内企业直接或间接到境外发行股票、上市以及在境外上市的公司到境外发行可转换债券；监管境内证券、期货经营机构到境外设立证券、期货机构；监管境外机构到境内设立证券、期货机构、从事证券、期货业务。

（9）监管证券期货信息传播活动，负责证券期货市场的统计与信息资源管理。

（10）会同有关部门审批会计师事务所、资产评估机构及其成员从事证券期货中介业务的资格，并监管律师事务所、律师及有资格的会计师事务所、资产评估机构及其成员从事证券期货相关业务的活动。

（11）依法对证券期货违法违规行为进行调查、处罚。

（12）归口管理证券期货行业的对外交往和国际合作事务。

（13）承办国务院交办的其他事项。❶

四、中国证监会依法可以采取的措施

根据《证券法》（2019年修订）第一百七十条规定："国务院证券监督管理机构依法履行职责，有权采取下列措施：

"（一）对证券发行人、证券公司、证券服务机构、证券交易场所、证券登记结算机构进行现场检查；

"（二）进入涉嫌违法行为发生场所调查取证；

"（三）询问当事人和与被调查事件有关的单位和个人，要求其对与被调查事件有关的事项作出说明；或者要求其按照指定的方式报送与被调查事件有关的文件和资料；

"（四）查阅、复制与被调查事件有关的财产权登记、通讯记录等文件和资料；

"（五）查阅、复制当事人和与被调查事件有关的单位和个人的证券交易记录、登记过户记录、财务会计资料及其他相关文件和资料；对可能被转移、隐匿或者毁损的文件和资料，可以予以封存、扣押；

"（六）查询当事人和与被调查事件有关的单位和个人的资金账户、证券账户、银行账户以及其他具有支付、托管、结算等功能的账户信息，可以对有关文件和资料进行复制；对有证据证明已经或者可能转移或者隐匿违法资金、证券等涉案财产或者隐匿、伪造、毁损重要证据的，经国务院证券监督管理机构主要负责人或者其授权的其他负责人批准，可以冻结或者查封，期限为六个月；因特殊原因需要延长的，每次延长期限不得超过三个月，冻结、查封期限最长不得超过二年；

"（七）在调查操纵证券市场、内幕交易等重大证券违法行为时，经国务院证券监督管理机构主要负责人或者其授权的其他负责人批准，可以限制被调查的当事人的证券买卖，但限制的期限不得超过三个月；案情复杂的，可以延长三个月；

"（八）通知出境入境管理机关依法阻止涉嫌违法人员、涉嫌违法单位的主管人员和其他直接责任人员出境。

"为防范证券市场风险，维护市场秩序，国务院证券监督管理机构可以采取责令改正、监管谈话、出具警示函等措施。"

第一百七十一条规定："国务院证券监督管理机构对涉嫌证券违法的单位或者个

---

❶ 中国证券监督管理委员会. 证监会简介［EB/OL］.（2021-10-18）［2022-09-10］. http：//www. csrc. gov. cn/csrc/c100002/c5c05724baf164183a5c1c7ab0da7eb34/content. shtml.

人进行调查期间，被调查的当事人书面申请，承诺在国务院证券监督管理机构认可的期限内纠正涉嫌违法行为，赔偿有关投资者损失，消除损害或者不良影响的，国务院证券监督管理机构可以决定中止调查。被调查的当事人履行承诺的，国务院证券监督管理机构可以决定终止调查；被调查的当事人未履行承诺或者有国务院规定的其他情形的，应当恢复调查。具体办法由国务院规定。

"国务院证券监督管理机构决定中止或者终止调查的，应当按照规定公开相关信息。"

第四节 证券发行人

一、证券发行人的概念

证券发行人主要是指为筹集资金而发行股票、债券等证券的发行主体。随着我国市场经济发展，发行证券已经成为资金需求主体最基本的筹集资金的手段。❶

二、证券发行人推销证券的方法

证券发行人推销证券的方法主要有两种，一种是承销，另一种为自销。自销是指发行人自己进行销售。

承销是指发行人委托他人代为销售，一般情况下公开发行以承销的方式为主。另外，按照发行风险的承担者不同、筹措资金的划拨不同、委托手续费的不同等因素可以将承销再细分为包销和代销两种方式。

代销是指证券公司代发行人发售证券，在约定承销期结束后，证券公司将未售出证券全部退还给证券发行人的承销方式。往往在代销过程中，代销机构与发行人之间是代理委托法律关系，代销机构不承担销售的潜在风险，因此代销服务的费用较低，代销发行比较适合已经拥有较好的商业信誉、知名度较高的大中型企业，它们的证券本身更容易被社会公众所接受，用代销方式还可以有效降低发行的成本。

包销是指发行人与承销机构签订包销合同，合同约定由承销机构买下全部或约定的承销期结束后剩余部分的证券（前者为全额包销，后者为余额包销），承担全部的销售风险，因此包销的服务费用较高，适用于那些资金需求量大、社会知名度不高、缺乏证券发行经验的中小企业。

---

❶ 证券考试命题研究组. 金融市场基础知识［M］. 成都：西南财经大学出版社，2015：52.

三、证券发行人的主要类型

在我国，证券发行人主要分为三大类：企业类、政府类和金融机构类，相应的债券也分为公司债券、政府债券、金融债券。

政府类的证券发行人一般发行国库券、财政债券、重点建设债券等，又称为国债。

金融机构类的证券发行人发行金融债券。

企业类的证券发行人为股份制公司，一般发行股票和公司债券，其中，发行的股票有设立发行和新股发行两种，发行的债券即为公司债券。企业类的证券发行人为非股份制公司的发行公司债券。

需要注意的是，根据《证券法》（2019 年修订）第九条规定："公开发行证券，必须符合法律、行政法规规定的条件，并依法报经国务院证券监督管理机构或者国务院授权的部门注册。未经依法注册，任何单位和个人不得公开发行证券。证券发行注册制的具体范围、实施步骤，由国务院规定。"

第五节　保荐机构

一、保荐机构的概念

保荐机构又称保荐人，其中"保"指的是保证，"荐"指的是推荐，保荐机构通常是指具有证券经营牌照的证券交易商。保荐机构的主要职责是将符合法律法规规定条件的企业推荐上市，对拟上市企业进行上市前辅导，并对申请人适合上市、上市申请文件的准确性、完整性以及关联公司等事项进行保证。

在我国，保荐人任职资格从两方面规定，一是保荐机构，二是保荐代表人。同时，我国规定保荐机构和保荐代表人实行注册登记制度，未经证监会注册登记为保荐机构、保荐代表人并列入名单，任何机构、个人均不得从事保荐工作。

二、保荐制度的概念

提到保荐机构就必须介绍一下保荐制度，保荐制度是指由保荐人（券商）对发行人发行证券进行推荐以及上市辅导，并核实拟上市公司发行文件之中载明的资料是否真实、正确、完整，协助发行人建立合规、完整的信息披露制度，承担上市风险防范责任，在公司上市后的规定时间内继续协助发行人建立完善规范的公司法人治理结构，督促公司遵守上市要求与规则，按时按阶段完成招股说明书中的承诺，同时需要注意的是保荐机构对上市公司的信息披露是具有连带责任的。

根据《证券法》（2019 年修订）第十条规定："发行人申请公开发行股票、可转换为股票的公司债券，依法采取承销方式的，或者公开发行法律、行政法规规定实行保荐制度的其他证券的，应当聘请证券公司担任保荐人。保荐人应当遵守业务规则和行业规范，诚实守信，勤勉尽责，对发行人的申请文件和信息披露资料进行审慎核查，督导发行人规范运作。"

三、保荐代表人

根据《证券发行上市保荐业务管理办法》第四条规定："保荐机构履行保荐职责，应当指定品行良好、具备组织实施保荐项目专业能力的保荐代表人具体负责保荐工作。保荐代表人应当熟练掌握保荐业务相关的法律、会计、财务管理、税务、审计等专业知识，最近五年内具备三十六个月以上保荐相关业务经历、最近十二个月持续从事保荐相关业务，最近十二个月内未受到证券交易所等自律组织的重大纪律处分或者中国证监会的重大监管措施，最近三十六个月内未受到中国证监会的行政处罚。

"中国证券业协会制定保荐代表人自律管理规范，组织非准入型的水平评价测试，保障和提高保荐代表人的专业能力水平。"

根据《证券发行上市保荐业务管理办法》第五条和第六条的规定，保荐代表人的职责和要求具体如下。

（1）遵守我国法律法规、行政规章和中国证监会、证券交易所、中国证券业协会的相关规定，恪守业务规则和行业规范，诚实守信，勤勉尽责，尽职推荐发行人证券发行上市，持续督导发行人履行规范运作、信守承诺、信息披露等义务。

（2）不得通过从事保荐业务谋取任何不正当利益。

（3）应当遵守职业道德准则，珍视和维护保荐代表人职业声誉，保持应有的职业谨慎，保持和提高专业胜任能力。

（4）应当维护发行人的合法利益，对从事保荐业务过程中获知的发行人信息保密。

（5）应当恪守独立履行职责的原则，不因迎合发行人或者满足发行人的不当要求而丧失客观、公正的立场，不得唆使、协助或者参与发行人及证券服务机构实施非法的或者具有欺诈性的行为。

（6）保荐代表人及其配偶不得以任何名义或者方式持有发行人的股份。

（7）应当保持独立、客观、审慎，与接受其服务的发行人及其关联方不存在利害关系，不存在妨碍其进行独立专业判断的情形。

四、申请保荐业务资格的条件

根据《证券发行上市保荐业务管理办法》第十条规定："证券公司申请保荐业务资格，应当具备下列条件：

"（一）注册资本、净资本符合规定；

"（二）具有完善的公司治理和内部控制制度，风险控制指标符合相关规定；

"（三）保荐业务部门具有健全的业务规程、内部风险评估和控制系统，内部机构设置合理，具备相应的研究能力、销售能力等后台支持；

"（四）具有良好的保荐业务团队且专业结构合理，从业人员不少于三十五人，其中最近三年从事保荐相关业务的人员不少于二十人；

"（五）保荐代表人不少于四人；

"（六）最近二年未因重大违法违规行为受到处罚，最近一年未被采取重大监管措施，无因涉嫌重大违法违规正受到有关机关或者行业自律组织调查的情形；

"（七）中国证监会规定的其他条件。"

第六节　关联交易

一、关联交易的概念

上市公司的关联交易是指上市公司或者其控股子公司与上市公司关联人之间发生的转移资源或者义务的事项，具体包括：①购买或者出售资产；②对外投资（含委托理财、委托贷款、对子公司投资等）；③提供财务资助；④提供担保；⑤租入或者租出资产；⑥签订管理方面的合同（含委托经营、受托经营等）；⑦赠与或者受赠资产；⑧债权或者债务重组；⑨研究与开发项目的转移；⑩签订许可协议；⑪购买原材料、燃料、动力；⑫销售产品、商品；⑬提供或者接受劳务；⑭委托或者受托销售；⑮关联双方共同投资；⑯其他通过约定可能造成资源或者义务转移的事项。

二、上市公司的关联人

上市公司的关联人可以分为关联自然人和关联法人（或其他组织）。

（1）具有以下情形之一的法人（或者其他组织），为上市公司的关联法人（或者其他组织）。

① 直接或者间接地控制上市公司的法人（或者其他组织）；

② 由前项所述法人（或者其他组织）直接或者间接控制的除上市公司及其控股子公司以外的法人（或者其他组织）；

③ 关联自然人直接或者间接控制的或者担任董事、高级管理人员的，除上市公司及其控股子公司以外的法人（或者其他组织）；

④ 持有上市公司 5% 以上股份的法人（或者其他组织）及其一致行动人；

⑤ 在过去 12 个月内或者根据相关协议安排在未来 12 个月内，存在上述情形之一的；

⑥ 中国证监会、证券交易所或者上市公司根据实质重于形式的原则认定的其他与上市公司有特殊关系，可能或者已经造成上市公司对其利益倾斜的法人（或者其他组织）。

（2）具有以下情形之一的自然人，为上市公司的关联自然人。

① 直接或者间接持有上市公司 5% 以上股份的自然人；

② 上市公司董事、监事及高级管理人员；

③ 直接或者间接地控制上市公司的法人的董事、监事及高级管理人员；

④ 上述第①、②项所述人士的关系密切的家庭成员，包括配偶、父母、年满 18 周岁的子女及其配偶、兄弟姐妹及其配偶，配偶的父母、兄弟姐妹，子女配偶的父母；

⑤ 在过去 12 个月内或者根据相关协议安排在未来 12 个月内，存在上述情形之一的；

⑥ 中国证监会、证券交易所或者上市公司根据实质重于形式的原则认定的其他与上市公司有特殊关系，可能或者已经造成上市公司对其利益倾斜的自然人。

（3）具有下列情形之一的法人或者自然人，视同为上市公司的关联人。

① 因与上市公司或者其关联人签署协议或者作出安排，在协议或者安排生效后，或者在未来 12 个月内，具有《深圳证券交易所股票上市规则》（2022 年修订）第 6.3.3 条第一款或第二款规定之一的；

② 过去 12 个月内，曾经具有《深圳证券交易所股票上市规则》（2022 年修订）第 6.3.3 条第一款或第二款规定之一的。

三、应当及时披露的关联交易

根据《深圳证券交易所股票上市规则》（2022 年修订）相关规定，上市公司与关联人发生的交易达到下列标准之一的，应当及时披露。

第一，上市公司与关联自然人发生的交易金额在 30 万元以上的关联交易，应当及时披露；公司不得直接或者通过子公司向董事、监事、高级管理人员提供借款。

第二，上市公司与关联法人发生的交易金额在 300 万元以上，且占上市公司最近一期经审计净资产绝对值 0.5% 以上的关联交易，应当及时披露。

第三，上市公司与关联人发生的成交金额超过 3000 万元，且占上市公司最近一期经审计净资产绝对值超过 5% 的，应当及时披露并提交股东大会审议，还应当披露符合《深圳证券交易所股票上市规则》（2022 年修订）第 6.1.6 条要求的审计报告或者评估报告。

公司关联交易事项虽未达到上述条款规定的标准，中国证监会、深交所根据审慎原则可以要求公司提交股东大会审议，并按照上述条款的规定适用有关审计或者评估的要求。

第七节　招股说明书

一、招股说明书的概念

招股说明书是经政府或相关部门审核批准后，具有法律效力的文书，公司发行股份和发起人、社会公众认购股份的一切行为，除了应遵守国家有关法律法规、行政规章的规定，还要遵循招股说明书中的相关规定，违反者要承担相应的法律后果。

二、招股说明书的书写要求

此处以创业板招股说明书要求为例，招股说明书的书写应当便于投资者阅读，采用简单明了、逻辑清晰、通俗易懂、可视化（如图表、图片）等较为直观的披露方式，使招股说明书具备较强的可阅读性和易理解性。

（1）招股说明书的内容应真实客观、全面完整，使用事实描述性语言，突出事件的实质或本质，不得对应当披露的内容选择性披露，不得使用市场推广的宣传用语、广告用语。

（2）招股说明书的语句上应使用直接明了、简洁准确的语句，尽量避免使用深晦、生僻等难懂的专业术语或公文用语。

（3）招股说明书披露的内容应清晰明了、准确全面，并结合发行人的具体情况进行具体有针对性的解释与说明。

（4）招股说明书中对于不同章节或段落中出现的相同表述、事项的披露应具有一致性，在不影响信息披露的完整性和引起阅读不便的前提下，可以前后互相引征。

三、招股说明书的引用

招股说明书引用相关意见、数据或有外文译本的，应符合要求。

（1）应准确引用与本次发行有关的中介机构的专业意见或报告。

（2）引用第三方数据或结论，应注明资料来源，确保有权威、客观、独立的依据并符合时效性要求。

（3）引用的数字应采用阿拉伯数字，货币金额除特别说明外，应指人民币金额，并以元、千元、万元或百万元为单位。

（4）可根据有关规定或其他需求，编制招股说明书外文译本，但应保证中文、外文文本的一致性，并在外文文本上注明："本招股说明书分别以中文、英文（或日文、法文等）编制，在对中文、外文文本的理解上发生歧义时，以中文文本为准。"

四、招股说明书的封面

招股说明书文本封面应标有"×××公司首次公开发行股票并在创业板上市招股说明书"的字样，同时载明发行人、保荐人、主承销商的名称及住所。最后要明确提示创业板投资风险，依照《公开发行证券的公司信息披露内容与格式准则第28号——创业板公司招股说明书》（2020年修订）第七条作出恰当的声明。

五、招股说明书的书脊

招股说明书纸质文本的书脊处应当带有"×××公司首次公开发行股票并在创业板上市招股说明书"字样。

六、招股说明书的扉页

证券发行人应当在招股说明书扉页的显要位置写明："中国证监会、交易所对本次发行所作的任何决定或意见，均不表明其对注册申请文件及所披露信息的真实性、准确性、完整性作出保证，也不表明其对发行人的盈利能力、投资价值或者对投资者的收益作出实质性判断或保证。任何与之相反的声明均属虚假不实陈述。根据《证券法》的规定，股票依法发行后，发行人经营与收益的变化，由发行人自行负责；投资者自主判断发行人的投资价值，自主作出投资决策，自行承担股票依法发行后因发行人经营与收益变化或者股票价格变动引致的投资风险。"此外，扉页还应当列明：①发行股票类型；②发行股数，股东公开发售股数（如有）；③每股面值；

④每股发行价格；⑤预计发行日期；⑥拟上市的证券交易所和板块；⑦发行后总股本，发行境外上市外资股的公司还应披露在境内上市流通的股份数量和在境外上市流通的股份数量；⑧保荐人、主承销商；⑨招股说明书签署日期。

发行人股东公开发售股份的，还应载明发行人拟发行新股和股东拟公开发售股份的数量，并提示股东公开发售股份所得资金不归发行人所有。

七、招股说明书的目录

应当标明各章节的标题及相应的页码，内容编排也应符合通行的惯例。

其他内容不再赘述，可以参考《公开发行证券的公司信息披露内容与格式准则第 28 号——创业板公司招股说明书》（2020 年修订）。

第二章　企业知识产权战略规划

第一节　知识产权总论

一、企业知识产权战略的概念

企业知识产权战略的概念由于没有相关机构给出的统一定义，国内外学者对此均有自己的见解和认识。

我国法学家吴汉东教授认为，所谓的"知识产权战略"是指运用知识产权及其制度去寻求企业在市场竞争中如何处于有利地位的战略。[1]

冯晓青教授认为，企业知识产权战略是企业为获取与保持市场竞争优势，运营知识产权保护手段谋取最佳经济效益的策略与手段。[2]

还有些国内学者认为，企业知识产权战略就是指与知识产权相联系的法律、科技、经济原则的结合，用于指导企业科技发展、经济领域的竞争，为企业谋求最大化的利益。

国外学者罗伯特·H. 皮克利（Robert H. Pitkethly）认为，企业知识产权战略通常是指依据知识产权法和企业战略有关规定，通过知识产权的单独使用或将知识产权与企业的其他资源组合使用，达到企业的战略目标。[3]

还有些国外学者认为，企业知识产权战略既涉及知识产权的外部交易活动（知识产权在外部交易活动中被作为企业战略的一种特殊资源），又有利于企业内部资源的开发、增值和相互组合（其目的在于对企业知识产权的创造管理和保护）。[4]

结合上述国内外学者的观点和见解，笔者将企业知识产权战略定义为：企业为

---

[1] 吴汉东，肖智远. 入世后的知识产权应对：以专利战略为重点考察对象 [J]. 国防技术基础，2002，(4)：37 - 40.

[2] 冯晓青. 企业知识产权战略 [M]. 3 版. 北京：知识产权出版社，2008：12.

[3] PITKETHLY R H. Intellectual property strategy in Japanese and UK companies：Patent Licensing decisions and learning opportunities [J]. Research Policy，2001，30：425 - 442.

[4] 唐珺. 企业知识产权战略管理 [M]. 北京：知识产权出版社，2012：58.

获得、开拓或保持市场优势，在相应知识产权法律法规制度下，通过对知识产权的创造、开发、管理、运营、保护等手段使知识产权资源可以得到高效的利用以及经济价值的实现，是为企业谋取最大经济价值的策略或手段。

二、企业知识产权战略的类型

正如企业知识产权战略的概念所言，企业知识产权战略是一个涉及法律、科技、经济、企业管理、文化、社会科学等多领域于一体的领域，其主要可以从两个方面进行分类。

（一）从知识产权权利内容进行划分

企业知识产权战略可以分为企业专利战略、企业商标战略、企业商业秘密战略以及企业著作权战略等，其中企业专利战略、企业商标战略以及企业商业秘密战略是企业知识产权战略的三大支柱。

（二）从对知识产权运营的不同进行划分

企业知识产权战略可以分为企业知识产权创造战略、企业知识产权运营战略、企业知识产权保护战略、企业知识产权布局战略等。

三、企业知识产权战略的特征

（一）长远性

企业知识产权战略应当是关注企业在今后相当长的一个时期内的知识产权总体发展与规划问题，它决定了企业在今后相当长的一个时期内（通常是指 3~5 年）知识产权的发展方向与目标。因此，企业知识产权战略的长远性意味着企业关注的是长期利益与目标。

（二）可行性

尽管企业知识产权战略瞄准的是企业未来的知识产权发展与规划，但是该战略也必须建立在现有主观因素和客观实际的基础之上，具备该时间段切实可行和易于操作的性质。许多企业采取的所谓打造整体企业知识产权战略发展规划流于形式、未实际落地，打造的企业知识产权战略规划过于抽象宏观难以实施，这样的制度即使建立出来也是被束之高阁。综上，一个完整、切实可行的知识产权战略规划方案不仅要考虑企业外部整个社会的发展形势，也要考虑企业自身的优势、短板，通过对优势的扩大和对劣势的克服达到知识产权战略为企业未来发展保驾护航的战略效果。

（三）总体性

企业知识产权战略应当是以企业整体的可持续性发展为诉求，根据企业未来可持续性发展的路线而制定，提供保驾护航的战略效果。尽管知识产权战略在制定实施的时候会考虑大量的局部活动，但各种局部活动和不同层次的战略最后均是作为企业知识产权战略规划整体的有机组成部分，可以说，企业知识产权战略规划就是企业知识产权未来发展的蓝图，决定着企业整体知识产权未来的发展与布局规划。

（四）稳定性

企业知识产权战略一经设立，一般在相当长的时期内不会有较大变动。战略的整体方向应当保持稳定性，这样企业才能朝着一个确定的方向逐步构建和完善企业知识产权的规划与布局，综合运用企业的内外部资源，企业的运营效率才会不断提高，但由于市场外部环境是日新月异的，因此，企业知识产权战略的稳定性应该是相对稳定，而不是一成不变的。

（五）风险性

风险性不仅是企业知识产权战略，也是任何企业战略具备的特征之一，因为市场环境是在不断改变的，外部环境是充满不确定性与难以预测性的，人类的战略规划能力总是有限的。因此，如果企业知识产权战略规划过于稳定，那么一旦外部环境发生巨大变化，而企业依然坚持最初的企业知识产权战略规划不愿意作出改变，那么企业未来的发展可能会与社会发展的轨道相偏离。

第二节　知识产权战略规划要求

一、战略规划前的企业外部环境分析

任何企业的发展都是嵌在一个特定环境中经营成长的，例如特定的社会环境、时间、政策和行业。企业外部环境的多样性、复杂性和难以预测性都会影响企业战略决策的有效性与实施效率，因此，企业管理者在制定企业知识产权战略规划时一定要深入了解企业外部环境各种因素之间的发展关系与作用机制，这些外部环境因素都蕴含着企业未来发展的机会，但同时也可能暗藏着对企业发展的威胁，外部环境变化均会对企业发展带来不同的影响，这些都是企业管理者在制定企业知识产权战略规划前和其战略实施中应当考虑的问题。

企业管理者在制定知识产权战略规划前应当对企业外部环境各个因素有深入了解，环境因素通常包括经济环境、政治环境、社会文化环境、专业技术环境、行业环境因素。

（一）经济环境因素

经济环境因素是外部环境因素中最基本的因素，其对应的是企业所在的整体经济发展的方向与性质，经济环境因素也可以看出该国家或地区在特定时间段的经济发展是否健康，直接关联企业未来的经济效益与回报率。企业未来发展是否成功，其知识产权战略规划如何布局，如何为企业未来发展保驾护航，很大程度上取决于对经济环境的分析。企业在对外部经济环境因素进行分析的时候，可以从多个方面入手，但均应结合企业本身的性质进行分析，可以进行分析的角度包括汇率水平、社会宏观经济发展周期运行、人口因素、国际经济形势、消费水平、银行存贷款利率等。

（二）政治环境因素

政治环境因素是指一个国家的政治制度、国家政策、法律法规等因素，政府政策的发展变化直接决定了一个行业的发展趋势以及相关企业的命运，例如 2021 年我国的教培行业和房产中介行业。政治环境因素也是国家意志的体现，法律法规对于市场和企业都有直接的规范作用、引导作用，企业管理者在制定企业知识产权战略规划前应当了解政策发展、法律法规草案等。

（三）社会文化环境因素

社会文化环境因素是指企业所在的社会中，社会公众的喜好、信仰、生活方式等社会因素，这些因素有的源远流长又不断变化，有的随着时代发展突然迸发又很快泯灭在时代的潮流里，它们都以潜移默化的方式影响着企业的外部发展环境，从而影响企业生产经营的各个方面。例如近几十年来，"健康"一直是一个社会倾向，这也促使医药、生物等行业不断创新发展，得到政府的政策扶持，改变消费者的消费观念和消费习惯，最终给部分企业带来新的发展机会或给另一部分企业带来生存危机，这也是间接影响企业管理者在制定企业知识产权战略规划时需要考虑的社会因素。

（四）专业技术环境因素

专业技术环境因素又称为行业技术环境因素，未来市场的竞争都是建立在以该领域专业技术竞争之上的，技术就是市场占有的后盾。进入 21 世纪，一个国家或地区的经济增长速度和质量往往会与重大专业技术的发明突破以及实施运用相关联。企业同样如此，未来企业的发展也是建立在该专业领域的专业技术有无创新突破，有无高水平的实施利用率或经济效益，企业管理者在制定知识产权战略规划前，要对企业在专业技术上的研究开发运用前景、技术开发力量集中程度、专利和非专利保护、实验技术向市场产品转化等可能对未来产生影响的、作为战略制定的要素进行提前了解与分析，而这种关注程度在技术密集型企业中体现得更加突出，企业管理者必须高度重视专业技术的前景及发展方向，以便及时采取相应的战略，不断进行专业技术革新，保证企业可持续性发展。

（五）行业环境因素

行业环境因素也是企业管理者需要重点关注的外部环境因素之一，毕竟每一个企业都必须处于特定的社会环境之中，也必须从属于一个特定的行业之内，如果说社会环境是企业生存的宏观外部环境，那么行业环境就是企业生存的微观外部环境。各行各业的发展都具备其独特的发展规律和约束条件，行业环境对企业未来的知识产权战略制定甚至是企业的存亡都具有重要的影响，所以对行业环境的分析是必不可少的，行业环境因素的分析要点包括行业的生命周期、行业发展的关键动力、行业结构分析、行业竞争分析等。以行业的生命周期为例，如果将企业所在行业的生命周期分为初始阶段、成长阶段、成熟阶段、衰退阶段，那么各个阶段企业知识产权战略规划的侧重点就应当有所不同。以专利为例，如果行业处于初始阶段，企业本身在专利方面应当关注如何将该行业内企业自身掌握的技术更多地申请专利，尽可能多地获得专利授权，尽快在该行业领域内占有一席之地。如果行业处于成长阶段，企业应当尽可能长远、详细地布局和落实专利计划，结合企业掌握专利的质量与数量，围绕自己的核心专利进行布局，有效为企业的长远发展进行保驾护航，同时可以对未来的同业竞争对手进行专利上的有效防御。如果行业处于成熟阶段，企业在专利方面应当更加注重新技术的研发或者关键技术的突破，并且视情况考虑对技术进行专利保护或者非专利保护，以此为企业谋求更加强有力的竞争力，毕竟在行业成熟期占有一席之地的同业竞争对手或多或少拥有自己行业技术的部分核心专利。如果行业处于衰退阶段，那么企业在制定知识产权战略的时候就要允分考虑如果投入了大量时间、精力、金钱，能否使技术有突破性的进步，能否给企业带来经济效益，如果不能，企业在该阶段可以考虑将企业所有的知识产权进行出售、独家许可等。

二、战略规划前的企业内部环境分析

企业管理者在制定知识产权战略的过程中，应当将什么作为其战略制定的主要依据呢？实际上，企业内部环境分析与企业外部环境分析都是战略制定的逻辑起点与制定依据，企业自身的优势、劣势以及战略的执行落地能力都比企业的外部环境更能决定自身的绩效。例如，即使在行业盈利率较低的行业里，只要企业生产优质产品的能力处于行业顶尖的水平，那么就能获得同行业里较高的盈利率。企业内部环境分析的根本目的是使企业更好地适应企业外部环境的变化趋势，所以在制定企业知识产权战略之前，制定者也应当对企业内部的优势、劣势逐步进行分析和了解，这样才能制定更适合企业未来发展的战略规划。

1. 对企业资源的分析问题

企业资源是企业战略制定的基础之一，企业资源是指企业自身用于创造产品或服务的投入，具体包括资金、人员、设备、知识产权、组织框架、专业技术、信息资料等，按照资源的形态分类可以分为有形资源与无形资源，如表 2-1 所示。

表 2-1　企业有形资源和无形资源对比

序号	企业有形资源	企业无形资源
1	人力资源（企业员工的数量、素质等）	知识产权资源（专利、商标、商业秘密、著作权等）
2	财务资源（企业的资产负债、流动资金等）	声誉品牌资源（企业名声、信誉、商誉等）
3	实物资源（企业的固定资产、机器设备、车辆、土地、建筑等）	社会关系资源（企业与政府机构、客户、供应商等社会不同群体的关系）
4	组织资源（企业内部组织框架、部门结构、管理方式等规章制度）	企业文化等

在梳理清楚企业有形资源与无形资源后，企业管理者应当对企业资源进行进一步的分析，哪些资源是企业的优势所在，哪些资源是企业的短板，哪些资源有利于企业未来知识产权战略发展，哪些资源不利于企业未来知识产权战略的顺利实施等。在对上述资源进行分析时可以根据以下三个特性进行考虑。

首先是资源的不可替代性或不可模仿性。例如企业拥有一项授权的核心专利，该核心专利是企业所在行业同业竞争对手不可能绕开或必须花费巨大代价才能绕开的行业技术，如果同业竞争对手在短时间内无法突破关键技术获得属于自己的专利，那么要想在该行业内生存就必须取得该核心专利技术的许可授权，该企业在制定知识产权战略规划的时候就要侧重关注如何宣传自己的核心技术，以取得大量许可为企业创造经济价值，同时关注在同业竞争对手中有哪些对手企业未经该企业许可授权在生产销售侵犯该企业核心专利的产品，并积极采用法律武器进行维权。

其次是资源的稀缺性。如果企业拥有一项稀缺资源，并且该资源能够为企业带来经济效益，那么该企业应当将其纳入知识产权战略规划方案。如果是一项技术，可以结合实际情况考虑是申请专利还是作为商业秘密进行保护。如果是注册商标，那么可以考虑围绕该注册商标进行商标布局，以此巩固该企业现有的注册商标。

最后是资源的可利用性。如果企业拥有一项处于该行业的顶尖技术，但根据行业分析得知，该项技术由于外部因素很快就会成为该行业的公知技术、现有技术，那么该技术的可利用性就会降低，不值得纳入知识产权战略规划的培养重点，毕竟前期投入大量精力、时间、资金申请专利获得授权，后期很快会面临被无效宣告的风险，那么其带来的经济价值必然相当有限。

2. 对企业能力的分析问题

企业能力是指企业拥有的利用、整合企业资源的技术或知识，企业能力并不像企业资源一样容易被量化，企业能力更像是一种技巧，能力是企业生产经营制度实施与专业技能、专业知识的融合体。能力通过企业日常的生产经营活动体现，从开始寻找客户、推广产品到签约谈判、产品制造，最后到交易成功、售后服务，每一个环节都体现了企业的能力，企业哪方面能力强，哪方面能力弱，哪方面能力需要知识产权保护，哪方面能力无需知识产权投入，这些都是需要企业管理者考虑的因素。

建议企业管理者在厘清企业能力时可以先将企业能力分为两大类。第一类是企业管理能力，是指企业管理者具备的管理通用能力，例如生产计划制定、企业业务活动开展、企业活动组织、企业领导、业务流程控制等管理学中包含的一般管理能力。第二类是企业经营能力，是指企业的业务专业技能，例如营销能力、财务管理、产品采购、供应商管理、产品生产、产品销售、技术研发等专业技能方面的能力。

上述企业内外部环境等因素分析均为知识产权战略规划制定之前，企业管理者需要探索考察、深入分析的关键因素，如果只是盲目制定企业知识产权战略规划，未对企业内部现状进行梳理、外部环境进行预测，那么所制定的战略规划必然脱离实际、无法落地或者不能起到为企业未来发展保驾护航的作用。

第三节　知识产权战略规划重点

企业的知识产权战略规划重点根据企业的不同类型和企业的具体情况，大致可以分为五个重点领域，分别是企业专利战略规划、企业商标战略规划、企业著作权战略规划、企业商业秘密战略规划、企业国际知识产权战略规划。

一、企业专利战略规划

专利是受各国法律保护的发明创造，随着经济全球化时代的到来，技术创新的水平、规模、受重视程度也逐步提高，各国企业对其企业专利保护的意识也逐步增强，运用知识产权战略规划保护企业的专利已经成为企业增强自身核心竞争力的必要手段之一。

（一）企业专利战略的定义

企业专利战略是指企业为了取得专利竞争优势，研究分析竞争对手状况，推进专利技术开发，控制独占市场。在获得专利后充分运用专利使其转化为经济利益或用于防御，并且利用专利制度提供的法律保护及其各种方便条件有效保护企业自身的合法利益，充分利用专利情报信息，为求得长期生存和可持续性发展而进行整体性谋划。❶ 结合经济全球化的时代背景，企业专利战略规划对企业生存、发展有着重要影响，既有利于强化企业核心技术优势，也有利于企业可持续性发展创新。对于跨国企业而言，全球性的专利布局一旦成功，将直接带给企业巨大的全球竞争优势和不可衡量的经济利益。因此，实施企业专利战略规划的重要性不言而喻，而且其规划一定要从全国乃至全球的角度出发，洞察市场的走向、不断评估专利价值的变化趋势、识别专利风险、预测新技术发展趋势、不断更新企业主导产品发展方向，为企业带来可持续性发展和持续创新能力，这也是科学的企业专利战略的最终目标。

（二）企业专利战略的特征

1. 保密性

由于企业专利战略与企业核心竞争能力息息相关，能被企业纳入专利战略规划的都是企业主要的机密信息，例如企业新技术和新产品的研发计划、研发图纸、市场技术发展趋势调查结果、即将申请专利的图纸等都是不宜公开的信息，一旦落入竞争对手的手中，将对企业发展造成不可预估的损失。

2. 法律性

专利战略中对企业专利的保护应当是以所在国家的专利法为主要依据，同时参考国际知识产权条约等，毕竟专利是以公开换保护，其保护的依据便是专利法，受该国专利法保护的专利制度才是企业专利战略的核心。如果专利战略的具体措施与该国专利法的规定背道而驰，那么失去法律的保护，专利战略将毫无意义。

3. 技术性

技术是发明创造的基础，专利制度的构建就是鼓励人们进行发明创新，企业专利战略应当是帮助企业发现技术突破口、鼓励企业技术员工进行技术革新、促进企业专利成果经济化的保障，进一步推动企业有计划地开展技术革新、专利布局。

---

❶ 唐珺. 企业知识产权战略管理［M］. 北京：知识产权出版社，2012：72.

（三）企业专利战略的目标

1. 以专利诉讼为手段胁迫同业竞争对手

企业可以先对现有专利进行梳理排查，选取稳定性较强的专利为对象，对同业竞争对手的产品进行调查，在相关涉嫌侵权产品与该企业专利产品对比后进行取证，然后到有管辖权的法院进行诉讼维权，迫使同业竞争对手放弃生产侵权产品，以此巩固企业自身的行业竞争地位。

2. 形成行业专利壁垒

形成行业专利壁垒是更加长远、宏观的战略规划，无论哪个行业，其市场都是有限的，新兴企业进入该行业肯定会对现存企业的市场进行侵占，导致现存企业的利润不同程度的下滑。因此，企业以某些方式形成行业专利壁垒是很有必要的，可以有效防止大量新兴企业抢占市场，以维持现有行业市场的稳定性和企业利润，而获得专利授权就是形成专利壁垒的最好手段。当然，不是只有获得专利授权构造行业壁垒的一种方式，还可以建立并完善行业技术标准，以此来提高该行业的准入门槛，通过对该行业众多专利的推广以及企业间专利的交叉许可来形成行业公认的标准，这会对之后想要加入的企业构成一个准入式标准，也有效巩固了企业原有市场份额与地位。

3. 消除同业竞争对手的专利壁垒

如上所述，行业内比较有市场地位的企业都已经或多或少建立了专利壁垒，那么新加入该行业的企业要做的就是打破或消除已有的行业专利壁垒，例如利用新技术、新资源去开拓新专利产品，或者对竞争对手的专利提起专利无效宣告请求和诉讼。

二、企业商标战略规划

（一）企业商标战略的定义

企业商标战略是指企业为获得或保持在市场上的竞争优势，运用商标等各种手段达到树立企业良好形象、企业声誉的目标，促进企业产品或服务进一步占领市场份额的战略规划。企业商标战略不仅蕴含商标等知识产权方面的内容，而且包括经济、管理、市场、法律、企业文化等多领域的学科知识，制定一个切实可行、科学合理的企业商标战略必须建立在以企业自身实际出发，综合考虑众多外部因素的前提下来确定商标的研究、设计、使用、推广、保护的环节，最后达到促进消费者购买更多企业产品或服务的目的。

（二）企业商标战略的目标

1. 获得较高的企业信誉

高水平的企业信誉意味着企业产品或服务在消费者眼里有良好的口碑，意味着产品或服务的高质量、高水平，对合作对象或者银行而言，较高的企业信誉意味着企业值得信赖、品质优良，在市场经济环境下，拥有良好信誉的企业能够实现可持续性发展。

2. 创造高水平的知名度

高水平的企业知名度是保障企业产品或服务顺利推广、畅销的重要因素之一，高水平的企业知名度也是企业重要的无形财产，例如提到高品质的牛奶大家自然联想到"特仑苏"，提到高品质矿泉水大家自然联想到"依云"。

3. 获得较大的市场份额占有率

如果企业依靠成功的企业商标战略规划获得了较高的企业信誉与高水平的企业知名度，那么随之而来的就是进一步扩大市场占有份额，为企业带来更多的经济效益。

4. 打造百年传承的企业品牌

一个宏观、科学合理的企业商标战略规划能够打造一个百年传承的企业品牌，这也是商标战略的最终目标，最大限度发挥商标的标识作用，打造代表企业产品、服务的商标体系，运用商标体系为企业发展保驾护航，甚至拓展海外市场，打造国际品牌。

三、企业著作权战略规划

（一）企业著作权战略的定义

企业著作权战略是指结合宏观经济环境以及特定的行业环境，企业依据自身发展情况对自身的著作权资源进行有计划的开发与利用，不仅是要合理利用本身就是企业优质资源的著作权，也要合理挖掘企业潜在或闲置的著作权资源，形成完整的著作权经营链条，为企业发展提供强有力的保障作用。

（二）企业著作权战略目标

1. 企业著作权经济化

企业在制定企业著作权战略规划时应首先注重如何将企业的著作权资源进行经济利益的转化，可以参考的转化方式包括著作权的有偿许可、著作权的有偿转让、著作权经营、著作权衍生产品规划等。

2. 企业著作权保护

由于企业著作权涉及内容较为广泛，同时著作权的获得相比专利、商标而言更为简便，所以对于企业来说，企业著作权战略规划的基础首先是如何避免自身产生著作权侵权行为，其次才是如何针对他人的著作权侵权行为进行维权。值得一提的是，可以考虑著作权与企业注册商标或产品外观设计结合在一起，对企业进行双重保障。

四、企业商业秘密战略规划

（一）企业商业秘密战略的定义

企业商业秘密战略是指企业为了保持自身竞争优势，需要建立完善企业自身的商业秘密保护体系，其保护体系以技术、制度和保护措施为主，构建员工保密教育机制、培养保密文化、明确商业秘密保护范围、落实商业秘密保护措施等系统性规划。

（二）企业商业秘密战略的目标

1. 总目标

企业商业秘密战略的总目标就是建立对企业自身商业秘密的有效保护，具体而言，做好各方面商业秘密的保护工作，保障商业秘密权利的存续。

2. 权利目标

权利目标即保障商业秘密权利的存续，因为商业秘密与专利、商标等有所不同，根据《反不正当竞争法》（2019 年修正）第九条规定："本法所称商业秘密，是指不为公众所知悉、具有商业价值并经权利人采取相应保密措施的技术信息、经营信息等商业信息。"由此可见，商业秘密不是在相关载体符合商业秘密构成要件后自动产生的，虽无需向相关行政机关申请授权，但需要企业具体明确其权利内容和保护范围。因此，是否符合商业秘密是需要企业自证的。如果权利人无法自证其商业秘密符合商业秘密的构成要件，则无法享有相应权利。总目标下的第一个子目标就是确定权利范围、保障商业秘密权利的有效存续。

3. 防护目标

防护目标是指在商业秘密风险发生之前的子目标，也是总目标下的第二个子目标，顾名思义，防护目标是指企业商业秘密战略规划要建立有效防护手段，防止商业秘密泄露等风险发生。

4. 维权目标

维权目标是指在商业秘密风险发生之后的子目标，也是总目标下最后一个子目标，其目的首先在于防止商业秘密泄露后企业遭受的损失扩大，其次在于风险发生后的维权与救济问题。为什么维权目标作为子目标的最后一个？不仅是因为时间发生顺序的问题，还因为实务中商业秘密权利主张比较困难，大部分企业在商业秘密风险发生后都是临时准备证据，企业商业秘密保护的规章制度根本没有落实或者留痕，最终导致败诉。因此，三个子目标应当并驾齐驱，而不是仅仅把战略规划重点放在事后维权的阶段。

五、企业国际知识产权战略规划

（一）企业国际知识产权战略的定义

企业知识产权战略作为企业战略的组成部分，必然处于企业经营环境系统之中，一个完整的系统应包括系统输入要素、系统转换要素与系统输出要素，在国际化经营过程中，企业在将其内部资源加以整合的基础上，通过制定和实施知识产权管理制度、知识产权发展规划来提高企业国际竞争力❶。

（二）企业国际知识产权战略的目标

1. 提高企业国际竞争力

提高企业国际竞争力是企业国际知识产权战略规划的最终目标，毕竟在市场经济环境与全球经济一体化时代里，企业的核心竞争力是围绕消费者的需求而构建起来的，在核心竞争力的构成要素中，最容易为消费者所感知的就是技术和品牌。消费者最关心的不是某个公司的组织结构、经营战略，而是其生产的产品，更确切地说是产品的技术含量和品牌，而提升与保护产品技术、打造与维护企业国际品牌就是企业国际知识产权战略规划应当关注的重点。

2. 加强技术创新

企业若要走出国门，实现全球化生产经营，就要坚持培养技术产品创新能力，鼓励开发研制自己的核心技术。一方面，在创新路线上，企业应当将跟踪和模仿国外先进技术为主的初级创新模式调整为以自主研发创新为主的高级发展模式；在企业资源、资金配置方面，进一步加大技术研发的投入，提高开发费用占销售收入的比重，不断完善研发机制，不断突出研发与技术创新的地位。另一方面，在企业国内专利布局较为完善的情况下，中国企业可以通过对引进、消化、吸收及再创新开发围绕核心专利的应用性专利技术，形成对核心专利的包围，利用交叉许可，扩大自身的发展空间；对于还不具有技术优势但是有很大发展潜力的产业，可以采取跟随战略，逐渐把握市场技术动向，注意新技术对市场的潜在影响，分析新技术与企

---

❶ 于丽艳. 我国企业国际化经营知识产权战略管理研究［D］. 哈尔滨：哈尔滨工程大学，2006.

业产品的延伸可行性，认为其有市场价值时跟随开发；对于公有技术，可以结合其特点进行技术改造，特别是注意追踪了解失效的专利技术，发现其应用价值并及时利用和开发❶。

3. 打造国际品牌

在经济全球化时代下，企业想要打开国际市场就必须在市场营销方面尽早树立更加全面的品牌培养意识，打造自有品牌、民族品牌，制定和采取保护企业品牌的规章制度与有效措施。首先，要强化企业及企业员工的商标意识，着力打造民族品牌，争取国际市场份额。其次，建立健全企业自己的一套商标开发、设计、申请和保护机制，将企业品牌的开发和运营列入企业目标管理的日常规划中，具体职能分化到企业的设计部门、法务部门、销售部门与产品服务部门等职能机构，将其制度进一步贯彻落实。再次，洞悉市场竞争动向，尤其是竞争对手的发展状况，掌握其他跨国企业在中国的商标战略，不断完善企业的商标战略。最后，要善于利用国内外市场资源，进行跨国经营的同时不断促进企业品牌向全球市场推广，以商标、品牌的国际化带动企业知识产权战略国际化发展。

第四节　知识产权战略规划实施

一、企业专利战略规划

企业专利战略规划在实际操作中应当是一个动态、系统、企业全生命周期性的规划，其规划从企业专利的初期研发设计开始到专利产品销售全链条全流程覆盖，大体分为四个阶段，分别是调查规划阶段、专利申请规划阶段、专利实施规划阶段、专利防御规划阶段。

1. 调查规划阶段

调查规划阶段是指企业在制定专利战略规划前，应当对相关事项进行调研、调查与结果分析。具体调查事项分为以下三个方面。

（1）市场技术性调查，包括该产品技术的生命周期、技术市场定位、当前技术形势、未来技术风险预测、同业竞争对手专利技术分析、市场技术空缺、潜在技术替代风险等方面。

（2）企业专利分析，包括对企业专利"三性"（新颖性、创造性、实用性）分析、专利可行性分析（检索专利现有技术、明确现有技术范围可以为企业专利技术

---

❶ 肖黎明. 中国企业全球化知识产权战略［N］. 法制日报，2007－07－29.

研发变相节约时间与经济成本）、专利侵权性分析。

（3）失效专利分析，失效专利虽然失去了法律的保护，但还是有潜在的经济价值和市场价值，其技术可能对企业未来技术发展方向提供重要的参考价值，企业甚至可以在失效专利的基础上研发出属于自己的新专利技术。

2. 专利申请规划阶段

（1）专利占先申请规划。因为我国和世界上绝大多数国家实行的都是申请在先原则，而不是发明在先原则，所以专利占先申请一定是专利战略规划申请阶段的重中之重，其中具体需要规划的事项有专利申请时机、专利申请地域（针对国际专利布局）、国际优先权等方面。

（2）专利申请布局规划。专利申请布局是以企业核心专利为中心，以外围专利为辅助形成的专利网，这样专利网式的申请既有利于扩大企业产品市场占有份额，又有利于压制同业竞争对手的发展空间，从而更全面地发挥专利权的竞争优势。特别是外围专利布局，可以是核心专利的衍生产品、中间产品、改进产品、新外观设计等，囊括专利的所有类型。

（3）专利合作申请规划。鉴于在技术发展迅速、市场竞争激烈大环境下，新技术、新产品的研发往往需要投入大量的时间、金钱与精力，出于对企业成本、风险考虑，企业合作研发新技术、新产品已经是各企业广泛采取的研发方式，企业合作研发可以采取共同出资、共担风险、分工合作、共享成果方式，其背后的实质是合作企业跨过企业边界对该技术进行专业研发互补，共同推进关键技术突破。

3. 专利实施规划阶段

专利实施规划阶段需要根据企业类型、技术市场情况进行分类，具体战略类型包括以下五种。

（1）垄断（独占）实施战略。企业在实施该类战略规划时需要充分考虑该专利技术的稳定性、先进性，充分了解该技术的市场和国际标准要求，熟悉该技术本身的复杂性、成熟程度以及专利产品的收益性，该战略的成功实施会有效妨碍同业竞争对手的发展，从而达到行业垄断的目的，许多跨国公司采取该类实施战略，例如美国高通公司。

（2）专利许可实施战略。专利许可是指专利权人或获得专利权利人授权的人将在某一地域或国家取得的专利许可给被许可方实施，允许被许可方在约定时间、范围、地域内利用该专利技术生产、制造、销售相关产品，被许可人向许可人支付一定的专利使用费。

（3）专利交叉许可实施战略。专利交叉许可在某种程度上与专利技术的合作开发相似，都打破了企业的边界线，在约定的时间、范围、地域内，对双方许可的专利享有使用权、销售权等，毕竟专利垄断的格局在逐步退化，专利分散化的格局应该是未来发展的主流。专利交叉许可的优势在于，一方面可以将企业之间的专利实现互补，增强双方企业在该行业的核心竞争力；另一方面巧妙避免了专利技术纠纷，化解了潜在的专利侵权风险。

（4）专利引进战略。专利引进战略在早期是我国专利实施战略的主流，众多企业先对海外专利进行深度检索，挑选出未在我国申请并获得授权的专利，在此基础上进行改良和创新，然后在我国申请专利。

（5）专利购买战略。专利购买战略是指企业不通过自己的研发获取专利技术，而是通过购买的方式缩短研发周期、提高生产经营效率，快速提高企业竞争力的方式。但在实施该战略的时候需要注意以下问题：首先是要考虑企业本身是否适用该专利技术以及是否能为企业增强核心竞争力，其次是对拟购买专利的价值含量进行评估（包括专业技术和未来市场价值的评估），最后是购买成本的考量。

4. 专利防御规划阶段

该阶段主要是在企业生产经营过程中遭受其他同业竞争对手的专利进攻或者妨碍时需要采取的战略规划，具体的实施规划需要结合企业实际情况，大致可以分为信息公开战略（非专利文献公开、专利申请公开等）、专利无效战略（主动请求专利无效宣告、被动应诉中专利无效宣告抗辩）和专利诉讼战略。

二、企业商标战略规划

企业商标战略根据企业实际经营情况与发展规划具体可以分为以下四个方面。

1. 统一商标战略

顾名思义，该战略是指企业在生产经营过程中生产销售的所有产品和服务均采用一个商标。该战略的优点在于具有一定知名度和信誉的企业可以借助同一商标推广企业自身的全部产品。同时，该战略可以在商标设计和申请以及广告推广方面节约大量成本，随着时间推移和市场竞争力提高，该商标还会逐步蕴含企业文化与企业影响力。需要注意的是，该战略最大的弊端就是连环效益，一旦企业某个产品出现质量问题，那么可能在消费者群体中产生连环效益，从而影响该企业其他商品的销售情况。

2. 多品牌商标战略

与统一商标战略相对应，该战略可以更好地迎合多元化市场的需求，也是现实生活中绝大多数企业采取的战略，其优势在于多品牌商标战略可以更加迎合市场需求，将商标对应产品细分到各个领域形成多元化特色商标体系，同时在一定程度上避免了连环效益，将风险分摊到各个商标上，每个商标及其产品相对独立，这样即使一个产品出现质量问题，对企业的其他产品影响也是有限的。但是其缺点也很明显，多品牌商标战略的成本肯定是高于统一商标战略，除了商标申请、设计的成本，在宣传推广上也是一笔巨额开销。

3. 商标许可战略

企业利用自身的商业信誉与知名度，与他人签订商标许可使用协议，授权他人使用该企业的商标，从而进一步渗透各个地区的市场，增强企业影响力。典型的例子就是我国的奶茶行业，我国的奶茶行业近年来发展迅速，而奶茶行业的各个知名品牌能迅速在全国遍地开花的方式便是加盟，全国各地的加盟店进一步扩大了该品牌的影响力。

4. 商标收购战略

在市场经济时代，商标往往蕴含着企业的知名度和产品质量，收购一家企业的商标专用权就等于变相收购了该企业的市场影响力。该战略的优点在于，企业收购高价值的商标后，变相获得了进入市场的通行证。另外，收购知名商标，意味着其潜在资源也将被一并收购，从而方便企业利用其原有资源或渠道大大缩短进入该行业或市场的时间和经济成本。

三、企业著作权战略规划

企业著作权战略规划主要包括企业著作权运营战略与企业著作权保护战略两大部分。

（一）企业著作权运营战略

著作权作为企业中灵活性较强、价值上下浮动的智力成果型资产，随着合理、科学的运营规划，它将会给企业带来巨大的经济价值，企业著作权运营战略的目的就是将企业著作权资源作为企业资本去运营，实现企业著作权产业的可持续性健康发展，具体著作权运营战略方式有以下四个方面。

1. 著作权许可战略

著作权有偿许可是大部分企业著作权运营的主要方式，一方面可以实现著作财产权，为企业带来经济效益；另一方面变相推广了著作权作品的社会影响力，从而提高企业的核心竞争力。

2. 著作权转让战略

著作权转让是指企业将自己所有的作品中的经济权利部分或全部有偿转让给他人。与许可不同的是，著作权转让后原权利人会丧失所转让的权利，而受让人会取代原权利人成为新的权利人，这就需要企业在转让之前多方面考虑转让的必要性，例如从产品生命周期入手，分析著作权转让与著作权许可相比各自带来的经济价值，最终衡量是否转让该著作权作品。

3. 著作权整合战略

单个资源对企业影响力、核心竞争力的提升较为有限，但是如果将企业全部有影响力的著作权作品进行合理整合与有效配置，那么对于将著作权作为主导产业的企业来说，其对企业影响力的提升一定是质的飞跃。例如，索尼集团公司与亚马逊公司都计划开发掌上手机项目，原本各自的销量均不理想，但是索尼公司将其引以为傲的游戏与音乐融入掌上手机的设计中，亚马逊公司将电子书库融入手机设计中再配合其线上销售平台，那么双方的手机销售量必然上升，这就是整合著作权资源的提升力。

4. 著作权衍生发展战略

著作权衍生产品的开发能够有效延长企业著作权产业的生机与活力，美国的影视娱乐产业非常发达，这是因为其影视娱乐企业擅于对自身著作权作品进行衍生开发，新电影取得高票房后，通常在几年后推出该系列的续作。企业会围绕受欢迎的电影开发出许多周边产品，例如手办、海报、水杯、食品等。需要注意的是，著作权衍生产品虽然可以延长著作权利益链条，但并不意味着所有的著作权都有开发衍生产品的必要，只有基础著作权产品具备一定的影响力和较为鲜明的主题特色，其衍生产品才会有一定的市场，盲目开发有可能得不偿失。

（二）企业著作权保护战略

1. 著作权登记战略

著作权登记是在著作权侵权诉讼中，权利人获得胜诉的重要证据之一，我国著作权虽然自作品完成之日即自动产生，其不以著作权登记为必要的生效要件，但是作者可以在创作完成后主动向行政机关进行著作权登记申请。我国虽然对著作权登记采取自愿原则，但是主动申请著作权登记可以取得著作权权利保护的初始证据，相比没有申请著作权登记的维权案件，权利人需要保留底稿、收藏证、电子文档等各种证据，依法主动申请著作权登记无疑是高效且便利的。需要注意的是，未完成之前的作品、创意、设计图等材料可以作为企业的商业秘密进行保护。

2. 著作权、商标的双重保护战略

商标可以是而且经常把已经存在的东西"拿来"，而不是依赖于新颖性或任何智力劳动而取得的。❶ 著作权作品也可以采取注册商标的保护形式，比如迪士尼在商标注册全类（45 个类别）中都申请了"米老鼠"的现象商标。这样做的优点在于，首先，著作权的法定保护期限是有限的，而商标保护期限是可以无限续期的。其次，商标侵权法定救济的计算方式比著作权侵权法定救济的计算方式更为充分合理。最后，商标的侵权无需证明独创性，在侵权判定上更为简单。

3. 著作权、外观设计的双重保护战略

这种双重保护方式既能够充分利用著作权容易申请登记的优点，又能享受外观

---

❶ 吴汉东. 知识产权法［M］. 4 版. 北京：法律出版社，2011：212.

设计保护程度更高（相比著作权保护而言）、保护力度更大的优势，两种保护方式优势互补，从而达到一个更加全面的保护方式。

4. 著作权、不正当竞争的双重保护战略

著作权对作品、创意的保护较为有限，例如某影视公司开发了一个动漫人物形象，然后申请了著作权登记，那么该著作权登记可以防止他人直接复制该动漫形象进行使用，但是无法防止他人复制该动漫形象进行二次设计后再推出相关产品的行为，针对这类行为只能将著作权结合反不正当竞争法进行相应的保护，根据《反不正当竞争法》（2019 年修正）第六条规定："经营者不得实施下列混淆行为，引人误认为是他人商品或者与他人存在特定联系：（一）擅自使用与他人有一定影响的商品名称、包装、装潢等相同或者近似的标识；（二）擅自使用他人有一定影响的企业名称（包括简称、字号等）、社会组织名称（包括简称等）、姓名（包括笔名、艺名、译名等）；（三）擅自使用他人有一定影响的域名主体部分、网站名称、网页等；（四）其他足以引人误认为是他人商品或者与他人存在特定联系的混淆行为。"

四、企业商业秘密战略规划

企业商业秘密的保护模式与知识产权的保护方式是不同的，知识产权是以法律保护为主，而企业商业秘密保护是以技术和规章制度措施保护为主，以法律保护为辅，具体战略实施计划分为企业商业秘密组织战略与企业商业秘密技术战略两大部分。

（一）企业商业秘密组织战略

企业商业秘密组织战略主要针对企业关于商业秘密保护体系、管理体系在制度上的建立完善，企业可以具体情况具体分析，根据企业实际情况合理界定商业秘密、划分商业秘密的密级、确定商业秘密的保密期限等规章制度。

1. 确定企业商业秘密的具体范围或划分标准

（1）对相关信息进行合理科学的划分，例如什么是商业秘密、什么不是商业秘密，这里需要运用的是商业秘密的"三性"判断，即秘密性、价值性、保密性。通过《反不正当竞争法》（2019 年修正）中对"商业秘密"的定义表述为：不为公众所知悉、具有商业价值并经权利人采取相应保密措施的技术信息、经营信息等商业信息。"三性"中的秘密性即不为公众所知悉，是指该信息不为其所属领域的相关人员普遍知悉或者不能从公开渠道容易获得；价值性即具有经济利益和/或实用性，是指该信息因其秘密性而具有现实的或者潜在的商业价值，能为企业带来商业利益或竞争优势；保密性即采取相应保密措施，是指企业为防止信息泄露所采取的与商业秘密的商业价值、独立获取难度等因素相适应，合理且具有针对性的保密措施。

（2）了解商业秘密的"三性"后，再去划定商业秘密的范围，商业秘密主要包括经营信息、技术信息等商业信息。

经营信息分为内部经营信息、内部管理信息和第三方信息。

内部经营信息包括：客户名单、货源情报、产销策略、价格与底价、销售货款的回收、回扣或折扣率、用户情况、公司资产、经济指标、财务报表数据，招投标中的标底及标书内容。

内部管理信息包括：企业经营战略、经营规划、经营决策，合同、可行性研究报告、重要会议纪要、人事档案、组织架构、薪酬体系等。

第三方信息包括：企业在对外交往和合作过程中知悉的第三方的保密信息。

技术信息则包括：技术方案、制作方法、工艺流程、配方、计算机软件、数据库、技术文档、实验结果、技术数据、图纸、样品、样机、模型、说明书、操作手册、模具、生产设备等。

（3）将已划定的商业秘密按照密级的不同标准进行分类，关于密级的分类主流方式有两种，一种分为核心秘密、重要秘密、一般秘密三级，另一种分为绝密、限阅、机密、仅供内部使用四级，不同企业具体每一级的名称可能会有所不同，而每一级的保密措施、保密时限也较为不同。

2. 制定企业商业秘密的保密措施及其执行方式

在划定商业秘密范围及密级后，企业需要做的就是制定更细化的企业商业秘密保密措施及其执行方式，企业需要具体情况具体分析，一些主流的商业秘密保密措施有以下三个方面。

（1）保密文化的培养和保密制度的宣传。企业可以定期对涉密人员、全体员工进行保密培训教育，加强相关人员的保密意识，让其了解保密措施、保密程序、保密制度的违反后果和保密工作的必要性等，确保企业保密制度的贯彻落实，培养员工的保密责任感。

（2）完善企业员工保密制度规章。例如与企业全体员工或涉密员工签订保密协议，在劳动合同中添加保密条款，签订竞业限制协议和离职交接保密手续等措施。

（3）完善企业内部保密区域的划分。划分可参观区域和保密区域，对保密区域设定相关标识，同时对外业参观人员进行谨慎辨别，核实其身份真实性及安全性。

（二）企业商业秘密技术战略

网络与信息时代的到来导致网络应用、信息技术等问题日益复杂，网络安全问题也成了商业秘密保护要面对的难题。除此之外，企业软实力的提升也对企业办公的硬件提出了新的要求，企业商业秘密技术战略就是从企业的硬件设施入手，提高企业的商业秘密管理、保护水平。

1. 数据备份

进入信息时代的好处在于企业商业秘密不再局限于纸质版保存方式（档案馆、保密室等传统纸质版信息保密措施），可以采取光盘、硬盘、U盘、云盘等方式存储信息数据。例如，U盘与云盘的双重储存，可以有效防止信息数据因为各种原因易丢失。数据备份是一种简便的保护企业商业秘密方式，需要注意的是，企业普通办公数据信息的保存方式要与保密信息的保密方式有所区别。

2. 数据加密

网络使信息传输的方式更为简便快捷，但是传输信息的安全性大大降低，企业员工在使用公共网络（外网）传输保密文件时应当设置密码或加密软件，虽然刚开始施行该措施的时候容易增加工作难度、降低工作效率，但是可以有效防止文件在传输过程中被窃取和误传不能撤回的种种现象。

3. 采用网络的物理隔离

针对国有企业、高科技企业等自身企业资金雄厚、研发设计环节技术水平含量高、子企业/分公司众多的情况，网络的物理隔离简称为"内外网"措施，简单来讲就是为企业的网络设置一道防火墙，该防火墙有效隔离企业内部网络与外部网络的连接点，既能监控信息数据流量，又能负责信息过滤筛选，有效防止内部非法操作导致的信息外流与外部网络安全隐患。当然，部分商业秘密保护体系较为完善的企业甚至建立了整机隔离的保密制度，即涉密单位或者涉密部门的办公室内有一台计算机只能够连接企业内部网络，无法连接外部网络，具体涉密信息的处理、传输均只能在该台计算机上操作，不能在其他员工的私人电脑上操作。

4. 身份认证、身份识别技术

企业保密信息在外部网络传输时可以采取身份认证或身份识别的技术进行保密，保证传输文件只有经过被授权和被认可身份的用户打开、修改或复制，从而保证传输数据的安全性与完整性。

5. 企业纸质版文件管理制度

大部分企业对现存有用的纸质版文件有管理、保管办法制度，但容易忽视对复印机、打印机、办公草稿纸、已经内部开标的文件等生产的纸质版文件的处理，大多数企业对该部分产生的废弃文件没有处理方式，正确的方式应该是采取定期粉碎机粉碎处理或者安排专人定期回收该部分纸质版文件进行集中处理，以防任何有用信息的对外泄露。

6. 硬件识别（定制）技术

硬件识别（定制）技术是指企业所有的办公计算机可插入的光盘、硬盘或U盘均为特制的光盘、硬盘或U盘，其他类型或品牌的上述设备无法从公司办公计算机拷贝任何资料或数据，每位员工入职时配置一套上述设备，离职交接的时候需要原封不动交还给企业,这样能有效防止存有私心的员工或混入企业的商业间谍拷贝企业的信息数据。

五、企业国际知识产权战略规划

企业国际化最主要的障碍是什么?我国企业国际化经营水平与知名跨国公司的国际化经营水平差距由很多因素导致,但有两个因素是比较突出的,其一是企业品牌,其二是企业资金。

1. 企业品牌问题

品牌是一家企业对外最直观的标识,品牌背后蕴含着企业核心竞争力、企业价值、企业信誉与企业文化,如何发挥企业品牌在国际市场上的影响力?这是中国企业国际化过程中都需要考虑的问题。

(1)要打造优质的企业国际品牌,首先要重视企业商标的国内、国际申请与维护,企业品牌向消费者传达的是企业的经营理念、企业文化、产品质量等要素,可以突破时间与地域的限制,有效扩大品牌国际影响力,企业的商标作为企业品牌的根基在其打造上发挥了重要作用,无论是国内还是国外企业都应当积极主动申请商标,同时注意对商标进行维护与管理。

(2)完成从销售产品到销售品牌的蜕变,受市场的影响,销售产品最终会到达一个峰值而无法超越,但是销售品牌却有着无限的潜力。以肯德基为例,开始肯德基的门店只售卖几类基础产品,即炸鸡、汉堡、可乐与薯条,当肯德基的门店遍布美国后便开始思索国际化经营的道路,尝试在各国开设门店售卖这几类基础产品,但都是刚开设的时候门庭若市,在消费者的新鲜感过去之后,产品的销量便无法有进一步突破,于是肯德基开始根据各国的不同实际情况开发系列产品,比如在我国新增的"老北京炸酱面""嫩牛五方"等中国化的新产品,几元一碗的炸酱面加上肯德基的品牌就能售价数十元,这就是销售品牌带来的经济效益与国际影响力。

2. 企业资金问题

资金不足很大程度上会影响企业国际化经营的水平,容易造成企业发展速度降低、投资规模小、国际宣传推广力度低等一系列问题,而知识产权质押融资可以很好地解决这一问题,知识产权质押融资作为担保制度的一种新兴形式已经越来越受到企业的重视,利用知识产权进行投资融资就是将知识产权这个无形资产转化为生产力,快速高效地实现其经济价值,对推动企业国际化经营水平以及解决企业资金困难的问题有着重要影响。例如,北京某生物医药公司成立16年来一直在银行进行各种方式贷款,但贷款额度均为十几万元,2017年,该公司研发的蛋白多糖生物活性物质相关的发明专利获得授权,该公司利用该发明专利从北京交通银行分行成功获批近200万元贷款,该笔贷款高于该公司历年贷款额度的总和,成功解决了企业资金困难的问题。坐落在四川省南充市顺庆区的某知名企业,利用该企业的驰名商标向四川省南充市商业银行申请贷款,最终成功获批 1000 万元的贷款,这也是四川省南充市首例凭借商标专用权获批贷款的案例。2006 年 8 月,华谊兄弟传媒股份有限公司以电影《集结号》的著作权出质,获得中国招商银行 5000 万元贷款,且该贷款除著作权质押外没有其他的任何担保,这是我国首例规模较大的单独以著作权担保的融资案例,值得一提的是,该公司在申请贷款时,该部电影还在拍摄过程中,也就是说该部电影的著作权并未实际产生,该公司是我国首例用"未来"著作权进行质押融资并且成功获得商业贷款的案例。

第三章 企业知识产权管理标准

第一节 《企业知识产权管理规范》要求

2013 年 2 月 7 日，由国家知识产权局起草制定的《企业知识产权管理规范》（GB/T 29490—2013），经原国家质量监督检验检疫总局、国家标准化管理委员会批准颁布，于 2013 年 3 月 1 日正式实施，是我国首部企业知识产权管理国家标准。

《企业知识产权管理规范》的主要目的在于提供基于过程方法的企业知识产权管理模型，指导企业策划、实施、检查、改进知识产权管理体系，提出基于过程方法的企业知识产权管理模型，如图 3 - 1 所示。

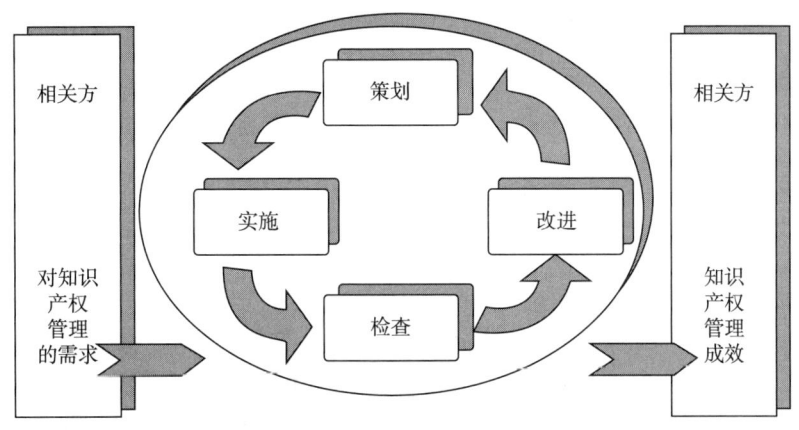

图 3 - 1 企业知识产权管理模型

《企业知识产权管理规范》将企业的知识产权管理体系的实际运作视为一个整体过程，该过程包括知识产权的输出到输入全链条，具体分为知识产权管理的策划、实施、检查与改进。同时，该标准也对企业知识产权管理体系提出了建立完善的各方面要求。

一、总要求

企业应按《企业知识产权管理规范》要求建立知识产权管理体系，实施、运行并持续改进，保持其有效性，并形成文件。

二、对企业知识产权管理体系文件的要求

（一）体系结构

体系结构包括：①知识产权方针和目标；②知识产权手册；③标准要求形成文件的程序和记录，"形成文件的程序"是指建立该程序，形成文件并实施和保持。一个文件可以包括一个或多个程序的要求；一个形成文件的程序要求可以被包含在多个文件中。

（二）文件编写要求

文件编写要求包括：①相关文件发布前经过审核和批准，修订后在发布前重新审核和批准；②文件中的相关要求明确；③按文件类别、秘密级别进行管理；④易于识别、取用和阅读；⑤对因特定目的而需要保留的失效文件予以标记。

（三）知识产权手册的编写内容要求

知识产权手册的编写内容要求包括：①知识产权机构的设置、职责和权限等相关文件内容；②知识产权管理体系的程序文件或对程序文件的引用；③知识产权管理体系过程之间相互关系的表述。

（四）外来文件与记录文件要求

编制形成文件的程序包括对规定记录的标识、贮存、保护、检索、保存和处置所需的控制。对外来文件和知识产权管理体系记录文件应予以控制并确保：①对行政决定、司法判决、律师函件等外来文件进行有效管理，确保其来源与取得时间可识别；②建立、保持和维护记录文件，以证实知识产权管理体系符合本标准要求，并有效运行；③外来文件与记录文件的完整性，明确保管方式和保管期限。

三、对企业知识产权管理职责的要求

（一）对管理者的要求

最高管理者是企业知识产权管理的第一责任人，应通过以下活动实现知识产权管理体系的有效性：①制定知识产权方针；②制定知识产权目标；③明确知识产权管理职责和权限，确保有效沟通；④确保资源的配备；⑤组织管理评审。

（二）企业知识产权的方针

最高管理者应批准、发布企业知识产权方针，并确保方针：①符合相关法律法规和政策的要求；②与企业的经营发展情况相适应；③在企业内部得到有效运行；④在持续适宜性方面得到评审；⑤形成文件，付诸实施，并予以保持；⑥得到全体员工的理解。

（三）知识产权管理体系的策划

最高管理者应确保：①理解相关方的要求，对知识产权管理体系进行策划，满足知识产权方针的要求；②知识产权获取、维护、运用和保护活动得到有效运行和控制；③知识产权管理体系得到持续改进。

（四）企业知识产权的目标

最高管理者应针对企业内部有关职能和层次，建立和保持知识产权目标，并确保：①形成文件并且可考核；②与知识产权方针保持一致，内容包括对持续改进的承诺。

（五）法律和其他方面要求

最高管理者应批准建立、实施并保持形成文件的程序，以便：①识别和获取适用的法律和其他要求，并建立获取渠道；②及时更新有关法律和其他要求的信息，并传达给员工。

（六）指定专人管理的要求

最高管理者应在企业最高管理层中指定专人作为管理者代表，授权其承担以下职责：①确保知识产权管理体系的建立、实施和保持；②向最高管理者报告知识产权管理绩效和改进需求；③确保全体员工对知识产权方针和目标的理解；④落实知识产权管理体系运行和改进需要的各项资源；⑤确保知识产权外部沟通的有效性。

（七）设立知识产权机构的要求

建立知识产权管理机构并配备专业的专职或兼职工作人员，或委托专业的服务机构代为管理，承担以下职责：①制定企业知识产权发展规划；②建立知识产权管理绩效评价体系；③参与监督和考核其他相关管理机构；④负责企业知识产权的日常管理工作；⑤其他管理机构负责落实与该机构相关的知识产权工作。

（八）建立沟通渠道

确保知识产权管理体系有效运行。

（九）定期对企业知识产权管理体系进行评审

最高管理者应定期评审知识产权管理体系的适宜性和有效性，包括：①知识产权方针、目标；②企业经营目标、策略及新产品、新业务规划；③企业知识产权基本情况及风险评估信息；④技术、标准发展趋势；⑤前期审核结果；⑥知识产权方针、目标改进建议；⑦知识产权管理程序改进建议；⑧资源需求。

四、对企业知识产权管理人力资源方面的要求

（一）对知识产权工作人员的要求

明确知识产权工作人员任职条件，并采取适当措施，确保从事知识产权工作的人员满足相应的条件。

（二）开展知识产权教育与培训的要求

组织开展知识产权教育培训，包括以下内容：①规定知识产权工作人员的教育培训要求，制定计划并执行；②组织对全体员工按业务领域和岗位要求进行知识产权培训，并形成记录；③组织对中、高层管理人员进行知识产权培训，并形成记录；④组织对研究开发等与知识产权关系密切的岗位人员进行知识产权培训，并形成记录。

（三）对人事合同的要求

通过劳动合同、劳务合同等方式对员工进行管理，约定知识产权权属、保密条款；明确发明创造人员享有的权利和负有的义务；必要时应约定竞业限制和补偿条款。

（四）对员工入职的要求

对新入职员工进行适当的知识产权背景调查，以避免侵犯他人知识产权；对于研究开发等与知识产权关系密切的岗位，应要求新入职员工签署知识产权声明文件。

（五）对员工离职的要求

对离职的员工进行相应的知识产权事项提醒；涉及核心知识产权的员工离职时，应签署离职知识产权协议或执行竞业限制协议。

（六）对员工激励的要求

明确员工知识产权创造、保护和运用的奖励和报酬；明确员工造成知识产权损失的责任。

（七）对企业基础设施的要求

根据需要配套相关资源，以确保知识产权管理体系的运行，包括软硬件设备（如知识产权管理软件、数据库、计算机和网络设施等）和办公场所等。

（八）对知识产权管理经费的要求

应设立知识产权经常性预算费用，以确保知识产权管理体系的运行：①用于知识产权申请、注册、登记、维持、检索、分析、评估、诉讼和培训等事项；②用于知识产权管理机构运行；③用于知识产权激励；④有条件的企业可设立知识产权风险准备金。

（九）对知识产权信息资源的要求

对知识产权信息资源的要求包括：①建立信息收集渠道，及时获取所属领域、竞争对手的知识产权信息；②对信息进行分类筛选和分析加工，并加以有效利用；③在对外信息发布之前进行相应审批；④有条件的企业可建立知识产权信息数据库，并有效维护和及时更新。

五、对企业知识产权基础管理方面的要求

（一）对企业知识产权获取的要求

对企业知识产权获取的要求包括：①根据知识产权目标，制定知识产权获取的工作计划，明确获取的方式和途径；②在获取知识产权前进行必要的检索和分析；③保持知识产权获取记录；④保障职务发明人员的署名权。

（二）对企业知识产权维护的要求

对企业知识产权维护的要求包括：①建立知识产权分类管理档案，进行日常维护；②知识产权评估；③知识产权权属变更；④知识产权权属放弃；⑤有条件的企业可对知识产权进行分级管理。

（三）对企业知识产权实施、许可和转让的要求

对企业知识产权实施、许可和转让的要求包括：①促进和监控知识产权的实施，

有条件的企业可评估知识产权对产品销售的贡献；②知识产权实施、许可或转让前，应分别制定调查方案，并进行评估。

（四）对企业知识产权投融资的要求

投融资活动前，应对相关知识产权开展尽职调查，进行风险和价值评估。在境外投资前，应针对目的地的知识产权法律、政策及其执行情况，进行风险分析。

（五）在企业重组时对企业知识产权的要求

企业重组工作应满足以下要求：①企业合并或并购前，应开展知识产权尽职调查，根据合并与并购的目的设定对目标企业知识产权状况的调查内容，有条件的企业可进行知识产权评估；②企业出售或剥离资产前，应对相关知识产权开展调查和评估，分析出售或剥离的知识产权对企业未来竞争力的影响。

（六）企业知识产权标准化的要求

企业参与标准化工作应满足下述要求：①参与标准化组织前，了解标准化组织的知识产权政策，在将包含专利和专利申请的技术方案向标准化组织提案时，应按照知识产权政策要求披露并做出许可承诺；②牵头制定标准时，应组织制定标准工作组的知识产权政策和工作程序。

（七）企业参与或组建知识产权联盟或组织的要求

参与或组建知识产权联盟及相关组织应满足下述要求：①参与知识产权联盟或其他组织前，应了解其知识产权政策并进行评估；②组建知识产权联盟时，应遵守公平、合理且无歧视的原则，制定联盟知识产权政策，主要涉及专利合作的联盟可围绕核心技术建立专利池。

（八）对企业知识产权风险管理的要求

对企业知识产权风险管理的要求包括：①采取措施，避免或降低生产、办公设备及软件侵犯他人知识产权的风险；②定期监控产品可能涉及他人知识产权的状况，分析可能发生的纠纷及其对企业的损害程度，提出防范预案；③有条件的企业可将知识产权纳入企业风险管理体系，对知识产权风险进行识别和评测，并采取相应风险控制措施。

（九）对企业知识产权争议解决的要求

对企业知识产权争议解决的要求包括：①及时发现和监控知识产权被侵犯的情况，适时运用行政和司法途径保护知识产权；②在处理知识产权纠纷时，评估通过诉讼、仲裁、和解等不同处理方式对企业的影响，选取适宜的争议解决方式。

（十）对企业涉外贸易的要求

对企业涉外贸易中的要求包括：①向境外销售产品前，应调查目的地的知识产权法律、政策及其执行情况，了解行业相关诉讼，分析可能涉及的知识产权风险；②向境外销售产品前，应适时在目的地进行知识产权申请、注册和登记；③向境外销售的涉及知识产权的产品可采取相应的边境保护措施。

（十一）对企业合同知识产权管理的要求

对企业合同知识产权管理的要求包括：①应对合同中有关知识产权条款进行审查，并形成记录；②对检索与分析、预警、申请、诉讼、侵权调查与鉴定、管理咨询等知识产权对外委托业务应签订书面合同，并约定知识产权权属、保密等内容；③在进行委托开发或合作开发时，应签订书面合同，约定知识产权权属、许可及利益分配、后续改进的权属和使用等；④承担涉及国家重大专项等政府支持项目时，应了解项目相关的知识产权管理规定，并按照要求进行管理。

（十二）对企业保密的要求

对企业保密的要求包括：①明确涉密人员，设定保密等级和接触权限；②明确可能造成知识产权流失的设备，规定使用目的、人员和方式；③明确涉密信息，规定保密等级、期限和传递、保存及销毁要求；④明确涉密区域，规定客户及参访人员活动范围等。

六、对企业知识产权运营的要求

（一）对企业知识产权立项的要求

立项阶段的知识产权管理包括：①分析该项目所涉及的知识产权信息，包括各个关键技术的专利数量、地域分布和专利权人信息等；②通过知识产权分析及市场调研相结合，明确该产品潜在的合作伙伴和竞争对手；③进行知识产权风险评估，并将评估结果、防范预案作为项目立项与整体预算的依据。

（二）对企业知识产权研究开发的要求

研究开发阶段的知识产权管理包括：①对本领域的知识产权信息、相关文献及其他公开信息进行检索，对项目的技术发展状况、知识产权状况和竞争对手状况等进行分析；②在检索分析的基础上，制定知识产权规划；③跟踪与监控研发活动中的知识产权，适时调整研发策略和内容，避免或降低知识产权侵权风险；④督促研究人员及时报告研究开发成果；⑤及时对研发成果进行评估和确认，明确保护方式和权益归属，适时形成知识产权；⑥保留研发活动中形成的记录，并实施有效的管理。

（三）对企业采购的要求

采购阶段的知识产权管理包括：①采购涉及知识产权产品过程中，收集相关知识产权信息，以避免采购知识产权侵权产品，必要时应要求供方提供知识产权权属证明；②供方信息、进货渠道、进价策略等信息资料管理和保密工作；③明确知识产权权属、许可使用范围、侵权责任承担等。

（四）对企业生产的要求

生产阶段的知识产权管理包括：①及时评估、确认生产过程中涉及产品与工艺方法的技术改进与创新，明确保护方式，适时形成知识产权；②在委托加工、来料加工、贴牌生产等对外协作的过程中，应在生产合同中明确知识产权权属、许可使用范围、侵权责任承担等，必要时，应要求供方提供知识产权许可证明；③保留生产活动中形成的记录，并实施有效的管理。

（五）对企业销售、售后的要求

销售和售后阶段的知识产权管理包括：①产品销售前，对产品所涉及的知识产权状况进行全面审查和分析，制定知识产权保护和风险规避方案；②在产品宣传、销售、会展等商业活动前制定知识产权保护或风险规避方案；③建立产品销售市场监控程序，采取保护措施，及时跟踪和调查相关知识产权被侵权情况，建立和保持相关记录；④产品升级或市场环境发生变化时，及时进行跟踪调查，调整知识产权保护和风险规避方案，适时形成新的知识产权。

七、对企业知识产权管理策划审核及改进的要求

根据《企业知识产权管理规范》相关规定，策划并实施以下五个方面所需的监控、审查和改进过程：①确保产品、软硬件设施设备符合知识产权有关要求；②确保知识产权管理体系的适宜性；③持续改进知识产权管理体系，确保其有效性；④内部审核应编制形成文件的程序，确保定期对知识产权管理体进行内部审核，满足该标准的要求；⑤根据知识产权方针、目标以及检查、分析的结果，制定和落实对存在问题的改进措施。

第二节　企业知识产权管理合规审查重点

资本市场作为社会主义市场经济的重要组成部分，在资源配置优化、经济结构优化调整、促进企业技术革新、保证经济可持续健康发展等方面有着重要作用。对企业来说，无论是在主板上市还是在创业板上市，都可以拓宽企业的融资渠道，为企业募集更多资金，切实解决企业资金短缺、融资困难的问题，从而提高企业抗风险和可持续健康发展能力。在市场经济大环境的驱使下，越来越多的企业选择上市，希望通过上市为企业自身谋求更好的发展机会与平台，从而提升企业的核心竞争力。在我国拟上市的企业均需要通过严格的审核，企业要想上市就必须接受政府部门、行政机关和社会公众对企业核心竞争力、资产真实性和持续盈利能力进行审核与监督，其中就包括对企业知识产权领域的审核与监督。

截至 2021 年 3 月 29 日，随着三一重能股份有限公司在科创板上市申请的受理，科创板累计已受理企业达 550 家，其中，科创板成功上市的企业 238 家，而因各种原因终止上市的企业 121 家，其中，在上市过程中接受上交所问询时直接涉及知识产权问题的企业高达到 56 家，比例高达 46%。由此可见，知识产权对于企业上市的重要性。上述企业在科创板上市过程中无功而返，经统计，这些企业知识产权缺陷主要是以下四个方面。

第一，企业整体缺乏系统专业化的知识产权制度和知识管理体系或上述制度体系未实际执行落地。

第二，企业核心技术及知识产权与企业主营业务不对称、不符合或二者结合不充分。

第三，企业核心技术或核心业务产品不过硬，企业知识产权不具有清晰、完整、独立、可持续的特征，从而影响企业整体经营能力上的可持续性。

第四，不具备知识产权纠纷应对的能力或大量知识产权纠纷缠身，从而影响企业核心竞争力或可持续发展能力。

本节以企业拟在科创板上市为例，说明企业知识产权管理合规审查的重点。

一、专利领域

众所周知，科创板与我国其他板块相比，其最大的特点是拟上市企业必须具有科技属性、符合科创要求，所以在科创板上市的企业必须符合"4+5"的科创属性评价指标体系，其中，4 项常规指标中第 3 项就是形成主营业务收入的发明专利 5 项以上，由此可见，科创板上市中专利对于企业的重要性。

（一）专利权属纠纷

专利权属问题，特别是拟上市企业的核心技术相关的专利权属问题是任何有上市规划的企业必须重点关注的对象，因为它涉及企业的核心技术是否独立，是否有自主研发、自主创新的技术，以及企业是否具备可持续性经营能力，这些问题都可能对企业最后能否成功上市有重要的影响。

1. 职务发明

企业自主研发的产品、技术大部分为职务发明，而职务发明的权利归属约定、发明人有无发明报酬都是上交所在问询中的关注重点，需要注意的是，企业会将职务发明的发明人填写为部门领导、企业高管或投资人的名字，这种填写发明人与实际发明人不一致的情况也是上交所关注的重点。

2. 受让取得

众所周知，发明专利的权利既可以原始取得，也可以继受取得，而企业上市需要有形成主营业务收入的发明专利 5 项以上，但如果该 5 项发明专利均为继受取得，那么上交所就会重点关注企业是否真正拥有自主创新、自主研发技术的能力，从而质疑企业的可持续经营能力。

3. 开发或委托开发

如果企业已授权的发明专利或者正在进行研发的专利是合作开发或者委托开发，那么上交所的关注重点就会在权属约定以及合作、委托报酬的问题上，根据《民法典》第八百五十九条规定："委托开发完成的发明创造，除法律另有规定或者当事人另有约定外，申请专利的权利属于研究开发人。研究开发人取得专利权的，委托人可以依法实施该专利。研究开发人转让专利申请权的，委托人享有以同等条件优先受让的权利。"因此，如果没有完善的知识产权管理体系、知识产权合同审查，委托开发合同中没有专属约定，申请专利的权利就属于研发人员即被委托方，而不是委托方。在合作开发中，如果合作研发双方对最终研发的专利产品是共同所有，那么上交所就会关注其合作研发的技术在申请专利、专利权使用、许可、处分以及冲突解决等诸多问题上有无约定。

（二）专利侵权纠纷

专利侵权问题也会对拟上市企业产生重大影响，一方面，如果拟上市企业作为专利侵权案件的被告，在上市过程中被法院裁判为其专利侵权，应当立即停止侵权行为，那么停止侵权就意味着企业不能使用原有的专利技术进行产品的制造、销售、许诺销售和进口，同时还要赔偿损失，这些都将成为上交所重点关注的问题，严重的甚至会导致上市失败。另一方面，如果拟上市企业同样作为专利侵权案件被告，但是最终法院判决其未侵权，那么就侧面证明企业的专利技术是可靠稳定的，从而对企业上市产生积极影响，例如上市后股票大涨，如表3－1所示。

表3－1　拟上市企业专利侵权纠纷示例

序号	拟上市企业名称	专利侵权诉讼原告	后果
1	信利光电股份有限公司（以下简称"信利公司"）	深圳市汇顶科技股份有限公司（以下简称"汇顶公司"）	汇顶公司在信利公司上市过程中提出专利侵权诉讼，尽管最后两起专利侵权案件涉案实用新型专利权均被无效宣告，但仍然对信利公司上市造成消极影响，成为其最终未能成功上市的原因之一
2	深圳光峰科技股份有限公司（以下简称"光峰公司"）	台达电子工业股份有限公司（以下简称"台达公司"）	光峰公司在上市后第三周收到了台达公司的专利侵权诉讼起诉状3份，但是光峰公司对此积极、科学应对，采取专利无效、另行提起专利权属诉讼等手段，最后转危为安，使光峰公司的股价大涨
3	安翰科技（武汉）股份有限公司（以下简称"安翰公司"）	重庆金山科技（集团）有限公司（以下简称"金山公司"）	安翰公司在上市过程中被竞争对手金山公司提起多起专利侵权诉讼，导致安翰公司在短时间内无法有效解决该系列问题，从而不得不主动撤回上市申请，尽管后来安翰公司将金山公司告上法庭，主张其恶意提起知识产权诉讼导致上市失败，但还是被法院驳回全部起诉请求

（三）专利无效宣告

我国专利审查机制及专利权的本质属性决定了，即使是已经被授予专利权的专利并不一定就符合授予专利权的要求，因此我国才特意设立了专利无效宣告制度，任何个人或单位都可以请求宣告专利无效。这也成为同行阻击竞争对手上市的有力武器，在企业专利被请求宣告无效时，应当及时积极地应对，采取谈判和解或积极答辩等方式解决问题，以免导致企业上市进程受阻。

（四）专利失效

我国专利失效有两种方式，第一种是专利未缴纳年费导致专利失效，例如企业的专利未缴纳年费导致失效，或者是企业故意不缴纳年费，因为该专利的经济价值过低，或者是企业忘记缴纳年费，这也从侧面反映企业的知识产权管理制度及体系不健全或未落实，这些也是上交所的问询重点。第二种是专利到期，特别是生物医药类型的企业，在药品专利到期后，其他竞争对手均可以合法生产销售该类药品，从而导致企业在此类药品上的经济效益直线下滑，此时上交所就会关注该类型专利失效后是否会对企业的可持续经营能力造成不良影响。

（五）专利数量问题

正如前文所说，在科创板上市对于专利数量的要求是 5 项发明专利以上，但这不代表拟上市企业有 5 项发明专利就一定不会在此环节被上交所问询。比如在拟上市企业所处行业中，所有同类型企业上市过程中各企业都拥有十几项独自研发、稳定有效的发明专利，唯独该企业只拥有 5 项或者 6 项发明专利，那么上交所就会关注为什么对比同类型企业，该企业的发明专利较少，会不会影响企业的核心竞争力与可持续经营能力，要求该企业说明相关原因，例如赛赫智能设备（上海）股份有限公司在上市中就曾遇到此类问题。

（六）非专利保护问题

企业目前对核心技术的保护有两种模式：一种是采取申请专利，以公开换保护；另一种是采取非专利保护。如果将该核心技术作为商业秘密保护，那么在上市过程中上交所就会重点关注该公司的商业秘密保护体系是否有效、完善和落实，能否保护好企业的核心技术秘密。毕竟核心技术作为商业秘密保护，一旦泄露对企业的核心竞争力是巨大的打击。

（七）专利突击申请问题

专利突击申请是指拟上市企业将多项产品技术作为非专利保护起来，在拟上市前为符合上市要求将该系列产品技术集中在一个时间段申请专利的行为。这就导致上交所怀疑拟上市企业是为了上市而拼凑一些技术申请专利，即使获得授权，其稳定性、技术价值也不高，自主研发能力也不强，例如博拉网络股份有限公司（以下简称"博拉网络公司"）在上市中曾遇到此类问题。

（八）专利质押问题

近年来，专利质押融资成为企业打通资金链获取商业银行贷款的重要渠道，但是如果拟上市公司出现专利质押情况，那么上交所就会关注该专利的质押是否为公司的核心专利技术，是否为公司关键性资产，如果质押确认处置了该质押专利权会对公司产生何种影响等。

（九）企业专利与核心技术不匹配

如果拟上市公司在对外披露中披露的专利均为汽车生产领域的发明专利，而该拟上市企业的核心业务是生物医药领域，那么就会产生一个问题：该企业的专利与其核心技术不匹配，甚至毫不相干，这种情况下，上交所就会重点对该企业核心技术的保护方式提出问询，例如采取非专利技术的保护是否合适，该企业的自主研发能力是否有问题等。

（十）企业专利管理制度问题

专利通常是企业知识产权体系首选的保护方式，那么其管理制度也是知识产权领域关注的重点，根据《科创板首次公开发行股票注册管理办法（试行）》（2020 年修正）的第十一条规定："发行人内部控制制度健全且被有效执行，能够合理保证公司运行效率、合法合规和财务报告的可靠性，并由注册会计师出具无保留结论的内部控制鉴证报告。"企业在上市审核过程中会被问及关于专利等知识产权管理的内部控制体系、制度是否建立健全并有效运行等问题，例如北京木瓜移动科技股份有限公司、江西金达莱环保股份有限公司（以下简称"江西金达莱公司"）在上市中曾遇到此类问题。

二、商标领域

证监会在对申请上市的企业进行审查时，企业是否具有较强的独立性是其中一个考察重点。从商标体系层面进行考量的话，如果出现拟上市企业的商标授权涉嫌关联交易、商标依赖于控股股东或者第三方公司的情况时，证监会认为该企业独立性存在缺陷，从而以此为由对拟上市企业申请不予通过，这也是很多拟上市企业忽视的一个重要问题。例如，四川郎酒集团有限责任公司在 2019 年第三次对企业上市作出规划时饱受公众热议，因为此时"郎酒"商标并不属于该公司，中国证监会曾在《首次公开发行股票并上市管理办法》（2018 年修正）第三十条中明确规定："发行人不得有下列影响持续盈利能力的情形：……（五）发行人在用的商标、专利、专有技术以及特许经营权等重要资产或技术的取得或者使用存在重大不利变化的风险；……"这一条款规定了发行人应合法拥有与其生产经营有关的商标所有权或使用权。对于高新科技企业与消费类企业，监管层会更关注与企业业务紧密相关的知识产权问题，尤其是商标问题，若有严重问题，则可能直接否决其上市。

近年来，很多上市公司商标意识薄弱的问题逐渐暴露，该类公司在成立之初往往忙于上市业务，却忽略了商标注册以及商标权属的认定问题，导致上市后某一时间段爆发商标侵权或商标权属的问题，严重影响公司正常经营，进而损害广大投资者的合法利益。甚至有的上市公司在创立之初就没有厘清商标权属问题，存在多方控制商标权、大股东控制商标或商标被许可不合规的情况，还有因股权变更导致的商标转让、授权使用等情况导致商标权属混乱的后果。因此，无论是上市公司还是拟上市公司，都必须增强自身的商标保护意识，建立完善的商标管理体系。同时注意定期对公司使用的注册商标进行检索，对商标进行分级分类保护，重点保护核心商标，积极申请认定驰名商标，有条件的企业应对商标进行海外注册，建立商标的域外保护，进一步发挥商标为企业带来的经济价值，为企业未来的发展、上市道路保驾护航。

三、商业秘密领域

上市企业的信息披露讲究以"公开、公平、公正"为原则，旨在最大限度地保护投资者的利益，满足社会公众的知情权，而商业秘密保护则是从维护企业的商业秘密、核心竞争力出发。一方面是公开，另一方面是保密，如何科学、合理、合法处理好这两者的关系，是完善企业制度、规范企业管理、促进企业可持续发展的重要内容。

首先，针对企业的商业秘密管理保护体系，商业秘密保护管理体系应当先从企业内部做起，在企业上市前做到完善、成熟。企业首先必须具有商业秘密保护的主观意识，不能只是为满足上市要求搭建徒有其表而未能贯彻实施的商业秘密保护体系，除了企业高层管理者，还要注意企业全体员工特别是涉密岗位员工的保密意识。此外，仅仅具有主观保密意识还不够，企业还必须实施客观的保密措施并采取相应的保密技术，从而有效管理商业秘密，符合法律上商业秘密的"三性"后，法律才能够给予其"商业秘密"的保护。

其次，合理、合法地利用商业秘密豁免机制。商业秘密豁免机制是指商业秘密虽然可能对投资者的投资决策产生一定的影响，但没达到重大影响的程度，上市公司可以向证券交易所申请豁免披露的制度。这项制度既利于上市公司自身保密信息的有效保护，也有利于证券市场的稳定。证监会规定，如果披露的信息属于上市公司的重要商业秘密，上市公司在披露时可以适当简化甚至是不予披露。因此，上市公司在合法、科学的前提下可有效利用此规定，从而在一定程度上缓解上市公司信息披露与公司自身商业秘密保护之间的冲突。

最后，在上市前辅导阶段可以着重关注企业哪些信息可以作为信息报告公开，哪些信息可以作为信息公告公开。上市公司信息公开的方式包括信息报告和信息公告，信息报告是指向证券管理部门报告有关信息（仅向行政机关公开），信息公告是指向社会公众公布有关信息（向社会公众公开）。在商业秘密同时也是内幕信息的情况下，为了防止内幕交易兼顾保护商业秘密，法律可规定符合重大事件的商业秘密应以向证券管理部门报告的形式公开，而不必采取信息公告的方式向社会公众公开，从而在一定程度上避免信息披露与商业秘密保护之间的冲突。

四、著作权领域

著作权问题像一枚定时炸弹，不仅埋在拟上市企业身边，许多上市企业也深受其害，著作权问题的爆发会给企业带来巨大的负面影响，甚至会影响企业上市计划。就目前的统计来讲，著作权领域的问题是以著作权侵权纠纷为主，权属纠纷、使用许可纠纷为次要问题。例如，2002 年百度（中国）有限公司（以下简称"百度"）上市前夕，多家影音公司分别以著作权侵权的案由将百度告上法庭，起诉原因均为百度在搜索引擎中通过提供非法链接的方式侵害了多家影音公司的著作权，此时百度正处于上市前夕，不愿意惹上过多的诉讼从而影响上市的进度，于是大部分诉讼采取了和解或调解的方式解决著作权侵权问题，不过在百度上市的招股书中，仍有两起著作权侵权的诉讼没有结案。2012 年，凯立德科技股份有限公司（以下简称"凯立德公司"）在招股说明书中披露其公司涉诉信息清单高达 8 页，其中大部分诉讼案件为电子地图著作权侵权诉讼，因为电子地图是凯立德公司的核心业务，所以上述著作权侵权诉讼一度导致凯立德公司上市进程受阻。2019 年，有"非洲手机之王"称谓的深圳传音控股股份有限公司（以下简称"传音公司"）在上市前夕遭到华为技术有限公司（以下简称"华为公司"）的起诉，华为公司起诉传音公司及其关联公司著作权权属以及著作权侵权纠纷，好在传音公司积极应对、妥善解决了该起诉讼，其后在科创板上市。

首先，针对著作权问题，无论是拟上市公司还是已上市公司，都应重视作品的著作权登记，特别是计算机软件的著作权登记。尽管我国采用作品著作权自动取得制度，但是著作权登记的证明文件可以作为作品著作权的初步证明，以防范今后可能发生的著作权权属纠纷，同时著作权登记的流程相对于注册商标申请和专利申请较为简易，花费时间、精力、金钱都是相对较少的。因此，建立健全法人作品著作权管理登记制度是比较重要的。

其次，完善作品著作权管理制度。该管理制度是对作品著作权的全生命周期管理，包括企业组织法人作品创作计划、创作实施，著作权文档管理、作品登记、价值评估，作品转让、许可、实施，著作权维权、侵权应对等全链条管理。

例如，计算机软件作品管理制度构建。在一家企业内部，由于大部门制度的分工化管理模式，每个部门各司其职，在针对作品的计算机软件著作权（以下简称"软件著作权"）管理的时候，公司法务部门作为归口管理部门，其对软件著作权管理的首要要求是风险最小化、可控化；而负责采购的公司信息技术（IT）部门或者财务部门则更加关注管理成本、管理硬件经济化；大多数的实际使用者，即其余各个部门则更多地关注如何能够使用计算机软件，在确保信息安全的情况下尽可能提升自己的办公效率。所以，企业管理者要想企业软件著作权管理合规合法，其第一步要建立健全企业各部门的职责职能框架，包括归口部门、管理部门、业务部门、使用部门等，各个部门对软件著作权的管理维护职能清晰明确。

第二步是对公司所处行业软件著作权使用情况以及公司内部各个部门的计算机软件使用情况进行调研摸底，然后结合调研情况与管理部门、业务部门沟通落实计算机软件的各类要求标准，确定软件使用的需求，例如其功能、使用范围、使用人员、频率等，依据需求确定策略，并为后续管理举措提供直接依据。

第三步是完善软件著作权管理的日常维护等措施，例如订立较为完善的软件许可合同模板、软件使用合同模板、软件评估作价流程、软件采购流程等。

第四步是完善整个公司软件著作权的闭环管理，公司开展定期或不定期的审核，核查各部门对软件的使用合规问题，出现问题时应及时整改。

再次，在整个公司软件著作权管理制度搭建完善后，要注意针对全体员工著作权合规意识的培养，特别是公司员工对于软件资源的风险意识匮乏的问题。应对措施可以是由公司法务部门组织案例分享、外聘律师进行著作权合规管理培训等方式，避免由于企业员工缺乏相关的风险意识而导致政策措施难以实际落地的情况发生。

最后，著作权的主动维权与积极应诉。拟上市企业或上市企业如果发现著作权遭受侵犯或面临著作权侵权纠纷，应尽早尽快解决。如果企业正处于上市申请阶段，需要其真实、准确地披露信息，积极配合发行审核委员会（以下简称"发审委"）审核。如果正值上市申请关键节点，可以采取私下和解、协商等方式化解诉讼危机。

五、知识产权信息披露领域

中国证监会要求上市企业对自身知识产权的内容，包括商标，专利，专有技术的取得、使用、价值等情况进行真实、准确、完整、及时的披露，对存在许可使用的知识产权信息要披露许可合同的主要内容，对知识产权纠纷或潜在纠纷应当明确提示。《首次公开发行股票并上市管理办法》（2022 年修正）第十八条中明确规定："发行人不得有下列情形：……（三）最近 36 个月内曾向中国证监会提出发行申请，但报送的发行申请文件有虚假记载、误导性陈述或重大遗漏；或者不符合发行条件以欺骗手段骗取发行核准；或者以不正当手段干扰中国证监会及其发行审核委员会审核工作；或者伪造、变造发行人或其董事、监事、高级管理人员的签字、盖章；（四）本次报送的发行申请文件有虚假记载、误导性陈述或者重大遗漏；……（六）严重损害投资者合法权益和社会公共利益的其他情形。"

第三十条规定："发行人不得有下列影响持续盈利能力的情形：……（五）发行人在用的商标、专利、专有技术以及特许经营权等重要资产或技术的取得或者使用存在重大不利变化的风险；……"

第五十二条规定："发行人向中国证监会报送的发行申请文件有虚假记载、误导性陈述或者重大遗漏的，发行人不符合发行条件以欺骗手段骗取发行核准的，发行人以不正当手段干扰中国证监会及其发行审核委员会审核工作的，发行人或其董事、监事、高级管理人员的签字、盖章系伪造或者变造的，除依照《证券法》的有关规定处罚外，中国证监会将采取终止审核并在 36 个月内不受理发行人的股票发行申请的监管措施。"

《创业板首次公开发行股票注册管理办法（试行）》第六条规定："发行人应当诚实守信，依法充分披露投资者作出价值判断和投资决策所必需的信息，所披露信息必须真实、准确、完整，简明清晰、通俗易懂，不得有虚假记载、误导性陈述或者重大遗漏。"

第十二条规定："发行人业务完整，具有直接面向市场独立持续经营的能力：……（三）不存在涉及主要资产、核心技术、商标等的重大权属纠纷，重大偿债风险，重大担保、诉讼、仲裁等或有事项，经营环境已经或者将要发生重大变化等对持续经营有重大不利影响的事项。"

第三十三条规定："发行人申请首次公开发行股票并在创业板上市，应当按照中国证监会制定的信息披露规则，编制并披露招股说明书，保证相关信息真实、准确、完整。信息披露内容应当简明清晰，通俗易懂，不得有虚假记载、误导性陈述或者重大遗漏。中国证监会制定的信息披露规则是信息披露的最低要求。不论上述规则是否有明确规定，凡是投资者作出价值判断和投资决策所必需的信息，发行人均应当充分披露，内容应当真实、准确、完整。"

结合上述要求，企业在上市过程中应该积极、主动、及时地披露自身知识产权相关信息，务必做到如实披露，将自身的知识产权信息充分公开在公众的视野当中，不要认为披露知识产权等相关信息是暴露企业的商业机密、竞争技术，而应当着眼于企业的长远、可持续性发展，否则一旦出现披露不实、不充分的情况，最终遭受损失的还是企业自己，不如提前预防、及时梳理企业的知识产权相关信息，合理正确利用知识产权信息，做到企业知识产权信息透明化，以免给上市进程带来不必要的麻烦。

第四章 各类证券市场及其知识产权规则

第一节 科创板上市知识产权规则

一、证监会知识产权相关规则

（一）证监会知识产权相关规则索引

1.《关于在上海证券交易所设立科创板并试点注册制的实施意见》（证监会公告〔2019〕第 2 号）

2.《科创板首次公开发行股票注册管理办法（试行)》（2020 年修订，证监会令第 174 号）

3.《科创板上市公司持续监管办法（试行)》（证监会令第 154 号）

4.《科创板上市公司证券发行注册管理办法（试行)》（证监会令第 171 号）

5.《科创属性评价指引（试行)》（证监会公告〔2020〕21 号）

6.《科创板上市公司重大资产重组特别规定》（证监会公告〔2019〕19 号）

7.《关于修改〈科创属性评价指引（试行)〉的决定》（证监会公告〔2021〕8 号）

8.《公开发行证券的公司信息披露编报规则第 24 号——科创板创新试点红筹企业财务报告信息特别规定》（2020 年修订，证监会公告〔2019〕8 号）

9.《公开发行证券的公司信息披露内容与格式准则第 41 号——科创板公司招股说明书》（证监会公告〔2019〕6 号）

10.《公开发行证券的公司信息披露内容与格式准则第 42 号——首次公开发行股票并在科创板上市申请文件》（证监会公告〔2019〕7 号）

11.《公开发行证券的公司信息披露内容与格式准则第 43 号——科创板上市公司向不特定对象发行证券募集说明书》（证监会公告〔2020〕37 号）

12.《公开发行证券的公司信息披露内容与格式准则第 44 号——科创板上市公司向特定对象发行证券募集说明书和发行情况报告书》（证监会公告〔2020〕38 号）

13. 《公开发行证券的公司信息披露内容与格式准则第 45 号——科创板上市公司发行证券申请文件》（证监会公告〔2020〕39 号）

（二）重要条款提示

1. 《科创板首次公开发行股票注册管理办法（试行）》（2020 年修订，证监会令第 174 号）

【重要条款】

第十二条　发行人业务完整，具有直接面向市场独立持续经营的能力：

（一）资产完整，业务及人员、财务、机构独立，与控股股东、实际控制人及其控制的其他企业间不存在对发行人构成重大不利影响的同业竞争，不存在严重影响独立性或者显失公平的关联交易。

（二）发行人主营业务、控制权、管理团队和核心技术人员稳定，最近 2 年内主营业务和董事、高级管理人员及核心技术人员均没有发生重大不利变化；控股股东和受控股股东、实际控制人支配的股东所持发行人的股份权属清晰，最近 2 年实际控制人没有发生变更，不存在导致控制权可能变更的重大权属纠纷。

（三）发行人不存在主要资产、核心技术、商标等的重大权属纠纷，重大偿债风险，重大担保、诉讼、仲裁等或有事项，经营环境已经或者将要发生重大变化等对持续经营有重大不利影响的事项。

第三十九条　发行人应当根据自身特点，有针对性地披露行业特点、业务模式、公司治理、发展战略、经营政策、会计政策，充分披露科研水平、科研人员、科研资金投入等相关信息，并充分揭示可能对公司核心竞争力、经营稳定性以及未来发展产生重大不利影响的风险因素。发行人尚未盈利的，应当充分披露尚未盈利的成因，以及对公司现金流、业务拓展、人才吸引、团队稳定性、研发投入、战略性投入、生产经营可持续性等方面的影响。

第四十条　发行人应当披露其募集资金使用管理制度，以及募集资金重点投向科技创新领域的具体安排。

2. 《科创板上市公司持续监管办法（试行）》（证监会令第 154 号）

【重要条款】

第二十条　科创公司重大资产重组或者发行股份购买资产，标的资产应当符合科创板定位，并与公司主营业务具有协同效应。

3. 《科创板上市公司证券发行注册管理办法（试行）》（证监会令第 171 号）

【重要条款】

第十二条　上市公司发行股票，募集资金使用应当符合下列规定：

（一）应当投资于科技创新领域的业务；

（二）符合国家产业政策和有关环境保护、土地管理等法律、行政法规规定；

（三）募集资金项目实施后，不会与控股股东、实际控制人及其控制的其他企业新增构成重大不利影响的同业竞争、显失公平的关联交易，或者严重影响公司生产经营的独立性。

第四十条　上市公司应当在募集说明书或者其他证券发行信息披露文件中，以投资者需求为导向，有针对性地披露行业特点、业务模式、公司治理、发展战略、经营政策、会计政策，充分披露科研水平、科研人员、科研资金投入等相关信息，并充分揭示可能对公司核心竞争力、经营稳定性以及未来发展产生重大不利影响的风险因素。

4. 《关于修改〈科创属性评价指引（试行）〉的决定》（证监会公告〔2021〕8 号）

【重要条款】

将第一条修改为："支持和鼓励科创板定位规定的相关行业领域中，同时符合下列 4 项指标的企业申报科创板上市：

（1）最近三年研发投入占营业收入比例 5% 以上，或最近三年研发投入金额累计在 6000 万元以上；

（2）研发人员占当年员工总数的比例不低于 10%；

（3）形成主营业务收入的发明专利 5 项以上；

（4）最近三年营业收入复合增长率达到 20%，或最近一年营业收入金额达到 3 亿元。"

对于哪些企业可以申请科创板？哪些企业不能申请科创板？企业应按照如表 4-1 所示的标准和限制情形评估其是否可以申请科创板，或往该属性发展，即"同时符合四项一般指标"或"不符合一般指标但符合一项特别指标"。同时，应注意对科创板上市的限制要求，包括一般限制与禁止情形。

表 4-1　科创板准入标准和限制情形

准入标准	一般指标（同时符合）	（1）最近 3 年研发投入占营业收入比例 5% 以上，或最近 3 年研发投入金额累计在 6000 万元以上； （2）研发人员占当年员工总数的比例不低于 10%； （3）形成主营业务收入的发明专利 5 项以上； （4）最近 3 年营业收入复合增长率达到 20%，或最近 1 年营业收入金额达到 3 亿元。 采用《上海证券交易所科创板股票发行上市审核规则》第二十二条第（五）款规定的上市标准申报科创板的企业可不适用上述第（4）项指标中关于"营业收入"的规定；软件行业不适用上述第（3）项指标的要求，研发投入占比应在 10% 以上

准入标准	特别指标 （符合其中之一）	（1）发行人拥有的核心技术经国家主管部门认定具有国际领先、引领作用或者对于国家战略具有重大意义； （2）发行人作为主要参与单位或者发行人的核心技术人员作为主要参与人员，获得国家科技进步奖、国家自然科学奖、国家技术发明奖，并将相关技术运用于公司主营业务； （3）发行人独立或者牵头承担与主营业务和核心技术相关的国家重大科技专项项目； （4）发行人依靠核心技术形成的主要产品（服务），属于国家鼓励、支持和推动的关键设备、关键产品、关键零部件、关键材料等，并实现了进口替代； （5）形成核心技术和主营业务收入的发明专利（含国防专利）合计50项以上
限制情形	一般限制	金融科技、模式创新企业
	禁止	房地产和主要从事金融、投资类业务的企业

5. 《公开发行证券的公司信息披露内容与格式准则第41号——科创板公司招股说明书》（证监会公告〔2019〕6号）

【重要条款】

第三十三条 发行人应结合科创企业特点，披露由于重大技术、产品、政策、经营模式变化等可能导致的风险：

（一）技术风险，包括技术升级迭代、研发失败、技术专利许可或授权不具排他性、技术未能形成产品或实现产业化等风险；

……

第五十三条 发行人应披露对主要业务有重大影响的主要固定资产、无形资产等资源要素的构成，分析各要素与所提供产品或服务的内在联系，是否存在瑕疵、纠纷和潜在纠纷，是否对发行人持续经营存在重大不利影响。

发行人与他人共享资源要素的，如特许经营权，应披露共享的方式、条件、期限、费用等。

第五十四条 发行人应披露主要产品或服务的核心技术及技术来源，结合行业技术水平和对行业的贡献，披露发行人的技术先进性及具体表征。披露发行人的核心技术是否取得专利或其他技术保护措施、在主营业务及产品或服务中的应用和贡献情况。

发行人应披露核心技术的科研实力和成果情况，包括获得重要奖项，承担的重大科研项目，核心学术期刊论文发表情况等。

发行人应披露正在从事的研发项目、所处阶段及进展情况、相应人员、经费投入、拟达到的目标；结合行业技术发展趋势，披露相关科研项目与行业技术水平的比较；披露报告期内研发投入的构成、占营业收入的比例。与其他单位合作研发的，还应披露合作协议的主要内容，权利义务划分约定及采取的保密措施等。

发行人应披露核心技术人员、研发人员占员工总数的比例，核心技术人员的学历背景构成，取得的专业资质及重要科研成果和获得奖项情况，对公司研发的具体贡献，发行人对核心技术人员实施的约束激励措施，报告期内核心技术人员的主要变动情况及对发行人的影响。

发行人应披露保持技术不断创新的机制、技术储备及技术创新的安排等。

第六十二条　发行人应分析披露其具有直接面向市场独立持续经营的能力：

（一）资产完整方面。生产型企业具备与生产经营有关的主要生产系统、辅助生产系统和配套设施，合法拥有与生产经营有关的主要土地、厂房、机器设备以及商标、专利、非专利技术的所有权或者使用权，具有独立的原料采购和产品销售系统；非生产型企业具备与经营有关的业务体系及主要相关资产；

......

（七）发行人不存在主要资产、核心技术、商标的重大权属纠纷，重大偿债风险，重大担保、诉讼、仲裁等或有事项，经营环境已经或将要发生的重大变化等对持续经营有重大影响的事项。

6.《公开发行证券的公司信息披露内容与格式准则第 43 号——科创板上市公司向不特定对象发行证券募集说明书》（证监会公告〔2020〕37 号）

【重要条款】

第二十一条　发行人涉及披露的风险因素包括但不限于下列范围：

（一）技术风险，包括技术升级迭代、研发失败、技术专利许可或授权不具排他性、技术未能形成产品或实现产业化等风险；

（二）经营风险，包括市场或经营前景或行业政策变化，商业周期变化，经营模式失败，依赖单一客户、单一技术、单一原材料等风险；

（三）政策风险，包括因宏观环境、监管政策或财政、税收、环保法规发生变化，导致生产经营发生不利变动的风险等；

（四）财务风险，包括现金流状况不佳，资产周转能力差，重大资产减值，重大担保或偿债风险等；

（五）法律风险，包括重大技术、产品纠纷或诉讼风险，土地、资产权属瑕疵，股权纠纷，行政处罚等方面对发行人合法合规性及持续经营的影响；

（六）项目风险，包括募投项目因技术进步、市场环境变化不能顺利实施，或实施进度、效益效果不及预期的风险等；

（七）存在累计未弥补亏损的风险，包括未来一定期间无法进行利润分配的风险；

（八）其他相关风险。

第二十三条　发行人应披露科技创新水平以及保持科技创新能力的机制或措施。

第二十八条　发行人应披露所处行业的基本情况，包括：

（一）行业监管体制及最近三年监管政策的变化；

（二）该行业近三年在科技创新方面的发展情况和未来发展趋势；

（三）行业整体竞争格局及市场集中情况，发行人产品或服务的市场地位、主要竞争对手、行业技术壁垒或主要进入障碍；

（四）发行人所处行业与上、下游行业之间的关联性及上下游行业发展状况。

第三十条　发行人应披露与产品或服务有关的技术情况，包括：

（一）报告期内研发投入的构成及占营业收入的比例，报告期内研发形成的重要专利及非专利技术，以及其应用情况；

（二）现有核心技术人员、研发人员占员工总数的比例，报告期内前述人员的变动情况；

（三）核心技术来源及其对发行人的影响。

第三十一条　发行人应列表披露与其业务相关的主要固定资产及无形资产，主要包括：

（一）生产经营所需的主要生产设备、房屋及其取得和使用情况、成新率或尚可使用年限、在发行人及下属公司中分布情况等；

（二）商标、专利、非专利技术、土地使用权等主要无形资产的价值、取得方式和时间、使用情况、使用期限或保护期，以及对发行人生产经营的重大影响。

发行人允许他人使用自己所有的资产，或作为被许可方使用他人资产的，应简介许可合同的主要内容，主要包括许可人、被许可人、许可使用的具体资产内容、许可方式、许可年限、许可使用费等。若发行人所有或使用的资产存在纠纷或潜在纠纷的，应明确提示。

第五十一条　技术创新分析包括：

（一）技术先进性及具体表现；

（二）正在从事的研发项目及进展情况；

（三）保持持续技术创新的机制和安排。

第五十四条　发行人应披露募投项目的基本信息，包括：

（一）本次募集资金投资项目的基本情况和经营前景，与现有业务或发展战略的关系，项目的实施准备和进展情况，预计实施时间，整体进度安排，发行人的实施能力及资金缺口的解决方式；

（二）募投项目效益预测的假设条件及主要计算过程；

（三）本次募集资金投资于科技创新领域的说明，以及募投项目实施促进公司科技创新水平提升的方式；

（四）本次募集资金投资项目涉及立项、土地、环保等有关审批、批准或备案事项的进展、尚需履行的程序及是否存在重大不确定性。

第五十六条　募集资金用于研发投入的，披露研发投入的主要内容、技术可行性、研发预算及时间安排、目前研发投入及进展、已取得及预计取得的研发成果等。

7.《公开发行证券的公司信息披露内容与格式准则第 44 号——科创板上市公司向特定对象发行证券募集说明书和发行情况报告书》（证监会公告〔2020〕38 号）

【重要条款】

第六条　向特定对象发行证券募集说明书应当披露以下内容：

（1）发行人基本情况；

......

第七条　发行人基本情况应当包括以下内容：

（一）股权结构、控股股东及实际控制人情况；

（二）所处行业的主要特点及行业竞争情况；

（三）主要业务模式、产品或服务的主要内容；

（四）科技创新水平以及保持科技创新能力的机制或措施；

（五）现有业务发展安排及未来发展战略。

第十一条　董事会关于本次募集资金使用的可行性分析应当包括以下内容：

（一）本次募集资金投资项目的基本情况和经营前景，与现有业务或发展战略的关系，项目的实施准备和进展情况，预计实施时间，整体进度安排，发行人的实施能力及资金缺口的解决方式；

（二）本次募集资金投资于科技创新领域的主营业务的说明，以及募投项目实施促进公司科技创新水平提升的方式；

（三）本次募集资金投资项目涉及立项、土地、环保等有关审批、批准或备案事项的进展、尚需履行的程序及是否存在重大不确定性；

（四）募集资金用于研发投入的，披露研发投入的主要内容、技术可行性、研发预算及时间安排、目前研发投入及进展、预计未来研发费用资本化的情况、已取得及预计取得的研发成果等。

第二十条　董事会关于本次发行对公司影响的讨论与分析部分，应当包括以下内容：

（一）本次发行完成后，上市公司的业务及资产的变动或整合计划；

（二）本次发行完成后，上市公司科研创新能力的变化；

（三）本次发行完成后，上市公司控制权结构的变化；

（四）本次发行完成后，上市公司与发行对象及发行对象的控股股东和实际控制人从事的业务存在同业竞争或潜在同业竞争的情况；

（五）本次发行完成后，上市公司与发行对象及发行对象的控股股东和实际控制人可能存在的关联交易的情况。

二、上交所知识产权相关规则

（一）上交所知识产权相关规则索引

1.《上海证券交易所关于发布〈上海证券交易所科创板股票发行上市审核问答〉的通知》（上证发〔2019〕29 号）

2.《上海证券交易所关于发布〈上海证券交易所科创板股票发行上市审核问答（二）〉的通知》（上证发〔2019〕36 号）

3.《上海证券交易所科创板股票上市规则》（2020 年 12 月修订，上证发〔2020〕101 号）

4.《上海证券交易所科创板股票发行上市审核规则》（2020 年修订，上证发〔2020〕89 号）

5.《上海证券交易所科创板企业发行上市申报及推荐暂行规定》（2021 年 4 月修订，上证发〔2021〕23 号）

6.《上海证券交易所科创板上市公司重大资产重组审核规则》（2021 年修订，上证发〔2021〕46 号）

7.《上海证券交易所科创板上市公司自律监管指引第 1 号——规范运作》（上证发〔2022〕14 号）

8.《上海证券交易所科创板上市公司自律监管规则适用指引第 2 号——自愿信息披露》（上证发〔2022〕14 号）

（二）重要条款提示

1.《上海证券交易所关于发布〈上海证券交易所科创板股票发行上市审核问答〉的通知》（上证发〔2019〕29 号）

【重要条款】

1.《上海证券交易所科创板股票上市规则》（以下简称《上市规则》）设置了多套上市标准，发行人如何选择适用？保荐机构应当如何把关？申报后能否变更？

答：为增强科创板的包容性，《上市规则》以市值为中心，结合净利润、营业收入、研发投入和经营活动产生的现金流量等财务指标，设置了多套上市标准。其中，第 2.1.2 条规定了通用上市标准，第 2.1.3 条规定了红筹企业适用的上市标准，第 2.1.4 条规定了具有表决权差异安排的发行人适用的上市标准。

（一）发行人应当选择一项具体上市标准

根据《上海证券交易所科创板股票发行上市审核规则》（以下简称《上市审核规则》）相关规定，发行人申请股票首次公开发行并在科创板上市的，应当在相关申请文件中明确说明所选择的一项具体上市标准，即《上市规则》第 2.1.2 条中规定的五项标准之一。红筹企业应选择第 2.1.3 条规定的标准之一。具有表决权差异安排的发行人应选择第 2.1.4 条规定的标准之一。

发行人应当结合自身财务状况、公司治理特点、发展阶段以及上市后的持续监管要求等因素，审慎选择适当的上市标准。

保荐机构应当为发行人选择适当的上市标准提供专业指导，审慎推荐，并在上市保荐书中就发行人选择的上市标准逐项说明适用理由，其中对预计市值指标，应当结合发行人报告期外部股权融资情况、可比公司在境内外市场的估值情况等进行说明。

（二）发行人申请上市标准变更的处理

科创板股票上市委员会召开审议会议前，发行人因更新财务报告等情形导致不再符合申报时选定的上市标准，需要变更为其他标准的，应当及时向本所提出申请，说明原因并更新相关文件；不再符合任何一项上市标准的，可以撤回发行上市申请。

保荐机构应当核查发行人变更上市标准的理由是否充分，就发行人新选择的上市标准逐项说明适用理由，并就发行人是否符合上市条件重新发表明确意见。

7.《上市规则》规定的财务指标包括"最近三年累计研发投入占最近三年累计营业收入的比例不低于 15%"，其中"研发投入"如何认定？研发相关内控有哪些要求？信息披露有哪些要求？中介机构应当如何进行核查？

答：（一）研发投入认定

研发投入为企业研究开发活动形成的总支出。研发投入通常包括研发人员工资费用、直接投入费用、折旧费用与长期待摊费用、设计费用、装备调试费、无形资产摊销费用、委托外部研究开发费用、其他费用等。

本期研发投入为本期费用化的研发费用与本期资本化的开发支出之和。

（二）研发相关内控要求

发行人应制定并严格执行研发相关内控制度，明确研发支出的开支范围、标准、审批程序以及研发支出资本化的起始时点、依据、内部控制流程。同时，应按照研发项目设立台账归集核算研发支出。发行人应审慎制定研发支出资本化的标准，并在报告期内保持一致。

（三）发行人信息披露要求

发行人应在招股说明书中披露研发相关内控制度及其执行情况，并披露研发投入的确认依据、核算方法、最近三年研发投入的金额、明细构成、最近三年累计研发投入占最近三年累计营业收入的比例及其与同行业可比上市公司的对比情况。

（四）中介机构核查要求

1. 保荐机构及申报会计师应对报告期内发行人的研发投入归集是否准确、相关数据来源及计算是否合规进行核查，并发表核查意见。

2. 保荐机构及申报会计师应对发行人研发相关内控制度是否健全且被有效执行进行核查，就以下事项作出说明，并发表核查意见：

（1）发行人是否建立研发项目的跟踪管理系统，有效监控、记录各研发项目的进展情况，并合理评估技术上的可行性；

（2）是否建立与研发项目相对应的人财物管理机制；

（3）是否已明确研发支出开支范围和标准，并得到有效执行；

（4）报告期内是否严格按照研发开支用途、性质据实列支研发支出，是否存在将与研发无关的费用在研发支出中核算的情形；

（5）是否建立研发支出审批程序。

9. 《上市审核规则》规定发行人应当符合科创板定位。对此应如何把握？

答：《上市审核规则》规定，本所对发行上市进行审核。审核事项包括三个方面：一是发行人是否符合发行条件；二是发行人是否符合上市条件；三是发行人的信息披露是否符合要求。在对上述事项进行审核判断时，将关注发行人是否符合科创板定位。发行人应当对其是否符合科创板定位进行审慎评估，保荐机构应当就发行人是否符合科创板定位进行专业判断。

（一）发行人自我评估的考虑因素

发行人进行自我评估时，应当尊重科技创新规律、资本市场规律和企业发展规律，并结合自身和行业科技创新实际情况，准确理解、把握科创板定位，重点考虑以下因素：

1. 所处行业及其技术发展趋势与国家战略的匹配程度；

2. 企业拥有的核心技术在境内与境外发展水平中所处的位置；

3. 核心竞争力及其科技创新水平的具体表征，如获得的专业资质和重要奖项、核心技术人员的科研能力、科研资金的投入情况、取得的研发进展及其成果等；

4. 保持技术不断创新的机制、技术储备及技术创新的具体安排；

5. 依靠核心技术开展生产经营的实际情况等。

（二）对保荐机构的相关要求

保荐机构应当根据《上海证券交易所科创板企业上市推荐指引》的相关要求，围绕科创板定位，对发行人自我评估涉及的相关事项进行核查，并结合尽职调查取得的充分证据、资料等，对其是否符合科创板定位作出专业判断，出具专项意见，说明理由和依据、具体的核查内容、核查过程等，并在上市保荐书中简要说明核查结论及依据。

（三）本所审核中予以关注

审核问询中，本所发行上市审核机构将关注发行人的评估是否客观，保荐人的判断是否合理；根据需要，可以向科技创新咨询委员会提出咨询，将其作出的咨询意见作为审核参考。

10. 《上市审核规则》规定，发行人应当主要依靠核心技术开展生产经营，对此应当如何理解？信息披露有哪些要求？中介机构应当如何进行核查？

答：（一）主要依靠核心技术开展生产经营的理解

主要依靠核心技术开展生产经营，是指企业的主要经营成果来源于依托核心技术的产品或服务。一是发行人能够坚持科技创新，通过持续的研发投入积累形成核心技术。二是发行人主要的生产经营能够以核心技术为基础，将核心技术进行成果转化，形成基于核心技术的产品（服务）。如果企业核心技术处于研发阶段，其主要研发投入均应当围绕该核心技术及其相关的产品（服务）。三是核心技术的判断主要结合发行人所处行业的国家科技发展战略和政策、整体技术水平、国内外科技发展水平和趋势等因素，综合判断。

（二）发行人信息披露要求

发行人应在招股说明书中披露以下信息：

1. 报告期内通过核心技术开发产品（服务）的情况，报告期内核心技术产品（服务）的生产和销售数量，核心技术产品（服务）在细分行业的市场占有率；

2. 报告期内营业收入中，发行人依靠核心技术开展生产经营所产生收入的构成、占比、变动情况及原因等。

（三）保荐机构核查要求

保荐机构应结合发行人所处的行业、技术水平和产业应用前景，重点核查以下事项：

1. 发行人的研发投入是否主要围绕核心技术及其相关产品（服务）；

2. 发行人营业收入是否主要来源于依托核心技术的产品（服务），营业收入中是否存在较多的与核心技术不具有相关性的贸易等收入，核心技术能否支持公司的持续成长；

3. 发行人核心技术产品（服务）收入的主要内容和计算方法是否适当，是否为偶发性收入，是否来源于显失公平的关联交易；

4. 其他对发行人利用核心技术开展生产经营活动产生影响的情形。

保荐机构应当就发行人是否"主要依靠核心技术开展生产经营"发表明确意见。保荐机构在全面核查并发表明确核查意见的基础上，应审慎选择并推荐符合科创板定位的企业上市，督促发行人做好相关信息披露和风险揭示。

14. 发行人存在研发支出资本化情况的，信息披露有哪些要求？中介机构应当如何进行核查？

答：（一）研发支出资本化的会计处理要求

发行人内部研究开发项目的支出，应按照《企业会计准则——基本准则》《企业会计准则第6号——无形资产》等相关规定进行确认和计量。研究阶段的支出，应于发生时计入当期损益；开发阶段的支出，应按规定在同时满足会计准则列明的条件时，才能确认为无形资产。

在初始确认和计量时，发行人应结合研发支出资本化相关内控制度的健全性和有效性，对照会计准则规定的相关条件，逐条具体分析进行资本化的开发支出是否同时满足上述条件。在后续计量时，相关无形资产的预计使用寿命和摊销方法应符合会计准则规定，按规定进行减值测试并足额计提减值准备。

（二）发行人信息披露要求

发行人应在招股说明书中披露：

1. 与资本化相关研发项目的研究内容、进度、成果、完成时间（或预计完成时间）、经济利益产生方式（或预计产生方式）、当期和累计资本化金额、主要支出构成，以及资本化的起始时点和确定依据等内容；

2. 与研发支出资本化相关的无形资产的预计使用寿命、摊销方法、减值等情况，并说明是否符合相关规定。

发行人还应结合研发项目推进和研究成果运用时可能发生的内外部不利变化、与研发支出资本化相关的无形资产规模等因素，充分披露相关无形资产的减值风险及其对公司未来业绩可能产生的不利影响。

（三）中介机构核查要求

保荐机构及申报会计师应关注以下事项，并对发行人研发支出资本化相关会计处理的合规性、谨慎性和一贯性发表核查意见：

1. 研究阶段和开发阶段的划分是否合理，是否与研发活动的流程相联系，是否遵循了正常研发活动的周期及行业惯例，并一贯运用，研究阶段与开发阶段划分的依据是否完整、准确披露；

2. 研发支出资本化的条件是否均已满足，是否具有内外部证据支持。重点从技术上的可行性，预期产生经济利益的方式，技术、财务资源和其他资源的支持等方面进行关注；

3. 研发支出的成本费用归集范围是否恰当，研发支出的发生是否真实，是否与相关研发活动切实相关，是否存在为申请高新技术企业认定及企业所得税费用加计扣除目的虚增研发支出的情形；

4. 研发支出资本化的会计处理与可比公司是否存在重大差异。

2.《上海证券交易所关于发布〈上海证券交易所科创板股票发行上市审核问答（二）〉的通知》（上证发〔2019〕36号）

【重要条款】

7. 发行人租赁控股股东、实际控制人房产或者商标、专利、主要技术来自于控股股东、实际控制人的授权使用，中介机构核查应当注意哪些方面？

答：发行人存在从控股股东、实际控制人租赁或授权使用资产的，中介机构应当予以关注。存在以下两种情况的：一是生产型企业的发行人，其生产经营所必需的主要厂房、机器设备等固定资产系向控股股东、实际控制人租赁使用；二是发行人的核心商标、专利、主要技术等无形资产是由控股股东、实际控制人授权使用，中介机构应结合相关资产的具体用途、对发行人的重要程度、未投入发行人的原因、租赁或授权使用费用的公允性、是否能确保发行人长期使用、今后的处置方案等，充分论证该等情况是否对发行人资产完整和独立性构成重大不利影响，督促发行人做好信息披露和风险揭示，并就发行人是否符合科创板发行条件审慎发表意见。

13. 影响发行人持续经营能力的重要情形有哪些？中介机构应当如何进行核查？

答：发行人存在以下情形的，保荐机构和申报会计师应重点关注是否影响发行人持续经营能力，具体包括：

（一）发行人所处行业受国家政策限制或国际贸易条件影响存在重大不利变化风险；

（二）发行人所处行业出现周期性衰退、产能过剩、市场容量骤减、增长停滞等情况；

（三）发行人所处行业准入门槛低、竞争激烈，相比竞争者发行人在技术、资金、规模效应方面等不具有明显优势；

（四）发行人所处行业上下游供求关系发生重大变化，导致原材料采购价格或产品售价出现重大不利变化；

（五）发行人因业务转型的负面影响导致营业收入、毛利率、成本费用及盈利水平出现重大不利变化，且最近一期经营业绩尚未出现明显好转趋势；

（六）发行人重要客户本身发生重大不利变化，进而对发行人业务的稳定性和持续性产生重大不利影响；

（七）发行人由于工艺过时、产品落后、技术更迭、研发失败等原因导致市场占有率持续下降、重要资产或主要生产线出现重大减值风险、主要业务停滞或萎缩；

（八）发行人多项业务数据和财务指标呈现恶化趋势，短期内没有好转迹象；

（九）对发行人业务经营或收入实现有重大影响的商标、专利、专有技术以及特许经营权等重要资产或技术存在重大纠纷或诉讼，已经或者未来将对发行人财务状况或经营成果产生重大影响；

（十）其他明显影响或丧失持续经营能力的情形。

保荐机构和申报会计师应详细分析和评估上述情形的具体表现、影响程度和预期结果，综合判断是否对发行人持续经营能力构成重大不利影响，审慎发表明确核查意见，并督促发行人充分披露可能存在的持续经营风险。

3.《上海证券交易所科创板股票上市规则》（2020年12月修订，上证发〔2020〕101号）

【重要条款】

2.1.1 发行人申请在本所科创板上市，应当符合下列条件：

（一）符合中国证监会规定的发行条件；

（二）发行后股本总额不低于人民币 3000 万元；

（三）公开发行的股份达到公司股份总数的 25% 以上；公司股本总额超过人民币 4 亿元的，公开发行股份的比例为 10% 以上；

（四）市值及财务指标符合本规则规定的标准；

（五）本所规定的其他上市条件。

红筹企业发行股票的，前款第二项调整为发行后的股份总数不低于 3000 万股，前款第三项调整为公开发行的股份达到公司股份总数的 25% 以上；公司股份总数超过 4 亿股的，公开发行股份的比例为 10% 以上。红筹企业发行存托凭证的，前款第二项调整为发行后的存托凭证总份数不低于 3000 万份，前款第三项调整为公开发行的存托凭证对应基础股份达到公司股份总数的 25% 以上；发行后的存托凭证总份数超过 4 亿份的，公开发行存托凭证对应基础股份达到公司股份总数的 10% 以上。

本所可以根据市场情况，经中国证监会批准，对上市条件和具体标准进行调整。

2.1.2　发行人申请在本所科创板上市，市值及财务指标应当至少符合下列标准中的一项：

（一）预计市值不低于人民币 10 亿元，最近两年净利润均为正且累计净利润不低于人民币 5000 万元，或者预计市值不低于人民币 10 亿元，最近一年净利润为正且营业收入不低于人民币 1 亿元；

（二）预计市值不低于人民币 15 亿元，最近一年营业收入不低于人民币 2 亿元，且最近三年累计研发投入占最近三年累计营业收入的比例不低于 15%；

（三）预计市值不低于人民币 20 亿元，最近一年营业收入不低于人民币 3 亿元，且最近三年经营活动产生的现金流量净额累计不低于人民币 1 亿元；

（四）预计市值不低于人民币 30 亿元，且最近一年营业收入不低于人民币 3 亿元；

（五）预计市值不低于人民币 40 亿元，主要业务或产品需经国家有关部门批准，市场空间大，目前已取得阶段性成果。医药行业企业需至少有一项核心产品获准开展二期临床试验，其他符合科创板定位的企业需具备明显的技术优势并满足相应条件。

本条所称净利润以扣除非经常性损益前后的孰低者为准，所称净利润、营业收入、经营活动产生的现金流量净额均指经审计的数值。

2.1.3　符合《国务院办公厅转发证监会关于开展创新企业境内发行股票或存托凭证试点若干意见的通知》（国办发〔2018〕21 号）相关规定的红筹企业，可以申请发行股票或存托凭证并在科创板上市。

营业收入快速增长，拥有自主研发、国际领先技术，同行业竞争中处于相对优势地位的尚未在境外上市红筹企业，申请在科创板上市的，市值及财务指标应当至少符合下列标准之一：

（一）预计市值不低于人民币 100 亿元；

（二）预计市值不低于人民币 50 亿元，且最近一年营业收入不低于人民币 5 亿元。

前款所称营业收入快速增长，指符合下列标准之一：

（一）最近一年营业收入不低于人民币 5 亿元的，最近 3 年营业收入复合增长率 10% 以上；

（二）最近一年营业收入低于人民币 5 亿元的，最近 3 年营业收入复合增长率 20% 以上；

（三）受行业周期性波动等因素影响，行业整体处于下行周期的，发行人最近 3 年营业收入复合增长率高于同行业可比公司同期平均增长水平。

处于研发阶段的红筹企业和对国家创新驱动发展战略有重要意义的红筹企业，不适用"营业收入快速增长"上述要求。

3.2.8 上市公司业务和技术出现下列情形的，保荐机构、保荐代表人应当就相关事项对公司核心竞争力和日常经营的影响，以及是否存在其他未披露重大风险发表意见并披露：

（一）主要原材料供应或者产品销售出现重大不利变化；

（二）核心技术人员离职；

（三）核心知识产权、特许经营权或者核心技术许可丧失、不能续期或者出现重大纠纷；

（四）主要产品研发失败；

（五）核心竞争力丧失竞争优势或者市场出现具有明显优势的竞争者；

（六）本所或者保荐机构认为应当发表意见的其他情形。

4.4.5 上市公司应当严格遵守科学伦理规范，尊重科学精神，恪守应有的价值观念、社会责任和行为规范，发挥科学技术的正面效应。

上市公司应当避免研究、开发和使用危害自然环境、生命健康、公共安全、伦理道德的科学技术，不得从事侵犯个人基本权利或者损害社会公共利益的研发和经营活动。

上市公司在生命科学、人工智能、信息技术、生态环境、新材料等科技创新领域开发或者使用创新技术的，应当遵循审慎和稳健原则，充分评估其潜在影响及可靠性。

5.2.2 上市公司应当对业绩波动、行业风险、公司治理等相关事项进行针对性信息披露，并持续披露科研水平、科研人员、科研资金投入、募集资金重点投向领域等重大信息。

8.1.2 上市公司应当在年度报告中，结合其所属行业的政策环境和发展状况，披露下列行业信息：

（一）所处行业的基本特点、主要技术门槛，报告期内新技术、新产业、新业态、新模式的发展情况和未来发展趋势；

（二）核心竞争优势，核心经营团队和技术团队的竞争力分析，以及报告期内获得相关权利证书或者批准文件的核心技术储备；

（三）当期研发支出金额及占销售收入的比例、研发支出的构成项目、费用化及资本化的金额及比重；

（四）在研产品或项目的进展或阶段性成果；研发项目预计总投资规模、应用前景以及可能存在的重大风险；

（五）其他有助于投资者决策的行业信息。

上市公司可以在《企业会计准则》规定范围外，披露息税前利润、自由现金流等反映公司价值和行业核心竞争力的参考指标。

本条第一款规定事项发生重大变化的，上市公司应当及时披露。

8.1.3　上市公司开展与主营业务行业不同的新业务，或者进行可能导致公司业务发生重大变化的收购或资产处置等交易，应当及时披露下列信息：

（一）原因及合理性，包括现有业务基本情况及重大风险，新业务与上市公司主营业务是否具备协同性等；

（二）公司准备情况，包括在业务、资金、技术、人才等方面的储备，以及开展新业务对公司财务状况、现有业务的影响；

（三）新业务的行业情况，包括所依赖的技术水平、研发进展、商业化情况、市场成熟度、政策环境及市场竞争等；

（四）新业务的管理情况，包括开展新业务后，公司实际控制人对公司的控制情况是否发生变化，公司能否控制新业务；

（五）新业务审批情况，包括已经取得或者尚待有关部门审批的说明（如适用）；

（六）新业务的风险提示，包括上市公司经营风险、财务风险、新业务风险等；

（七）独立董事、监事会对公司开展新业务的意见；

（八）本所或公司认为应当披露的其他重要内容。

8.2.4　上市公司发生下列重大风险事项的，应当及时披露其对公司核心竞争力和持续经营能力的具体影响：

（一）国家政策、市场环境、贸易条件等外部宏观环境发生重大不利变化；

（二）原材料采购价格、产品售价或市场容量出现重大不利变化，或者供销渠道、重要供应商或客户发生重大不利变化；

（三）核心技术人员离职；

（四）核心商标、专利、专有技术、特许经营权或者核心技术许可丧失、到期或者出现重大纠纷；

（五）主要产品、业务或者所依赖的基础技术研发失败或者被禁止使用；

（六）主要产品或核心技术丧失竞争优势；

（七）其他重大风险事项。

9.3.3 上市公司应当建立完善募集资金的存储、使用、变更、决策、监督和责任追究等制度，披露募集资金重点投向科技创新领域的具体安排，并持续披露募集资金使用情况。

4.《上海证券交易所科创板股票发行上市审核规则》（2020 年修订，上证发〔2020〕89 号）

【重要条款】

第三条　发行人申请股票首次发行上市，应当符合科创板定位，面向世界科技前沿、面向经济主战场、面向国家重大需求。优先支持符合国家战略，拥有关键核心技术，科技创新能力突出，主要依靠核心技术开展生产经营，具有稳定的商业模式，市场认可度高，社会形象良好，具有较强成长性的企业。

第五条　本所发行上市审核基于科创板定位，重点关注并判断下列事项：

（一）发行人是否符合中国证监会规定的科创板股票发行条件；

（二）发行人是否符合本所规定的科创板股票上市条件；

（三）发行人的信息披露是否符合中国证监会和本所要求。

第十九条　发行人应当根据中国证监会和本所相关规定，结合科创板定位，就是否符合相关行业范围和科创属性要求等事项进行审慎评估，并提交符合科创板定位的专项说明；保荐人应当就发行人是否符合相关行业范围和科创属性要求等事项进行专业判断，并出具发行人符合科创板定位的专项意见。

本所在发行上市审核中，将关注发行人的评估是否客观，保荐人的判断是否合理，并可以根据需要就发行人科创属性相关事项向本所设立的科技创新咨询委员会提出咨询。

第二十二条　发行人申请股票首次发行上市的，应当符合《上海证券交易所科创板股票上市规则》规定的上市条件。

除本规则第二十三条、第二十四条规定的情形外，发行人申请股票首次发行上市的，应当至少符合下列上市标准中的一项，发行人的招股说明书和保荐人的上市保荐书应当明确说明所选择的具体上市标准：

（一）预计市值不低于人民币 10 亿元，最近两年净利润均为正且累计净利润不低于人民币 5000 万元，或者预计市值不低于人民币 10 亿元，最近一年净利润为正且营业收入不低于人民币 1 亿元；

（二）预计市值不低于人民币 15 亿元，最近一年营业收入不低于人民币 2 亿元，且最近三年累计研发投入占最近三年累计营业收入的比例不低于 15%；

（三）预计市值不低于人民币 20 亿元，最近一年营业收入不低于人民币 3 亿元，且最近三年经营活动产生的现金流量净额累计不低于人民币 1 亿元；

（四）预计市值不低于人民币 30 亿元，且最近一年营业收入不低于人民币 3

亿元；

（五）预计市值不低于人民币 40 亿元，主要业务或产品需经国家有关部门批准，市场空间大，目前已取得阶段性成果。医药行业企业需至少有一项核心产品获准开展二期临床试验，其他符合科创板定位的企业需具备明显的技术优势并满足相应条件。

前款所称净利润以扣除非经常性损益前后的孰低者为准，所称净利润、营业收入、经营活动产生的现金流量净额均指经审计的数值。

本所可以根据市场情况，经中国证监会批准，对第二款规定的具体标准进行调整。

第二十三条　符合《国务院办公厅转发证监会关于开展创新企业境内发行股票或存托凭证试点若干意见的通知》（国办发〔2018〕21 号）相关规定的红筹企业，可以申请发行股票或存托凭证并在科创板上市。营业收入快速增长，拥有自主研发、国际领先技术，同行业竞争中处于相对优势地位的尚未在境外上市红筹企业，申请发行股票或存托凭证并在科创板上市的，市值及财务指标应当至少符合下列上市标准中的一项，发行人的招股说明书和保荐人的上市保荐书应当明确说明所选择的具体上市标准：

（一）预计市值不低于人民币 100 亿元；

（二）预计市值不低于人民币 50 亿元，且最近一年营业收入不低于人民币 5 亿元。

第二十四条　存在表决权差异安排的发行人申请股票或者存托凭证首次公开发行并在科创板上市的，其表决权安排等应当符合《上海证券交易所科创板股票上市规则》等规则的规定；发行人应当至少符合下列上市标准中的一项，发行人的招股说明书和保荐人的上市保荐书应当明确说明所选择的具体上市标准：

（一）预计市值不低于人民币 100 亿元；

（二）预计市值不低于人民币 50 亿元，且最近一年营业收入不低于人民币 5 亿元。

5.《上海证券交易所科创板企业发行上市申报及推荐暂行规定》（2021 年 4 月修订，上证发〔2021〕23 号）

【重要条款】

第一条　为了进一步明确科创板定位把握标准，支持和鼓励硬科技企业在科创板发行上市，引导和规范发行人申报和保荐机构推荐工作，促进科创板市场持续健康发展，根据《关于在上海证券交易所设立科创板并试点注册制的实施意见》《科创板首次公开发行股票注册管理办法（试行)》《科创属性评价指引（试行)》（以下简称《指引》）和《上海证券交易所科创板股票发行上市审核规则》（以下简称《审核规则》），制定本规定。

第二条　科创板企业发行上市申报和推荐，应当基于《指引》和本规定中的科创属性要求，把握发行人是否符合科创板定位。

发行人申报科创板发行上市的，应当对照《指引》和本规定中的科创属性要求，对其是否符合科创板定位进行自我评估。保荐机构推荐发行人申报科创板发行上市的，应当对发行人是否符合与科创板定位相关的科创属性要求，进行核查把关，作出专业判断。

第四条　申报科创板发行上市的发行人，应当属于下列行业领域的高新技术产业和战略性新兴产业：

（一）新一代信息技术领域，主要包括半导体和集成电路、电子信息、下一代信息网络、人工智能、大数据、云计算、软件、互联网、物联网和智能硬件等；

（二）高端装备领域，主要包括智能制造、航空航天、先进轨道交通、海洋工程装备及相关服务等；

（三）新材料领域，主要包括先进钢铁材料、先进有色金属材料、先进石化化工新材料、先进无机非金属材料、高性能复合材料、前沿新材料及相关服务等；

（四）新能源领域，主要包括先进核电、大型风电、高效光电光热、高效储能及相关服务等；

（五）节能环保领域，主要包括高效节能产品及设备、先进环保技术装备、先进环保产品、资源循环利用、新能源汽车整车、新能源汽车关键零部件、动力电池及相关服务等；

（六）生物医药领域，主要包括生物制品、高端化学药、高端医疗设备与器械及相关服务等；

（七）符合科创板定位的其他领域。

限制金融科技、模式创新企业在科创板发行上市。禁止房地产和主要从事金融、投资类业务的企业在科创板发行上市。

第五条　支持和鼓励科创板定位规定的相关行业领域中，同时符合下列 4 项指标的企业申报科创板发行上市：

（一）最近 3 年累计研发投入占最近 3 年累计营业收入比例 5% 以上，或者最近 3 年研发投入金额累计在 6000 万元以上；其中，软件企业最近 3 年累计研发投入占最近 3 年累计营业收入比例 10% 以上；

（二）研发人员占当年员工总数的比例不低于 10%；

（三）形成主营业务收入的发明专利（含国防专利）5 项以上，软件企业除外；

（四）最近 3 年营业收入复合增长率达到 20%，或者最近一年营业收入金额达到 3 亿元。采用《审核规则》第二十二条第二款第（五）项上市标准申报科创板发行上市的发行人除外。

第六条　支持和鼓励科创板定位规定的相关行业领域中，虽未达到本规定第五条指标，但符合下列情形之一的企业申报科创板发行上市：

（一）拥有的核心技术经国家主管部门认定具有国际领先、引领作用或者对于国家战略具有重大意义；

（二）作为主要参与单位或者核心技术人员作为主要参与人员，获得国家自然科学奖、国家科技进步奖、国家技术发明奖，并将相关技术运用于主营业务；

（三）独立或者牵头承担与主营业务和核心技术相关的国家重大科技专项项目；

（四）依靠核心技术形成的主要产品（服务），属于国家鼓励、支持和推动的关键设备、关键产品、关键零部件、关键材料等，并实现了进口替代；

（五）形成核心技术和主营业务收入相关的发明专利（含国防专利）合计 50 项以上。

第七条 发行人申报时，应当按照本规定所附示范格式的要求，提交关于符合科创板定位的专项说明。专项说明应当突出重点，直接明了，有针对性评估是否符合科创属性要求。

第九条 本所发行上市审核中，按照实质重于形式的原则，着重从以下方面关注发行人的自我评估是否客观，保荐机构的核查把关是否充分并作出综合判断：

（一）发行人是否符合科创板支持方向；

（二）发行人的行业领域是否属于《指引》和本规定所列行业领域；

（三）发行人的科创属性是否符合《指引》和本规定所列相关指标要求；

（四）如发行人的科创属性未达到相关指标要求，是否符合本规定要求的科技创新能力突出情形；

（五）本所规定的其他要求。

第十条 本所可以就发行人的科创属性向科创板科技创新咨询委员会履行正式咨询程序，参照咨询意见作出是否符合科创板定位的审核判断，并按规定程序出具审核意见。

第十一条 发行人应当在招股说明书中，就第三条至第六条规定的科创板支持方向、行业领域、科创属性指标或者相关情形进行相应的信息披露。

第十二条 发行人拟披露的与科创板定位相关的信息属于国家秘密、商业秘密，披露后可能导致其违反国家有关保密法律法规或者严重损害公司利益的，发行人及其保荐机构可以向本所申请豁免披露。

第十四条 本所对保荐机构推荐企业到科创板上市的行为实施自律监管，对违反本规定的保荐机构可以按规定采取自律监管措施或者纪律处分。

6.《上海证券交易所科创板上市公司重大资产重组审核规则》（2021 年修订，上证发〔2021〕46 号）

【重要条款】

第七条 科创公司实施重大资产重组或者发行股份购买资产的，标的资产应当符合科创板定位，所属行业应当与科创公司处于同行业或者上下游，且与科创公司主营业务具有协同效应。

第二十一条 科创公司应当充分披露标的资产是否符合科创板定位，与科创公司主营业务是否具有协同效应。

前款所称协同效应，是指科创公司因本次交易而产生的超出单项资产收益的超额利益，包括下列一项或者多项情形：

（一）增加定价权；

（二）降低成本；

（三）获取主营业务所需的关键技术、研发人员；

（四）加速产品迭代；

（五）产品或者服务能够进入新的市场；

（六）获得税收优惠；

（七）其他有利于主营业务发展的积极影响。

7.《上海证券交易所科创板上市公司自律监管指引第 2 号——自愿信息披露》（上证发〔2022〕14 号）

【重要条款】

一、准确把握自愿信息披露的范围

科创公司自愿披露的信息，应当服务于投资者决策需要，基于一定的客观事实，或者具备实施的基础条件。不宜披露与投资者决策关联不大的信息，更不应披露可能误导投资者错误估计公司价值的市场热点相关信息，不能以重大风险提示替代应有的事实基础。

一般而言，自愿信息披露包含以下常见类型。

1. 战略信息，指与公司长期发展目标和规划相关的信息，例如三年规划或者向某个领域拓展的发展战略。

2. 财务信息，指能够反映公司财务状况及经营成果的数据及其分析信息，例如非会计准则下的财务信息。

3. 预测信息，指基于现有事实作出的对未来的判断和预测，例如对技术发展趋势或者某个产品市场开拓的前瞻性预测、盈利预测。

4. 研发信息，指反映公司新技术、新产品研究开发进展，以及所取得成果的信息，例如生物医药公司新药研发进展。

5. 业务信息，指财务信息之外能够反映公司业务发展、经营情况及其趋势的信息，例如按月度披露的主要经营数据。

6. 行业信息，指公司所处行业发生的对公司经营发展具有影响的行业信息，例如国家对于相关行业的重点支持或者鼓励性政策。

7. 社会责任信息，指公司承担的对消费者、员工、社会环境等方面的责任情况，例如重大突发公共事件中公司发挥的作用。

四、常见自愿信息披露事项及公告要点

......

（六）研发及其进展

研发及其进展公告主要涉及在研产品或项目研发情况及其进展，披露重点是帮助投资者了解公司拟开展研发项目的具体情况，知悉在研项目的具体进展，以便于投资者判断研发项目价值及潜在风险，评估公司的研发实力和业务增长潜力。

研发项目通常分为技术研发（在研技术最终用于提高现有产品或者业务竞争力）和产品研发（在研技术最终将形成新的产品或者服务），公告内容可以考虑下列因素：

1. 研发的基本情况。除了研发项目名称、用途等一般性信息，公司可以结合研发项目对公司现有产品及业务的可能改进、目标市场及竞争格局，说明研发的主要目标，其中：

（1）自愿披露技术研发公告的，侧重于在研技术对公司产品或者服务的改进、在研技术相比现有技术的先进性等。

（2）自愿披露产品研发公告的，侧重于在研产品或者服务的市场前景、与现有同类产品的比较优势等。

2. 研发的可行性。一般投资者往往不具备相关行业的专业能力，仅通过披露研发基本情况，难以判断研发项目的潜力及可行性，因而难以评估研发对公司的实际影响，因此，公司可以从以下方面，披露研发的可行性：

（1）技术、资金、人员等必要研发资源的准备及投入情况。

（2）当前研发进展。例如，生物医药公司在披露其在研新药研发项目时，可以披露其所处阶段、该阶段主要目标、无需保密且有意义的研究数据等。

（3）在研技术投入应用，在研产品生产及商业化尚需经过的阶段及程序。例如生物医药公司在其研发公告中，说明在研药物完成研发至商业化尚需经过的研发阶段、审批程序、成功率等。

3. 必要的风险提示。考虑到研发通常存在很大不确定性，建议公司结合历史研发成功率、同行业的研发进展情况、商业化运营前须经过的关键节点等事项，向投资者提示可能存在的失败风险。

4. 研发对公司的影响。科创公司可以结合研发阶段、商业化前景、市场需求、是否存在替代性技术等因素，披露在研项目对公司未来市场拓展、业务收入和净利润的影响，避免误导投资者形成过于乐观的预期。

（七）新产品或者服务

相比产品研发公告，新产品或者服务公告，侧重于科创公司主营业务中新开发的产品或者服务的商业化情况。新产品或者服务公告的重点，在于帮助投资者了解公司新产品或者服务的商业布局，是否形成新的利润增长点，以评估公司的成长性，有助于投资者更准确了解公司新产品或者服务的情况。

公告内容可以考虑下列因素。

1. 新产品或服务的基本情况。为了让投资者能够了解公司新产品或者服务的商业化运用前景，除了一般性的产品名称、主要应用领域等信息，建议公司披露新产品与现有产品或服务相比，具备的性能或者成本、价格等方面优势。

2. 市场前景。包括产品或服务对应的细分市场、市场规模、竞争格局等。

3. 生产及商业化准备。包括产品或者服务是否取得必要的审批或者认证、是否已经具备规模化生产能力、是否存在专利权纠纷、是否已经获得订单。

4. 对公司的影响。公司需要重点说明新产品或服务对当期财务状况的影响。同时，如果新产品或服务存在尚未获得专利授权、暂未掌握成熟生产工艺导致无法实现规模化生产、新产品未能获得市场认可或者市场竞争加剧导致销售未达预期等情况，公司应当考虑一并予以说明。

（十）科研实力证明

科研实力证明公告，是指科创公司披露获得科技类奖项、主导或参与行业重要标准编制等，以证明科创公司科研水平或其科研创新能力、行业地位等。公告披露的重点，在于帮助投资者了解相关科研实力证明的含金量以及公司的实际贡献程度。同时，避免误导投资者过高估计公司实际科研实力。

常见的科研实力证明包括获得奖项、承担专项任务、参与行业标准编制、在核心学术期刊发表论文等。

公告内容可以考虑下列因素：

1. 事项对科研实力的证明能力。例如，组织评选机构权威性、所获奖项在相关领域的权威性等。

2. 科创公司的参与程度。例如，科研项目的牵头或主导单位，以及科创公司在项目中的实际作用和排名。

3. 如所涉及项目存在与公司主营业务相关度较低、对提高主营业务竞争力作用有限、规模化应用或者形成收入的可能性较低、无法取得项目成果权属或者使用权等情况，应当明确提示。

8.《上海证券交易所科创板上市公司自律监管指引第1号——规范运作》（上证发〔2022〕14号）

【重要条款】

2.2.2 控股股东、实际控制人应当维护上市公司资产完整，不得通过以下方式影响科创公司资产的完整性：

（一）与生产型科创公司共用与生产经营有关的生产系统、辅助生产系统和配套设施；

（二）与非生产型公司共用与经营有关的业务体系及相关资产；

（三）以显失公平的方式与科创公司共用商标、专利、非专利技术等；

（四）以无偿或以明显不公平的条件占有、使用、收益或者处分科创公司的资产；

（五）未按照法律规定及合同约定及时办理投入或者转让给科创公司资产的过户手续；

（六）有关法律法规规定或者认定的其他情形

……

5.3.2　科创公司募集资金原则上应当用于主营业务，投向科技创新领域。科创公司使用募集资金不得有如下行为：

（一）除金融类企业外，募集资金用于开展委托理财（现金管理除外）、委托贷款等财务性投资，证券投资、衍生品投资等高风险投资，以及直接或者间接投资于以买卖有价证券为主要业务的公司；

（二）通过质押、委托贷款或者其他方式变相改变募集资金用途；

（三）将募集资金直接或者间接提供给控股股东、实际控制人等关联人使用，为关联人利用募投项目获取不正当利益提供便利；

（四）违反募集资金管理规定的其他行为。

第二节　创业板上市知识产权规则

一、证监会知识产权相关规则

（一）证监会知识产权相关规则索引

1. 《创业板首次公开发行股票注册管理办法（试行）》（证监会令第 167 号）

2. 《创业板上市公司证券发行注册管理办法（试行）》（证监会令第 168 号）

3. 《创业板上市公司持续监管办法（试行）》（证监会令第 169 号）

4. 《公开发行证券的公司信息披露内容与格式准则第 28 号——创业板公司招股说明书》（2020 年修订，证监会公告〔2020〕31 号）

5. 《公开发行证券的公司信息披露内容与格式准则第 35 号——创业板上市公司公开发行证券募集说明书》（证监会公告〔2014〕30 号）

6. 《公开发行证券的公司信息披露内容与格式准则第 60 号——上市公司向不特定对象发行证券募集说明书》（证监会公告〔2023〕7 号）

7. 《公开发行证券的公司信息披露内容与格式准则第 36 号——创业板上市公司向特定对象发行证券募集说明书和发行情况报告书》（证监会公告〔2020〕34 号）

（二）重要条款提示

1.《创业板首次公开发行股票注册管理办法（试行）》（证监会令第 167 号）

【重要条款】

第三条　发行人申请首次公开发行股票并在创业板上市，应当符合创业板定位。

创业板深入贯彻创新驱动发展战略，适应发展更多依靠创新、创造、创意的大趋势，主要服务成长型创新创业企业，支持传统产业与新技术、新产业、新业态、新模式深度融合。

第十二条　发行人业务完整，具有直接面向市场独立持续经营的能力：

（一）资产完整，业务及人员、财务、机构独立，与控股股东、实际控制人及其控制的其他企业间不存在对发行人构成重大不利影响的同业竞争，不存在严重影响独立性或者显失公平的关联交易；

（二）主营业务、控制权和管理团队稳定，最近二年内主营业务和董事、高级管理人员均没有发生重大不利变化；控股股东和受控股股东、实际控制人支配的股东所持发行人的股份权属清晰，最近二年实际控制人没有发生变更，不存在导致控制权可能变更的重大权属纠纷；

（三）不存在涉及主要资产、核心技术、商标等的重大权属纠纷，重大偿债风险，重大担保、诉讼、仲裁等或有事项，经营环境已经或者将要发生重大变化等对持续经营有重大不利影响的事项。

第三十八条　发行人应当以投资者需求为导向，结合所属行业的特点和发展趋势，充分披露自身的创新、创造、创意特征，针对性披露科技创新、模式创新或者业态创新情况，以及对新旧产业融合的促进作用，充分披露业务模式、公司治理、发展战略、经营政策、会计政策、财务状况分析等信息。

第三十九条　发行人应当以投资者需求为导向，精准清晰充分地披露可能对公司经营业绩、核心竞争力、业务稳定性以及未来发展产生重大不利影响的各种风险因素。

第四十条　发行人尚未盈利的，应当充分披露尚未盈利的成因，以及对公司现金流、业务拓展、人才吸引、团队稳定性、研发投入、战略性投入、生产经营可持续性等方面的影响。

第四十一条　发行人应当披露募集资金的投向和使用管理制度，披露募集资金对发行人主营业务发展的贡献、未来经营战略的影响以及发行人业务创新、创造、创意性的支持作用。

第七十四条　符合《若干意见》等规定的红筹企业，申请首次公开发行股票并在创业板上市，应当同时符合本办法的规定，但公司形式可以适用其注册地法律规定；申请发行存托凭证并在创业板上市的，发行上市审核注册程序适用本办法的规定。

前款规定的红筹企业在创业板发行上市，适用《若干意见》❶"营业收入快速增长，拥有自主研发、国际领先技术，同行业竞争中处于相对优势地位"的具体标准由交易所制定，并报中国证监会批准。

2.《创业板上市公司证券发行注册管理办法（试行）》（证监会令第 168 号）

【重要条款】

第十二条　上市公司发行股票，募集资金使用应当符合下列规定：

（一）符合国家产业政策和有关环境保护、土地管理等法律、行政法规规定；

（二）除金融类企业外，本次募集资金使用不得为持有财务性投资，不得直接或者间接投资于以买卖有价证券为主要业务的公司；

（三）募集资金项目实施后，不会与控股股东、实际控制人及其控制的其他企业新增构成重大不利影响的同业竞争、显失公平的关联交易，或者严重影响公司生产经营的独立性。

第八十八条　本办法所称战略投资者，是指符合下列情形之一，且具有同行业或者相关行业较强的重要战略性资源，与上市公司谋求双方协调互补的长期共同战略利益，愿意长期持有上市公司较大比例股份，愿意并且有能力认真履行相应职责，委派董事实际参与公司治理，提升上市公司治理水平，帮助上市公司显著提高公司质量和内在价值，具有良好诚信记录，最近三年未受到中国证监会行政处罚或者被追究刑事责任的投资者：

（一）能够给上市公司带来国际国内领先的核心技术资源，显著增强上市公司的核心竞争力和创新能力，带动上市公司的产业技术升级，显著提升上市公司的盈利能力；

（二）能够给上市公司带来国际国内领先的市场、渠道、品牌等战略性资源，大幅促进上市公司市场拓展，推动实现上市公司销售业绩大幅提升。

境外战略投资者应当同时遵守国家的相关规定。

3.《创业板上市公司持续监管办法（试行）》（证监会令第 169 号）

【重要条款】

第十条　上市公司应当结合所属行业的特点，充分披露行业经营信息，尤其是针对性披露技术、产业、业态、模式等能够反映行业竞争力的信息，便于投资者合理决策。

第十一条　上市公司应当充分披露可能对公司核心竞争力、经营活动和未来发展产生重大不利影响的风险因素。

上市公司尚未盈利的，应当充分披露尚未盈利的成因，以及对公司现金流、业

---

❶　注：该条款所称《若干意见》指《国务院办公厅转发证监会关于开展创新企业境内发行股票或存托凭证试点若干意见的通知》。

务拓展、人才吸引、团队稳定性、研发投入、战略性投入、生产经营可持续性等方面的影响。

第十八条　上市公司实施重大资产重组或者发行股份购买资产的，标的资产所属行业应当符合创业板定位，或者与上市公司处于同行业或者上下游。

4.《公开发行证券的公司信息披露内容与格式准则第 28 号——创业板公司招股说明书》（2020 年修订，证监会公告〔2020〕31 号）

【重要条款】

第二十七条　招股说明书概览的内容至少包括下列各部分：

......

（四）结合主要经营和财务数据概述发行人的主营业务经营情况，包括主要业务或产品、主要经营模式、竞争地位以及其他有助于投资者了解发行人业务特点的重要信息；

（五）简要披露发行人自身的创新、创造、创意特征，科技创新、模式创新、业态创新和新旧产业融合情况；

......

第三十三条　发行人应结合企业特点，精准清晰充分地披露可能对公司经营业绩、核心竞争力、业务稳定性以及未来发展产生重大不利影响的各种风险因素：

（一）创新风险，包括科技创新失败、模式创新和业态创新无法获得市场认可、新旧产业融合失败等风险；

（二）技术风险，包括技术升级迭代、研发失败、技术专利许可或授权不具排他性、技术未能形成产品或实现产业化等风险；

（三）经营风险，包括市场或经营前景或行业政策变化，商业周期变化，经营模式失败，依赖单一客户、单一技术、单一原材料等风险；

（四）内控风险，包括管理经验不足，特殊公司治理结构，依赖单一管理人员或其他核心人员等；

（五）财务风险，包括现金流状况不佳，资产周转能力差，重大资产减值，重大担保或偿债风险等；

（六）法律风险，包括重大技术、产品纠纷或诉讼风险，土地、资产权属瑕疵，股权纠纷，行政处罚等方面对发行人合法合规性及持续经营的影响；

（七）发行失败风险，包括发行认购不足，或未能达到预计市值上市条件的风险等；

（八）尚未盈利或存在累计未弥补亏损的风险，包括未来一定期间无法盈利或无法进行利润分配的风险，对发行人现金流、业务拓展、人才吸引、团队稳定性、研发投入、战略性投入、生产经营可持续性等方面产生不利影响的风险等；

（九）特别表决权股份或类似公司治理特殊安排的风险；

（十）可能严重影响公司持续经营的其他因素。

第四十九条　发行人应清晰、准确、客观地披露主营业务、主要产品或服务的情况，包括：

（一）主营业务、主要产品或服务的基本情况，主营业务收入的主要构成；

（二）主要经营模式，如盈利模式、采购模式、生产或服务模式、营销及管理模式等，分析采用目前经营模式的原因、影响经营模式的关键因素、经营模式和影响因素在报告期内的变化情况及未来变化趋势。发行人的业务及其模式具有创新性的，还应披露其独特性、创新内容及持续创新机制；

（三）设立以来主营业务、主要产品或服务、主要经营模式的演变情况；

（四）主要产品的工艺流程图或服务的流程图；

（五）生产经营中涉及的主要环境污染物、主要处理设施及处理能力。

第五十条　发行人应结合所处行业基本情况披露其竞争状况，主要包括：

（一）所属行业及确定所属行业的依据；

（二）简要披露所属行业的行业主管部门、行业监管体制、行业主要法律法规政策；重点结合报告期初以来新制定或修订、预期近期出台的与发行人生产经营密切相关的法律法规、行业政策，披露对发行人经营资质、准入门槛、运营模式、所在行业竞争格局等方面的具体影响；

（三）所属行业的特点和发展趋势；结合行业情况充分披露自身的创新、创造、创意特征；科技创新、模式创新、业态创新和新旧产业融合情况；

（四）发行人产品或服务的市场地位、技术水平及特点、行业内的主要企业、竞争优势与劣势、行业发展态势、面临的机遇与挑战，以及上述情况在报告期内的变化及未来可预见的变化趋势；

（五）发行人与同行业可比公司在经营情况、市场地位、技术实力、衡量核心竞争力的关键业务数据、指标等方面的比较情况。

第五十三条　发行人应披露对主要业务有重大影响的主要固定资产、无形资产等资源要素的构成，分析各要素与所提供产品或服务的内在联系，是否存在瑕疵、纠纷和潜在纠纷，是否对发行人持续经营存在重大不利影响。

发行人与他人共享资源要素的，如特许经营权，应披露共享的方式、条件、期限、费用等。

第五十四条　发行人应披露主要产品或服务的核心技术及技术来源，结合行业技术水平和对行业的贡献，披露发行人的技术先进性及具体表征。披露发行人的核心技术是否取得专利或其他技术保护措施、在主营业务及产品或服务中的应用和贡献情况。

发行人应披露核心技术的科研实力和成果情况，包括获得重要奖项，承担的重大科研项目等。

发行人应披露正在从事的研发项目、所处阶段及进展情况、相应人员、经费投入、拟达到的目标；结合行业技术发展趋势，披露相关科研项目与行业技术水平的比较；披露报告期内研发投入的构成、占营业收入的比例。与其他单位合作研发的，还应披露合作协议的主要内容，权利义务划分约定及采取的保密措施等。

发行人应披露核心技术人员、研发人员占员工总数的比例，核心技术人员的学历背景构成，取得的专业资质及重要科研成果和获得奖项情况，对公司研发的具体贡献，发行人对核心技术人员实施的约束激励措施，报告期内核心技术人员的主要变动情况及对发行人的影响。

发行人应披露保持技术不断创新的机制、技术储备及技术创新的安排等。

第六十二条　发行人应分析披露其具有直接面向市场独立持续经营的能力：

（一）资产完整方面。生产型企业具备与生产经营有关的主要生产系统、辅助生产系统和配套设施，合法拥有与生产经营有关的主要土地、厂房、机器设备以及商标、专利、非专利技术的所有权或者使用权，具有独立的原料采购和产品销售系统；非生产型企业具备与经营有关的业务体系及主要相关资产；

（二）人员独立方面。发行人的总经理、副总经理、财务负责人和董事会秘书等高级管理人员不在控股股东、实际控制人及其控制的其他企业中担任除董事、监事以外的其他职务，不在控股股东、实际控制人及其控制的其他企业领薪；发行人的财务人员不在控股股东、实际控制人及其控制的其他企业中兼职；

（三）财务独立方面。发行人已建立独立的财务核算体系、能够独立作出财务决策、具有规范的财务会计制度和对分公司、子公司的财务管理制度；发行人未与控股股东、实际控制人及其控制的其他企业共用银行账户；

（四）机构独立方面。发行人已建立健全内部经营管理机构、独立行使经营管理职权，与控股股东和实际控制人及其控制的其他企业间不存在机构混同的情形；

（五）业务独立方面。发行人的业务独立于控股股东、实际控制人及其控制的其他企业，与控股股东、实际控制人及其控制的其他企业间不存在对发行人构成重大不利影响的同业竞争，以及严重影响独立性或者显失公平的关联交易；

（六）发行人主营业务、控制权、管理团队稳定，最近二年内主营业务和董事、高级管理人员均没有发生重大不利变化；控股股东和受控股股东、实际控制人支配的股东所持发行人的股份权属清晰，最近二年实际控制人没有发生变更，不存在导致控制权可能变更的重大权属纠纷；

（七）发行人不存在主要资产、核心技术、商标的重大权属纠纷，重大偿债风险，重大担保、诉讼、仲裁等或有事项，经营环境已经或将要发生的重大变化等对持续经营有重大影响的事项。

第七十五条　发行人应以管理层的视角，结合"业务与技术"中披露的业务、经营模式、技术水平、竞争力等要素披露报告期内取得经营成果的逻辑。发行人的管理层分析一般应包括发行人的经营成果，资产质量，偿债能力、流动性与持续经营能力，发行人的重大资本性支出与资产业务重组等方面。发行人应明确披露对上述方面有重大影响的关键因素及其影响程度，充分揭示对发行人经营前景具有核心意义或其目前已经存在的趋势变化对业绩变动具有较强预示作用的财务或非财务指标。

第七十七条　发行人对于资产质量的分析，应结合自身的经营管理政策，充分说明对发行人存在重大影响的主要资产项目的质量特征、变动原因及风险趋势，一般应包括下列内容：

（一）结合应收款项的主要构成、账龄结构、信用政策、主要债务人等因素，分析披露报告期应收款项的变动原因及期后回款进度，说明是否存在较大的坏账风险；应收账款坏账准备计提比例明显低于同行业上市公司水平的，应分析披露具体原因；

（二）结合业务模式、存货管理政策、经营风险控制等因素，分析披露报告期末存货的分类构成及变动原因，说明是否存在异常的存货余额增长或结构变动情形，分析存货减值测试的合理性；

（三）报告期末持有金额较大的以摊余成本计量的金融资产、以公允价值计量且其变动计入其他综合收益的金融资产、以公允价值计量且其变动计入当期损益的金融资产以及借与他人款项、委托理财等财务性投资的，应分析其投资目的、期限、管控方式、可回收性、减值准备计提充分性及对发行人资金安排或流动性的影响；

（四）结合产能、业务量或经营规模变化等因素，分析披露报告期末固定资产的分布特征与变动原因，重要固定资产折旧年限与同行业可比公司相比是否合理；报告期如存在大额在建工程转入固定资产的，应说明其内容、依据及影响，尚未完工交付项目预计未来转入固定资产的时间与条件；固定资产与在建工程是否存在重大减值因素；

（五）报告期末主要对外投资项目的投资期限、投资金额和价值变动、股权投资占比等情况，对发行人报告期及未来的影响；如对外投资项目已计提减值或存在减值迹象的，应披露减值测试的方法与结果，并分析减值准备计提的充分性；

（六）报告期末无形资产、开发支出的主要类别与增减变动原因，重要无形资产对发行人业务和财务的影响；无形资产减值测试的方法与结果；如存在开发支出资本化的，应说明具体项目、资本化依据、时间及金额；

（七）报告期末商誉的形成原因、增减变动与减值测试依据等情况。

第八十三条　发行人应结合公司现有主营业务、生产经营规模、财务状况、技术条件、管理能力、发展目标合理确定募集资金投资项目，相关项目实施后不新增构成重大不利影响的同业竞争，对发行人的独立性不产生不利影响。

发行人应当披露募集资金的投向和使用管理制度，披露募集资金对发行人主营业务发展的贡献、对发行人未来经营战略的影响、对发行人业务创新创造创意性的支持作用。

5.《公开发行证券的公司信息披露内容与格式准则第 35 号——创业板上市公司公开发行证券募集说明书》（证监会公告〔2014〕30 号）

【重要条款】

第十八条　发行人应披露的风险因素包括但不限于下列内容：

（一）产品或服务的市场前景、行业经营环境的变化、商业周期或产品生命周期的影响、市场饱和或市场分割、过度依赖单一市场、市场占有率下降；

（二）经营模式发生变化、经营业绩不稳定、主要产品或主要原材料价格波动、过度依赖某一重要原材料、产品或服务、经营场所过度集中或分散；

（三）资产周转能力较差导致的资产流动性风险、现金流状况不佳及债务结构不合理导致的偿债风险、各项主要资产减值准备计提不足的风险、重大对外投资和境外投资管理不善或财务失控的风险、非经常性损益比重较大等因素导致发行人盈利来源不稳定的风险、发行人未来资本性支出计划存在的投资风险；

（四）技术不成熟、技术尚未产业化、技术缺乏有效保护或保护期限短、缺乏核心技术或核心技术依赖他人、产品或技术面临被淘汰；

（五）投资项目在市场前景、技术保障、产业政策、环境保护、土地使用、融资安排、与他人合作等方面存在的问题，因营业规模、营业范围扩大或者业务转型而导致的管理风险、业务转型风险，因固定资产折旧大量增加而导致的利润下滑风险，以及因产能扩大而导致的产品销售风险；

（六）由于财政、金融、税收、土地使用、产业政策、行业管理、环境保护等方面法律、法规、政策变化引致的风险；

（七）因发行新股导致原股东分红减少、表决权被摊薄的风险；

（八）可能严重影响公司持续经营的其他因素，如自然灾害、安全生产、汇率变化、外贸环境、担保、诉讼和仲裁等。

第三十条　发行人应披露其主要产品或服务的核心技术及技术来源，说明技术属于原始创新、集成创新或引进消化吸收再创新的情况，披露核心技术与已取得的专利及非专利技术的对应关系，以及在主营业务及产品或服务中的应用，并披露核心技术产品收入占营业收入的比例。

发行人应披露最近三年及一期研发费用的构成、占营业收入的比例。与其他单位合作研发的，还需说明合作协议的主要内容、研究成果的分配方案及采取的保密措施等。

发行人应披露其核心技术人员、研发人员占员工总数的比例，所取得的专业资质及重要科研成果和获得的奖项，披露最近两年核心技术人员的主要变动情况及对发行人的影响。

6.《公开发行证券的公司信息披露内容与格式准则第 60 号——上市公司向不特定对象发行证券募集说明书》（证监会公告〔2023〕7 号）

【重要条款】

第二十一条　发行人涉及披露的风险因素包括但不限于下列范围：

（一）技术风险，包括技术升级迭代、研发失败、技术专利许可或授权不具排他性、技术未能形成产品或实现产业化等风险；

（二）经营风险，包括市场或经营前景或行业政策变化，商业周期变化，经营模式失败，依赖单一客户、单一技术、单一原材料等风险；

（三）政策风险，包括因宏观环境、监管政策或财政、税收、环保法规发生变化，导致生产经营发生不利变动的风险等；

（四）财务风险，包括现金流状况不佳，资产周转能力差，重大资产减值，重大担保或偿债风险等；

（五）法律风险，包括重大技术、产品纠纷或诉讼风险，土地、资产权属瑕疵，股权纠纷，行政处罚等方面对发行人合法合规性及持续经营的影响；

（六）项目风险，包括募投项目因技术进步、市场环境变化不能顺利实施，或实施进度、效益效果不及预期的风险等；

（七）存在累计未弥补亏损的风险，包括未来一定期间无法进行利润分配的风险；

（八）其他相关风险。

第二十七条　发行人应披露所处行业的基本情况，包括：

（一）行业监管体制及最近三年监管政策的变化；

（二）该行业近三年在新技术、新产业、新业态、新模式方面的发展情况和未来发展趋势；

（三）行业整体竞争格局及市场集中情况，发行人产品或服务的市场地位、主要竞争对手、行业技术壁垒或主要进入障碍；

（四）发行人所处行业与上、下游行业之间的关联性及上下游行业发展状况。

第二十九条　发行人应披露与产品或服务有关的技术情况，包括：

（一）报告期内研发投入的构成及占营业收入的比例，报告期内研发形成的重要专利及非专利技术，以及其应用情况；

（二）现有核心技术人员、研发人员占员工总数的比例，报告期内前述人员的变动情况；

（三）核心技术来源及其对发行人的影响。

第三十条　发行人应列表披露与其业务相关的主要固定资产及无形资产，主要包括：

（一）生产经营所需的主要生产设备、房屋及其取得和使用情况、成新率或尚可

使用年限、在发行人及下属公司中分布情况等;

（二）商标、专利、非专利技术、土地使用权、水面养殖权、探矿权、采矿权等主要无形资产的价值、取得方式和时间、使用情况、使用期限或保护期，以及对发行人生产经营的重大影响。

发行人允许他人使用自己所有的资产，或作为被许可方使用他人资产的，应简介许可合同的主要内容，主要包括许可人、被许可人、许可使用的具体资产内容、许可方式、许可年限、许可使用费等。若发行人所有或使用的资产存在纠纷或潜在纠纷的，应明确提示。

第四十六条　发行人应以管理层的视角，结合"发行人基本情况"中披露的业务、经营模式、行业及技术等要素，对其财务状况、经营成果、资本性支出、技术创新等方面进行分析。

第五十条　技术创新分析包括:

（一）技术先进性及具体表现;

（二）正在从事的研发项目及进展情况;

（三）保持持续技术创新的机制和安排。

第五十五条　募集资金用于研发投入的，披露研发投入的主要内容、技术可行性、研发预算及时间安排、目前研发投入及进展、已取得及预计取得的研发成果等。

第五十八条　募集资金拟用于向其他企业增资或收购其他企业股权的，发行人应披露:

（一）股权所在公司的名称、企业性质、注册地、主要办公地点、法定代表人、注册资本;股权及控制关系，包括公司的主要股东及其持股比例、股东出资协议及公司章程中可能对本次交易产生影响的主要内容以及原董事、监事、高级管理人员的安排;

（二）本次增资或收购的背景和目的;

（三）股权所在公司重要经营性资产的权属状况、主要负债内容、对外担保以及重要专利或关键技术的纠纷情况;

（四）股权所在公司最近一年一期的业务发展情况和经审计的财务信息摘要，分析主要财务指标状况及发展趋势;

（五）本次收购完成后是否可能导致股权所在公司的现有管理团队、其他核心人员、主要客户及供应商、公司发展战略等产生重大变化。

7.《公开发行证券的公司信息披露内容与格式准则第 36 号——创业板上市公司向特定对象发行证券募集说明书和发行情况报告书》（证监会公告〔2020〕34 号）

【重要条款】

第十一条　董事会关于本次募集资金使用的可行性分析应当包括以下内容:

（一）本次募集资金投资项目的基本情况和经营前景，与现有业务或发展战略的关系，项目的实施准备和进展情况，预计实施时间，整体进度安排，发行人的实施能力及资金缺口的解决方式；

（二）本次募集资金投资项目涉及立项、土地、环保等有关审批、批准或备案事项的进展、尚需履行的程序及是否存在重大不确定性；

（三）募集资金用于研发投入的，披露研发投入的主要内容、技术可行性、研发预算及时间安排、目前研发投入及进展、预计未来研发费用资本化的情况、已取得及预计取得的研发成果等。

第十四条　通过本次发行拟进入的资产为股权的，标的资产的基本情况包括：

（一）股权所在公司的名称、企业性质、注册地、主要办公地点、法定代表人、注册资本；股权及控制关系，包括公司的主要股东及其持股比例、股东出资协议及公司章程中可能对本次交易产生影响的主要内容以及原董事、监事、高级管理人员的安排；

（二）股权所在公司重要经营性资产的权属状况、主要负债内容、对外担保以及重要专利或关键技术的纠纷情况；

（三）股权所在公司最近一年一期的业务发展情况和经审计的财务信息摘要，分析主要财务指标状况及发展趋势；

（四）本次收购完成后是否可能导致股权所在公司的现有管理团队、核心技术人员、主要客户及供应商、公司发展战略等产生重大变化。

二、深交所知识产权相关规则

（一）深交所知识产权相关规则索引

1.《深圳证券交易所创业板股票上市规则》（2020 年 12 月修订，深证上〔2020〕1292 号）

2.《深圳证券交易所创业板股票发行上市审核规则》（深证上〔2020〕501 号）

3.《深圳证券交易所创业板上市公司重大资产重组审核规则》（2021 年修订，深证上〔2021〕540 号）

4.《深圳证券交易所上市公司自律监管指引第 1 号——主板上市公司规范运作》（深证上〔2022〕13 号）

5.《深圳证券交易所上市公司自律监管指引第 2 号——创业板上市公司规范运作》（深证上〔2022〕14 号）

6.《深圳证券交易所创业板发行上市审核业务指引第 3 号——全国中小企业股份转让系统挂牌公司向创业板转板上市报告书内容与格式》（深证上〔2021〕726 号）

7.《深圳证券交易所上市公司自律监管指引第 4 号——创业板行业信息披露》

（深证上〔2022〕16 号）

8.《深圳证券交易所创业板上市保荐书内容与格式指引》（2021 年修订，深证上〔2021〕728 号）

9.《关于发布〈深圳证券交易所创业板企业发行上市申报及推荐暂行规定〉的通知》（深证上〔2020〕506 号）

10.《关于发布〈深圳证券交易所创业板股票首次公开发行上市审核问答〉的通知》（深证上〔2020〕510 号）

（二）重要条款提示

1.《深圳证券交易所创业板股票上市规则》（2020 年 12 月修订，深证上〔2020〕1292 号）

【重要条款】

2.1.3 符合《国务院办公厅转发证监会关于开展创新企业境内发行股票或存托凭证试点若干意见的通知》（国办发〔2018〕21 号）等相关规定且最近一年净利润为正的红筹企业，可以申请其股票或存托凭证在创业板上市。

营业收入快速增长，拥有自主研发、国际领先技术，同行业竞争中处于相对优势地位的尚未在境外上市红筹企业，申请在创业板上市的，市值及财务指标应当至少符合下列标准中的一项：

（一）预计市值不低于 100 亿元，且最近一年净利润为正；

（二）预计市值不低于 50 亿元，最近一年净利润为正且营业收入不低于 5 亿元。

前款所称营业收入快速增长，指符合下列标准之一：

（一）最近一年营业收入不低于 5 亿元的，最近三年营业收入复合增长率 10%以上；

（二）最近一年营业收入低于 5 亿元的，最近三年营业收入复合增长率 20%以上；

（三）受行业周期性波动等因素影响，行业整体处于下行周期的，发行人最近三年营业收入复合增长率高于同行业可比公司同期平均增长水平。

处于研发阶段的红筹企业和对国家创新驱动发展战略有重要意义的红筹企业，不适用"营业收入快速增长"的规定。

3.2.6 上市公司出现下列使公司的核心竞争力面临重大风险情形的，保荐机构应当就相关事项对公司核心竞争力和日常经营的影响以及是否存在其他未披露重大风险发表意见并披露：

（一）公司核心技术团队或者关键技术人员等对公司核心竞争力有重大影响的人员辞职或者发生较大变动；

（二）公司在用的核心商标、专利、专有技术、特许经营权等重要资产或者核心技术许可到期、出现重大纠纷、被限制使用或者发生其他重大不利变化；

（三）主要产品、核心技术、关键设备、经营模式等面临被替代或者被淘汰的风险；

（四）重要研发项目研发失败、终止、未获有关部门批准，或者公司放弃对重要核心技术项目的继续投资或者控制权；

（五）本所或者保荐机构认为应当发表意见的其他情形。

8.2.3　上市公司应当在年度报告中，遵循关联性和重要性原则，披露下列可能对公司产生重大不利影响的风险因素：

（一）核心竞争力风险，包括技术更迭、产品更新换代或竞争加剧导致市场占有率和用户规模下降，研发投入超出预期或进程未达预期，核心技术、关键设备、经营模式等可能被替代或者被淘汰，核心技术人员发生较大变动等；

（二）经营风险，包括单一客户依赖、原材料价格上涨、产品或服务价格下降等；

（三）债务及流动性风险，包括资产负债率上升、流动比率下降、财务费用增加、债务违约、债权人提前收回借款或提高借款条件等；

（四）行业风险，包括行业出现周期性衰退、产能过剩、市场容量下滑或者增长停滞、行业上下游供求关系发生重大不利变化等；

（五）宏观环境风险，包括相关法律、税收、外汇、贸易等政策发生重大不利变化；

（六）本所或者公司认定的其他重大风险。

8.2.5　上市公司出现下列风险事项，应当立即披露相关情况及对公司的影响：

......

（十一）公司核心技术团队或者关键技术人员等对公司核心竞争力有重大影响的人员辞职或者发生较大变动；

（十二）公司在用的核心商标、专利、专有技术、特许经营权等重要资产或者核心技术许可到期、出现重大纠纷、被限制使用或者发生其他重大不利变化；

（十三）主要产品、核心技术、关键设备、经营模式等面临被替代或者被淘汰的风险；

（十四）重要研发项目研发失败、终止、未获有关部门批准，或者公司放弃对重要核心技术项目的继续投资或者控制权；

（十五）发生重大环境、生产及产品安全事故；

（十六）收到政府部门限期治理、停产、搬迁、关闭的决定通知；

（十七）不当使用科学技术、违反科学伦理；

（十八）本所或者公司认定的其他重大风险情况、重大事故或者负面事件。

8.6.6　上市公司独立或者与第三方合作研究、开发新技术、新产品、新业务、新服务或者对现有技术进行改造，相关事项对公司盈利或者未来发展有重要影响的，公司应当及时披露。

2.《深圳证券交易所创业板股票发行上市审核规则》（深证上〔2020〕501 号）

【重要条款】

第三条　发行人申请股票首次发行上市，应当符合创业板定位。创业板深入贯彻创新驱动发展战略，适应发展更多依靠创新、创造、创意的大趋势，主要服务成长型创新创业企业，支持传统产业与新技术、新产业、新业态、新模式深度融合。

第五条　本所发行上市审核基于创业板定位，重点关注并判断下列事项：

（一）发行人是否符合中国证监会规定的创业板股票发行条件；

（二）发行人是否符合本所规定的创业板股票上市条件；

（三）发行人的信息披露是否符合中国证监会和本所要求。

第二十二条　发行人申请股票首次发行上市的，应当符合《深圳证券交易所创业板股票上市规则》规定的上市条件。

除本规则第二十三条、第二十四条规定的情形外，发行人申请股票首次发行上市的，应当至少符合下列上市标准中的一项，发行人的招股说明书和保荐人的上市保荐书应当明确说明所选择的具体上市标准：

（一）最近两年净利润均为正，且累计净利润不低于人民币 5000 万元；

（二）预计市值不低于人民币 10 亿元，最近一年净利润为正且营业收入不低于人民币 1 亿元；

（三）预计市值不低于人民币 50 亿元，且最近一年营业收入不低于人民币 3 亿元。

本章所称净利润以扣除非经常性损益前后的孰低者为准，所称净利润、营业收入均指经审计的数值。

本所可以根据市场情况，经中国证监会批准，对第二款规定的具体标准进行调整。

第二十三条　符合《若干意见》❶ 等相关规定且最近一年净利润为正的红筹企业，可以申请发行股票或存托凭证并在创业板上市。

营业收入快速增长，拥有自主研发、国际领先技术，同行业竞争中处于相对优势地位的尚未在境外上市红筹企业，申请发行股票或存托凭证并在创业板上市的，市值及财务指标应当至少符合下列上市标准中的一项，发行人的招股说明书和保荐人的上市保荐书应当明确说明所选择的具体上市标准：

（一）预计市值不低于人民币 100 亿元，且最近一年净利润为正；

（二）预计市值不低于人民币 50 亿元，最近一年净利润为正且营业收入不低于

---

❶　注：该条款所称《若干意见》指《国务院办公厅转发证监会关于开展创新企业境内发行股票或存托凭证试点若干意见的通知》。

人民币 5 亿元。

前款所称营业收入快速增长，指符合下列标准之一：

（一）最近一年营业收入不低于 5 亿元的，最近三年营业收入复合增长率 10%以上；

（二）最近一年营业收入低于 5 亿元的，最近三年营业收入复合增长率 20%以上；

（三）受行业周期性波动等因素影响，行业整体处于下行周期的，发行人最近三年营业收入复合增长率高于同行业可比公司同期平均增长水平。

处于研发阶段的红筹企业和对国家创新驱动发展战略有重要意义的红筹企业，不适用"营业收入快速增长"的规定。

3.《深圳证券交易所创业板上市公司重大资产重组审核规则》（2021 年修订，深证上〔2021〕540 号）

【重要条款】

第七条　上市公司实施重大资产重组或者发行股份购买资产的，标的资产所属行业应当符合创业板定位，或者与上市公司处于同行业或者上下游。

第十条　上市公司实施重组上市的，标的资产应当属于符合国家战略的高新技术产业和战略性新兴产业资产，对应的经营实体应当是符合《创业板首次公开发行股票注册管理办法（试行）》（以下简称《注册管理办法》）规定的相应发行条件的股份有限公司或者有限责任公司，并符合下列条件之一：

（一）最近两年净利润均为正，且累计净利润不低于人民币 5000 万元；

（二）最近一年净利润为正且营业收入不低于人民币 1 亿元；

（三）最近一年营业收入不低于人民币 3 亿元，且最近三年经营活动产生的现金流量净额累计不低于人民币 1 亿元。

本章所称净利润以扣除非经常性损益前后的孰低者为准，所称净利润、营业收入、经营活动产生的现金流量净额均指经审计的数值；如标的资产涉及编制合并财务报表的，净利润为合并利润表列报的归属于母公司所有者的净利润，不包括少数股东损益。

第二十一条　上市公司应当充分披露标的资产所属行业是否符合创业板定位或者与上市公司处于同行业或者上下游，与上市公司主营业务是否具有协同效应。

如具有协同效应的，应当充分说明并披露对未来上市公司业绩的影响，交易定价中是否考虑了上述协同效应；如不具有显著协同效应的，应当充分说明并披露本次交易后的经营发展战略和业务管理模式，以及业务转型升级可能面临的风险和应对措施。

前述协同效应，是指上市公司因本次交易而产生的超出单项资产收益的超额利益，包括下列一项或者多项情形：

（一）增加定价权；

（二）降低成本；

（三）获取主营业务所需的关键技术、研发人员；

（四）加速产品迭代；

（五）产品或者服务能够进入新的市场；

（六）获得税收优惠；

（七）其他有利于主营业务发展的积极影响。

4. 《深圳证券交易所上市公司自律监管指引第 1 号——主板上市公司规范运作》（深证上〔2022〕13 号）

【重要条款】

3.3.13 董事会在审议出售或者转让在用的商标、专利、专有技术、特许经营权等与上市公司核心竞争能力相关的资产时，董事应当充分关注该事项是否存在损害公司和中小股东合法权益的情形，并应当对此发表明确意见。前述意见应当在董事会会议记录中作出记载。

4.2.8 控股股东、实际控制人及其关联人不得通过下列任何方式影响上市公司资产完整：

（一）与公司共用主要机器设备、厂房、专利、非专利技术等；

（二）与公司共用原材料采购和产品销售系统；

（三）有关法律法规及本所认定的其他情形。

8.2 上市公司在经营活动中，应当遵循自愿、公平、等价有偿、诚实信用的原则，遵守社会公德、商业道德，接受政府和社会公众的监督，不得依靠夸大宣传、虚假广告等不当方式牟利，不得通过贿赂、走私等非法活动牟取不正当利益，不得侵犯他人的商标权、专利权和著作权等知识产权，不得从事不正当竞争行为。

8.12 上市公司应当严格遵守科学伦理规范，尊重科学精神，恪守应有的价值观念、社会责任和行为规范，发挥科学技术的正面效应。

公司应当避免研究、开发和使用危害自然环境、生命健康、公共安全、伦理道德的科学技术，不得从事侵犯个人基本权利或者损害社会公共利益的研发和经营活动。

公司在生命科学、人工智能、信息技术、生态环境、新材料等科技创新领域开发或者使用创新技术的，应当遵循审慎和稳健原则，充分评估其潜在影响及可靠性。

5. 《深圳证券交易所上市公司自律监管指引第 2 号——创业板上市公司规范运作》（深证上〔2022〕14 号）

【重要条款】

3.3.13 董事会审议出售或者转让在用的商标、专利、专有技术、特许经营权等与上市公司核心竞争能力相关的资产时，董事应当充分关注该事项是否存在损害公司和中小股东合法权益的情形，并对此发表明确意见。前述意见应当在董事会会议记录中作出记载。

4.2.8　控股股东、实际控制人及其关联人不得通过下列任何方式影响上市公司资产完整：

（一）与公司共用主要机器设备、厂房、专利、非专利技术等；

（二）与公司共用原材料采购和产品销售系统；

（三）有关法律法规及本所认定的其他情形。

7.3.10　上市公司披露的重大合同涉及新业务、新技术、新模式、新产品或者其他市场关注度较高事项的，还应当披露进入新领域的原因，以及新业务的可行性论证情况，包括但不限于是否配备相应人员、是否取得相应资质、是否已有明确资金来源和技术储备等，并分析新业务领域的行业竞争情况、平均盈利水平（如毛利率）及其与公司现有业务盈利水平的对比情况。

9.2　上市公司在经营活动中，应当遵循自愿、公平、等价有偿、诚实信用的原则，遵守社会公德、商业道德，接受政府和社会公众的监督，不得依靠夸大宣传、虚假广告等不当方式牟利，不得通过贿赂、走私等非法活动谋取不正当利益，不得侵犯他人的商标权、专利权和著作权等知识产权，不得从事不正当竞争行为。

9.14　上市公司应当严格遵守科学伦理规范，尊重科学精神，恪守应有的价值观念、社会责任和行为规范，发挥科学技术的正面效应。

公司应当避免研究、开发和使用危害自然环境、生命健康、公共安全、伦理道德的科学技术，不得从事侵犯个人基本权利或者损害社会公共利益的研发和经营活动。

公司在生命科学、人工智能、信息技术、生态环境、新材料等科技创新领域开发或者使用创新技术的，应当遵循审慎和稳健原则，充分评估其潜在影响及可靠性。

6.《深圳证券交易所创业板发行上市审核业务指引第 3 号——全国中小企业股份转让系统挂牌公司向创业板转板上市报告书内容与格式》（深证上〔2021〕726 号）

【重要条款】

第二十七条　转板上市报告书概览的内容至少包括下列各部分：

......

（四）结合主要经营和财务数据概述转板公司的主营业务经营情况，包括主要业务或产品、主要经营模式、竞争地位以及其他有助于投资者了解转板公司业务特点的重要信息；

（五）简要披露转板公司自身的创新、创造、创意特征，科技创新、模式创新、业态创新和新旧产业融合情况；

（六）披露转板公司选择的具体上市标准；

......

第四十三条 转板公司应按照业务重要性程度清晰、准确、客观、完整地披露主营业务、主要产品或服务的情况及演变情况，包括：

（一）主营业务、主要产品或服务的基本情况，主营业务收入的主要构成；

（二）主要经营模式，如采购模式、生产或服务模式、营销及管理模式等，分析采用目前经营模式的原因、影响经营模式的关键因素、经营模式和影响因素在报告期内的变化情况及未来变化趋势。转板公司的业务及其模式具有创新性的，还应披露其独特性、创新内容及持续创新机制；

（三）设立以来主营业务、主要产品或服务、主要经营模式的演变情况；

（四）主要产品的工艺流程图或服务的流程图；

（五）生产经营中涉及的主要环境污染物、主要处理设施及处理能力。

第四十四条 转板公司应结合所处行业基本情况披露其竞争状况，主要包括：

（一）所属行业及确定所属行业的依据；

（二）简要披露所属行业的行业主管部门、行业监管体制、行业主要法律法规政策；重点结合报告期初以来新制定或修订、预期近期出台的与转板公司生产经营密切相关、对未来业务有重大影响的法律法规、行业政策，披露对转板公司经营资质、准入门槛、运营模式、所在行业竞争格局等方面的具体影响；

（三）与转板公司直接相关的所属行业的特点和发展趋势；结合行业情况充分披露自身的创新、创造、创意特征；科技创新、模式创新、业态创新和新旧产业融合情况；

（四）转板公司产品或服务的市场地位、技术水平及特点、行业内的主要企业、竞争优势与劣势、行业发展态势、面临的机遇与挑战，以及上述情况在报告期内的变化及未来可预见的变化趋势；

（五）转板公司与同行业可比公司在经营情况、市场地位、技术实力、衡量核心竞争力的关键业务数据、指标等方面的比较情况。

选择同行业公司对比分析时，转板公司应披露选择原因及相关业务的可比程度。转板公司的竞争状况及优势的描述应有客观市场数据支持；转板公司所披露行业及竞争情况应为最新市场数据。

第四十七条 转板公司应披露对主要业务有重大影响的主要固定资产、无形资产等资源要素的构成，分析各要素与所提供产品或服务的内在联系，对生产经营的重要性程度，是否存在瑕疵、纠纷和潜在纠纷，是否对转板公司持续经营存在重大不利影响。

转板公司与他人共享资源要素的，如特许经营权，应披露共享的方式、条件、期限、费用等。

第四十八 转板公司应披露主要产品或服务的核心技术及技术来源，结合行业技术水平和对行业的贡献，披露转板公司的技术先进性及具体表征。披露转板公司的核心技术是否取得专利或其他技术保护措施、在主营业务及产品或服务中的应用和贡献情况。

转板公司应披露核心技术的科研实力和成果情况，包括获得重要奖项，承担的重大科研项目等。

转板公司应按重要性原则披露正在从事对转板公司目前或未来经营有重大影响的研发项目、所处阶段及进展情况、相应人员、经费投入、拟达到的目标；结合行业技术发展趋势，披露相关科研项目与行业技术水平的比较；披露报告期内研发投入的构成、占营业收入的比例。与其他单位合作研发的，还应披露合作协议的主要内容，权利义务划分约定及采取的保密措施等。

转板公司应披露核心技术人员、研发人员占员工总数的比例，核心技术人员的学历背景构成，取得的专业资质及重要科研成果和获得奖项情况，对公司研发的具体贡献，转板公司对核心技术人员实施的约束激励措施，报告期内核心技术人员的主要变动情况及对转板公司的影响。

转板公司应披露保持技术不断创新的机制、技术储备及技术创新的安排等。

7.《深圳证券交易所上市公司自律监管指引第 4 号——创业板行业信息披露》（深证上〔2022〕16 号）

【重要条款】

1.3　上市公司及其控股子公司除按照本指引一般规定要求披露行业经营性信息外，其从事本指引第二章至第六章所涉及行业业务，相关营业收入占公司最近一个会计年度经审计的合并财务报表营业收入 30% 以上，或者归属于母公司所有者的净利润（以下简称净利润）占公司最近一个会计年度经审计的合并财务报表净利润 30% 以上，或者该业务可能对公司业绩或者股票及其衍生品种交易价格产生重大影响的，应当按照本指引相关章节的规定履行信息披露义务。

上市公司及其控股子公司同时从事多个行业业务均达到前款标准的，应当分别按照本指引相关章节的规定履行信息披露义务。

上市公司及其控股子公司从事本指引第二章至第六章相关业务未达到本条第一款标准的，本所鼓励公司参照本指引相关规定执行。

1.4　上市公司应当在年度报告、半年度报告中披露所属行业的基本特点、发展状况、技术趋势以及公司的行业地位，行业主管部门在报告期内发布的重要政策及其对公司的影响，并对公司的商业模式、竞争优势、经营成果、经营风险等能够反映自身投资价值的事项进行讨论和分析。

2.1.1　本节所称通信相关业务是指传输设备、交换设备、接入设备等通信系统设备及其零部件的制造业务，以及网络设计、网络优化、网络运行与维护、通信工程建设等配套服务业务。

2.1.5　上市公司披露年度报告、半年度报告时，应当充分披露公司的研发创新能力：

（一）报告期内对公司主要产品或业务有重要影响的专利或专利授权发生变动的，应当披露相关专利或专利授权的基本信息、对应产品或服务的实际应用、对公司生产经营的影响等；

（二）报告期内公司研发投入金额、研发投向等，如披露重要新产品开发情况的，应当披露目前所处阶段、预计完成开发和量产的时间、对公司生产经营的影响等；

（三）报告期内公司的研发模式（如自主研发、合作研发、外包研发等）及其变化情况等，报告期内存在合作或外包研发的，应当披露合作或外包研发对公司核心技术的贡献情况，并说明对合作方或外包方是否存在技术依赖。

2.1.8 上市公司日常生产经营中出现下列情形之一的，应当及时披露，充分提示风险并说明对公司生产经营的影响：

（一）市场出现新产品或者技术路线，可能对公司核心竞争力产生重大不利影响；

（二）主要客户或供应商发生变动，可能对公司生产经营产生重大不利影响；

（三）核心技术人员发生变动，可能对公司生产经营产生重大不利影响；

（四）被有关方提起对公司有重大影响的专利侵权等诉讼。

2.2.1 本节所称 LED（英文名称 Light Emitting Diode、中文名称发光二极管）产业链相关业务是指 LED 产业链相关核心产品的研发、生产、销售等业务活动，主要包括上游的 LED 芯片衬底材料、外延片及芯片领域，中游的 LED 封装领域，下游的 LED 照明、显示、背光等应用领域，以及 LED 产业链的其他关键产品或设备。

2.2.2 上市公司应当在年度报告、半年度报告中充分披露公司所处行业基本情况、公司业务模式等，包括：

（一）行业现状及未来发展趋势；

（二）同行业公司的名称、基本情况；

（三）公司目前所处 LED 产业链的环节、业务模式、市场地位及变化情况、核心竞争力分析、公司具备的重要业务资质、报告期内行业的重大技术创新、公司的重大研发成果及其对公司生产经营和未来发展的具体影响等。

2.2.3 上市公司在披露年度报告、半年度报告时，应当运用逐年比较、数据列表等方式对报告期内占公司营业收入 10% 以上产品的关键技术指标进行列示，以增进投资者的理解。LED 产业链各环节主要产品相关的关键技术或性能指标如下：

（一）从事 LED 芯片衬底材料业务的，披露衬底的材料类别（蓝宝石、碳化硅、硅等）、长晶方法、长晶尺寸、综合良率等；

（二）从事 LED 外延片业务的，披露 MOCVD（英文名称 Metal-organic Chemical Vapor Deposition、中文名称金属有机化合物化学气相沉淀）设备各机型（2 英寸、4

英寸、6英寸等）的数量、外延片产品的综合良率等；

（三）从事LED芯片业务的，披露芯片产品的发光波长、发光颜色、结构类型（正装、倒装等）、综合良率等；

（四）从事LED封装业务的，披露封装产品的封装类型、产品用途（照明、显示、背光等）、综合良率等；

（五）从事LED照明业务的，披露照明产品的具体应用领域（室内照明、汽车照明、景观照明等）、综合良率等；

（六）从事LED显示业务的，披露显示技术情况（大间距LED、小间距LED、MiniLED、MicroLED等）、应用领域等；

（七）从事LED背光业务的，披露背光产品类型、综合良率、应用领域等；

（八）从事LED重要设备、材料、组件及其他产品研发、生产、销售业务的，披露相关产品的应用领域、重要性能指标等。

上市公司应详细披露指标含义、指标变化情况及其反映的技术水平变化情况，重点分析指标变化的原因及其对公司当期和未来经营业绩的影响情况，并保持指标的合理性、一致性、可比性。

2.2.8 上市公司在年度报告、半年度报告中应当充分提示如下事项可能对日常生产经营造成的重大影响：

（一）占公司最近一个会计年度销售收入30%以上产品的销售均价出现大幅下跌，下跌幅度较年初超过30%的；

（二）市场出现新的产品或者技术路线，可能对公司核心竞争力造成重大不利影响；

（三）报告期内公司业绩严重依赖政府补助，当期政府补助确认损益金额达当期利润总额绝对值30%以上，并详细说明政府补助未来期间的可持续性；

（四）被有关方提起对公司有重大影响的专利侵权诉讼；

（五）相关行业政策、贸易政策等发生重大变化。

第三节　集成电路业务

2.3.1 本节所称集成电路业务是指集成电路设计、晶圆制造、封装测试业务。

2.3.2 上市公司披露年度报告、半年度报告时，应当披露下列反映集成电路行业发展状况的信息并分析其对公司未来经营业绩的影响：

（一）报告期内集成电路细分行业整体发展情况、行业政策变化情况，并分析对公司未来生产经营影响；

（二）报告期内公司主要集成电路产品所属细分领域的主流技术水平及市场需求变化情况，分析对公司影响；

（三）结合报告期内公司主要集成电路产品核心技术以及成本控制等因素，分析说明行业竞争情况和公司综合优劣势。

2.3.3 上市公司集成电路设计业务收入占公司最近一个会计年度经审计的合并财务报表营业收入30%以上的，在披露年度报告、半年度报告时，应当充分披露公司经营模式、产品类别、成本构成等情况，包括：

（一）公司经营模式简介（无晶圆厂Fabless模式、垂直整合制造商IDM模式）、委外生产情况、研发设计模式，经营模式为IDM模式的，应当披露各环节业务收入占比；

（二）公司芯片产品所属集成电路细分行业（微处理器、逻辑集成电路、存储器、模拟电路等），主要芯片产品的类别、基础架构、下游应用领域及应用示例；

（三）披露报告期内占主营业务收入10%以上的单项产品（列明细分用途）营业成本主要构成情况、销售金额和产能利用率，以及同比变化情况，同比变化30%以上的，应当披露变化原因等；

（四）下一报告期内下游应用领域的宏观需求分析等；

（五）公司国内外主要同行业公司名称等。

2.3.4 上市公司集成电路晶圆制造业务收入占公司最近一个会计年度经审计的合并财务报表营业收入30%以上的，在披露年度报告、半年度报告时，应当披露下列反映报告期内集成电路制造业务情况的信息：

（一）晶圆厂数量和生产规模，按晶圆尺寸披露相关产线产能、产品制程以及生产良率等情况；

（二）特色生产工艺情况，分析其对产品性能改善的作用和对公司核心竞争力的影响；

（三）在建晶圆厂或产线情况，包括晶圆尺寸、建设周期以及预计产能等信息。

2.3.5 上市公司集成电路封装测试业务收入占公司最近一个会计年度经审计的合并财务报表营业收入30%以上的，在披露年度报告、半年度报告时，应当披露下列反映报告期内封装测试业务情况的信息：

（一）报告期内公司采用的主要封装技术以及产品类别情况；

（二）公司在建的封装测试生产基地情况，包括拟生产产品类别、预估建设周期以及预计投产时间等。

2.3.6 上市公司从事集成电路业务，在披露年度报告、半年度报告时，应当充分披露公司的研发创新能力，主要包括：

（一）拥有的国内外专利、国内外专利授权情况（主营业务为集成电路设计的，还应当披露集成电路布图设计权、软件著作权等知识产权情况）；

（二）报告期内研发投入金额和研发投向；

（三）研发人员占比、研发团队学历构成、研发人员工作年限比例、核心技术人员变化情况等。

2.3.10 上市公司日常生产经营中出现下列情形之一的，应当及时披露，充分提示风险并说明对公司生产经营的影响：

（一）占公司上一个报告期内销售收入30%以上产品的销售均价较上一报告期末上下变动超过20%；

（二）市场出现替代产品或者技术路线，可能对公司核心竞争力造成重大不利影响；

（三）下游应用领域发生重大变化，可能使公司产品需求和营业收入产生重大波动；

（四）贸易环境、产业规范、行业政策等发生重大变化且预计对公司未来生产经营产生重大影响；

（五）公司核心技术人员发生变动且对公司生产经营具有重大影响；

（六）公司被有关方提起对公司有重大影响的专利侵权诉讼。

2.4.1　本节所称网络安全相关业务是指为客户提供的用于防范对客户所拥有、运营或使用网络的攻击、侵入、干扰、破坏、非法使用和意外事故，保障网络处于稳定、安全、可靠的运行状态，以及网络数据完整性、保密性和可用性的产品与服务。

2.4.2　上市公司披露年度报告、半年度报告时，应当在"管理层讨论与分析"部分披露以下信息：

（一）截至报告期末公司所处行业适用的监管规定和行业政策，包括但不限于相关规定与政策的名称、发布部门、发布时间、政策简要内容，以及对公司业务活动的影响与意义等；

（二）报告期内公司所处行业发展情况、市场需求特点及变化情况、行业技术研发趋势、行业整体规模情况、公司主要产品（服务）的市场占有分布情况，以及公司对于下一年度行业发展情况的展望等。

2.4.3　上市公司从事网络安全相关业务，报告期内单一产品（服务）收入占公司最近一个会计年度经审计的合并财务报表营业收入10%以上的，在披露年度报告、半年度报告时，应当在"管理层讨论与分析"部分披露以下产品（服务）与技术相关信息：

（一）以列表形式披露相关产品（服务）名称、主要型号、应用场景、主要功能、使用的技术及其特点，报告期内主要产品及收入较上年是否发生变化及变化的原因；

（二）相关产品（服务）所处产业链位置、营运及盈利模式，报告期内产业链上、下游环境是否发生重大变化。相关产品下游客户以B端为主的，应当披露该产品主要客户所处的领域及各主要领域客户收入占比；相关产品下游客户以C端为主的，应当披露报告期内产品用户数量、新增用户情况、付费用户数量（如有）及用户续费率等信息，C端产品为免费使用的，应当结合盈利模式重点说明相关收入的来源及变化情况；

（三）相关产品属于安全软硬件产品（包括但不限于防火墙、虚拟专用网络、流量分析、防病毒、入侵检测、安全漏洞管理、加密设备、安全内容管理、统一威胁管理、终端安全软件、身份认证、日志审计、堡垒机、威胁情报、态势感知等）的，应当结合产品的销售模式、渠道、产品客户所处领域披露报告期内产品销售情况；存在经销商代销的，应当披露单一销售占比达 30% 以上的经销商情况，报告期内与经销商合作是否稳定，是否存在依赖；

（四）结合相关软件及硬件产品特点，披露产品核心技术的变化、革新情况，包括但不限于算法、传输处理、漏洞库、数据库优势等；

（五）相关产品因升级迭代导致产品名称发生变化的，应当说明该产品以前年度的名称，同一报告期单一产品存在不同销售版本的，应当合并为同一产品进行统计计算；

（六）主要从事网络安全系统集成业务的，应当披露报告期内主要供应商名称及供应产品的主要情况，前述产品对应的客户、项目名称，是否存在重大变化及原因。

3.1.1　本节所称药品、生物制品业务是指《药品注册管理办法》规定的中药、化学药和生物制品等药品业务。其中，有关研发的药品指《药品注册管理办法》规定的注册分类为 1-3 类的中药、注册分类为 1-3 类的化学药品、注册分类为 1-3.2 类的治疗用生物制品、注册分类为 1-3.2 类的预防用生物制品，以及本所或公司认为可能对上市公司业绩或者股票及其衍生品种交易 价格产生重大影响的其他药品。

3.1.2　上市公司披露年度报告、半年度报告时，应当在"管理层讨论与分析"部分详细披露报告期内药品和生物制品项目的研发、生产及销售情况，至少包括下列内容：

（一）已进入注册程序的药品和生物制品的名称或代码、注册分类、适应证或者功能主治、注册所处的阶段、进展情况；

（二）报告期内新进入或者退出国家级《国家基本医疗保险、工伤保险和生育保险药品目录》（以下简称《医保药品目录》）的药品名称、适应症或者功能主治、核心发明专利起止期限、所属注册分类、是否属于中药保护品种等；

（三）本报告期及去年同期销售额占公司同期主营业务收入 10% 以上的主要药品名称、适应症或者功能主治、发明专利起止期限、所属注册分类、是否属于中药保护品种等；

（四）本报告期及去年同期的生物制品批签发数量及其变动比例；

（五）报告期内公司生产销售的药品在国家级、省级药品集中带量采购中的中标情况，包括药品名称、中标价格、医疗机构的合计实际采购量及对公司的影响。

3.1.3 上市公司在药品研发、注册过程中，出现下列情形之一的，应当及时披露：

（一）按相关规定可以开展临床试验；

（二）临床试验取得阶段性进展（进入Ⅰ、Ⅱ、Ⅲ、Ⅳ期）；

（三）终止临床试验；

（四）收到新药证书；

（五）收到药品生产许可批件（包括《药品注册证书》《进口药品注册证》《医药产品注册证》等）；

（六）获得药品生产许可证；

（七）产品通过或未通过一致性评价；

（八）本所或者公司认为可能对公司药品研发、注册产生重大影响的其他情形。

3.1.4 上市公司披露第3.1.3条规定的事项，应当包括下列内容：

（一）该药品的基本信息，包括药品名称或代码、注册分类、适应症或者功能主治；

（二）该药品注册目前所处的审批阶段，以及后续所需的审批流程；

（三）同类药品的市场状况（例如同类药品在国内外的研究现状、生产及使用情况等）；

（四）该药品研发、注册过程中存在的主要风险；

（五）本所或者公司认为需要说明的其他内容。

3.1.5 上市公司在美国或欧盟实施相关药品的注册，应当参照境内注册程序及时披露。

3.1.6 上市公司通过自行研发以外的其他途径获得境内外临床试验许可、新药证书、药品生产许可批件等资质许可文件，应当及时披露。

3.1.7 药品研发、注册过程中，若上市公司完成了临床试验并取得了临床试验总结报告的，应当及时发布提示性公告。

临床试验总结报告的提示性公告除披露第3.1.4条规定的内容外，还应当披露有关试验药品的疗效、安全性以及风险和收益之间的关系等结论性意见。

3.1.8 若上市公司提出撤回药品注册申请的，在收到主管部门有关撤回药品注册的审批文件后应当及时披露。除披露第3.1.4条规定的内容外，还应当披露撤回注册申请的原因及对公司的影响。

3.1.9 上市公司出现下列情形之一的，应当及时披露，并说明对公司的影响：

（一）最近一个会计年度销售额占公司同期主营业务收入10%以上的药品生产许可批件等有效期届满前公司决定不申请再注册、被注销或者不予再注册；

（二）占公司最近一个会计年度销售收入30%以上产品的销售均价出现大幅下

跌，下跌幅度较年初超过30%；

（三）最近一个会计年度销售额占公司同期主营业务收入10%以上的药品适用范围发生重大变化；

（四）主管部门对公司GMP（药品生产质量管理规范）检查得出不合格的结论性意见，因质量问题导致产品抽检不合格，发生属于《药品召回管理办法》规定的一级和二级的产品召回；

（五）公司产品使用发生群体不良反应或出现较大范围的媒体质疑、安全投诉；

（六）公司药品进入或者退出国家级《医保药品目录》；

（七）行业政策发生重大变化，公司主要产品被提起重大专利侵权诉讼，市场出现新的产品或者技术路线，且对公司有重大不利影响；

（八）本所或者公司认为对公司生产经营有重大影响的其他情形。

3.2.1 本节所称医疗器械业务是指《医疗器械监督管理条例》规定的第二类、第三类医疗器械的研发、生产、销售等业务。

3.2.2 上市公司在披露年度报告、半年度报告时，应当充分披露报告期内医疗器械项目的研发、生产及销售情况，至少包括下列内容：

（一）处于注册申请中的医疗器械名称、注册分类、临床用途、注册所处的阶段、进展情况、是否按照国家药品监督管理部门的相关规定申报创新医疗器械；

（二）最近一个会计年度销售额占公司同期主营业务收入10%以上或销售额前十大产品，已获得注册证的医疗器械名称、注册分类、临床用途、注册证有效期，并注明是否为报告期内新注册、变更注册或者注册证失效；

（三）上市公司采取特定商业模式的，包括但不限于与医院合作共建大型医疗设备、体外诊断试剂与仪器闭环销售、设备投放耗材盈利、销售产品同时提供融资租赁服务、与医院收费分成等，应当详细说明该商业模式的特征；

（四）报告期内公司生产销售的产品在国家级、省级医疗器械集中带量采购中的中标情况，包括产品名称、中标价格、医疗机构的合计实际采购量及对公司的影响。

3.2.3 上市公司应当在年度报告、半年度报告中明确对医疗器械研发、临床试验和注册过程中所产生费用的会计政策并予以披露，明确在不同销售模式下对销售收入的会计确认政策并予以披露。

3.2.4 上市公司在进行《医疗器械监督管理条例》规定的第二类、第三类医疗器械中重要产品的首次注册或者变更注册过程中，出现下列情形之一的，应当及时披露：

（一）按相关规定可以开展临床试验或完成临床试验；

（二）已披露的医疗器械注册申请如发生终止的，应当及时披露终止的原因以及对公司的影响；

（三）进入创新医疗器械审批流程；

（四）在审评过程中被责令退回注册申请；

（五）获得医疗器械注册证或者医疗器械生产许可证；

（六）最近一个会计年度销售额占公司同期主营业务收入 10% 以上或销售额前十大产品的医疗器械注册证或医疗器械生产许可证内容发生变更；

（七）本所或者公司认为可能对公司医疗器械研发、注册产生重大影响的其他情形。

3.2.5　上市公司通过自行研发以外的其他途径获得医疗器械注册证或者进入注册程序时应当及时披露。

3.2.6　上市公司在美国或欧盟实施医疗器械注册时应当参照境内注册程序及时披露。

3.2.7　上市公司披露本指引第 3.2.4 条至第 3.2.6 条规定的事项，应当包括下列内容：

（一）该医疗器械的基本信息，包括医疗器械名称、注册分类、临床用途等；

（二）该医疗器械目前所处的注册审批阶段，以及后续所需的审批流程；

（三）同类医疗器械的市场状况（例如同类医疗器械在国内外的研究现状、生产、销售及使用情况等）；

（四）该医疗器械研发、注册过程中存在的主要风险；

（五）本所或者公司认为需要说明的其他内容。

3.2.8　上市公司出现下列情形之一的，应当及时披露，并说明对公司的影响：

（一）最近一个会计年度销售额占公司同期主营业务收入 10% 以上或销售额前十大产品的医疗器械注册证有效期届满前公司决定不再申请续期，被吊销、注销或者到期失效；

（二）占公司最近一个会计年度销售收入 30% 以上或销售额前五大产品的销售均价出现大幅下跌，下跌幅度较年初超过 30%；

（三）公司主要产品出现重大医疗事故或者产品质量问题，因质量问题导致产品抽检不合格、发生属于《医疗器械召回管理办法》规定的一级和二级的产品召回、出现较大范围的媒体质疑和安全投诉；

（四）行业政策发生重大变化，公司主要产品被提起重大专利侵权诉讼，市场出现新的产品或者技术路线且对公司有重大不利影响；

（五）本所或者公司认为对公司生产经营有重大影响的其他情形。

4.1.1　本节所称互联网游戏业务是指互联网游戏的研发、发行和运营等业务活动。

4.1.2　上市公司在年度报告、半年度报告时，应当结合公司所处的产业链环节、盈利模式和经营特点，充分披露各项业务的经营情况：

（一）报告期内主要游戏（指研发、发行及运营收入在游戏业务中排名前五的游戏，下同）的详细信息，包括主要游戏的名称、版号、所属游戏类型（端游、页游、手游等）、运营模式（自主运营、联合运营、第三方运营等）及对应的运营商名称、游戏分发渠道、收费方式（时间收费、道具收费等）、报告期内主要游戏收入及其占公司游戏业务收入的比例；

（二）按季度统计并披露主要游戏的运营数据，包括主要游戏的用户数量、活跃用户数、付费用户数、ARPU 值、充值流水等；

（三）上市公司从事游戏运营业务的，应当披露报告期内游戏平台新增运营的游戏数量、报告期末运营的游戏数量、季度总用户数量、季度总活跃用户数、季度游戏类型情况等；

（四）报告期内主要游戏推广方式，投入的推广营销费用总额及占公司游戏推广营销费用总额、主要游戏收入总额的比例；

（五）上市公司游戏业务涉及境外市场，且境外收入占游戏收入 30% 以上的，应当参考第（一）（二）（三）（四）项规定披露报告期内境外主要游戏的相关运营数据。

4.1.4 上市公司应当在年度报告、半年度报告中结合游戏行业发展情况、公司游戏业务和产品运营情况，充分披露可能对公司未来发展战略和经营目标实现产生重大不利影响的风险因素，包括行业政策变动风险、知识产权风险、单一游戏依赖风险、游戏产品生命周期风险、新游戏开发和运营失败风险、游戏平台吸引力下降风险、游戏版号申请风险等。

5.1.1 本节所称光伏产业链相关业务是指光伏产业链相关核心产品的研发、生产、销售以及光伏电站的建设、运营、出售等业务活动，其中光伏产业链相关核心产品主要包括多晶硅、硅棒、硅锭、硅片、电池片、电池组件、逆变器以及光伏产业链领域的其他关键产品或设备。

5.1.2 上市公司从事光伏产业链相关核心产品的研发、生产、销售业务的，在披露年度报告、半年度报告时，应当同时披露报告期内所销售产品的关键技术指标。光伏产业链各环节主要产品的关键技术指标如下：

（一）多晶硅产品的少子寿命、生产综合电耗等；

（二）硅片产品的少子寿命、厚度、非硅成本情况等；

（三）电池片产品的量产平均转换效率、研发最高转换效率等；

（四）电池组件产品的转换效率、1 年和 25 年的衰减率等；

（五）逆变器产品的转换效率等

5.1.3 上市公司从事光伏产业链相关核心产品的研发、生产、销售业务的，在披露年度报告、半年度报告时，应当同时按照下列要求履行信息披露义务：

（一）按技术类别（如单晶硅、多晶硅、非晶硅薄膜、铜铟镓硒薄膜、碲化镉薄膜等）披露报告期内所销售产品的销售量、销售收入、销售毛利率；

（二）按技术类别披露报告期内所销售产品的产能、产量、在建和计划建设产能。

5.1.4　上市公司从事电池组件、逆变器等产品的研发、生产、销售业务的，应当在年度报告、半年度报告中披露主要收入来源国（销售收入占同期营业收入 10% 以上）的国家名称、销售量、销售收入、报告期内当地光伏行业政策或贸易政策发生的重大不利变化及其对公司当期和未来经营业绩的影响情况（如有）。

5.2.1　本节所称锂离子电池产业链相关业务是指正极材料及其前驱体、负极材料、隔膜、电解液（含电解质）、单体电池、电池组及电池管理系统、相关制造设备、回收利用等业务。

5.2.2　上市公司披露年度报告、半年度报告时，应当充分披露所处行业的基本情况及与公司行业地位相关的信息，包括但不限于：

（一）所处锂离子电池产业链的位置、所处细分行业发展现状及未来发展趋势、公司经营情况与行业发展是否匹配，如公司情况与行业情况存在较大差异，应当分析原因；

（二）公司业务模式、该细分行业的市场竞争状况、公司的市场地位以及是否发生较大变化、核心竞争力、报告期内行业或者公司重大技术创新变化、同行业主要可比公司简要情况等。

5.2.3　上市公司披露年度报告、半年度报告时，应当同时披露报告期内营业收入占比 10% 以上产品或业务的关键指标并对关键指标进行描述。锂离子电池产业链各环节主要产品或业务相关的关键技术或性能指标如下：

（一）从事正极材料业务的，披露正极材料技术路线（产品类型）、比容量、循环寿命、倍率性能等；

（二）从事负极材料业务的，披露负极材料主要原料、比容量、循环寿命等；

（三）从事电解液业务的，披露循环寿命、一致性水平等，鼓励披露溶剂及添加剂含量；

（四）从事隔膜业务的，披露隔膜技术路线（干法、湿法等）、穿刺及拉伸强度、孔隙率、厚度等；

（五）从事单体电池或电池组业务的，披露公司主要产品、技术路线、下游应用领域、能量密度、倍率性能、充电时间、安全性等；

（六）从事锂离子电池其他重要设备、材料及其他产品研发、生产、销售业务的，披露相关产品的应用领域、重要性能指标等。

5.2.6　上市公司日常生产经营过程中出现下列情形的，应当及时披露，充分提示风险并说明对公司生产经营的影响：

（一）市场出现新产品或技术路线，或者公司自身实现技术突破，可能对公司核心竞争力产生重大影响；

（二）公司主要产品或行业定价模式发生重大变化；

（三）新能源汽车补贴政策等相关行业政策、贸易政策等发生重大变化；

（四）公司被提起对公司有重大影响的专利侵权等诉讼；

（五）与下游重要客户签订正式供货协议，可能对公司产生重大影响。

6.1.1　本节所称工业机器人是指面向工业领域的集机械、电子、控制、计算机、传感器、人工智能等多学科先进技术于一体的自动化装备。上市公司从事工业机器人产业链相关业务是指进行工业机器人产业链相关核心产品的研发、生产、销售等业务活动。核心产品主要是指机器人核心零部件（如减速器、伺服电机、控制器等）、工业机器人本体、工业机器人系统集成装备或解决方案等。

6.1.4　上市公司披露年度报告、半年度报告时，应当同时披露能够反映所销售产品核心竞争力的关键技术或性能指标：

（一）减速器的技术类型、一致性水平、精度等；

（二）伺服电机主要驱动方式、功率质量比等；

（三）工业机器人本体的类别、应用领域、负载、重复性精度等；

（四）工业机器人系统集成装备或解决方案的应用功能、工艺及性能要求。

上市公司可结合实际情况选择其他能够反映产品核心竞争力的关键技术或性能指标，在披露所销售产品的关键技术或性能指标时，应当详细披露指标含义、指标变化情况及其反映的技术水平变化情况，并重点讨论与分析指标变化的原因及其对公司当期和未来经营业绩的影响情况。

6.1.5　上市公司从事工业机器人系统集成装备或解决方案的，披露年度报告、半年度报告时，应当同时披露以下信息：

（一）产品的主要功能、主要应用领域及其发展阶段、市场规模等，公司可以按产品的应用领域进行归集，选择营业收入占30%以上的应用领域披露其发展阶段和市场规模；

（二）核心零部件的自主生产、对外采购及外协加工比例变化情况；

（三）按终端应用市场分类别披露应收账款期末余额情况；

（四）报告期内研发投入情况、新产品投入情况及主要储备技术研发进展情况。

6.1.9　上市公司日常生产经营中出现下列情形之一的，应当及时披露，充分提示风险并说明对公司生产经营的影响：

（一）公司被有关方提起对公司有重大影响的专利侵权诉讼；

（二）相关行业政策、贸易政策等发生重大变化。

8.《深圳证券交易所创业板上市保荐书内容与格式指引》（2021年修订，深证上〔2021〕728号）

【重要条款】

第二条　发行人申请首次公开发行股票、存托凭证并在创业板上市、全国股转系统挂牌公司（以下简称转板公司）申请向本所创业板转板上市（以下简称转板上市）的，所聘请的保荐人应当按照本指引的要求出具上市保荐书、转板上市保荐书

（以下合称上市保荐书）。

第四条　保荐人应当简述发行人、转板公司基本情况，包括发行人或转板公司名称、注册地及注册时间、联系方式、主营业务、核心技术、研发水平、主要经营和财务数据及指标、发行人或转板公司存在的主要风险等内容。

9.《关于发布〈深圳证券交易所创业板企业发行上市申报及推荐暂行规定〉的通知》（深证上〔2020〕506号）

【重要条款】

第二条　创业板定位于深入贯彻创新驱动发展战略，适应发展更多依靠创新、创造、创意的大趋势，主要服务成长型创新创业企业，并支持传统产业与新技术、新产业、新业态、新模式深度融合。

第三条　支持和鼓励符合创业板定位的创新创业企业申报在创业板发行上市。

保荐人应当顺应国家经济发展战略和产业政策导向，准确把握创业板定位，切实履行勤勉尽责义务，推荐符合高新技术产业和战略性新兴产业发展方向的创新创业企业，以及其他符合创业板定位的企业申报在创业板发行上市。

第四条　属于中国证监会公布的《上市公司行业分类指引（2012年修订）》中下列行业的企业，原则上不支持其申报在创业板发行上市，但与互联网、大数据、云计算、自动化、人工智能、新能源等新技术、新产业、新业态、新模式深度融合的创新创业企业除外：

（一）农林牧渔业；（二）采矿业；（三）酒、饮料和精制茶制造业；（四）纺织业；（五）黑色金属冶炼和压延加工业；（六）电力、热力、燃气及水生产和供应业；（七）建筑业；（八）交通运输、仓储和邮政业；（九）住宿和餐饮业；（十）金融业；（十一）房地产业；（十二）居民服务、修理和其他服务业。

第五条　本规定第四条所列行业中与互联网、大数据、云计算、自动化、人工智能、新能源等新技术、新产业、新业态、新模式深度融合的创新创业企业，支持其申报在创业板发行上市。

保荐人应当对该发行人与新技术、新产业、新业态、新模式深度融合情况进行尽职调查，做出专业判断，并在发行保荐书中说明具体核查过程、依据和结论。

本所发行上市审核中，将对按本条第一款规定申报的发行人的业务模式、核心技术、研发优势等情况予以重点关注，并可根据需要向本所行业咨询专家库的专家进行咨询。

10.《关于发布〈深圳证券交易所创业板股票首次公开发行上市审核问答〉的通知》（深证上〔2020〕510号）

【重要条款】

3.发行条件规定发行人"资产完整，业务及人员、财务、机构独立"。发行人租赁控股股东、实际控制人房产或者商标、专利、主要技术来自于控股股东、实际控制人的授权使用，中介机构核查应当注意哪些方面？

答：保荐人和发行人律师通常应关注并核查以下方面：相关资产的具体用途、对发行人的重要程度、未投入发行人的原因、租赁或授权使用费用的公允性、是否能确保发行人长期使用、今后的处置方案等，并就该等情况是否对发行人资产完整和独立性构成重大不利影响发表明确意见。

如发行人存在以下情形之一的，保荐人及发行人律师应当重点关注、充分核查论证并发表意见：一是生产型企业的发行人，其生产经营所必需的主要厂房、机器设备等固定资产系向控股股东、实际控制人租赁使用；二是发行人的核心商标、专利、主要技术等无形资产是由控股股东、实际控制人授权使用。

4. 发行条件规定发行人"具有直接面向市场独立持续经营的能力"。影响发行人持续经营能力的重要情形有哪些？中介机构应当如何进行核查？

答：如发行人存在以下情形，中介机构应重点关注该情形是否影响发行人持续经营能力：

（一）发行人所处行业受国家政策限制或国际贸易条件影响存在重大不利变化风险；

（二）发行人所处行业出现周期性衰退、产能过剩、市场容量骤减、增长停滞等情况；

（三）发行人所处行业准入门槛低、竞争激烈，相比竞争者发行人在技术、资金、规模效应方面等不具有明显优势；

（四）发行人所处行业上下游供求关系发生重大变化，导致原材料采购价格或产品售价出现重大不利变化；

（五）发行人因业务转型的负面影响导致营业收入、毛利率、成本费用及盈利水平出现重大不利变化，且最近一期经营业绩尚未出现明显好转趋势；

（六）发行人重要客户本身发生重大不利变化，进而对发行人业务的稳定性和持续性产生重大不利影响；

（七）发行人由于工艺过时、产品落后、技术更迭、研发失败等原因导致市场占有率持续下降、重要资产或主要生产线出现重大减值风险、主要业务停滞或萎缩；

（八）发行人多项业务数据和财务指标呈现恶化趋势，短期内没有好转迹象；

（九）对发行人业务经营或收入实现有重大影响的商标、专利、专有技术以及特许经营权等重要资产或技术存在重大纠纷或诉讼，已经或者未来将对发行人财务状况或经营成果产生重大影响。

（十）其他明显影响或丧失持续经营能力的情形。

中介机构应详细分析和评估上述情形的具体表现、影响程度和预期结果，综合判断上述情形是否对发行人持续经营能力构成重大不利影响，审慎发表明确意见，并督促发行人充分披露可能存在的持续经营风险。

31. 发行人存在研发支出资本化情况的，信息披露有哪些要求？中介机构应当如何进行核查？

答：（一）研发支出资本化的会计处理要求

发行人内部研究开发项目的支出，应按照《企业会计准则——基本准则》《企业会计准则第6号——无形资产》等相关规定进行确认和计量。研究阶段的支出，应于发生时计入当期损益；开发阶段的支出，应按规定在同时满足会计准则列明的条件时，才能确认为无形资产。

在初始确认和计量时，发行人应结合研发支出资本化相关内控制度的健全性和有效性，对照会计准则规定的相关条件，逐条具体分析进行资本化的开发支出是否同时满足上述条件。在后续计量时，相关无形资产的预计使用寿命和摊销方法应符合会计准则规定，按规定进行减值测试并足额计提减值准备。

（二）发行人信息披露要求

发行人应在招股说明书中披露：

1. 与资本化相关研发项目的研究内容、进度、成果、完成时间（或预计完成时间）、经济利益产生方式（或预计产生方式）、当期和累计资本化金额、主要支出构成，以及资本化的起始时点和确定依据等内容；

2. 与研发支出资本化相关的无形资产的预计使用寿命、摊销方法、减值等情况，并说明是否符合相关规定。

发行人还应结合研发项目推进和研究成果运用时可能发生的内外部不利变化、与研发支出资本化相关的无形资产规模等因素，充分披露相关无形资产的减值风险及其对公司未来业绩可能产生的不利影响。

（三）中介机构核查要求

保荐人及申报会计师应关注以下事项，并对发行人研发支出资本化相关会计处理的合规性、谨慎性和一贯性发表核查意见：

1. 研发支出的成本费用归集范围是否恰当，研发支出的发生是否真实，是否与相关研发活动切实相关；

2. 研究阶段和开发阶段的划分是否合理，是否与研发活动的流程相联系，是否遵循了正常研发活动的周期及行业惯例，并一贯运用，研究阶段与开发阶段划分的依据是否完整、准确披露；

3. 研发支出资本化的条件是否均已满足，是否具有内外部证据支持。重点从技术上的可行性，预期产生经济利益的方式，技术、财务资源和其他资源的支持等方面进行关注；

4. 研发支出资本化的会计处理与可比公司是否存在重大差异。

第三节　主板、中小板上市知识产权规则

一、证监会知识产权相关规则

（一）证监会知识产权相关规则索引

1. 《北京证券交易所上市公司持续监管办法（试行）》（证监会令第 189 号）

2. 《北京证券交易所向不特定合格投资者公开发行股票注册管理办法（试行）》（证监会令第 187 号）

3. 《公开发行证券的公司信息披露内容与格式准则第 2 号——年度报告的内容与格式》（2021 年修订，证监会公告〔2021〕15 号）

4. 《公开发行证券的公司信息披露内容与格式准则第 46 号——北京证券交易所公司招股说明书 》（证监会公告〔2021〕26 号）

5. 《公开发行证券的公司信息披露内容与格式准则第 48 号——北京证券交易所上市公司向不特定合格投资者公开发行股票募集说明书》（证监会公告〔2021〕28 号）

6. 《公开发行证券的公司信息披露内容与格式准则第 49 号——北京证券交易所上市公司向特定对象发行股票募集说明书和发行情况报告书》（证监会公告〔2021〕29 号）

7. 《公开发行证券的公司信息披露内容与格式准则第 53 号——北京证券交易所上市公司年度报告》（证监会公告〔2021〕33 号）

8. 《公开发行证券的公司信息披露内容与格式准则第 54 号——北京证券交易所上市公司中期报告》（证监会公告〔2021〕34 号）

9. 《公开发行证券的公司信息披露内容与格式准则第 55 号——北京证券交易所上市公司权益变动报告书、上市公司收购报告书、要约收购报告书、被收购公司董事会报告书》（证监会公告〔2021〕35 号）

10. 《公开发行证券的公司信息披露内容与格式准则第 56 号——北京证券交易所上市公司重大资产重组》（证监会公告〔2021〕36 号）

（二）重要条款提示

1. 《北京证券交易所上市公司持续监管办法（试行）》（证监会令第 189 号）

【重要条款】

第十三条　上市公司应当充分披露可能对公司核心竞争力、经营活动和未来发

展产生重大不利影响的风险因素。

上市公司尚未盈利的，应当充分披露尚未盈利的成因，以及对公司现金流、业务拓展、人才吸引、团队稳定性、研发投入、战略性投入、生产经营可持续性等方面的影响。

2.《北京证券交易所向不特定合格投资者公开发行股票注册管理办法（试行)》（证监会令第 187 号)

【重要条款】

第二十七条　北交所应当提高审核工作透明度，接受社会监督，公开下列事项：

（一）发行上市审核标准和程序等发行上市审核业务规则和相关业务细则；

（二）在审企业名单、企业基本情况及审核工作进度；

（三）发行上市审核问询及回复情况，但涉及国家秘密或者发行人商业秘密的除外；

（四）上市委员会会议的时间、参会委员名单、审议的发行人名单、审议结果及现场问询问题；

（五）对股票公开发行并上市相关主体采取的自律监管措施或者纪律处分；

（六）北交所规定的其他事项。

中国证监会应当按规定公开股票发行注册相关的监管信息。

3.《公开发行证券的公司信息披露内容与格式准则第 2 号——年度报告的内容与格式》（2021 年修订，证监会公告〔2021〕15 号)

【重要条款】

第五条　由于国家秘密、商业秘密等特殊原因导致本准则规定的某些信息确实不便披露的，公司可以不予披露，但应当在相关章节详细说明未按本准则要求进行披露的原因。中国证监会和证券交易所认为需要披露的，公司应当披露。公司在编制和披露年度报告时应当严格遵守国家有关保密的法律法规，不得泄露国家保密信息。

第二十一条　公司管理层讨论与分析中应当对业务经营信息和财务报告数据，以及报告期内发生和未来将要发生的重大事项，进行讨论与分析，以有助于投资者了解其经营成果、财务状况及未来可能的变化。公司可以运用逐年比较、数据列表或其他方式对相关事项进行列示，以增进投资者的理解。披露应当遵守以下的原则：

（一）披露内容应当具有充分的可靠性。引用的数据、资料应当有充分的依据，如果引用第三方的数据、资料作为讨论与分析的依据，应当注明来源，并判断第三方的数据、资料是否具有足够的权威性。

（二）披露内容应当具有充分的相关性。公司应当充分考虑并尊重投资者的投资需要，披露的内容应当能够帮助投资者更加充分地理解公司未来变化的趋势。公司应当重点讨论和分析重大的投资项目、资产购买、兼并重组、在建工程、研发项目、人才培养和储备等方面在报告期内的执行情况和未来的计划。

（三）披露内容应当具有充分的关联性。分析与讨论公司的外部环境、市场格局、风险因素等内容时，所述内容应当与公司的经营成果、财务状况具有足够的关联度，应当充分考虑公司的外部经营环境（包括但不限于经济环境、行业环境等）和内部资源条件（包括但不限于资产、技术、人员、经营权等），结合公司的战略和营销等管理政策，以及公司所从事的业务特征，进行有针对性的讨论与分析，并且保持逻辑的连贯性。

（四）鼓励公司披露管理层在经营管理活动中使用的关键业绩指标。可以披露指标的假定条件和计算方法以及公司选择这些指标的依据，重点讨论与分析指标变化的原因和趋势。关键业绩指标由公司根据行业、自身特点，选择对业绩敏感度较高且公司有一定控制能力的要素确定。

（五）讨论与分析应当从业务层面充分解释导致财务数据变动的根本原因及其反映的可能趋势，而不能只是重复财务报告的内容。

（六）公司应当保持业务数据统计口径的一致性、可比性，如确需调整，公司应当披露变更口径的理由，并同时提供调整后的过去1年的对比数据。

（七）语言简明清晰、通俗易懂，力戒空洞、模板化。

第二十四条　公司应当披露报告期内核心竞争力（包括核心管理团队、关键技术人员、专有设备、专利、非专利技术、特许经营权、土地使用权、水面养殖权、探矿权、采矿权、独特经营方式和盈利模式、允许他人使用自己所有的资源要素或作为被许可方使用他人资源要素等）的重要变化及对公司所产生的影响。发生因核心管理团队或关键技术人员离职、设备或技术升级换代、特许经营权丧失等导致公司核心竞争力受到严重影响的，公司应当详细分析，并说明拟采取的相应措施。

第二十五条　公司应当分析报告期内的主要经营情况，并应当披露对报告期内的主要经营情况产生重大影响以及未来会产生重大影响的事项。对重大事项的披露应当完整全面，不能有选择地披露。内容包括但不限于：

（一）主要经营业务。应当包括（但不限于）收入、成本、费用、研发投入、现金流等项目，需要提示变化并结合行业发展、业务经营等情况分析变化的原因。若公司业务类型、利润构成或利润来源发生重大变动，应当详细说明。

1. 收入与成本：公司应当结合行业特征和自身实际情况，分别按行业、产品、地区、销售模式说明报告期内公司营业收入构成情况。对于占公司营业收入或营业利润10%以上的行业、产品、地区、销售模式，应当分项列示其营业收入、营业成本、毛利率，并分析其变动情况。对实物销售收入大于劳务收入的公司，应当按行业口径，披露报告期内的生产量、销售量和库存量情况。若相关数据同比变动在30%以上，应当说明原因。公司应当披露已签订的重大销售合同、重大采购合同截至本报告期的履行情况。

公司应当披露本年度营业成本的主要构成项目，如原材料、人工工资、折旧、能源和动力等在成本总额中的占比情况。如果涉及商业秘密，公司可以仅披露占比最高或最主要的单个项目。

如果因主要子公司股权变动导致合并范围变化，应当提供上年同口径的数据供投资者参考。若报告期内业务、产品或服务发生重大变化或调整，公司应当介绍已推出或宣布推出的新产品及服务，并说明对公司经营及业绩的影响。

公司应当披露主要销售客户和主要供应商的情况，以汇总方式披露公司向前5名客户销售额占年度销售总额的比例，向前5名供应商采购额占年度采购总额的比例，以及前5名客户销售额中关联方销售额占年度销售总额的比例和前5名供应商采购额中关联方采购额占年度采购总额的比例。鼓励公司分别披露前5名客户名称和销售额，前5名供应商名称和采购额，以及其是否与上市公司存在关联关系。若报告期内向单个客户的销售比例超过总额的50%、前5名客户中存在新增客户的或严重依赖于少数客户，应披露其名称和销售额；若报告期内向单个供应商的采购比例超过总额的50%、前5名供应商中存在新增供应商的或严重依赖于少数供应商，应披露其名称和采购额。属于同一控制人控制的客户或供应商视为同一客户或供应商合并列示，受同一国有资产管理机构实际控制的除外。

2. 费用：若报告期内公司销售费用、管理费用、财务费用等财务数据同比发生重大变动，应当结合业务模式和费用构成，说明产生变化的主要驱动因素。

3. 研发投入：公司应当说明本年度所进行主要研发项目的目的、项目进展和拟达到的目标，并预计对公司未来发展的影响。公司应当披露报告期末研发人员的数量、占比、学历结构和年龄结构等信息，公司研发人员构成发生重大变化的，应当说明原因及对公司未来发展的影响；说明本年度研发投入总额及占营业收入的比重，如数据较上年发生显著变化，还应当解释变化的原因。公司应当披露研发投入资本化的比重及变化情况，并对其合理性进行分析。

4. 现金流：结合公司现金流量表相关数据，说明公司经营活动、投资活动和筹资活动产生的现金流量的构成情况，若相关数据同比发生重大变动，公司应当分析主要影响因素。若报告期公司经营活动产生的现金净流量与报告期净利润存在重大差异，公司应当解释原因。

（二）若本期公司利润构成或利润来源的重大变化源自非主要经营业务，包括但不限于投资收益、公允价值变动损益、资产减值、营业外收支等，应当详细说明涉及金额、形成原因、是否具有可持续性。

（三）资产及负债状况。若报告期内公司资产构成（货币资金、应收款项、合同资产、存货、投资性房地产、长期股权投资、固定资产、在建工程、使用权资产、短期借款、合同负债、长期借款、租赁负债等占总资产的比重）同比发生重大变动，应当说明产生变化的主要影响因素。若境外资产占比较高，应当披露境外资产的形成原因、资产规模、运营模式、收益状况等。鼓励公司结合各项营运能力和偿债能力的财务指标进行分析。

公司应当披露截至报告期末的主要资产被查封、扣押、冻结或者被抵押、质押，必须具备一定条件才能变现、无法变现、无法用于抵偿债务的情况，以及主要资产占有、使用、收益和处分权利受到其他限制的情况和安排。

（四）创业板、科创板公司上市时未盈利的，在实现盈利前应当披露尚未盈利的原因及影响，公司核心竞争力和经营活动面临的重大风险。

（五）投资状况。公司应当介绍本年度投资情况，分析报告期内公司投资额同比变化情况。

1. 对报告期内获取的重大的股权投资，公司应当披露被投资公司名称、主要业务、投资份额和持股比例、资金来源、合作方、投资期限、产品类型、预计收益、本期投资盈亏、是否涉诉等信息。

2. 对报告期内正在进行的重大的非股权投资，公司应当披露项目本年度和累计实际投入情况、资金来源、项目的进度及预计收益。若项目已产生收益，应当说明收益情况；未达到计划进度和收益的，应当说明原因。

3. 对报告期内持有的以公允价值计量的境内外股票、基金、债券、信托产品、期货、金融衍生工具等金融资产的初始投资成本、资金来源、报告期内购入或售出及投资收益情况、公允价值变动情况等进行披露。

（六）重大资产和股权出售。公司应当简要分析重大资产和股权出售事项对公司业务连续性、管理层稳定性的影响。公司应当说明上述事项是否按计划如期实施，如已实施完毕，应当说明其对财务状况和经营成果的影响，以及所涉及的金额及其占利润总额的比例；如未按计划实施，应当说明原因及公司已采取的措施。

（七）主要控股参股公司分析。公司应当详细介绍主要子公司的主要业务、注册资本、总资产、净资产、净利润，本年度取得和处置子公司的情况，包括取得和处置的方式及对公司整体生产经营和业绩的影响。如来源于单个子公司的净利润或单个参股公司的投资收益对公司净利润影响达到10%以上，还应当介绍该公司主营业务收入、主营业务利润等数据。若单个子公司或参股公司的经营业绩同比出现大幅波动，且对公司合并经营业绩造成重大影响，公司应当对其业绩波动情况及其变动原因进行分析。主要子公司或参股公司的经营情况的披露应当参照上市公司管理层讨论与分析的要求。

对于与公司主业关联较小的子公司，应当披露持有目的和未来经营计划；对本年度内投资收益占公司净利润比例达50%以上的公司，应当披露投资收益中占比在10%以上的股权投资项目。

若主要子公司或参股公司的经营业绩未出现大幅波动，但其资产规模、构成或其他主要财务指标出现显著变化，并可能在将来对公司业绩造成影响，也应当对变化情况和原因予以说明。

（八）公司控制的结构化主体情况。公司存在其控制下的结构化主体时，应当介绍公司对其控制权方式和控制权内容，并说明公司从中可以获取的利益和对其所承担的风险。另外，公司还应当介绍结构化主体对其提供融资、商品或劳务以支持自身主要经营活动的相关情况。公司控制的结构化主体是指《企业会计准则第 41 号——在其他主体中权益的披露》中所规定的"结构化主体"。

第二十六条　公司应当对未来发展进行展望。应当讨论和分析公司未来发展战略、下一年度的经营计划以及公司可能面对的风险，鼓励进行量化分析，主要包括但不限于：

（一）行业格局和趋势。公司应当结合自身的业务规模、经营区域、产品类别以及竞争对手等情况，介绍与公司业务关联的宏观经济层面或行业环境层面的发展趋势，以及公司的行业地位或区域市场地位的变动趋势。公司应当结合主要业务的市场变化情况、营业成本构成的变化情况、市场份额变化情况等因素，分析公司的主要行业优势和劣势，并说明变化对公司未来经营业绩和盈利能力的影响。

（二）公司发展战略。公司应当围绕行业壁垒、核心技术替代或扩散、产业链整合、价格竞争、成本波动等方面向投资者提示未来公司发展机遇和挑战，披露公司发展战略，以及拟开展的新业务、拟开发的新产品、拟投资的新项目等。若公司存在多种业务，还应当说明各项业务的发展规划。分析和讨论应当提供数据支持，并说明数据来源。

公司对未来发展战略的披露，应当结合投资者关注较多的问题，以及公司现阶段所面临的特定环境、公司所处行业及所从事业务特征来进行。重点对公司未来主要经营模式或业务模式是否会发生重大变化，新技术、新产品的开发计划及进展，产能扩张、资产收购等重大投资计划，投资者回报安排等发展战略、发展步骤进行有针对性的描述，以助于投资者了解公司未来发展方向及经营风格。

（三）经营计划。公司应当回顾总结前期披露的发展战略和经营计划在报告期内的进展，对未达到计划目标的情况进行解释。若公司实际经营业绩低于或高于曾公开披露过的本年度盈利预测 20% 以上，应当从收入、成本、费用、税负等相关方面说明造成差异的原因。公司应当披露下一年度的经营计划，包括（但不限于）收入、费用、成本计划，及下一年度的经营目标，如销售额的提升、市场份额的扩大、成本下降、研发计划等，为达到上述经营目标拟采取的策略和行动。公司应当同时说明该经营计划并不构成公司对投资者的业绩承诺，提示投资者对此保持足够的风险意识，并且应当理解经营计划与业绩承诺之间的差异。公司应当披露维持公司当前业务并完成在建投资项目所需的资金需求，对公司经营计划涉及的投资资金的来源、成本及使用情况进行简要说明。

（四）可能面对的风险。公司应当针对自身特点，遵循关联性原则和重要性原则披露可能对公司未来发展战略和经营目标的实现产生不利影响的风险因素（例如政策性风险、行业特有风险、业务模式风险、经营风险、环保风险、汇率风险、利率风险、技术风险、产品价格风险、原材料价格及供应风险、财务风险、单一客户依赖风险、商誉等资产的减值风险，以及因设备或技术升级换代、核心技术人员辞职、特许经营权丧失等导致公司核心竞争能力受到严重影响等），披露的内容应当充分、准确、具体，应当尽量采取定量的方式分析各风险因素对公司当期及未来经营业绩的影响，并介绍已经或计划采取的应对措施。

对于本年度较上一年度的新增风险因素，公司应当对其产生的原因、对公司的影响以及已经采取或拟采取的措施及效果等进行分析。若分析表明相关变化趋势已经、正在或将要对公司的财务状况和经营成果产生重大影响，公司应当提供管理层对相关变化的基本判断，尽可能定量分析对公司的影响程度。

4.《公开发行证券的公司信息披露内容与格式准则第46号——北京证券交易所公司招股说明书》（证监会公告〔2021〕26号）

【重要条款】

第八条 发行人有充分依据证明本准则要求披露的信息涉及国家秘密、商业秘密及其他因披露可能导致其违反国家有关保密法律法规或严重损害公司利益的，发行人可申请豁免按本准则披露。

第三十七条 发行人应结合自身实际情况，披露由于技术、产品、政策、经营模式变化等可能导致的风险，包括但不限于：

（一）经营风险，包括市场或经营前景或行业政策变化，商业周期变化，经营模式失败，依赖单一客户、单一技术、单一原材料等风险；

（二）财务风险，包括现金流状况不佳，资产周转能力差，重大资产减值，重大担保或偿债风险等；

（三）技术风险，包括技术升级迭代、研发失败、技术专利许可或授权不具排他性、技术未能形成产品或实现产业化等风险；

（四）人力资源风险，公司董事、监事、高级管理人员或核心技术（业务）人员存在违反保密、竞业禁止等方面规定的情形，公司人力资源无法匹配公司发展需求，关键岗位人才流失，管理经验不足，公司业务依赖单一人员等；

（五）尚未盈利或存在累计未弥补亏损的风险，包括未来一定期间无法盈利或无法进行利润分配的风险，对发行人资金状况、业务拓展、人才引进、团队稳定、研发投入、市场拓展等方面产生不利影响的风险等；

（六）法律风险，包括重大技术、产品纠纷或诉讼风险，土地、资产权属瑕疵，股权纠纷，行政处罚等方面对发行人合法合规性及持续经营的影响；

（七）发行失败风险，包括发行认购不足等风险；

（八）特别表决权股份或类似公司治理特殊安排的风险；

（九）可能严重影响公司持续经营的其他因素。

第四十八条　发行人应清晰、准确、客观地披露主营业务、主要产品或服务的情况，包括：

（一）主营业务、主要产品或服务的基本情况，主营业务收入的主要构成；

（二）主要经营模式，如盈利模式、采购模式、生产或服务模式、营销及管理模式等，分析采用目前经营模式的原因、影响经营模式的关键因素、经营模式及其影响因素在报告期内的变化情况及未来变化趋势。发行人的业务及其模式具有创新性的，还应披露其独特性、创新内容及持续创新机制；

（三）设立以来主营业务、主要产品或服务、主要经营模式的演变情况；

（四）发行人应结合内部组织结构（包括部门、生产车间、子公司、分公司等）披露主要生产（或服务）流程、方式；

（五）生产经营中涉及的主要环境污染物、主要处理设施及处理能力。

第四十九条　发行人应结合所处行业基本情况披露其竞争状况，主要包括：

（一）所属行业及确定所属行业的依据；

（二）发行人所处行业的主管部门、监管体制、主要法律法规和政策及对发行人经营发展的影响等；

（三）行业技术水平及技术特点、主要技术门槛和技术壁垒，衡量核心竞争力的关键指标，行业技术的发展趋势，行业特有的经营模式、周期性、区域性或季节性特征等；

（四）发行人产品或服务的市场地位、行业内的主要企业、竞争优势与劣势、行业发展态势、面临的机遇与挑战，以及上述情况在报告期内的变化及未来可预见的变化趋势；

（五）发行人与同行业可比公司在经营情况、市场地位、技术实力、衡量核心竞争力的关键业务数据、指标等方面的比较情况。

第五十一条　发行人应遵循重要性原则披露与其业务相关的关键资源要素，主要包括：

（一）产品（或服务）所使用的主要技术、技术来源及所处阶段（如处于基础研究、试生产、小批量生产或大批量生产阶段），说明技术属于原始创新、集成创新或引进消化吸收再创新的情况；披露核心技术与已取得的专利及非专利技术的对应关系，以及在主营业务及产品（或服务）中的应用，并披露核心技术产品收入占营业收入的比例。产品（或服务）所使用的主要技术为外购的，应披露相关协议中的权利义务安排；

（二）取得的业务许可资格或资质情况，主要包括名称、内容、授予机构、有效期限；

（三）拥有的特许经营权的情况，主要包括特许经营权的取得、特许经营权的期限、费用标准，对发行人业务的影响；

（四）对主要业务有重大影响的主要固定资产、无形资产的构成，分析其与所提供产品或服务的内在联系，是否存在瑕疵、纠纷和潜在纠纷，是否对发行人持续经营存在重大不利影响。发行人允许他人使用自己所有的资产，或作为被许可方使用他人资产的，应披露许可合同的主要内容，主要包括许可人、被许可人、许可使用的具体资产内容、许可方式、许可年限、许可使用费等；

（五）员工情况，包括人数、年龄分布、专业构成、学历结构等。核心技术（业务）人员的姓名、年龄、主要业务经历及职务、现任职务与任期、所取得的专业资质及重要科研成果、获得的奖项、持有发行人的股份情况、对外投资情况及兼职情况，核心技术（业务）人员是否存在侵犯第三方知识产权或商业秘密、违反与第三方的竞业限制约定或保密协议的情况，报告期内核心技术（业务）人员的主要变动情况及对发行人的影响；

（六）正在从事的研发项目、所处阶段及进展情况、相应人员、经费投入、拟达到的目标；结合行业技术发展趋势，披露相关科研项目与行业技术水平的比较；披露报告期内研发投入的构成、占营业收入的比例。与其他单位合作研发的，还应披露合作协议的主要内容，权利义务划分约定及采取的保密措施等。

第五十七条　发行人应披露报告期内是否存在资金被控股股东、实际控制人及其控制的其他企业以借款、代偿债务、代垫款项或者其他方式占用的情况，固定资产、无形资产等资产被控股股东、实际控制人及其控制的其他企业转移的情况，或者为控股股东、实际控制人及其控制的其他企业担保的情况。

第六十八条　发行人财务状况分析应结合最近三年及一期末资产、负债的主要构成，对资产、负债结构变动的主要原因、影响因素及程度进行充分说明，包括但不限于下列内容：

……

（五）最近三年及一期末无形资产的主要类别与变动原因，无形资产减值测试的方法与结果；报告期内存在研发支出资本化的，应披露开发阶段资本化及开发支出结转无形资产的具体时点和条件，研发支出资本化对公司损益的影响以及发行人在研发支出资本化方面的内控制度等，并说明具体项目、依据、时间及金额；

第七十九条　发行人尚未盈利或存在累计未弥补亏损的，应披露成因、影响及改善措施，包括但不限于：

（一）发行人应结合行业特点分析该等情形的成因，充分披露尚未盈利或存在累计未弥补亏损对公司现金流、业务拓展、人才吸引、团队稳定性、研发投入、战略性投入、生产经营可持续性等方面的影响；

（二）发行人改善盈利状况的经营策略，未来是否可实现盈利的前瞻性信息及其依据、基础假设等。

披露前瞻性信息的，发行人应声明："本公司前瞻性信息是建立在推测性假设的数据基础上的预测，具有重大不确定性，投资者进行投资决策时应谨慎使用。"

5.《公开发行证券的公司信息披露内容与格式准则第 48 号——北京证券交易所上市公司向不特定合格投资者公开发行股票募集说明书》（证监会公告〔2021〕28 号）

【重要条款】

第三十四条　上市公司应结合自身实际情况，披露由于技术、产品、政策、经营模式变化等可能导致的风险，包括但不限于：

（一）经营风险；

（二）财务风险；

（三）技术风险；

（四）人力资源风险；

（五）尚未盈利或存在累计未弥补亏损的风险，包括未来一定期间无法盈利或无法进行利润分配的风险，对上市公司资金状况、业务拓展、人才引进、团队稳定、研发投入、市场拓展等方面产生不利影响的风险等；

（六）法律风险；

（七）发行失败风险；

（八）特别表决权股份或类似公司治理特殊安排的风险；

（九）可能严重影响公司持续经营的其他因素。

第四十五条　上市公司应清晰、准确、客观地披露主营业务、主要产品或服务的情况，包括：

（一）主营业务、主要产品或服务的基本情况，主营业务收入的主要构成；

（二）主要经营模式，如盈利模式、采购模式、生产或服务模式、营销及管理模式等；上市公司的业务及其模式具有创新性的，还应披露其独特性、创新内容及持续创新机制；

（三）上市以来（上市超过三年的为最近三年）主营业务、主要产品或服务、主要经营模式是否发生变化，以及演变情况；

（四）上市公司应结合内部组织结构（包括部门、生产车间、子公司、分公司等）披露主要生产或服务流程、方式；

（五）存在高危险、重污染情况的，还应当披露生产经营中涉及的主要环境污染物、主要处理设施及处理能力。

第四十六条　上市公司应结合所处行业基本情况披露其竞争状况，主要包括：

（一）所属行业及确定所属行业的依据，最近三年是否发生变化及变化情况；

（二）上市公司所处行业的主管部门、监管体制、主要法律法规和政策最近三年的变化情况，以及对上市公司经营发展的影响等；

（三）行业技术水平及技术特点、主要技术门槛和技术壁垒，衡量核心竞争力的关键指标，行业技术的发展趋势，行业特有的经营模式、周期性、区域性或季节性特征等；

（四）上市公司产品或服务的市场地位、行业内的主要企业、竞争优势与劣势、行业发展态势、面临的机遇与挑战，以及上述情况在报告期内的变化及未来可预见的变化趋势。

第四十八条 上市公司应遵循重要性原则披露与其业务相关的关键资源要素，主要包括：

（一）产品或服务所使用的主要技术、技术来源及所处阶段（如处于基础研究、试生产、小批量生产或大批量生产阶段），说明技术属于原始创新、集成创新或引进消化吸收再创新的情况；披露核心技术与已取得的专利及非专利技术的对应关系，以及在主营业务及产品或服务中的应用，并披露核心技术产品收入占营业收入的比例。产品或服务所使用的主要技术为外购的，应披露相关协议中的权利义务安排；

（二）取得的业务许可资格或资质情况，主要包括名称、内容、授予机构、有效期限；

（三）拥有的特许经营权的情况，主要包括特许经营权的取得、特许经营权的期限、费用标准，对上市公司业务的影响；

（四）对主要业务有重大影响的主要固定资产、无形资产的构成，分析其与所提供产品或服务的内在联系，是否存在瑕疵、纠纷和潜在纠纷，是否对上市公司持续经营存在重大不利影响。上市公司允许他人使用自己所有的资产，或作为被许可方使用他人资产的，应披露许可合同的主要内容，主要包括许可人、被许可人、许可使用的具体资产内容、许可方式、许可年限、许可使用费等；

（五）核心技术（业务）人员占员工总数的比例，报告期内前述人员的主要变动情况及对上市公司的影响；

（六）正在从事的研发项目、所处阶段及进展情况、相应人员、经费投入、拟达到的目标；结合行业技术发展趋势，披露相关科研项目与行业技术水平的比较；披露报告期内研发投入的构成、占营业收入的比例。与其他单位合作研发的，还应披露合作协议的主要内容，权利义务划分约定及采取的保密措施等。

第五十二条 上市公司应披露报告期内是否存在资金被控股股东、实际控制人及其控制的其他企业以借款、代偿债务、代垫款项或者其他方式占用的情况，固定资产、无形资产等资产被控股股东、实际控制人及其控制的其他企业转移的情况，或者为控股股东、实际控制人及其控制的其他企业担保的情况。

第六十四条 上市公司财务状况分析应结合最近三年及一期末资产、负债的主要构成，对资产、负债结构变动的主要原因、影响因素及程度进行充分说明，包括但不限于下列内容：

......

（五）最近三年及一期末无形资产的主要类别与变动原因，无形资产减值测试的方法与结果；报告期内存在研发支出资本化的，应披露开发阶段资本化及开发支出结转无形资产的具体时点和条件，研发支出资本化对公司损益的影响以及上市公司在研发支出资本化方面的内控制度等，并说明具体项目、依据、时间及金额；

......

第六十八条　上市公司尚未盈利或存在累计未弥补亏损的，应披露成因、影响及改善措施，包括但不限于：

（一）上市公司应结合行业特点分析该等情形的成因，充分披露尚未盈利或存在累计未弥补亏损对公司现金流、业务拓展、人才吸引、团队稳定性、研发投入、战略性投入、生产经营可持续性等方面的影响；

（二）上市公司改善盈利状况的经营策略，未来是否可实现盈利的前瞻性信息及其依据、基础假设等。

6.《公开发行证券的公司信息披露内容与格式准则第 49 号——北京证券交易所上市公司向特定对象发行股票募集说明书和发行情况报告书》（证监会公告〔2021〕29 号）

【重要条款】

第九条　通过本次发行拟引入的资产为非股权资产的，上市公司应披露相关资产的下列基本情况：

（一）资产名称、类别以及所有者和经营管理者的基本情况；

（二）资产权属是否清晰、是否存在权利受限、权属争议或者妨碍权属转移的其他情况；相关资产涉及许可他人使用，或者上市公司作为被许可方使用他人资产的，应当简要披露许可合同的主要内容；资产交易涉及债权债务转移的，应当披露相关债权债务的基本情况、债权人同意转移的证明及与此相关的解决方案；所从事业务需要取得许可资格或资质的，还应当披露当前许可资格或资质的状况；涉及需有关主管部门批准的，应说明是否已获得有效批准；

（三）资产独立运营和核算的，披露最近一年及一期（如有）经会计师事务所审计的财务信息摘要及审计意见；被出具非标准审计意见的，应当披露涉及事项及其影响；

（四）资产的交易价格及定价依据。披露相关资产经审计的账面值；交易价格以资产评估结果作为依据的，应披露资产评估方法和资产评估结果。

第十条　通过本次发行拟引入的资产为股权的，上市公司应披露相关股权的下列基本情况：

（一）股权所在公司的名称、企业性质、注册地、主要办公地点、法定代表人、注册资本；股权及控制关系，包括公司的主要股东及其持股比例、最近 2 年控股股东或实际控制人的变化情况、股东出资协议及公司章程中可能对本次交易产生影响的主要内容以及原董事、监事、高级管理人员的安排；

（二）股权权属是否清晰、是否存在权利受限、权属争议或者妨碍权属转移的其他情况；股权资产为有限责任公司股权的，股权转让是否已取得其他股东同意，或有证据表明其他股东已放弃优先购买权；股权对应公司所从事业务需要取得许可资格或资质的，还应当披露当前许可资格或资质的状况；涉及需有关主管部门批准的，应说明是否已获得批准；

（三）股权所在公司主要资产的权属状况及对外担保和主要负债情况，重要专利或关键技术的纠纷情况；

（四）股权所在公司最近一年及一期（如有）的业务发展情况和经符合《证券法》规定的会计师事务所审计的财务信息摘要及审计意见，被出具非标准审计意见的应当披露涉及事项及其影响，分析主要财务指标状况及发展趋势；

（五）股权的评估方法及资产评估价值（如有）、交易价格及定价依据；

（六）本次收购完成后是否可能导致股权所在公司的现有管理团队、核心技术人员、主要客户及供应商、公司发展战略等产生重大变化。

7. 《公开发行证券的公司信息披露内容与格式准则第 53 号——北京证券交易所上市公司年度报告》（证监会公告〔2021〕33 号）

【重要条款】

第二十二条 公司应回顾分析报告期内的主要经营情况，尤其应着重分析导致公司财务状况、经营成果、现金流量发生重大变化的事项或原因。分析内容包括但不限于：

……

（八）公司应当说明核心技术的科研实力和成果情况，包括获得重要奖项，承担的重大科研项目，核心学术期刊论文发表情况等；本年度所进行研发项目的目的、所处阶段及进展情况和拟达到的目标，并预计对公司未来发展的影响，同时结合行业技术发展趋势，分析相关科研项目与行业技术水平的比较。公司应当披露研发人员的数量、占比及学历情况；说明本年度研发投入总额及占营业收入的比重，如数据较上年发生重大变化，还应当解释变化的原因；应当披露研发投入资本化的比重及变化情况，并对其合理性进行分析。与其他单位合作研发的，还应披露合作协议的主要内容，权利义务划分约定及采取的保密措施等。

8. 《公开发行证券的公司信息披露内容与格式准则第 54 号——北京证券交易所上市公司中期报告》（证监会公告〔2021〕34 号）

【重要条款】

第二十条 公司应当简要介绍报告期内公司从事的主要业务，包括但不限于公司的产品与服务、经营模式、客户类型、销售渠道、收入模式等，并说明报告期内的变化情况。

公司应当披露报告期内核心竞争力（包括核心管理团队、关键技术人员、关键资源、专有设备、专利、非专利技术、特许经营权等）的重要变化及对公司所产生的影响。如发生因核心管理团队或关键技术人员离职、设备或技术升级换代、特许经营权丧失等导致公司核心竞争力受到严重影响的，公司应当详细分析，并说明拟采取的相应措施。

9.《公开发行证券的公司信息披露内容与格式准则第 55 号——北京证券交易所上市公司权益变动报告书、上市公司收购报告书、要约收购报告书、被收购公司董事会报告书》（证监会公告〔2021〕35 号）

【重要条款】

第五条　本准则某些具体要求对信息披露义务人确实不适用的，信息披露义务人可以针对实际情况，在不影响披露内容完整性的前提下作适当修改，但应在报送时作书面说明。信息披露义务人认为无本准则要求披露的情况，必须明确注明"无此类情形"的字样。

由于商业秘密（如核心技术的保密资料、商业合同的具体内容等）等特殊原因，本准则规定的某些信息确实不便披露的，信息披露义务人可以免于披露，并在报告书中予以说明。但中国证券监督管理委员会（以下简称中国证监会）认为需要披露的，应当披露。

10.《公开发行证券的公司信息披露内容与格式准则第 56 号——北京证券交易所上市公司重大资产重组》（证监会公告〔2021〕36 号）

【重要条款】

第三条　本准则的规定是对重组报告书及其他相关信息披露文件的最低要求。不论本准则是否有明确规定，凡对上市公司股票及其衍生品交易价格可能产生较大影响或对投资者投资决策有重大影响的信息，均应披露。

上市公司根据自身及所属行业或业态特征，可在本准则基础上增加有利于投资者判断和信息披露完整性的相关内容。本准则某些具体要求对上市公司不适用的，上市公司可根据实际情况，在不影响内容完整性的前提下作适当调整，但应在披露时作出相应说明。

中国证券监督管理委员会（以下简称中国证监会）、北京证券交易所（以下简称北交所）可以根据监管实际需要，要求上市公司补充披露其他有关信息或提供其他有关文件。

有充分依据证明本准则要求披露的信息涉及国家秘密、商业秘密及其他因披露可能导致其违反国家有关保密法律法规或严重损害公司利益的，上市公司可不予披露或提供，但应当在相关章节中详细说明未按本准则要求进行披露或提供的原因。

第十一条　交易标的为完整经营性资产的（包括股权或其他构成可独立核算会计主体的经营性资产），应当披露：

（一）该经营性资产的名称、企业性质、注册地、主要办公地点、法定代表人、注册资本、成立日期、统一社会信用代码、历史沿革情况；

（二）该经营性资产的产权或控制关系，包括其主要股东或权益持有人及持有股权或权益的比例、公司章程中可能对本次交易产生影响的主要内容或相关投资协议、原高级管理人员的安排、是否存在影响该资产独立性的协议或其他安排（如让渡经营管理权、收益权等）；

（三）主要资产的权属状况、对外担保情况、主要负债情况、或有负债情况、权利限制情况、违法违规、涉及诉讼等重大争议或存在妨碍权属转移的其他情况；

（四）最近三年业务发展情况及报告期经审计的主要财务指标；

（五）交易标的为企业股权的，应当披露该企业是否存在出资瑕疵或影响其合法存续的情况；上市公司在交易完成后将成为持股型公司的，应当披露作为主要交易标的的企业股权是否为控股权；交易标的为有限责任公司股权的，应当披露是否已取得该公司其他股东的同意或者符合公司章程规定的股权转让前置条件；

（六）该经营性资产的权益最近三年曾进行与交易、增资或改制相关的评估或估值的，应当披露相关评估或估值的方法、评估或估值结果及其与账面值的增减情况、交易价格、交易对方和增资改制的情况，并列表说明该经营性资产最近三年评估或估值情况与本次重组评估或估值情况的差异原因；

（七）该经营性资产的下属企业构成该经营性资产最近一期经审计的资产总额、营业收入、净资产额或净利润来源 20% 以上且有重大影响的，应参照上述要求披露该下属企业的相关信息。

第十二条　交易标的不构成完整经营性资产的，应当披露：

（一）相关资产的名称、类别及最近三年的运营情况和报告期经审计的财务数据，包括但不限于资产总额、资产净额、可准确核算的收入或费用额；

（二）相关资产的权属状况，包括产权是否清晰，是否存在抵押、质押等权利限制，是否涉及诉讼、仲裁、司法强制执行等重大争议或存在妨碍权属转移的其他情况；

（三）相关资产在最近三年曾进行资产评估、估值或者交易的，应当披露评估或估值结果、交易价格、交易对方等情况。

第十四条　上市公司董事会应当对本次交易标的评估或估值的合理性以及定价的公允性做出分析，包括但不限于：

（一）资产评估机构或估值机构的独立性、假设前提的合理性、评估或估值方法与目的的相关性；

（二）评估或估值依据的合理性；

（三）交易标的后续经营中行业、技术等方面的变化趋势、拟采取的应对措施及其对评估或估值的影响；

（四）报告期变动频繁且影响较大的指标对评估或估值的影响，并进行敏感性分析；

（五）交易标的与上市公司现有业务的协同效应、对未来上市公司业绩的影响，对交易定价的影响；

（六）结合交易标的的市场可比交易价格、同行业上市公司的市盈率或者市净率等指标，分析交易定价的公允性；

（七）说明评估或估值基准日至重组报告书披露日交易标的发生的重要变化事项，分析其对交易作价的影响；

（八）如交易定价与评估或估值结果存在较大差异，分析说明差异的原因及其合理性。

上市公司独立董事对评估机构或者估值机构的独立性、评估或者估值假设前提的合理性和交易定价的公允性发表的独立意见。

第十五条　资产交易涉及重大资产购买的，上市公司应当根据重要性原则披露拟购买资产主要业务的具体情况，包括：

（一）主要业务、主要产品或服务及其用途、报告期内的变化情况；

（二）业务模式或商业模式；

（三）与主要业务相关的情况，主要包括：

1. 报告期内各期主要产品或服务的规模、产能、产量、期初及期末库存、销售收入，产品或服务的主要消费群体、销售价格的变动情况，报告期内各期向前五名客户的销售及关联关系情况，如前五大客户为交易对方及其关联方的，应当披露产品最终实现销售的情况；

2. 报告期内主要产品或服务的原材料、能源及其供应情况，价格变动趋势及占成本的比重，报告期内各期向前五名供应商的采购及关联关系情况；

3. 报告期董事、监事、高级管理人员和核心技术人员，其他关联方或持有拟购买资产5%以上股份的股东在前五名供应商或客户中所占的权益情况；

4. 主要产品或服务所处行业的主管部门、监管体制、主要法律法规及政策，所从事的业务需要取得许可资格或资质的，还应当披露当前许可资格或资质的情况；

5. 安全生产、环保、质量控制等合规经营情况。

（四）与其业务相关的资源要素，主要包括：

1. 产品或服务所使用的主要技术及其所处阶段；

2. 主要生产设备、房屋建筑物的取得和使用情况、成新率或尚可使用年限等；

3. 主要无形资产的取得方式和时间、使用情况、使用期限或保护期、最近一期末账面价值及上述资产对拟购买资产生产经营的重要程度；

4. 拟购买所从事的业务需要取得许可资格或资质的，还应当披露当前许可资格或资质的情况；

5. 特许经营权的取得、期限、费用标准及对拟购买资产持续生产经营的影响；

6. 员工的简要情况，其中核心业务和技术人员应披露姓名、年龄、主要业务经历及职务、现任职务及任期以及持有上市公司股份情况；

7. 其他体现所属行业或业态特征的资源要素。

（五）拟购买资产报告期的会计政策及相关会计处理，主要包括：

1. 收入成本的确认原则和计量方法；

2. 比较分析会计政策和会计估计与同行业或同类资产之间的差异及对拟购买资产利润的影响；

3. 财务报表编制基础，确定合并报表时的重大判断和假设，合并财务报表范围、变化情况及变化原因；

4. 报告期存在资产转移剥离调整的，还应披露资产转移剥离调整的原则、方法和具体剥离情况，及对拟购买资产利润产生的影响；

5. 拟购买资产的重大会计政策或会计估计与上市公司存在较大差异的，报告期发生变更的或者按规定将要进行变更的，应当分析重大会计政策或会计估计的差异或变更对拟购买资产利润产生的影响；

6. 行业特殊的会计处理政策。

二、北交所知识产权相关规则

（一）北交所知识产权相关规则索引

1.《北京证券交易所股票上市规则（试行）》（北证公告〔2021〕13 号）

2.《北京证券交易所上市公司证券发行上市审核规则（试行）》（北证公告〔2021〕9 号）

3.《北京证券交易所向不特定合格投资者公开发行股票并上市审核规则（试行）》（北证公告〔2021〕5 号）

4.《北京证券交易所上市公司重大资产重组业务指引》（北证公告〔2021〕34 号）

5.《北京证券交易所向不特定合格投资者公开发行股票并上市业务办理指南第 1 号——申报与审核》（北证公告〔2021〕26 号）

6.《北京证券交易所上市公司证券发行业务办理指南第 2 号——向特定对象发行股票》（北证公告〔2021〕30 号）

7.《北京证券交易所上市公司证券发行业务办理指南第 3 号——向原股东配售股份》（北证公告〔2021〕31 号）

8.《北京证券交易所上市公司向特定对象发行可转换公司债券业务办理指南第 1

号——发行与挂牌》（北证公告〔2021〕32 号）

9.《北京证券交易所向不特定合格投资者公开发行股票并上市业务规则适用指引第 1 号》（北证公告〔2021〕60 号）

10.《北京证券交易所上市公司持续监管指引第 2 号——季度报告》（北证公告〔2021〕35 号）

（二）重要条款提示

1.《北京证券交易所股票上市规则（试行）》（北证公告〔2021〕13 号）

【重要条款】

2.1.2　发行人申请公开发行并上市，应当符合下列条件：

（一）发行人为在全国股转系统连续挂牌满 12 个月的创新层挂牌公司；

（二）符合中国证券监督管理委员会（以下简称中国证监会）规定的发行条件；

（三）最近一年期末净资产不低于 5000 万元；

（四）向不特定合格投资者公开发行（以下简称公开发行）的股份不少于 100 万股，发行对象不少于 100 人；

（五）公开发行后，公司股本总额不少于 3000 万元；

（六）公开发行后，公司股东人数不少于 200 人，公众股东持股比例不低于公司股本总额的 25%；公司股本总额超过 4 亿元的，公众股东持股比例不低于公司股本总额的 10%；

（七）市值及财务指标符合本规则规定的标准；

（八）本所规定的其他上市条件。本所可以根据市场情况，经中国证监会批准，对上市条件和具体标准进行调整。

2.1.3　发行人申请公开发行并上市，市值及财务指标应当至少符合下列标准中的一项：

（一）预计市值不低于 2 亿元，最近两年净利润均不低于 1500 万元且加权平均净资产收益率平均不低于 8%，或者最近一年净利润不低于 2500 万元且加权平均净资产收益率不低于 8%；

（二）预计市值不低于 4 亿元，最近两年营业收入平均不低于 1 亿元，且最近一年营业收入增长率不低于 30%，最近一年经营活动产生的现金流量净额为正；

（三）预计市值不低于 8 亿元，最近一年营业收入不低于 2 亿元，最近两年研发投入合计占最近两年营业收入合计比例不低于 8%；

（四）预计市值不低于 15 亿元，最近两年研发投入合计不低于 5000 万元。前款所称预计市值是指以发行人公开发行价格计算的股票市值。

4.7.4　上市公司应当严格遵守科学伦理规范，尊重科学精神，恪守应有的价值观念、社会责任和行为规范，弘扬科学技术的正面效应。

上市公司在生命科学、人工智能、信息技术、生态环境、新材料等科技创新领域，避免研究、开发和使用危害自然环境、生命健康、公共安全、伦理道德的科学技术，不得以侵犯个人基本权利或者损害社会公共利益等方式从事研发和经营活动。

5.2.11　上市公司及相关信息披露义务人拟披露的信息属于商业秘密、商业敏感信息，按照本规则披露或者履行相关义务可能引致不当竞争、损害公司及投资者利益或者误导投资者的，可以按照本所相关规定暂缓或者豁免披露该信息。

拟披露的信息被依法认定为国家秘密，按本规则披露或者履行相关义务可能导致其违反法律法规或危害国家安全的，可以按照本所相关规定豁免披露。

上市公司和相关信息披露义务人应当审慎确定信息披露暂缓、豁免事项，不得随意扩大暂缓、豁免事项的范围。暂缓披露信息的，相关内幕信息知情人应当书面承诺做好保密；已经泄露的，应当及时披露。

5.2.14　上市公司应当充分披露可能对公司核心竞争力、经营活动和未来发展产生重大不利影响的风险因素。

公司尚未盈利的，应当充分披露尚未盈利的成因，以及对公司现金流、业务拓展、人才吸引、团队稳定性、研发投入、战略性投入、生产经营可持续性等方面的影响。

7.1.1　本章所称"交易"包括下列事项：

（一）购买或者出售资产；

（二）对外投资（含委托理财、对子公司投资等，设立或者增资全资子公司及购买银行理财产品除外）；

（三）提供担保（即上市公司为他人提供的担保，含对控股子公司的担保）；

（四）提供财务资助；

（五）租入或者租出资产；

（六）签订管理方面的合同（含委托经营、受托经营等）；

（七）赠与或者受赠资产；

（八）债权或者债务重组；

（九）研究与开发项目的转移；

（十）签订许可协议；

（十一）放弃权利；

（十二）中国证监会及本所认定的其他交易。

上述购买或者出售资产，不包括购买原材料、燃料和动力，以及出售产品或者商品等与日常经营相关的交易行为。

7.1.2　上市公司发生的交易（除提供担保、提供财务资助外）达到下列标准之一的，应当及时披露：

（一）交易涉及的资产总额（同时存在账面值和评估值的，以孰高为准）占上市公司最近一期经审计总资产的10%以上；

（二）交易的成交金额占上市公司最近一期经审计净资产的10%以上，且超过1000万元；

（三）交易标的（如股权）最近一个会计年度相关的营业收入占上市公司最近一个会计年度经审计营业收入的10%以上，且超过1000万元；

（四）交易产生的利润占上市公司最近一个会计年度经审计净利润的10%以上，且超过150万元；

（五）交易标的（如股权）最近一个会计年度相关的净利润占上市公司最近一个会计年度经审计净利润的10%以上，且超过150万元。

上述指标计算中涉及的数据如为负值，取其绝对值计算。

7.1.3　上市公司发生的交易（除提供担保、提供财务资助外）达到下列标准之一的，应当提交股东大会审议：

（一）交易涉及的资产总额（同时存在账面值和评估值的，以孰高为准）占上市公司最近一期经审计总资产的50%以上；

（二）交易的成交金额占上市公司最近一期经审计净资产的50%以上，且超过5000万元；

（三）交易标的（如股权）最近一个会计年度相关的营业收入占上市公司最近一个会计年度经审计营业收入的50%以上，且超过5000万元；

（四）交易产生的利润占上市公司最近一个会计年度经审计净利润的50%以上，且超过750万元；

（五）交易标的（如股权）最近一个会计年度相关的净利润占上市公司最近一个会计年度经审计净利润的50%以上，且超过750万元。

上述指标计算中涉及的数据如为负值，取其绝对值计算。

7.1.4　本规则第7.1.2条和第7.1.3条规定的成交金额，是指支付的交易金额和承担的债务及费用等。交易安排涉及未来可能支付或者收取对价的、未涉及具体金额或者根据设定条件确定金额的，预计最高金额为成交金额。

7.1.5　上市公司与同一交易方同时发生本规则第7.1.1条规定的同一类别且方向相反的交易时，应当按照其中单向金额适用本规则第7.1.2条或者第7.1.3条。

7.1.18　上市公司购买、出售资产交易，涉及资产总额或者成交金额连续12个月内累计计算超过上市公司最近一期经审计总资产30%的，应当比照本规则第7.1.17条的规定提供评估报告或者审计报告，并提交股东大会审议，经出席会议的股东所持表决权的三分之二以上通过。

已按照前款规定履行相关义务的，不再纳入相关的累计计算范围。

7.1.19　上市公司与其控股子公司发生的或者上述控股子公司之间发生的交易，除另有规定或者损害股东合法权益的以外，免于按本规则第7.1.2条或者第7.1.3条的规定披露或审议。

未盈利的上市公司可以豁免适用本规则第 7.1.2 条或第 7.1.3 条的净利润指标。

8.3.9 上市公司出现以下情形之一的，应当自事实发生或董事会决议之日起及时披露：

（一）开展与主营业务行业不同的新业务；

（二）重要在研产品或项目取得阶段性成果或研发失败；

（三）主要产品或核心技术丧失竞争优势。

2.《北京证券交易所上市公司证券发行上市审核规则（试行）》（北证公告〔2021〕9 号）

【重要条款】

第二十二条 本所受理发行上市申请文件当日，上市公司应当通过本所网站披露募集说明书等申请文件。

由于国家秘密、商业秘密等特殊原因导致申请文件中相关信息确实不便披露的，上市公司可以豁免披露，但应当在申请文件中说明未按照规定进行披露的原因。本所认为需要披露的，上市公司应当披露。

3.《北京证券交易所向不特定合格投资者公开发行股票并上市审核规则（试行）》（北证公告〔2021〕5 号）

【重要条款】

第二十九条 发行上市申请文件和对本所审核机构审核问询的回复中，拟披露的信息属于国家秘密、商业秘密，披露后可能导致其违反国家有关保密的法律法规或者严重损害公司利益的，可以豁免披露。发行人应当说明豁免披露的理由，本所认为豁免披露理由不成立的，发行人应当按照规定予以披露。

4.《北京证券交易所上市公司重大资产重组业务指引》（北证公告〔2021〕34 号）

【重要条款】

第二十九条 上市公司拟实施重大资产重组的，董事会应当就本次交易是否符合下列规定作出审慎判断，并记载于董事会决议记录中：

（一）交易标的资产涉及立项、环保、行业准入、用地、规划、建设施工等有关报批事项的，应当在重大资产重组预案和报告书中披露是否已取得相应的许可证书或有关主管部门的批复文件；本次交易行为涉及有关报批事项的，应当在重大资产重组预案和报告书中详细披露已向有关主管部门报批的进展情况和尚需呈报批准的程序。重大资产重组预案和报告书中应当对报批事项可能无法获得批准的风险作出特别提示。

（二）上市公司拟购买资产的，在本次交易的首次董事会决议公告前，资产出售方必须已经合法拥有标的资产的完整权利，不存在限制或者禁止转让的情形。

上市公司拟购买的资产为企业股权的，该企业应当不存在出资不实或者影响其合法存续的情况；上市公司在交易完成后成为持股型公司的，作为主要标的资产的企业股权应当为控股权。

上市公司拟购买的资产为土地使用权、矿业权等资源类权利的，应当已取得相应的权属证书，并具备相应的开发或者开采条件。

（三）上市公司购买资产应当有利于提高上市公司资产的完整性（包括取得生产经营所需要的商标权、专利权、非专利技术、采矿权、特许经营权等无形资产），有利于上市公司在人员、采购、生产、销售、知识产权等方面保持独立。

（四）本次交易应当有利于上市公司改善财务状况、增强持续盈利能力，有利于上市公司突出主业、增强抗风险能力，有利于上市公司增强独立性、减少关联交易、避免同业竞争。

5.《北京证券交易所向不特定合格投资者公开发行股票并上市业务办理指南第1号——申报与审核》（北证公告〔2021〕26号）

【重要条款】

第二十一条　自受理之日起二十个工作日内，本所审核机构通过审核系统发出首轮审核问询，保荐机构可以在审核系统"发行上市项目管理–项目办理"模块查询，审核问询在本所网站同步披露。

第二十三条　保荐机构应当组织发行人、证券服务机构等对审核问询事项进行核查、落实，并自收到审核问询之日起二十个工作日内，通过审核系统"发行上市项目管理–项目办理"模块提交回复文件，涉及更新申请文件的，应上传至对应的文件条目内。

回复文件命名要求包含回复人简称、发行人证券简称、轮次，例如"××（发行人证券简称）及××证券关于第一轮问询的回复"、"××会所关于××（发行人证券简称）第一轮问询的回复"、"××律所关于××（发行人证券简称）的补充法律意见书（一）"。问询回复涉及对申请文件进行更新修改的，应当在问询回复中专门说明，并在申请文件中使用楷体加粗方式对修改的内容予以凸显标注。发行人、保荐机构及相关证券服务机构的问询回复将在本所网站披露。

第二十五条　发行人或保荐机构认为拟披露的回复信息属于国家秘密、商业秘密，披露后可能导致其违反国家有关保密的法律法规或者严重损害公司利益的，须提交脱密处理后的问询回复，并将信息披露豁免的申请文件上传至对应的文件条目内。本所经审核认为豁免理由不成立的，发行人应当按照规定予以披露。

6.《北京证券交易所上市公司证券发行业务办理指南第2号——向特定对象发行股票》（北证公告〔2021〕30号）

【重要条款】

3.9　上市公司或保荐机构认为拟披露的回复信息属于国家秘密、商业秘密，披露后可能导致其违反国家有关保密的法律法规或者严重损害公司利益的，须提交脱密处理后的问询回复，并将信息披露豁免的说明文件上传至对应的文件条目内。本所经审核认为豁免理由不成立的，上市公司应当按照规定予以披露。

7. 《北京证券交易所上市公司证券发行业务办理指南第 3 号——向原股东配售股份》（北证公告〔2021〕31 号）

【重要条款】

3.9 上市公司或保荐机构认为拟披露的回复信息属于国家秘密、商业秘密，披露后可能导致其违反国家有关保密的法律法规或者严重损害公司利益的，须提交脱密处理后的问询回复，并将信息披露豁免的说明文件上传至对应的文件条目内。本所经审核认为豁免理由不成立的，上市公司应当按照规定予以披露。

8. 《北京证券交易所上市公司向特定对象发行可转换公司债券业务办理指南第 1 号——发行与挂牌》（北证公告〔2021〕32 号）

【重要条款】

2.2.4 上市公司或保荐机构认为拟披露的回复信息属于国家秘密、商业秘密，披露后可能导致其违反国家有关保密的法律法规或者严重损害公司利益的，须提交脱密处理后的问询回复，并将信息披露豁免的说明文件上传至对应的文件条目内。本所经审核认为豁免理由不成立的，上市公司应当按照规定予以披露。

9. 《北京证券交易所向不特定合格投资者公开发行股票并上市业务规则适用指引第 1 号》（北证公告〔2021〕60 号）

【重要条款】

1-2 上市标准的理解与适用

发行人选择适用《上市规则》第 2.1.3 条规定的第三套标准上市的，其最近一年营业收入应主要源于前期研发成果产业化。

发行人选择适用《上市规则》第 2.1.3 条规定的第四套标准上市的，其主营业务应属于新一代信息技术、高端装备、生物医药等国家重点鼓励发展的战略性新兴产业。保荐机构应重点关注：发行人创新能力是否突出、是否具备明显的技术优势、是否已取得阶段性研发或经营成果。

发行人若尚未盈利或最近一期存在累计未弥补亏损的情形，保荐机构应重点关注：发行人是否按照《公开发行证券的公司信息披露内容与格式准则第 46 号——北京证券交易所公司招股说明书》（以下简称招股说明书准则）要求，在招股说明书"风险因素"和"其他重要事项"章节充分披露相关信息；发行人尚未盈利或最近一期存在累计未弥补亏损是偶发性因素还是经常性因素导致；发行人产品、服务或者业务的发展趋势、研发阶段以及达到盈亏平衡状态时主要经营要素需要达到的水平；发行人尚未盈利或最近一期存在累计未弥补亏损是否影响发行人持续经营能力；未盈利状态持续存在或累计未弥补亏损继续扩大是否会触发退市情形。

1-4 研发投入指标

一、研发投入认定

研发投入为企业研究开发活动形成的总支出。研发投入通常包括研发人员工资费用、直接投入费用、折旧费用与长期待摊费用、设计费用、装备调试费、无形资产摊销费用、委托外部研究开发费用、其他费用等。

本期研发投入为本期费用化的研发费用与本期资本化的开发支出之和。

二、研发相关内控要求

发行人应制定并严格执行研发相关内控制度，明确研发支出的开支范围、标准、审批程序以及研发支出资本化的起始时点、依据、内部控制流程。同时，应按照研发项目设立台账归集核算研发支出。发行人应审慎制定研发支出资本化的标准，并在报告期内保持一致。

三、中介机构核查要求

（一）保荐机构及申报会计师应对报告期内发行人的研发投入归集是否准确、相关数据来源及计算是否合规、相关信息披露是否符合招股说明书准则要求进行核查，并发表核查意见。

（二）保荐机构及申报会计师应对发行人研发相关内控制度是否健全且被有效执行进行核查，就发行人以下事项作出说明，并发表核查意见：

1. 是否建立研发项目的跟踪管理系统，有效监控、记录各研发项目的进展情况，并合理评估技术上的可行性；

2. 是否建立与研发项目相对应的人财物管理机制；

3. 是否已明确研发支出开支范围和标准，并得到有效执行；

4. 报告期内是否严格按照研发开支用途、性质据实列支研发支出，是否存在将与研发无关的费用在研发支出中核算的情形；

5. 是否建立研发支出审批程序。

（三）对于合作研发项目，保荐机构及申报会计师还应核查项目的基本情况并发表核查意见，基本情况包括项目合作背景、合作方基本情况、相关资质、合作内容、合作时间、主要权利义务、知识产权的归属、收入成本费用的分摊情况、合作方是否为关联方；若存在关联方关系，需要进一步核查合作项目的合理性、必要性、交易价格的公允性。

1-6　直接面向市场独立持续经营的能力

二、发行人存在以下情形的，保荐机构及申报会计师应重点关注是否影响发行人持续经营能力，具体包括：

（一）发行人所处行业受国家政策限制或国际贸易条件影响存在重大不利变化风险；

（二）发行人所处行业出现周期性衰退、产能过剩、市场容量骤减、增长停滞等情况；

（三）发行人所处行业准入门槛低、竞争激烈，相比竞争者发行人在技术、资金、规模效应等方面不具有明显优势；

（四）发行人所处行业上下游供求关系发生重大变化，导致原材料采购价格或产品售价出现重大不利变化；

（五）发行人因业务转型的负面影响导致营业收入、毛利率、成本费用及盈利水平出现重大不利变化，且最近一期经营业绩尚未出现明显好转趋势；

（六）发行人重要客户本身发生重大不利变化，进而对发行人业务的稳定性和持续性产生重大不利影响；

（七）发行人由于工艺过时、产品落后、技术更迭、研发失败等原因导致市场占有率持续下降、重要资产或主要生产线出现重大减值风险、主要业务停滞或萎缩；

（八）发行人多项业务数据和财务指标呈现恶化趋势，短期内没有好转迹象；

（九）对发行人业务经营或收入实现有重大影响的商标、专利、专有技术以及特许经营权等重要资产或技术存在重大纠纷或诉讼，已经或者未来将对发行人财务状况或经营成果产生重大影响；

（十）其他明显影响或丧失持续经营能力的情形。

保荐机构及申报会计师应详细分析和评估上述情形的具体表现、影响程度和预期结果，综合判断是否对发行人持续经营能力构成重大不利影响，审慎发表明确核查意见，并督促发行人充分披露可能存在的持续经营风险。

1-8　业务、资产和股份权属

关于发行人的业务、资产和股份权属等事项，保荐机构、发行人律师及申报会计师应重点关注发行人报告期内的业务变化、主要股东所持股份变化以及主要资产和核心技术的权属情况，核查发行人是否符合以下要求并发表明确意见：

（一）发行人的主营业务、主要产品或服务、用途及其商业模式明确、具体，发行人经营一种或多种业务的，每种业务应具有相应的关键资源要素，该要素组成应具有投入、处理和产出能力，能够与合同、收入或成本费用等相匹配。

（二）对发行人主要业务有重大影响的土地使用权、房屋所有权、生产设备、专利、商标和著作权等不存在对发行人持续经营能力构成重大不利影响的权属纠纷。

（三）发行人控股股东和受控股股东、实际控制人支配的股东所持有的发行人股份不存在重大权属纠纷。

1-9　行业相关要求

发行人应当结合行业特点、经营特点、产品用途、业务模式、市场竞争力、技术创新或模式创新、研发投入与科技成果转化等情况，在招股说明书中充分披露发行人自身的创新特征。保荐机构应当对发行人的创新发展能力进行充分核查，在发行保荐书中说明核查过程、依据和结论意见。

发行人属于金融业、房地产业企业的，不支持其申报在本所发行上市。

发行人生产经营应当符合国家产业政策。发行人不得属于产能过剩行业（产能过剩行业的认定以国务院主管部门的规定为准）、《产业结构调整指导目录》中规定的淘汰类行业，以及从事学前教育、学科类培训等业务的企业。

1－27 重大事项报告

发行人及中介机构应当按照本所发行上市审核相关规定，对下列重大事项进行报告、核查并发表明确意见：

（一）发行人及其实际控制人、控股股东等发生重大媒体质疑、涉及重大违法行为的突发事件或被列入失信被执行人名单；

（二）发生涉及公司主要资产、核心技术等诉讼仲裁，或者公司主要资产被查封、扣押等；

（三）发行人控股股东和受控股股东、实际控制人支配的股东所持发行人股份被质押、冻结、拍卖、托管、设定信托或者被依法限制表决权，或发生其他可能导致控制权变更的权属纠纷；

（四）发行人发生重大资产置换、债务重组等公司架构变化的情形；

（五）发生影响公司经营的法律、政策、市场等方面的重大变化；

（六）发生违规对外担保、资金占用或其他权益被控股股东、实际控制人严重损害的情形，或者损害投资者合法权益和社会公共利益的其他情形；

（七）披露审计报告、重大事项临时公告或者调整盈利预测；

（八）发生可能导致中止或终止审核的情形；

（九）存在其他可能影响发行人符合发行条件、上市条件和相应信息披露要求，或者影响投资者判断的重大事项。

1－30 国家秘密、商业秘密

发行人有充分依据证明拟披露的某些信息涉及国家秘密、商业秘密的，发行人及其保荐机构、证券服务机构应当在提交发行上市申请文件或问询回复时，一并提交关于信息披露豁免的申请文件（以下简称豁免申请）。

一、豁免申请的内容

发行人应在豁免申请中逐项说明需要豁免披露的信息，认定国家秘密或商业秘密的依据和理由，并说明相关信息披露文件是否符合招股说明书准则及相关规定要求，豁免披露后的信息是否对投资者决策判断构成重大障碍。

三、涉及商业秘密的要求

发行人因涉及商业秘密提交豁免申请的，应当符合以下要求：

（一）发行人应当建立相应的内部管理制度，并明确相关内部审核程序，审慎认定豁免披露事项；

（二）发行人的董事长应当在豁免申请中签字确认；

（三）豁免披露的信息应当尚未泄露。

10.《北京证券交易所上市公司持续监管指引第 2 号——季度报告》（北证公告〔2021〕35 号）

【重要条款】

第五条 由于国家秘密、商业秘密等特殊原因导致本指引规定的某些信息确实不便披露的，公司可以不予披露，但应当在相关部分详细说明未按本指引要求进行披露的原因。中国证监会、本所认为需要披露的，公司应当披露。公司在编制和披露季度报告时应当严格遵守国家有关保密的法律法规，不得泄露国家保密信息。

第五章　企业上市中的知识产权调研

第一节　上市后备企业知识产权分布现状

本节通过对部分企业上市过程中披露的知识产权数据（包括但不限于知识产权客体分布情况、权属状态、取得方式等）进行分析总结，以了解其知识产权分布状况，为上市后备企业知识产权的培育与保护提供相应指引和启发，如表 5 – 1 所示。

表 5 – 1　部分企业上市过程中披露的知识产权数据情况

序号	企业名称	知识产权分布	板块
1	上海拓璞数控科技股份有限公司（以下简称"上海拓璞公司"）	该公司拥有 58 项专利，其中 21 项为共有；拥有软件著作权 63 项，其中 4 项为共有，部分共有知识产权涉及公司核心技术	科创板
2	深圳宜搜天下科技股份有限公司（以下简称"宜搜科技公司"）	该公司拥有 19 项发明专利、163 项软件著作权和 20 余项非专利核心技术	科创板
3	恒安嘉新（北京）科技股份公司（以下简称"恒安嘉新公司"）	该公司拥有 43 项注册商标，申请发明专利 46 项，其中 6 项已取得专利权（含 1 项美国专利），拥有 58 项软件著作权和 2 项作品著作权。6 项授权专利的申请日期主要集中在 2010～2012 年。2 项软件著作权为江苏基础电信企业 KPI 考核系统（以下简称"KPI 考核系统"）和黑客案件线索发布与处置系统 V1.0，分别与江苏通信管理局、国家计算机病毒应急处理中心共同所有	科创板
4	虹软科技股份有限公司（以下简称"虹软公司"）	该公司拥有 93 项软件著作权，申请发明专利 8 项（其中 5 项已进入实质审核阶段），不存在将通用技术认定为核心技术的情形	科创板

序号	企业名称	知识产权分布	板块
5	北京国科环宇科技股份有限公司（以下简称"国科环宇公司"）	该公司及其子公司拥有 8 项注册商标、53 项专利、18 项软件著作权。其中，实用新型专利"空间站科学实验柜的模拟数据进行控制的装置"的专利权人为该公司与中国科学院空间应用工程与技术中心共有	科创板
6	华夏天信智能物联股份有限公司（以下简称"华夏天信公司"）	该公司及其子公司拥有 98 项软件著作权、70 项专利，其中发明专利 7 项、实用新型专利 58 项、外观设计专利 5 项。此外，该公司尚有 57 项专利和 6 项软件著作权已获得受理	科创板
7	中联云港数据科技股份有限公司（以下简称"中联云港公司"）	该公司核心技术为互联网数据中心（IDC）网络安全系统、IDC 一体化运维管理平台等，拥有 92 项软件著作权，无发明专利	科创板
8	博拉网络公司	该公司拥有 3 项自主研发的高新技术产品，89 项软件著作权；拥有和正在申请的大数据及相关发明专利 47 项	科创板
9	江西金达莱公司	截至 2018 年 12 月 31 日，该公司拥有 89 项专利，其中与核心技术对应的专利数量合计 77 项，均为该公司或其原母公司深圳金达莱环保股份有限公司原始取得。其中，原始取得 41 项专利，占比为 53.25%；受让原母公司 36 项专利，占比为 46.75%。该公司存在受让取得的专利情况，专利的转让方为其原母公司深圳金达莱环保股份有限公司，受让人为江西金达莱公司、江苏金达莱环保科技有限公司或者新余金达莱环保有限公司，上述转让均为无偿转让	科创板
10	湖南星邦智能装备股份有限公司（以下简称"星邦公司"）	该公司所属行业为技术密集型行业。截至 2020 年 5 月 31 日，其拥有 142 项专利，其中，国内发明专利 19 项，国外专利 2 项	创业板
11	锦州捷通铁路机械股份有限公司	该公司招股说明书共列示 16 项核心技术，其中 3 项未申请专利，其他专利正在申请中	创业板

序号	企业名称	知识产权分布	板块
12	深圳国人科技股份有限公司（以下简称"深圳国人公司"）	该公司拥有 29 项发明专利，其中，19 项专利来自深圳国人通信有限公司、深圳国人无线通信有限公司的无偿转让，其中前者 15 项、后者 4 项。截至招股说明书签署日，该公司正在从事的研发项目有 21 个	创业板
13	创智和宇信息技术股份有限公司	该公司拥有 139 项软件著作权，"创智和宇城乡统筹管理系统 V1.0" 等 13 项软件著作权为受让取得，"基于健康档案的区域卫生信息平台 V1.0" 等 3 项软件著作权尚未发表	创业板
14	浙江华剑智能装备股份有限公司	招股说明书披露，该公司拥有的 3 项国内专利、1 项国外专利的取得方式为受让取得	创业板
15	深圳市集美新材料股份有限公司（以下简称"深圳集美公司"）	该公司拥有 3 项发明专利、14 项实用新型专利、1 项外观设计专利、12 项软件著作权	创业板
16	浙江荣亿精密机械股份有限公司	该公司拥有 10 项发明专利，其中 9 项为 2013～2016 年取得，后续仅于 2019 年申请 1 项	北交所
17	江苏威博液压股份有限公司	该公司拥有 12 项发明专利	北交所
18	无锡吉冈精密科技股份有限公司	该公司拥有 2 项发明专利、83 项实用新型专利	新三板
19	山东汉鑫科技股份有限公司	该公司拥有 17 项专利、60 项软件著作权，拥有 30 项核心技术	新三板
20	北京恒合信业技术股份有限公司	该公司拥有 6 项实用新型专利，有 6 项发明专利正在申请中	新三板
21	同辉佳视（北京）信息技术股份有限公司	该公司拥有 140 余项专利与软件著作权，研发项目投入共计 1565 万元，报告期研发费用分别为 2052.74 万元、2353.98 万元、2525.50 万元	新三板
22	易景环境科技（天津）股份有限公司	截至 2021 年 2 月 28 日，该公司拥有 20 项专利、19 项实用新型专利、1 项外观设计专利	新三板

第二节　企业上市中的知识产权纠纷现状

截至 2022 年 5 月 26 日，通过中国裁判文书网、阿尔法（Alpha）、威科先行（Wolters Kluwer）等公开途径检索部分企业上市过程中及上市后的知识产权纠纷情况并进行统计，如表 5−2、表 5−3 和表 5−4 所示。

表 5−2　科创板部分企业上市的知识产权纠纷情况

序号	企业名称	知识产权合同纠纷	知识产权权属纠纷	知识产权侵权纠纷
1	苏州敏芯微电子技术股份有限公司（以下简称"敏芯微电子公司"）	—	14 件专利权权属纠纷	6 件专利权侵权纠纷
2	宜搜天下公司	3 件著作权合同纠纷	1 件著作权权属纠纷	1386 件著作权侵权纠纷
3	光峰公司	—	—	38 件专利权侵权纠纷
4	上海拓璞公司	—	—	1 件专利权侵权纠纷
5	贵州白山云科技股份有限公司（以下简称"白云山公司"）	1 件技术合同纠纷	—	2 件商标权侵权纠纷、4 件专利权侵权纠纷
6	成都纵横自动化技术股份有限公司（以下简称"成都纵横公司"）	—	—	3 件专利权侵权纠纷
7	北京木瓜移动科技股份有限公司	—	—	1 件著作权侵权纠纷
8	北京海天瑞声科技股份有限公司（以下简称"海天瑞声公司"）	1 件著作权合同纠纷	—	—
9	广州佛朗斯股份有限公司	—	—	1 件著作权侵权纠纷
10	虹软公司	—	—	1 件商标权侵权纠纷
11	中联云港公司	1 件技术合同纠纷	—	—

表 5 – 3   北交所部分企业上市的知识产权纠纷情况

序号	企业名称	知识产权合同纠纷	知识产权权属纠纷	知识产权侵权纠纷
1	南京沪江复合材料股份有限公司（以下简称"南京沪江公司"）	1 件著作权合同纠纷	—	—
2	中设工程咨询（重庆）股份有限公司	—	—	2 件著作权侵权纠纷

表 5 – 4   创业板部分企业上市的知识产权纠纷情况

序号	企业名称	知识产权合同纠纷	知识产权权属纠纷	知识产权侵权纠纷
1	广东咏声动漫股份有限公司（以下简称"咏声动漫公司"）	10 件著作权合同纠纷	279 件著作权侵权纠纷、45 件商标权侵权纠纷	2177 件著作权侵权纠纷、521 件商标权侵权纠纷、1 件专利权侵权纠纷
2	浙江华剑智能装备有限公司	—	—	1 件专利权侵权纠纷
3	广州佛朗斯股份有限公司	—	—	1 件著作权侵权纠纷
4	深圳市乾德电子股份有限公司（以下简称"深圳乾德公司"）	—	—	2 件专利权侵权纠纷
5	上海欣巴自动化科技股份有限公司	—	—	1 件专利权侵权纠纷

第三节   上市后备企业知识产权管理现状

一、科创板知识产权管理重点事项

（一）核心技术

科创板部分上市后备企业被问询的核心技术如表 5 – 5 所示。

表5-5　科创板部分上市后备企业被问询的核心技术

序号	企业名称	被问询的核心技术问题
1	江西金达莱公司	① 是否具备自主创新能力、持续创新能力； ② 是否存在快速迭代风险； ③ 权属是否清晰、权能是否完整； ④ 核心技术对该公司持续经营是否存在不利影响
2	广州佛朗斯股份有限公司	核心技术是否具有先进性，是否属于通用技术，是否存在快速迭代的风险
3	博拉网络公司	① 是否能够保持相关的技术独特性及创新性； ② 是否存在其他权利、提前终止等异常情况； ③ 结合相关专利所处状态，具体分析发行人是否拥有关键核心技术，是否依靠核心技术开展生产经营； ④ 核心技术对第三方是否存在依赖，是否存在诉讼、纠纷或其他引致权利不确定性的情况
4	上海赛伦生物技术股份有限公司（以下简称"上海赛伦公司"）	① 专利来源及权属是否存在瑕疵； ② 是否拥有完整的知识产权和所有权，是否能独家使用，是否存在使用期限，对应的主要产品是否在可预见的未来存在市场竞争力
5	中联云港公司	① 请使用易于理解的语言及数据充分分析核心技术的先进性； ② 充分分析公司核心技术是否具有先进性，是否属于通用技术，是否存在快速迭代的风险，是否存在相关知识产权的权属纠纷或诉讼
6	华夏天信公司	① 列表披露发行人在不同生产环节所使用的关键的核心技术及技术先进性； ② 说明发行人核心技术的优势、劣势和技术壁垒，是否已经出现被替代或者淘汰的迹象； ③ 结合上述情况，说明发行人是否具备自主研发能力，是否存在对他人的重大技术依赖
7	国科环宇公司	该公司知识产权、研发人员来源，对关联方是否存在技术、研发等方面的依赖
8	海天瑞声公司	如何保证发行人对目标客户的议价能力，发行人的核心技术是否存在被快速迭代的风险
9	虹软公司	① 对于该公司特有技术，详细披露其核心技术的独特性、创新性、突破点； ② 补充披露发行人主要产品是否存在技术落后、技术迭代不及时等原因导致市场占有率大幅下降的风险

续表

序号	企业名称	被问询的核心技术问题
10	苏州新锐合金工具股份有限公司	① 是否属于核心专利，专利权属是否存在纠纷或潜在纠纷； ② 发行人技术研发是否存在对外依赖
11	和舰芯片制造（苏州）股份有限公司（以下简称"和舰芯片公司"）	① 知识产权的归属是否存在纠纷或潜在纠纷； ② 是否足够先进或者已经快速迭代； ③ 发行人主要生产经营是否对授权技术存在重大依赖； ④ 如不能获得授权或者授权费用大幅上升，是否会对发行人持续经营能力造成重大不利影响
12	恒安嘉新公司	① 核心技术是否权属清晰，是否国内或国际领先，是否成熟或者存在快速迭代的风险； ② 是否存在他方许可其使用专利或非专利技术的情形，核心技术是否存在对他方的重大依赖； ③ 现有研发体系是否具备持续创新能力或技术持续创新的机制，是否具备持续创新能力； ④ 若是特有技术，详细披露公司核心技术的独特性和突破点

（二）知识产权诉讼

1. 深圳汉弘数字印刷集团股份有限公司上市问询与回复（摘录）

关于该公司知识产权诉讼的内容如下。❶

根据首轮问询回复，深圳市润天智数字设备股份有限公司（以下简称"润天智公司"）以侵犯商业秘密罪起诉赵某发、李某刚，该案件的二审程序正在进行中，尚未收到二审开庭通知；发行人不会对赵某发、李某刚或任意一名技术研发人员存在重大依赖，上述诉讼不会对发行人核心技术、技术研发及生产经营带来重大不利影响。

请发行人披露：①润天智公司起诉赵某发、李某刚案件的主要事实情况，是否涉及发行人的核心技术、其他技术及主营业务产品，如是，涉及的产品销量、销售收入、核心技术产品收入等情况，发行人是否存在侵犯第三方权利的情形；②诉讼的最新进展情况，赵某发、李某刚是否存在败诉的风险，若二人败诉，预计对发行人核心技术、研发、生产经营、财务状况等所产生的不利影响；③发行人及其上市公司董事、监事和高级管理人员（以下简称"董监高"）、核心技术人员等是否存在

❶ 民生证券股份有限公司. 关于深圳汉弘数字印刷集团股份有限公司首次公开发行股票并在科创板上市申请文件第二轮审核问询函的回复 [EB/OL]. (2020-07-30) [2022-11-09]. http：//static.sse.com.cn/stock/information/c/202007/3b22dd1131024a18a901721b39f2e88d.pdf.

其他诉讼纠纷或潜在纠纷。

2. 白山云公司上市问询与回复（摘录）

关于该公司知识产权诉讼的内容如下。❶

请发行人：①披露是否存在与主要资产、核心技术、商标等相关的重大诉讼事项，相关诉讼的基本情况，包括当事人、法院受理时间、发行人收到诉状时间、诉讼请求、事实与理由、目前的进展及对发行人的具体影响，是否会影响持续经营；②相关诉讼是否及时披露，如未及时披露，是否涉及重大信息披露违规。

关于该公司诉讼事项详见《8-1 发行人及保荐机构第三轮回复意见（2019 年半年报财务数据更新版）》的内容如下。❷

根据问询回复：①发行人竞争对手网宿科技股份有限公司（以下简称"网宿科技公司"）于 2019 年 5 月 30 日以涉嫌侵犯其 ZL201310147926.9 和 ZL201310349444.1 两项专利权为由，以发行人为被告向江苏省南京市中级人民法院提起 2 项诉讼，请求法院判令停止在云分发产品及服务中使用前述 2 项涉诉专利，并赔偿网宿科技经济损失合计 15000 万元、维权费用合计约 123 万元，同时承担全部诉讼费用；②2019 年 7 月 2 日，发行人向国家知识产权局专利局复审和无效审理部提出对上述专利权的无效宣告请求；③2019 年 8 月 15 日，发行人以侵犯其专利权为由，以网宿科技公司、网宿科技北京分公司为被告向贵州省贵阳市中级人民法院提起 2 项诉讼，请求法院判令被告赔偿经济损失合计 16000 万元，同时承担相关的维权费用；④截至招股说明书签署日，上述专利诉讼仍在审理过程中，案件审理结果存在一定的不确定性；⑤发行人负责云分发业务的核心技术人员王某和李某均是网宿科技公司离职员工。

请发行人披露：①上述诉讼案件及发行人提出专利权无效宣告请求目前的进展情况，后续开庭或者审理的时间节点；②发行人报告期内的业务开展过程中使用上述涉诉专利的具体情况，包括使用上述涉诉专利的客户名称、收入及毛利润、占比，发行人提供服务过程中采取的相关技术路线是由客户指定还是由发行人自主选择，客户选择上述涉诉专利的技术路线的数量及占比，如果发行人无法继续使用上述涉诉专利的技术路线，是否会导致相关的客户流失，量化分析对发行人的具体影响；③结合上述涉诉专利在内容分发网络（CDN）业务中的具体作用，进一步论证其不属于 CDN 业务的核心技术、重要技术或不可或缺的技术的具体依据，发行人的相关替代技术及其能否取得同样的服务效果；④上述诉讼案件是否已采取相关诉讼保全

---

❶ 中天国富证券有限公司. 关于贵州白山云科技股份有限公司首次公开发行股票并在科创板上市申请文件的第二轮审核问询函之回复 [EB/OL]. (2019-09-29) [2022-11-09]. http://static. sse. com. cn/stock/information/c/201909/121cbc800a174bd2a544b7119d9a0514. pdf.

❷ 中天国富证券有限公司. 8-1 关于贵州白山云科技股份有限公司首次公开发行股票并在科创板上市申请文件的第三轮审核问询函之回复 [EB/OL]. (2020-05-12) [2022-11-09]. http://static. sse. com. cn/stock/information/c/202005/16b9ccbf495340bfb8ef6407eefc2ed3. pdf.

措施及对发行人的影响，发行人是否仍在使用上述涉诉专利，是否会持续扩大"因侵权所获得的利益"，从而导致赔偿金额增加，上海通势丰投资合伙企业（有限合伙）和霍某是否具有相应的能力就上述案件可能带来的侵权赔偿或诉讼费用向发行人予以全额补偿；⑤结合发行人负责云分发业务的核心技术人员王某和李某均是网宿科技公司离职员工的情形，进一步论证相关核心技术的形成过程及其合规性，是否属涉及原单位的职务发明，是否存在违反相关保密协议或者竞业禁止协议的情形；⑥结合上述情形，进一步论证上述诉讼事项对发行人持续经营的影响，是否符合《科创板首次公开发行股票注册管理办法（试行）》第十二条第（三）项的规定。

3. 上海拓璞公司上市问询与回复（摘录）

关于该公司知识产权诉讼的内容如下。❶

根据首轮问询回复，2019 年 12 月，迪菲厄工业公司（Dufieux SAS）（以下简称"迪菲厄公司"）以发行人侵犯其专利权为由，向上海知识产权法院提起诉讼。2020 年 9 月 2 日，上海拓璞公司收到上海知识产权法院民事裁定书〔（2019）沪 73 知民初 843 号之一〕驳回原告迪菲厄公司的起诉。迪菲厄公司在裁定书送达之日起 30 日内可就裁定提起上诉。2020 年 8 月 5 日，国家知识产权局专利局复审和无效审理部发布无效宣告请求审查决定书，依据《专利法》第二十二条第三款，迪菲厄公司的专利 ZL200480038387.4 被宣告专利权全部无效。根据《专利法》第四十六条第二款的规定，迪菲厄公司可在收到无效宣告请求审查决定书之日起三个月内向北京知识产权法院就专利无效的决定提起行政诉讼，上海拓璞公司将作为第三人参加诉讼。涉诉产品占截至 2020 年 7 月末在手订单比重为 35.24%。若相关专利诉讼败诉，将对上海拓璞公司生产经营产生重大不利影响。

请发行人说明：①相关诉讼的最新情况；②迪菲厄公司是否向北京知识产权法院就专利无效的决定提起行政诉讼，若迪菲厄公司胜诉对发行人生产经营的影响。

4. 敏芯微电子公司上市问询与回复（摘录）

关于该公司知识产权诉讼的内容如下。❷

2019 年 11 月 18 日，歌尔股份有限公司（以下简称"歌尔公司"）再次向北京知识产权法院提起诉讼，主张发行人及百度网讯科技有限公司侵害其发明专利 ZL201410525743.0，具体诉讼请求包括：①主张发行人与百度网讯科技有限公司立即停止侵害歌尔公司专利权的行为，包括停止制造、销售和许诺销售被控侵权产品，销毁被控侵权产品，以及销毁专用于制造被控侵权产品的零部件、工具、模具、设

---

❶ 招商证券股份有限公司. 关于上海拓璞数控科技股份有限公司首次公开发行股票并在科创板上市申请文件的第二轮审核问询函的回复〔EB/OL〕. （2020 - 11 - 19）〔2022 - 11 - 09〕. http：//static. sse. com. cn/stock/information/c/202011/f7463a5f2e2943f4980c85d2cce5db24. pdf.

❷ 国泰君安证券股份有限公司. 关于苏州敏芯微电子技术股份有限公司首次公开发行股票并在科创板上市申请文件第二轮审核问询函的回复〔EB/OL〕. （2020 - 03 - 20）〔2022 - 11 - 09〕. http：//static. sse. com. cn/stock/information/c/202003/4386453559ea44fb819869d6e84bc8a9. pdf.

备；②主张发行人赔偿 3000 万元；③主张发行人承担该案诉讼费和歌尔公司为制止侵权行为支出的合理费用。截至该招股说明书签署日，案件尚未开庭审理。

2019 年 11 月 25 日，北京歌尔泰克科技有限公司（以下简称"歌尔泰克公司"）向江苏省苏州市中级人民法院提起诉讼，将发行人及其股东李某、胡某、梅某欣列为被告，主张确认发行人的发明专利 ZL200710038554.0 为梅某欣的职务发明，主张该专利的专利权归属于歌尔泰克公司。截至该招股说明书签署日，案件尚未开庭审理。

请发行人补充披露相关未决诉讼案件的进展情况。

请发行人说明：①涉诉专利的主要内容，涉及的核心技术点或工艺方案，该专利所对应的产品、报告期内的销量、销售收入与毛利润、相关产品存货各期末结存数量、账面余额和存货跌价准备；②发行人是否构成专利侵权，并充分说明依据；③预计该案件的不利诉讼结果对发行人核心技术、在研技术、产品销售、存货以及财务状况所造成的不利影响。

5. 光峰公司上市问询与回复（摘录）

关于该公司知识产权纠纷的内容如下。❶

根据问询回复，发行人的核心专利"采用具有波长转换材料的移动模板的多色照明装置"（专利号为 ZL200880107739.5）及"基于荧光粉提高光转换效率的光源结构"（专利号为 ZL200810065225.X）存在被申请宣告无效的情形。请发行人披露如果上述专利技术被宣告无效后，相关竞争对手使用该等技术对发行人的具体影响，经营环境是否会发生重大变化，进而影响发行人持续经营，相关风险揭示是否充分。

6. 桂林智神信息技术股份有限公司上市问询与回复（摘录）

关于该公司知识产权诉讼的内容如下。❷

根据招股说明书披露，2018 年深圳市大疆灵眸科技有限公司（原告）因不服国家知识产权局专利复审委员会（被告）对其专利号为 ZL201630508592.8 和 ZL201430207007.1 的专利作出的无效宣告决定，分别向北京知识产权法院提起两起诉讼，请求撤销无效宣告决定，其作为第三人参与诉讼。2019 年北京知识产权法院作出一审判决，判决驳回原告诉讼请求。该案件正处于二审审理过程中。请发行人披露：①上述案件的事实情况以及最新进展情况，包括但不限于原告的诉讼请求、依据和一审法院判决的主要内容；②发行人作为第三人参与诉讼的主要原因；③是否存在因诉讼结果对发行人的生产经营产生重大不利影响的风险；④除了上述诉讼，发行人及其子公

---

❶ 华泰联合证券有限责任公司. 关于《关于深圳光峰科技股份有限公司首次公开发行股票并在科创板上市申请文件的第二轮审核问询函》的回复 [EB/OL]. (2019-05-20) [2022-11-09]. http://static.sse.com.cn/stock/information/c/201905/098a98ea82494a09a6e3a5fb008dac05.pdf.

❷ 安信证券股份有限公司. 关于桂林智神信息技术股份有限公司首次公开发行股票并在科创板上市申请文件的审核问询函之回复 [EB/OL]. (2020-08-11) [2022-11-09]. http://static.sse.com.cn/stock/information/c/202008/1e094ec54b1f459e8e6a8509a6971842.pdf.

司是否涉及其他诉讼（包括但不限于专利诉讼）。请保荐机构对上述诉讼可能对发行人产生的影响作敏感性分析，并对上述事项进行核查并发表意见。

7. 宜搜天下公司上市问询与回复（摘录）

关于该公司知识产权纠纷及其他事项的内容如下。❶

根据招股说明书，该公司及其子公司作为被告尚未了结的诉讼案件共 6 宗，涉案金额累计为 505.75 万元。审计报告显示发行人与前五大供应商上海阅文信息技术有限公司曾发生争议纠纷。发行人曾被国家税务总局深圳市税务局第二稽查局罚款 5000 元，深圳市福田区税务局出具了税局违法记录证明，证明发行人报告期不存在重大税务违法记录。请发行人说明：①上述诉讼是否会对生产经营产生重大影响及发行人内控制度的有效性；②发行人与上海阅文信息技术有限公司诉讼的具体情况，包括但不限于时间、案由、诉讼金额、主要案件事实等，诉讼是否影响双方合作的稳定性、量化分析上海阅文信息技术有限公司对发行人获取业务、流量发挥的作用；③发行人报告期各期作为原告、被告的诉讼数量、案由、审理法院层级、涉诉标的金额、是否涉及知识产权、涉及的具体产品或服务；④发行人防范侵权风险的内控措施及制度安排；⑤发行人是否存在未披露的未决诉讼、仲裁情况，以及未决诉讼的进展情况并充分揭示风险；⑥发行人、控股股东、实际控制人、董监高、员工是否存在其他曾因发行人业务而被公安机关立案侦查或采取强制措施的情况，如有，是否符合发行条件；⑦说明报告期内"营业外支出"的具体内容，是否涉及行政处罚，如有，是否属于重大违法行为；营业外支出涉及的各项诉讼和解的背景、和解协议书的主要内容及其法律效力、诉讼和解协议的后续执行情况；⑧深圳市福田区税务局与国家税务总局深圳市税务局第二稽查局的关系，其是否有权出具相关证明。

8. 江苏微导纳米科技股份有限公司上市问询与回复（摘录）

关于该公司知识产权诉讼的内容如下。❷

根据首轮问询回复，2019 年 5 月 9 日，日本 NCD 株式会社以该公司生产销售的"Al_2O_3 原子层沉积设备——夸父系列原子层沉积镀膜系统"落入其发明专利 ZL201110434373.6 "用于薄膜沉积的方法和系统"的保护范围为由向江苏省苏州市中级人民法院提起诉讼。2020 年 5 月 6 日，法院一审驳回了日本 NCD 株式会社的诉讼请求。日本 NCD 株式会社提出上诉，最高人民法院于 2020 年 8 月 3 日通知发行人应诉并告知举证期限。发行人的涉诉产品型号为 KF5500D，其原子层沉积设备仅在 2019 年存在销售，当年销售收入占比 11.88%，且该型号产品自 2020 年起不再销售，

❶ 东莞证券股份有限公司. 关于深圳宜搜天下科技股份有限公司首次公开发行股票并在科创板上市申请文件的审核问询函之回复 [EB/OL]. (2020 – 03 – 17) [2022 – 11 – 09]. http：//static. sse. com. cn/stock/information/c/202003/3a21d9d02cdc480d99cc410fae10695d. pdf.

❷ 中信证券股份有限公司. 关于江苏微导纳米科技股份有限公司首次公开发行股票并在科创板上市申请文件的第二轮审核问询函的回复 [EB/OL]. (2020 – 10 – 28) [2022 – 11 – 09]. http：//static. sse. com. cn/stock/information/c/202010/df65ff5a90474d93b57f9c40d7f4f95c. pdf.

并非发行人主要产品、生产经营的关键性资产。请发行人说明：①日本 NCD 株式会社诉该公司案件审理的进展情况；②KF5500D 型号产品 2020 年起不再销售的原因，是否受相关诉讼影响；③KF5500D 型号产品使用的核心技术及发明专利，同样使用前述核心技术及发明专利的产品及其对应实现的销售收入与占比，相关产品是否存在专利侵权被诉等法律风险，结合发行人核心技术的技术特征，说明其核心技术是否落入涉诉专利的保护范围，是否存在涉诉范围扩大的风险，对发行人持续经营的影响，并作必要的风险提示。请发行人披露：涉诉产品对应的销售收入及其占比，是否为发行人主要产品，涉诉专利是否涉及发行人核心技术、生产经营的关键性资产，若败诉可能导致的具体赔偿金额，量化测算并分析上述诉讼事项对发行人持续经营及财务的影响，是否存在涉诉范围扩大的风险，是否对发行人构成重大不利影响。

9. 成都纵横公司上市问询与回复（摘录）

关于该公司知识产权诉讼的内容如下。❶

根据问询回复，发行人分别于 2020 年 6 月 17 日和 6 月 18 日收到相关诉讼资料，河北雄安远度科技有限公司（以下简称"雄安远度"公司）起诉发行人产品侵犯其 5 项专利，请求法院判令其产品大鹏无人机及该公司立即停止制造、销售、许诺销售侵害原告涉案发明专利权的产品，并立即销毁库存被诉侵权产品及专用模具，支付涉案专利临时保护期使用费及维权合理开支合计 2000 万元。发行人认为该次诉讼涉案产品为公司 CW－10D 无人机系统产品。

请发行人披露：①上述案件的最新进展情况；②发行人涉诉技术的研发过程，包括研发时间、参与人员、技术保护措施等，是否为原始创新或集成了行业通用技术或其他竞争对手的技术，进行二次创新，请结合发行人 CW－10D 无人机系统产品及其他可能涉及涉诉专利技术产品的技术方案与涉诉专利的权利要求进行一一比对分析，是否存在侵犯雄安远度公司或第三方知识产权的情形，发行人认为该次诉讼涉案产品为公司 CW－10D 无人机系统产品的依据；③发行人报告期内生产、销售的产品中涉及使用上述涉诉专利的具体情况，包括可能使用上述涉诉专利的产品名称、客户名称、收入及毛利润、占比，相关产品目前的库存情况及专用模具情况；④上述诉讼案件中的原告是否已采取相关诉讼保全措施及对发行人的影响，发行人目前是否仍在使用上述涉诉专利，是否会持续扩大"因侵权所获得利益"，从而导致赔偿金额增加；⑤结合原告的诉讼请求及发行人实际情况，测算该次诉讼纠纷可能给发行人带来的赔偿金额，进一步论述不利诉讼后果对发行人核心技术、在研技术、产品销售、存货、经营成果、业绩以及财务状况可能造成的不利影响；⑥结合上述情

---

❶ 国泰君安证券股份有限公司. 关于成都纵横自动化技术股份有限公司首次公开发行股票并在科创板上市申请文件第二轮审核问询函的回复［EB/OL］.（2020－08－06）［2022－11－09］. http：//static. sse. com. cn/stock/information/c/202008/c6e6dc5cf4974d0c8c5c42a2a72d7e76. pdf.

形进一步论证上述诉讼事项对发行人持续经营的影响，发行人是否符合《科创板首次公开发行股票注册管理办法（试行）》第十二条第（三）项的规定。

10. 科美诊断技术股份有限公司上市问询与回复（摘录）

关于该公司知识产权纠纷的内容如下。❶

成都爱兴生物科技有限公司与发行人存在诉讼、仲裁事项。成都爱兴生物科技有限公司认为发行人及博阳生物科技（上海）有限公司某项专利的说明书附图侵犯了北京贝泰科技有限公司、成都爱兴生物科技有限公司的著作权，认为发行人的某项外观设计专利的图片和图形界面侵犯了成都爱兴生物科技有限公司的著作权。

（三）核心技术人员

科创板部分上市后备企业被问询的核心技术人员问题如表5-6所示。

表5-6　科创板部分上市后备企业被问询的核心技术人员问题

序号	企业名称	被问询的核心技术人员问题
1	上海赛伦公司	是否存在违反竞业禁止义务或违反保密协议的情形
2	中联云港公司	① 发行人是否将项目主导人员认定为核心技术人员； ② 发行人与各院校合作模式、研究成果及知识产权的分配安排； ③ 是否曾受让、使用或以其他方式受益于来源于高校技术、人员、设备或其他支持
3	海天瑞声公司	① 报告期内核心技术人员的变动是否符合《科创板首次公开发行股票注册管理办法（试行）》关于发行人核心技术人员稳定、最近2年内核心技术人员均没有发生重大不利变化的规定； ② 发行人的核心技术人员是否存在流失风险，是否对发行人的经营稳定性产生影响
4	虹软公司	① 披露报告期内核心技术人员的变化情况，最近2年内是否发生重大不利变化； ② 是否存在人员大幅波动、人员流失率较高的情况，若存在，是否对公司核心技术泄密、产品质量控制以及经营稳定性造成重大不利影响
5	和舰芯片公司	最近2年内发行人的核心技术人员是否发生重大不利变化，发行人维持研发人员尤其是核心技术人员稳定的措施及其有效性

---

❶ 中信证券股份有限公司. 关于科美诊断技术股份有限公司首次公开发行股票并在科创板上市申请文件审核问询函之回复报告［EB/OL］.（2020-08-04）［2022-11-09］. http：//static. sse. com. cn/stock/information/c/202008/b40b8f2204f0430fa3beead6a26e8a45. pdf.

序号	企业名称	被问询的核心技术人员问题
6	恒安嘉新公司	披露报告期内核心技术人员的变化情况，最近2年内是否发生重大不利变化
7	上海依图网络科技有限公司（以下简称"依图公司"）	① 最近两年内董事、核心技术人员是否发生重大不利变化； ② 发行人高级管理人员、核心技术人员是否存在违反原任职单位关于竞业禁止、保密协议约定情形，发行人核心技术、产品的研发是否涉及其原任职单位的技术成果，是否存在纠纷或潜在纠纷
8	瑞能半导体科技股份有限公司（以下简称"瑞能公司"）	① 核心技术人员与恩智浦半导体公司（以下简称"恩智浦公司"）是否存在竞业禁止、商业秘密等方面的约定，是否存在纠纷或潜在纠纷，以及核心技术与知识产权与恩智浦公司是否存在纠纷或潜在纠纷； ② 沈某加入公司即成为核心技术人员的原因，与原任职单位是否存在纠纷或潜在纠纷

二、创业板知识产权管理重点事项

创业板部分上市后备企业被问询内容及关注内容如表5-7所示。

表5-7 创业板部分上市后备企业被问询内容及关注内容

序号	企业名称	问询内容	关注内容
1	合肥东方节能科技股份有限公司	① 现有研发体系是否具备持续创新能力或发行人技术持续创新的机制； ② 发行人核心技术是否对合作研发、委托研发存在依赖，是否存在纠纷或潜在纠纷； ③ 相关人员是否与原任职单位签订保密协议或竞业禁止条款，是否存在纠纷或潜在纠纷； ④ 发行人的核心技术和其他专利技术、非专利技术是否来自相关人员在原任职单位的职务发明或与原任职单位相关，是否存在纠纷或潜在纠纷	□体系建设 ☑核心技术 ☑技术人员 □知识产权争议

序号	企业名称	问询内容	关注内容
2	浙江前进暖通科技股份有限公司（以下简称"浙江前进公司"）	① 列表分析并披露相关人员原任职单位是否为发行人竞争对手，以及目前的竞争关系，是否存在知识产权等方面的纠纷或潜在纠纷； ② 补充披露相关人员是否与原/现任职单位签订保密协议或竞业禁止条款，是否存在纠纷或潜在纠纷； ③ 发行人的核心技术和其他专利技术、非专利技术是否来自相关人员在原/现单位任职时的职务发明，发行人的核心技术和其他专利技术、非专利技术、主要客户资源是否来自上述原/现任职单位或与原/现任职单位相关，是否存在纠纷或潜在纠纷； ④ 李某对浙江前进有色金属铸造有限公司试制和研发热交换器的过程是否直接或间接提供帮助，浙江前进有色金属铸造有限公司及发行人的研发、核心技术和生产工艺对李某是否存在依赖； ⑤ 发行人的核心技术是否具备新颖性、创造性、实用性，发行人在核心技术和生产工艺方面是否存在一定的护城河，是否存在专利侵权风险	□体系建设 ☑核心技术 ☑技术人员 □知识产权争议
3	常州武进中瑞电子科技股份有限公司	① 在方形和软包锂电池安全结构件领域是否存在技术储备和研发计划，并评估行业技术路线变换或产品更迭对公司的影响； ② 是否存在因生产工艺过时、技术更迭、产品市场萎缩影响发行人持续经营能力的重大风险	□体系建设 ☑核心技术 □技术人员 □知识产权争议
4	深圳集美公司	① 产品是否具备较高技术含量和较强市场竞争力； ② 是否均为自主研发，核心技术采取的技术保护措施是否充足，对色彩配方采取的具体保护措施及其有效性； ③ 相关专利与目前实际应用技术方面的协同效果，是否属于核心技术，专利对生产经营的重要程度	□体系建设 ☑核心技术 □技术人员 □知识产权争议

序号	企业名称	问询内容	关注内容
5	咏声动漫公司	① 发生发明专利权侵权的原因，是否建立相关工作机制有效防止电视动画、动漫电影、玩具设计工作中侵犯他人知识产权，是否对主营业务构成重大影响； ② 结合原告诉讼请求、一审判决情况等，补充披露上海知识产权法院认定发行人存在侵害发明专利权情形的原因，发行人防范侵害他人知识产权工作的机制及流程是否存在漏洞	□体系建设 □核心技术 □技术人员 ☑知识产权争议
6	绍兴兴欣新材料股份有限公司	① 结合发行人核心技术先进性、发明专利数量等，分析发行人研发优势； ② 结合发行人研发费用率较低的具体情况，说明发行人符合创业板定位结论依据是否充分	□体系建设 ☑核心技术 □技术人员 □知识产权争议
7	深圳市澳华集团股份有限公司	① 转让专利给关联方的原因及合理性，定价依据及公允性，相关商标的转让对生产经营影响； ② 是否已拥有生产经营所需的所有商标、专利等无形资产，持有商标与专利技术是否存在权属纠纷，是否存在使用他人商标或专利技术的情形，是否构成侵权行为及其对生产经营的影响	□体系建设 ☑核心技术 □技术人员 □知识产权争议
8	福建省铁拓机械股份有限公司	补充披露是否符合《创业板首次公开发行股票注册管理办法（试行）》《深圳证券交易所创业板企业发行上市申报及推荐暂行规定》等关于创业板定位相关规定，并分析"三创四新"的相关情况，是否符合创业板定位的依据及合理性	□体系建设 ☑核心技术 □技术人员 □知识产权争议
9	浙江华剑智能装备股份有限公司	① 4 起诉讼是否涉及公司核心技术或产品，如是，涉及发行人产品收入金额及占比情况，是否可能限制发行人海外销售，是否影响发行人持续生产经营； ② 合作研发项目的具体情况，包括研发重要时间节点，已经取得或正在形成的研发成果，是否形成专利或专利申请权，是否存在纠纷或潜在纠纷；	□体系建设 ☑核心技术 ☑技术人员 □知识产权争议

序号	企业名称	问询内容	关注内容
9	浙江华剑智能装备股份有限公司	③ 合作研发项目在发行人技术体系中的地位，发行人核心技术是否对合作研发、委托研发存在依赖，发行人持续经营能力是否依赖于合作研发、委托研发或相关单位，是否存在纠纷或潜在纠纷； ④ 被宣告无效的专利是否构成对发行人持续经营能力的重大不利影响； ⑤ 结合行业技术水平及特点、新产品研发周期、市场容量及变化趋势，补充披露发行人核心技术竞争优势及其先进性、发行人技术水平所处阶段，产品研发情况、技术水平、产品质量等； ⑥ 是否与行业发展阶段和趋势相符，发行人核心技术是否存在被新技术取代的风险，是否能保持核心竞争力及行业领先技术优势； ⑦ 补充披露发行人是否符合《创业板首次公开发行股票注册管理办法（试行）》《深圳证券交易所创业板企业发行上市申报及推荐暂行规定》等关于创业板定位相关规定，并分析"三创四新"的相关情况，是否符合创业板定位的依据及合理性	□体系建设 ☑核心技术 ☑技术人员 □知识产权争议
10	创智和宇信息技术股份有限公司	披露软件著作权的具体用途，明确区分用于日常管理的软件和用于生产经营的软件；对于生产经营的软件，请结合发行人的业务模式披露发行人拥有前述著作权的必要性，与报告期内发行人主营业务收入的关联性	□体系建设 ☑核心技术 □技术人员 □知识产权争议
11	北京贝尔生物工程股份有限公司	① 披露核心技术来源、形成过程，是否存在纠纷，是否涉及职务发明，结合核心技术、重点在研项目、核心研发团队背景、研发投入、研发设备、技术储备等情况，披露发行人现有研发体系是否具备持续创新能力，是否依赖外购技术，是否与其他机构或研发人员存在纠纷及潜在纠纷； ② 说明发行人核心技术为行业通用技术还是发行人独创技术，是否存在被国际、国内市场上其他技术替代、淘汰的风险；	

序号	企业名称	问询内容	关注内容
11	北京贝尔生物工程股份有限公司	③ 披露抗原抗体是否为发行人产品关键技术部件，外购抗原抗体对发行人产品质量、持续生产的影响，是否存在外购依赖； ④ 发行人未来是否具备化学发光试剂及分析体系的持续研发能力； ⑤ 披露合作研发项目、发行人参与的研发环节，目前研发成果及所有权归属等，是否可以独家申请注册证书，是否拥有完整的知识产权和所有权，是否能独家使用，是否存在使用期限，对应主要产品是否在可预见的未来存在市场竞争力； ⑥ 披露邵某晓、郭某新在曾任职研究机构及生物技术公司职务及任期，是否与曾任职公司存在竞业禁止协议，相关专利技术是否涉及职务发明，是否存在纠纷或潜在纠纷	□体系建设 ☑核心技术 ☑技术人员 □知识产权争议
12	深圳国人公司	① 已离职的相关发明人是否签署竞业禁止协议，无偿受让的 19 项发明专利历次转让过程及原因，是否存在技术泄密风险； ② 披露发行人基站射频系统产品各项性能指标与同行业比较的竞争优势，发行人前述核心设计技术为行业通用技术还是发行人独创技术，核心技术在同行业竞争优势； ③ 披露核心技术人员与原单位是否存在竞业禁止协议和保密约定，与原单位是否存在纠纷或潜在纠纷； ④ 结合发行人核心技术、专利的具体来源及形成过程，分析并披露发行人的技术是否来源于其在竞争对手的职务发明，是否存在侵权情形，是否存在纠纷及潜在纠纷	□体系建设 ☑核心技术 ☑技术人员 □知识产权争议
13	锦州捷通铁路机械股份有限公司	① 补充披露 16 项核心技术的主要研发壁垒、研发时长、投入总金额，并通过能够衡量核心技术竞争力的关键指标，使用通俗易懂的语言及数据充分分析核心技术的先进性，与竞争对手相比的主要优势； ② 3 项核心技术未申请专利或其他保护措施的原因，是否可能对发行人市场竞争力造成重大不利影响	□体系建设 ☑核心技术 □技术人员 □知识产权争议

序号	企业名称	问询内容	关注内容
14	北京木瓜移动科技股份有限公司	① 相关技术是否为行业普遍或基础性技术； ② 补充披露发行人相关核心技术是否具有先进性、相关核心技术的竞争优劣势、发行人前沿技术研发储备和运用情况	□体系建设 ☑核心技术 □技术人员 □知识产权争议
15	湖南星邦智能装备股份有限公司	① 补充披露核心技术来源，是否存在主要专利技术依赖他人授权或许可使用情形，是否存在侵犯他人知识产权情形； ② 发行人是否制定知识产权保护，防范泄密的内部制度及执行情况； ③ 核心技术是否来源于合作研发项目或与之相关，合作研发是否存在纠纷	☑体系建设 ☑核心技术 □技术人员 □知识产权争议
16	广西五一管业股份有限公司（以下简称"五一管业公司"）	① 分析并披露相关核心技术达到国内或行业先进水平的判断依据及依据充分性； ② 进一步有针对性地披露发行人的竞争优劣势； ③ 说明相关发明专利是否涉及职务发明，相关专利权属是否清晰、不存在纠纷； ④ 披露发行人相关配方保密措施及有效性； ⑤ 披露发行人的核心技术是否属于行业共有技术，是否会对公司的核心竞争力和持续经营能力产生重大不利影响	☑体系建设 ☑核心技术 □技术人员 □知识产权争议
17	北京神导科技股份有限公司	① 披露孙某、陈某春履历情况，并结合相关人员的教育背景及工作经历，分析他们是否具有开发公司非专利技术专业能力，以及公司非专利技术研发投入情况、形成过程、主要研发人员、是否存在利用国有资产及设备进行研发的情况、是否为发行人核心技术； ② 披露公司非专利技术所有权属认定及转移过程，相关人员获取公司非专利技术的过程，上述专利是否存在权属瑕疵，相关人员是否他人持有非专利技术及发行人股权； ③ 披露发行人各主要产品首次向相关单位供货时间，各主要产品研发阶段发行人核心技术人员情况，核心技术来源及形成过程，核心技术及产品是否存在来源于发行人外部的情况，核心技术是否存在权属纠纷；	□体系建设 □核心技术 ☑技术人员 □知识产权争议

序号	企业名称	问询内容	关注内容
17	北京神导科技股份有限公司	④ 披露研发人员数量及占比、技术人员与研发人员的差异,分析并披露发行人研发投入规模较小、研发人员数量显著少于可比公司的合理性	☐体系建设 ☐核心技术 ☑技术人员 ☐知识产权争议
18	苏州星诺奇科技股份有限公司	① 说明受让的 3 项专利具体情况、转让方、转让价格,并分析转让价格的公允性,专利转让是否存在纠纷或潜在纠纷; ② 结合发行人的技术来源以及核心技术人员的工作履历,说明发行人核心技术人员在其他同行业公司任职期间是否曾签署竞业禁止和保密协议,是否与原单位存在纠纷或潜在纠纷	☐体系建设 ☑核心技术 ☑技术人员 ☐知识产权争议
19	上海天好信息技术股份有限公司	① 结合发行人技术先进性、市场占有率、产品毛利率等对其市场地位作进一步量化分析,并补充披露核心技术与已取得专利及非专利技术对应关系、在主营业务及产品中的应用、各项核心技术产品收入占营业收入比例; ② 是否存在知识产权侵权行为或纠纷,发行人核心技术人员是否均与发行人签署竞业禁止协议	☐体系建设 ☑核心技术 ☑技术人员 ☐知识产权争议
20	江苏鸿基节能新技术股份有限公司(以下简称"鸿基节能公司")	① 披露两级法院判决结果差异的原因,二审期间江苏建峰建设有限公司提供的新证据,相关实用新型专利权在发行人生产经营中的应用与重要性,如该专利最后被判定无效,是否对发行人构成重大不利影响; ② 披露发行人所拥有的其他专利中是否存在类似纠纷; ③ 披露上述核心技术是否为同行业公司或房地产行业所普遍掌握,是否具备独创性和先进性,以具体案例说明发行人的核心技术对房地产客户的重要性和必要性,是否存在被房地产客户技术替代的风险	☐体系建设 ☑核心技术 ☐技术人员 ☑知识产权争议

序号	企业名称	问询内容	关注内容
21	苏州久美玻璃钢股份有限公司（以下简称"苏州久美公司"）	① 核心技术和生产工艺是否来源于核心人员原任职单位，是否属于原任职单位的职务发明，招股说明书关于其核心技术全部独立自主研发的表述是否真实、准确，是否存在技术侵权纠纷或潜在侵权风险； ② 结合发行人与同行业可比公司在连续缠绕工艺等方面的关键技术指标、生产设备、技术实力等方面的比较情况，说明发行人核心技术"同行业领先"具体依据，是否存在夸大表述； ③ 是否存在商业秘密泄露风险及发行人应对措施的有效性； ④ 相关技术是否存在相关专利权归属、许可使用和保密约定，是否向第三方销售同类设备，是否存在技术泄密风险，是否存在纠纷或潜在纠纷； ⑤ 18轴管道缠绕机与发行人拟通过募投项目引进的数控管道缠绕机等行业先进生产设备是否存在较大差距，是否存在主要生产设备面临更新迭代或淘汰风险； ⑥ 进一步充分披露发行人自身创新、创造、创意特征，并说明发行人核心技术、生产工艺、产品性能、质量与境内外主要竞争对手及其产品是否存在比较优势，是否具备市场持续竞争能力； ⑦ 相关兼职情况是否造成发行人核心技术泄密风险以及发行人采取技术保密措施； ⑧ 结合其任职经历，披露董监高以及核心技术人员与原任职单位是否存在竞业禁止或技术保密约定，发行人与相关单位是否存在纠纷或潜在纠纷	☑体系建设 ☑核心技术 ☑技术人员 ☐知识产权争议
22	南通跃通数控设备股份有限公司	① 补充披露相关专利转让前发行人是否已实际使用，是否属于发行人的核心专利，受让的价款及定价公允性，实际控制人及其控制的其他企业是否仍拥有与发行人业务相关的专利、计算机软件、商标等知识产权； ② 与同行业竞争对手相比所具有的优势及存在的劣势，发行人的技术是否具备先进性，是否存在被其他技术替代的风险； ③ 与同行业竞争对手相比是否存在差距，发行人能否持续推出新产品以满足下游行业对产品和技术更新迭代的需求	☐体系建设 ☑核心技术 ☐技术人员 ☐知识产权争议

序号	企业名称	问询内容	关注内容
23	深圳乾德公司	请发行人披露诉讼有关具体情况、诉讼有关专利名称、该专利形成过程、富士康（昆山）电脑插接件有限公司（以下简称"富士康"）起诉其侵害专利权原因、富士康撤诉前后双方协商情况、该专利对发行人生产经营重要性情况、使用该专利产品收入占发行人营业收入的比例	□体系建设 ☑核心技术 □技术人员 ☑知识产权争议
24	江苏视科新材料股份有限公司	① 披露"道信堂"商标报告期内对应产品或服务营业收入情况，被第三方宣告无效的原因，是否已被第三方用于经营生产，被第三方宣告无效对持续经营产生的影响； ② 对比同行业可比公司工艺流程及加工技术，详细说明自身工艺技术成熟、先进的具体表现	□体系建设 ☑核心技术 □技术人员 □知识产权争议
25	华智机器股份公司	说明发行人是否符合《深圳证券交易所创业板企业发行上市申报及推荐暂行规定》等关于创业板定位的规定及具体依据	□体系建设 ☑核心技术 □技术人员 □知识产权争议
26	江苏中成紧固技术发展股份有限公司	① 2 项发明专利受让取得原因、时间、转让方、费用金额等，权属是否存在纠纷或潜在纠纷，是否为发行人核心专利； ② 核心技术为行业通用技术还是独创技术，核心技术与同行业竞争对手相比存在的优势和劣势，是否存在被替代风险，发行人对核心技术的保护措施以及措施的有效性，是否存在核心技术人员流失或技术泄露情形； ③ 目前生产销售的地锚螺栓等产品以及将来拟生产的叶片螺栓等产品是否均有相关专利或非专利技术支持，是否存在未经授权使用他人专利等知识产权侵权情形或风险； ④ 报告期内委托研发的费用金额，委托研发是否形成专利等研发成果，发行人与合作方是否存在纠纷或潜在纠纷	□体系建设 ☑核心技术 □技术人员 □知识产权争议

序号	企业名称	问询内容	关注内容
27	上海欣巴自动化科技股份有限公司	① 披露上海邮政科学研究院在自动化物流系统领域的相关研发或业务情况，其研发的产品和技术在物流行业的具体应用情况，进一步分析上海邮政科学研究院与发行人在主营业务、资产、技术、人员等方面的关系； ② 列表分析并披露发行人董事、监事、核心技术人员原任职单位是否为发行人竞争对手，当下的竞争关系，是否存在知识产权等方面的纠纷； ③ 是否存在侵犯知识产权等权属纠纷或潜在纠纷，前述人员是否违反与原任职单位之间的竞业禁止义务或保密义务； ④ 选取相关项目作为公司最具代表性项目的原因，以此作为衡量发行人技术先进性依据是否充分； ⑤ 发行人是否使用相关未注册商标进行生产、销售，若存在，披露主要使用范围，在发行人生产经营中的作用、涉及的产品，是否属于发行人的核心商标和产品，对持续经营的影响； ⑥ 当下公司的商标、专利、软件著作权等法律状态以及其是否存在纠纷或潜在纠纷； ⑦ 请发行人分析并披露发行人涉诉专利的主要取得方式、应用于发行人产品的具体情况、报告期各期相关产品营业收入的金额及占比，相关诉讼的进展，发行人是否存在专利、技术侵权的纠纷或潜在纠纷； ⑧ 结合公司历史上重大技术攻关、领先于同行业的技术难点、核心技术应用生产环节和工艺等情况，充分披露发行人的具体核心技术内容，涉及核心技术简要开发经过和对应形成知识产权成果（包括专利、专有技术），量化披露核心技术对于产品性能提升作用； ⑨ 披露选取相应衡量核心技术先进性指标原因，是否能够客观、全面、充分地反映相应核心技术的先进性水平，选取的可比同行业公司能否代表行业领先水平； ⑩ 结合分拣核心部件主要内容及其用途，产品设计发行人核心技术及对应专利等，说明将分拣核心部件作为核心技术产品的原因；	☐体系建设 ☑核心技术 ☑技术人员 ☑知识产权争议

序号	企业名称	问询内容	关注内容
27	上海欣巴自动化科技股份有限公司	⑪ 是否符合《创业板首次公开发行股票注册管理办法（试行）》《深圳证券交易所创业板企业发行上市申报及推荐暂行规定》等关于创业板定位的相关规定	□体系建设 ☑核心技术 ☑技术人员 ☑知识产权争议
28	哈尔滨岛田大鹏工业股份有限公司	① 列表分析并披露发行人董监高、核心技术人员是否与原任职单位签订保密协议或竞业禁止条款，原任职单位是否为发行人竞争对手，当下的竞争关系，是否存在知识产权等方面的纠纷； ② 结合核心技术的具体研发、形成和运用于发行人生产经营的过程，披露发行人的核心技术和其他专利技术、非专利技术是否来自相关人员之前在原单位任职时的职务发明，是否来源于上述原任职单位或与原任职单位相关，是否存在纠纷或潜在纠纷； ③ 是否符合《创业板首次公开发行股票注册管理办法（试行）》《深圳证券交易所创业板企业发行上市申报及推荐暂行规定》等关于创业板定位的相关规定，并分析"三创四新"的相关情况，是否符合创业板定位的依据及合理性	□体系建设 ☑核心技术 ☑技术人员 □知识产权争议
29	维尼健康（深圳）股份有限公司	① 披露仅有的 2 项发明专利均系受让取得的具体过程、出让方、交易作价，发行人核心技术是否权属清晰，是否存在纠纷，以及发行人的技术来源； ② 披露发行人研发人员的范围、学历构成，报告期内的人数变化、工作年限分布情况	□体系建设 ☑核心技术 ☑技术人员 □知识产权争议
30	宁波微科光电股份有限公司	披露视频智能电梯再开门装置的具体内容、应用，该项装置、技术为发行人业界独创的客观证据	□体系建设 ☑核心技术 □技术人员 □知识产权争议
31	广州佛朗斯股份有限公司	用通俗易懂的语言披露发行人核心竞争力及其可持续性	□体系建设 ☑核心技术 □技术人员 □知识产权争议

三、北交所知识产权管理重点事项

北交所部分上市后备企业被问询内容及关注内容如表5-8所示。

表5-8　北交所部分上市后备企业被问询内容及关注内容

序号	企业名称	问询内容	关注内容
1	浙江荣亿精密机械股份有限公司	① 与同行业相比，发行人在产品性能、技术能力等方面是否具有竞争优势； ② 与同行业相比，发行人在产品性能、技术能力等方面是否具有竞争优势； ③ 结合研发管理情况、研发团队构成、人员数量，核心研发人员学历、履历情况，研发投入与设备、自行设计或研发的产品占比等，说明发行人是否具备独立研发能力； ④ 在研项目拟达到目标是否具有技术先进性，对比说明研发方面竞争优劣势	□体系建设 ☑核心技术 ☑技术人员 □知识产权争议
2	南京沪江公司	① 按下游应用领域，以典型案例的方式分别举例说明公司各类产品主要功能和应用场景、对应核心技术及技术特点； ② 补充披露配方设计对应的专利情况，生产环节中哪些流程属于核心工艺流程，生产设备改造在产品应用环节和提升产品性能的具体体现； ③ 结合公司生产规模、市场份额、主要产品技术指标、生产设备先进性、制造工艺、客户资源等方面的比较情况，说明公司的行业地位和主要竞争力； ④ 结合行业内技术发展趋势，技术换代周期，发行人与可比公司研发投入情况等分析说明发行人核心技术是否存在被替代、淘汰风险； ⑤ 主要专利的发明人情况说明核心技术人员认定是否恰当，是否能够反映发行人的技术研发现状； ⑥ 上述专利是否存在纠纷或争议情况，是否涉及发行人核心技术，并结合说明上述专利非发行人独占，对公司当下及未来业务的影响； ⑦ 说明该公司是否具备独立的、持续的研发能力，核心技术是否涉及合作研发或对第三方存在重大依赖的情况，是否存在纠纷或潜在纠纷	□体系建设 ☑核心技术 ☑技术人员 □知识产权争议

序号	企业名称	问询内容	关注内容
3	江苏威博液压股份有限公司	① 逐项披露各核心技术研发过程的具体情况，包括主要参与人员、合作研发人员（如有）、发行人及相关参与主体主要承担的任务、研发重要时间节点、专利申请情况及相关权属、是否存在核心技术研发外包的情况，以及核心技术的获得方式，结合相关情况说明将核心技术表述为"自主研发"是否准确； ② 补充披露报告期内合作研发项目的基本情况，包括项目合作背景、合作方基本情况、合作内容、合作时间、主要权利义务、具体研发环节中的分工、知识产权的归属、收入成本费用的分摊情况； ③ 补充披露发行人对于研发合作单位的选择机制、研发费用定价机制，合作研发单位与发行人及其控股股东、实际控制人、董监高、核心技术人员是否存在关联关系	☐体系建设 ☑核心技术 ☑技术人员 ☐知识产权争议
4	深圳壹创国际设计股份有限公司	① 补充披露与同行业竞争对手相比，发行人在装配式建筑设计、绿色建筑设计、建筑信息模型（BIM）技术上的先进性与独特性； ② 是否存在知识产权侵权行为或纠纷，发行人核心技术人员是否均与发行人签署竞业禁止协议	☐体系建设 ☑核心技术 ☐技术人员 ☐知识产权争议
5	安徽泰达新材料股份有限公司	① 生产偏苯三酸酐的核心技术、主要设备、工艺来源，发行人是否拥有相应知识产权，是否存在侵权等潜在纠纷，相关核心技术人员履历，加入发行人是否违反竞业禁止等相关约定或规定； ② 说明国外是否存在偏酐装置陆续减产和转产情形及其原因，市场上是否已出现其他替代产品，发行人经营环境是否可能发生重大不利变化	☐体系建设 ☑核心技术 ☑技术人员 ☐知识产权争议

序号	企业名称	问询内容	关注内容
6	四川东立科技股份有限公司（以下简称"东立科技公司"）	① 用通俗易懂的语言补充披露 3 项核心技术具体应用是否体现在生产设备、生产线结构、参数设置、性能改造等方面，其他竞争对手是否能够通过生产设备、生产线采购、调试等工作实现对发行人技术替代，发行人核心技术在缺乏专利保护背景下，是否存在较大技术替代或技术泄露风险，是否对发行人持续经营能力存在重大不利影响； ② 核心技术人员离职影响，根据公开发行说明书，2020 年 9 月，公司原核心技术人员陈某勇离职，请说明其原职责范围、研究领域、专利情况，是否签订保密协议，其离职对公司生产经营影响； ③ 补充披露核心技术未形成专利保护原因，系统梳理核心技术对应正在申请发明专利的申请时间、研发背景及进度、主要人员及研发支出、生产经营中的作用、预计形成专利保护的时间，说明核心技术缺乏专利保护是否对生产经营存在重大不利影响，该影响是否将长期持续； ④ 结合技术专利保护现状，说明生产经营是否存在侵权行为，对发行人的影响	□体系建设 ☑核心技术 ☑技术人员 ☑知识产权争议
7	南通大地电气股份有限公司	① 说明是否能为发行人形成较高技术壁垒，发行人是否拥有线束轻量化、工艺革新以及多路传输技术等行业前沿技术，是否具备同步研发能力以及较强的市场开拓能力； ② 发行人核心技术对应的知识产权形成过程、取得方式，是否存在共同权利人。继受取得相关知识产权背景情况，其对主营业务收入贡献情况，说明发行人是否存在知识产权权属纠纷或潜在纠纷； ③ 结合公司近年研发成果产业化情况、核心技术对应专利来源及上述情况，说明发行人是否具备自主研发能力，研发能力及成果是否符合下游客户（含潜在客户）采购要求	□体系建设 ☑核心技术 □技术人员 □知识产权争议

序号	企业名称	问询内容	关注内容
8	中设工程咨询（重庆）股份有限公司	① 结合核心技术人员在相关获奖项目中发挥的作用、所承担工作对整个项目的重要性程度等情况，具体说明核心技术团队的技术实力及研发能力； ② 是否依赖于核心技术人员之前的技术积累，发行人的知识产权及核心技术是否存在纠纷或潜在纠纷	□体系建设 ☑核心技术 ☑技术人员 □知识产权争议
9	无锡吉冈精密科技股份有限公司	① 请发行人补充披露报告期末研发人员的学历构成情况、报告期各期数量变化和人均薪酬情况，结合发行人研发团队构成、教育背景、核心技术人员情况、人均薪酬、研发投入规模、技术储备情况等，说明发行人与同行业可比公司相比是否具备技术优势，说明发行人研发能力水平，研发能力是否满足客户目前和未来新产品开发需求； ② 请发行人补充披露相关产品所采用的生产技术和相关工艺，发行人是否利用行业通用技术进行生产，请结合下游客户与发行人合作情况以及采购模式分析说明该类无核心技术对应产品的业务收入是否存在被替代风险	□体系建设 ☑核心技术 ☑技术人员 □知识产权争议
10	深圳市广道高新技术股份有限公司	① 结合运营商总包产品的技术升级、公司与运营商技术和系统适配性、公司核心技术及产品附加值、市场上其他直接服务政府客户的可比公司技术和产品等情况，分析并说明公司所处领域的竞争情况，是否对公司稳定获取订单造成重大不利影响； ② 核心技术的具体认定标准，所列技术是特有技术还是行业通用技术，与主要竞争对手相比发行人的核心技术是否具备先进性； ③ 结合发行人的业务模式、技术等说明发行人的核心竞争优势及未来发展趋势，发行人在目标市场上是否具有竞争力； ④ 补充披露张某、王某任职经历，离职具体原因，是否与发行人签订保密协议或竞业禁止协议，以及协议履行的情况，是否存在发行人技术泄密或商业秘密泄露的风险；	□体系建设 ☑核心技术 ☑技术人员 □知识产权争议

序号	企业名称	问询内容	关注内容
10	深圳市广道高新技术股份有限公司	⑤ 结合上述核心技术人员在发行人过往经营、决策过程中所发挥的作用，说明核心技术人员变动是否对发行人生产经营稳定性产生重大不利影响	□体系建设 ☑核心技术 ☑技术人员 □知识产权争议
11	山东汉鑫科技股份有限公司	① 请发行人结合相关研发设备、人员、技术水平、研发投入情况，说明发行人是否有足够的能力研发多个不同领域的产品，说明是否意味着发行人所研发相关产品同质性较强或技术壁垒不高； ② 补充披露受让取得的发明专利与核心技术的对应关系，分析说明在发明专利大多为受让取得的情况下，核心技术均为原始创新的原因及合理性，同时补充披露受让专利来源，原权利人的情况，与发行人及相关方的关联关系，通过受让取得的原因及合理性，发行人拥有的专利中是否存在涉及职务发明的情况，专利权属及转让是否存在纠纷或潜在纠纷； ③ 补充披露已取得的专利和软件著作权是否存在共同持有方，是否存在权属纠纷或潜在纠纷，各项核心技术与发行人知识产权对应关系，与发行人主营业务关系以及在主要产品中的应用情况，说明核心技术与承接项目对应关系，是否可复用； ④ 结合研发模式、研发团队构成、核心技术人员背景情况，研发投入与设备、技术储备情况、研发项目管理制度以及与外部科研单位沟通合作情况等，说明是否具有独立研发能力，并根据实际情况充分揭示风险	□体系建设 ☑核心技术 ☑技术人员 □知识产权争议
12	北京恒合信业技术股份有限公司	① 补充披露发行人在研发过程中参与的环节，合作研发主要成果和权属，发行人与合作方研发主要协议安排、各方主要权利义务、费用承担方式，主要技术费用支付情况； ② 据公开发行说明书，发行人共有 6 项实用新型专利，无发明专利，但有 6 项发明专利正在申请中，请发行人说明上述申请专利的具体进度以及尚未获批的原因，并结合同行业公司情况分析公司无发明专利是否对公司市场竞争构成不利影响；	□体系建设 ☑核心技术 ☑技术人员 □知识产权争议

序号	企业名称	问询内容	关注内容
12	北京恒合信业技术股份有限公司	③ 详细披露发行人全部专利、软件著作权以及在研项目情况，包括但不限于研发项目的具体内容、核心技术优势、具体研发人员、研发项目与经营业绩的关联性等； ④ 结合公司经营发展、核心技术服务收入情况及其研发中心建设项目情况，说明现有研发人员的研发能力能否满足公司研发需求	□体系建设 ☑核心技术 ☑技术人员 □知识产权争议
13	广东广咨国际工程投资顾问股份公司	说明发行人成立广东某信息科技有限公司的背景情况，知识产权受让的商业合理性，是否为关联交易及定价公允性，发行人是否具备信息、通信设备及软件平台的自主研发能力	□体系建设 ☑核心技术 □技术人员 □知识产权争议
14	惠州市锦好医疗科技股份有限公司	① 补充披露"集成创新"的具体含义，核心技术的具体认定标准，所列技术是特有技术还是行业通用技术，与主要竞争对手相比发行人的核心技术是否具备先进性； ② 补充披露核心技术对应的主要产品及收入情况，与核心技术相关的收入认定标准及标准确定的依据； ③ 结合前述情况以及公司核心技术来源，分析并补充披露发行人的核心技术、核心产品是否存在对第三方的技术依赖，是否存在潜在的技术与研发方面的纠纷	□体系建设 ☑核心技术 ☑技术人员 □知识产权争议
15	南通通易航天科技股份有限公司（以下简称"南通通易公司"）	① 补充说明公司核心技术的认定标准，结合核心技术的运用情况，进一步说明核心技术的认定是否准确，依据是否充分； ② 结合所处行业衡量核心竞争力的关键指标、发行人核心技术、技术储备与行业内主要公司异同，分析说明发行人核心技术在行业中的位置，为发行人带来的特殊优势情况； ③ 请发行人说明热塑性聚氨酯弹性体（TPU）核心技术形成的地点和时间、核心技术的主要研发人员、是否存在侵权风险； ④ 核心技术人员是否存在竞业限制约定	□体系建设 ☑核心技术 ☑技术人员 ☑知识产权争议

序号	企业名称	问询内容	关注内容
16	南京沪江公司	① 国产电雕机、直雕机与相关先进电雕机及直雕机的技术优势与劣势，并结合相关情况说明发行人电雕技术和直雕技术是否需依赖国外设备进行升级，如是，请作出重大事项提示和风险揭示； ② 发行人目前所研发的包括多种减震装置、支撑装置在内的电雕及直雕专利技术和非专利技术是否全部适用于上述国外进口先进电雕机和直雕机，并说明上述专利技术在产品生产过程中的具体作用； ③ 结合核心技术人员履历，说明曾任职于竞争对手人员是否存在竞业禁止协议，在发行人任职期间研究项目、申请专利是否与原工作内容相关，是否侵犯原单位知识产权，是否存在纠纷或潜在纠纷； ④ 发行人是否利用上述 2 项专利进行生产，是否存在技术侵权风险	□体系建设 ☑核心技术 ☑技术人员 ☑知识产权争议
17	江苏威博液压股份有限公司	① 披露衡量核心技术的技术水平指标或参数，与国内外主要竞争对手研发情况、技术水平比较情况，说明在国内外技术水平及竞争力； ② 研发体系，研发人员数量、研发团队构成及核心技术人员背景情况及研发项目、成果情况，与公司核心技术关系； ③ 相关研发项目认定为"先进"的客观依据，结合在研项目主要方向、应用前景、与行业发展趋势关系，说明现有研发体系是否具备持续创新能力或技术持续创新的机制，能否适应行业发展需求； ④ 结合自身技术水平、研发能力，以及下游行业市场技术发展趋势、技术更迭、市场容量及变化趋势等因素，说明相应产品是否存在被替代风险，对持续盈利能力影响，如有必要，请补允风险提示； ⑤ 补充披露报告期内离职核心员工中是否有核心技术人员，最近 24 个月内董事、高级管理人员、核心技术人员变动情况及离职原因，是否构成重大不利变化； ⑥ 核心员工频繁离职是否对公司核心业务、核心技术研发等生产经营产生重大不利影响	□体系建设 ☑核心技术 ☑技术人员 □知识产权争议

续表

序号	企业名称	问询内容	关注内容
18	易景环境科技（天津）股份有限公司	① 补充披露"引进再创新"相关核心技术的具体情况，包括但不限于引进方式及时间、相关合同的主要条款（如有）、引进专利或技术的基本情况，吸收消化的具体方式，是否存在知识产权权属纠纷或潜在纠纷，再创新的具体内容，是否属于该技术中的核心要素； ② 结合所处行业衡量发行人核心竞争力的关键指标、发行人核心技术、技术储备与行业内主要公司异同，分析说明发行人核心技术在行业中的位置，为发行人带来的特殊优势情况； ③ 请发行人补充披露公司是否存在员工股权激励的安排，核心技术人员在发行人的持股及变动情况，发行人维持核心技术人员稳定的具体措施及实施效果； ④ 发行人专利技术是否为发行人自主研发，说明实用新型、软件著作权的研发背景、主要参与人员及主要研发过程，是否存在知识产权纠纷； ⑤ 与发行人主营业务直接相关的软件著作权情况，在业务开展过程中的具体应用，技术水平与同行业可比公司的比较情况； ⑥ 是否存在对核心技术人员的依赖，说明专利是否涉及研发人员在原单位的职务成果，研发人员是否存在违反竞业禁止、保密协议的情形，是否可能导致发行人的技术存在纠纷及潜在纠纷； ⑦ 发行人是否存在与第三方合作开发的专利或正在合作开发的项目，如有，请说明合作科研项目的进展情况，是否形成相应的技术成果，各方对技术成果归属及收益分配、转让、授权使用等方面的约定情况，相关技术成果对发行人的业绩贡献	□体系建设 ☑核心技术 ☑技术人员 □知识产权争议
19	金居建设发展股份有限公司	① 结合核心技术人员履历，说明新任核心技术人员是否存在竞业禁止协议，在发行人任职期间研究项目、申请的专利是否与原工作内容相关，是否侵犯原单位知识产权，是否存在纠纷或潜在纠纷；	□体系建设 ☑核心技术 ☑技术人员 □知识产权争议

序号	企业名称	问询内容	关注内容
19	金居建设发展股份有限公司	② 公司披露"智慧化工地施工环境信号采集发射装置"发明专利属于发行人自主研发的认定依据及合理性，公司披露的核心技术来自自主研发还是合作研发； ③ 发行人与郑州佳音科技有限公司合作具体情况，双方合作的具体模式、合同签署、主要协议约定、主要研发项目及成果，发行人在其中参与的环节及发挥的作用，发行人是否能够独家使用以上知识产权或技术秘密，是否存在使用期限或限制以及与合作方的责任分配及利益分配情况	□ 体系建设 ☑ 核心技术 ☑ 技术人员 □ 知识产权争议
20	北京圣博润高新技术股份有限公司	① 详细披露工业互联网资产全景测绘技术等核心技术与已取得的专利及非专利技术的对应关系，以及核心技术在主要产品中的应用情况； ② 补充说明相关共有专利技术的实际使用情况，各方关于共有专利技术的使用及收益分配安排，是否存在纠纷或潜在纠纷； ③ 补充披露是否存在对外采购核心技术产品或部件的情况，如有，说明相关采购具体情况、采购单价及定价公允性，对相关供应商是否存在依赖； ④ 补充披露发行人董监高、核心技术人员是否拥有与发行人主营业务相关知识产权或技术成果，是否属于原任职单位职务发明，是否已转移到发行人，是否存在与其原任职单位有竞业禁止约定，是否存在侵害第三方合法权益情形，是否存在纠纷或潜在纠纷； ⑤ 结合国内主要竞争对手研发情况、技术水平、产品质量等情况，补充披露发行人核心技术为行业通用技术还是发行人独创技术，核心技术的竞争优势及其先进性，是否存在被国际、国内市场上其他技术替代、淘汰的风险； ⑥ 选取相关著作权提供质押、反担保的原因与合理性； ⑦ 上述著作权是否属于发行人的核心技术、是否存在被处分的风险、是否对公司的生产经营存在不利影响	□ 体系建设 ☑ 核心技术 ☑ 技术人员 □ 知识产权争议

序号	企业名称	问询内容	关注内容
21	武汉微创光电股份有限公司	核心技术人员主要成果是否涉及曾任职单位职务发明，发行人新研发产品及项目是否基于核心技术人员之前技术成果，发行人知识产权及核心技术是否存在纠纷或潜在纠纷	☐体系建设 ☑核心技术 ☐技术人员 ☐知识产权争议
22	上海创远仪器技术股份有限公司	① 披露核心技术、专利以及核心技术产品对应关系； ② 披露发行人董监高、核心技术人员是否拥有与发行人主营业务相关的知识产权或技术成果，是否属于原任职单位职务发明，是否已转移到发行人，是否存在与其原任职单位的竞业禁止约定，是否存在侵害第三方合法权益的情形，是否存在纠纷或潜在纠纷； ③ 说明发行人产品与其贸易产品的相似性、相关性，说明发行人核心技术是否存在侵害他人知识产权的情形，是否存在诉讼纠纷； ④ 结合国内主要竞争对手的研发情况、技术水平、产品质量等情况，披露发行人核心技术为行业通用技术还是发行人独创技术，核心技术的竞争优势及其先进性； ⑤ 说明目前公司拥有相关专利权属是否清晰、有无瑕疵、是否与他人之间存在或者潜在纠纷； ⑥ 说明受让取得的专利的转让方、转让时间、交易价格、转让方式以及与发行人之间是否存在关联关系	☐体系建设 ☑核心技术 ☑技术人员 ☐知识产权争议
23	苏州旭杰建筑科技股份有限公司（以下简称"旭杰科技公司"）	① 结合核心技术应用生产环节和工艺、在主营业务及产品中的应用和贡献情况、技术关键指标与同行业可比公司的比较情况，充分披露发行人的核心技术"先进性"； ② 说明2项核心技术未申请专利保护的原因，相关技术是否存在权属争议、纠纷或潜在纠纷，发行人就非专利技术采取的具体保护措施，相关非专利技术是否存在被侵权的风险； ③ 说明相关软件著作权的产生过程、与员工共有的原因，上述软件著作权是否涉及董监高及相关核心技术人员在原单位的职务成果，是否存在权属纠纷；	☐体系建设 ☑核心技术 ☑技术人员 ☑知识产权争议

序号	企业名称	问询内容	关注内容
23	苏州旭杰建筑科技股份有限公司（以下简称"旭杰科技公司"）	④ 相关人员已出具书面声明，放弃其与发行人登记共有的软件著作权是否具有法律效力，相关协议签订情况，是否存在发行人支付转让款的情形，相关软件著作权权属是否已经转移及办理进展情况； ⑤ 周某人在公司的任职情况，未将其认定为核心技术人员的原因，是否与其存在知识产权纠纷	□体系建设 ☑核心技术 ☑技术人员 ☑知识产权争议
24	翰博高新材料（合肥）股份有限公司	资产质押具体原因，是否存在被处分风险，若发生上述风险事项，发行拟采取何种应对措施，是否会影响发行人持续经营	□体系建设 ☑核心技术 □技术人员 □知识产权争议
25	北京世纪国源科技股份有限公司	① 补充披露核心技术的名称是否为行业通用表述，结合发行人参与的工程和项目，说明与核心技术相关的知识产权是否存在权属纠纷或潜在权属纠纷； ② 补充披露核心技术为行业通用技术还是发行人独创技术，属于独创技术的，对比同行业可比公司技术，说明技术竞争优势、劣势和核心技术的技术壁垒； ③ 说明与核心技术对应的软件著作权能否有效保护发行人核心技术，以及智能遥感影像解译与监测分析技术无对应专利和软件著作权的原因； ④ 邓某军在 2018 年 12 月 26 日前为发行人总工程师，目前已不是发行人的关联方。请发行人补充说明邓某军离职原因、离职去向，报告期内是否存在因违法违规而受到处罚的情形，是否曾持有发行人股份，离职前在发行人生产经营中发挥的主要作用，是否与发行人及其股东存在纠纷，并结合上述情形说明报告期内总工程师离职是否对发行人生产经营造成重大不利影响	□体系建设 ☑核心技术 ☑技术人员 □知识产权争议
26	北京恒合信业技术股份有限公司	① 核心技术人员在研发、取得专利、新兽药注册证书等方面发挥的具体作用，并结合研发部门主要成员、主要专利发明人、主要研发项目参与人、员工持股数量及变化等情况，说明核心技术人员认定是否全面、恰当；	□体系建设 □核心技术 ☑技术人员 □知识产权争议

序号	企业名称	问询内容	关注内容
26	北京恒合信业技术股份有限公司	② 杨某冰与原单位是否存在相关竞业禁止协议，从事的研究是否与原工作单位产生纠纷，是否可能侵犯原单位的知识产权	☐体系建设 ☐核心技术 ☑技术人员 ☐知识产权争议
27	安徽佳先功能助剂股份有限公司	① 核心技术与行业通用技术区别、与国内外主流技术相比的优势与劣势，并详细披露能够体现发行人技术"领先"的关键性要素； ② 核心技术是否存在被国际、国内市场上其他技术替代、淘汰的风险，如存在，请作出重大事项提示； ③ 列表披露核心技术人员参与过的专利技术情况、非专利技术研发情况，核心技术人员是否拥有与主营业务相关知识产权或技术成果，是否属于职务发明创造或职务技术成果； ④ 说明报告期内核心技术人员的变动的原因，存在核心技术人员离职的，说明离职前在发行人生产经营中发挥的主要作用，竞业禁止协议签署情况，是否存在技术流失的风险，是否对发行人生产经营造成重大不利影响	☐体系建设 ☑核心技术 ☑技术人员 ☐知识产权争议
28	惠州市锦好医疗科技股份有限公司	① 核心技术人员调整原因，核心技术人员调整对公司技术研发、专利技术保密的影响，是否存在纠纷或潜在纠纷； ② 补充披露发行人核心技术人员与原单位是否存在相关竞业禁止协议，在发行人处从事的研究是否与原工作单位产生纠纷或潜在纠纷，是否可能侵犯原单位的知识产权； ③ 公司核心技术对第三方是否存在依赖，是否存在诉讼、纠纷或其他引致权利不确定性的情况，公司是否具备自主创新能力； ④ 维持核心技术先进性所采取的措施； ⑤ 公司核心技术中非专利技术是否存在技术壁垒，未申请专利的原因，是否存在被替代、淘汰风险，并结合公司与主要竞争对手的经营成果，分析并披露公司核心技术的先进性以及与国际龙头企业存在的差距	☐体系建设 ☑核心技术 ☑技术人员 ☐知识产权争议

第六章 企业上市过程中存在的
知识产权问题概述

本章通过部分企业在上市过程中的实操案例，摘录相关问询焦点与回复，以进一步说明企业在上市过程中存在的问题，并给出企业上市培育提示。

第一节 知识产权管理体系

一、知识产权管理体系实操案例一

（一）案例来源：中国铁路通信信号股份有限公司上市问询与回复（摘录）●

中国铁路通信信号股份有限公司（以下简称"中国通号公司"）首次公开发行股票并在科创板上市过程中被问询并要求补充披露"相关商标、专利、软件著作权等知识产权管理的内部控制制度是否建立健全并有效运行"。

（二）问询焦点

招股说明书披露，截至2018年12月31日，发行人拥有境内商标164项、境外商标53项、境内专利1421项、软件著作权938项；截至2019年3月18日，发行人拥有境外专利20项。

请发行人补充披露相关商标、专利、软件著作权等知识产权管理的内部控制制度是否建立健全并有效运行。

（三）问询回复

根据发行人提供该公司的《知识产权管理办法》等规章制度，并经保荐机构和

● 中国国际金融股份有限公司. 关于中国铁路通信信号股份有限公司首次公开发行股票并在科创板上市申请文件的审核问询函的回复 [EB/OL]. (2019-05-08) [2022-11-17]. http：//static.sse.com.cn/stock/information/c/201905/983e71654a584f7c8501426cb5531b6b.pdf.

发行人律师访谈发行人相关负责人，发行人知识产权管理的内部控制制度及其运行包括：发行人已制定《知识产权管理办法》《专利管理办法》《商标管理办法》《技术保密工作管理办法》等规章制度。

（四）上市培育提示

中国通号公司作为一家大型企业，在首次公开发行股票并于科创板上市的过程中，被问询焦点之一便是"知识产权管理的内部控制制度是否建立健全并有效运行"。通过中国通号公司成功登陆科创板的审核问询过程中的回复内容可知，上市审核问询期间关于知识产权方面首要关注的便是知识产权管理制度是否健全。因此建议：上市后备企业应当建立知识产权管理制度。上市后备企业可自检企业是否建立知识产权管理制度，是否覆盖企业业务过程中所享有的全部知识产权的管理，是否按照上述标准覆盖知识产权创造、保密、申请、续展、许可、转化、保护等全链条管理。为了保证顺利通过上市审核问询，建议上市后备企业在完善知识产权管理制度的过程中，可根据知识产权的权利类型及客体特点，针对性地分类建立不同的具体制度，例如，专利管理、商标管理、集成电路布图设计管理、计算机软件管理、技术秘密保护管理等制度。

二、知识产权管理体系实操案例二

（一）案例来源：博众精工科技有限公司上市问询与回复（摘录）❶

博众精工科技股份有限公司首次公开发行股票并在科创板上市过程中，被问询并要求补充披露"相关商标、专利、软件著作权等知识产权管理的内部控制制度是否建立健全并有效运行"。

（二）问询焦点

发行人拥有境内商标249项、专利1131项、软件著作权100项、域名122个、作品著作权7项。

请发行人补充披露相关商标、专利、软件著作权等知识产权管理的内部控制制度是否建立健全并有效运行。

---

❶ 华泰联合证券有限责任公司. 关于博众精工科技股份有限公司首次公开发行股票并在科创板上市申请文件的审核问询函的回复 [EB/OL]. (2019－09－30)［2022－11－17］. http：//static.sse.com.cn/stock/information/c/201909/64ceb919ad2842908a2fe32bc6c56bdf.pdf.

（三）问询回复

发行人对知识产权进行有效管理制定的内控制度。

发行人设有知识产权专职部门，即知识产权科，由该公司总裁办直辖部门公共关系部下设，并配备了专职工作人员协助管理。该公司知识产权科的主要工作职责为：①整合编制全年知识产权工作计划；②策划建立知识产权管理体系并推进实施；③各类知识产权的申请、维护、变更和评估；④知识产权相关文档的保存、传达；⑤知识产权培训和宣传；⑥为各业务单元提供知识产权服务支撑工作。发行人制定了该公司的《知识产权管理程序文件》，从知识产权的获取、知识产权的维护、知识产权的运用等方面作出了详细规定，对发行人专利、商标、著作权等管理进行了明确的规定。

（四）上市培育提示

作为国内智能化生产解决方案所在领域的头部企业之一，博众精工科技股份有限公司于2021年成功登陆上交所科创板。在其申请上市过程中，审核问询除了要求补充披露知识产权管理制度的建立与完善，还要求补充说明是否"有效运行"。因此建议：为保证上市审核问询阶段能从容应对知识产权管理制度是否有效运行的回复，上市后备企业在上市培育初期应当建立知识产权管理内部控制制度，而不是等到进入准备上市的阶段再开展知识产权的建立与完善工作，毕竟有效运行需要一定的时间调试，才能有效保护知识产权。

三、知识产权管理体系实操案例三

（一）案例来源：北京石头世纪科技股份有限公司上市问询与回复（摘录）❶

北京石头世纪科技股份有限公司首次公开发行股票并在科创板上市过程中，被问询并要求补充披露"相关商标、专利、软件著作权等知识产权管理的内部控制制度是否建立健全并有效运行"。

（二）问询焦点

招股说明书披露，截至2018年12月31日，发行人拥有境内商标75项、境外商标71项、软件著作权4项、作品著作权11项、境内专利64项、境外专利10项、域名6个。

---

❶ 中信证券股份有限公司. 关于北京石头世纪科技股份有限公司首次公开发行股票并在科创板上市申请文件的审核问询函之回复报告［EB/OL］. （2019 - 05 - 09）［2022 - 11 - 17］. http：//static. sse. com. cn/stock/information/c/201905/3cff2c2b54824d45862a61a2545666b9. pdf.

请发行人补充披露相关商标、专利、软件著作权等知识产权管理的内部控制制度是否建立健全并有效运行。

(三) 问询回复

该公司聘请外部顾问机构协助审查与知识产权相关的合同、协议；协助知识产权申请、保护、许可使用、转让的相关工作；协助处理与公司相关的知识产权纠纷。公司各部门、各分子公司负责该部门、该单位相关的知识产权事项的具体申请、管理和保护工作，落实执行公司有关知识产权规章制度。

(四) 上市培育提示

根据审核问询环节都会出现要求发行人补充披露知识产权管理的内部控制制度是否有效运行的情况，以北京石头世纪科技股份有限公司在科创板上市过程中成功回复的经验，建议上市后备企业在知识产权管理制度有效运营方面，可增加外部顾问机构协助把控知识产权管理制度的有效、合法、有效执行落地，从而全方面更专业地保护知识产权。具体而言，聘请律师事务所负责知识产权常年法律顾问服务，可审核知识产权合同，防止知识产权权属不清晰，保障知识产权许可使用合法合规，及时开展知识产权侵权保护，及时处理解决知识产权纠纷等。

四、知识产权管理体系实操案例四

(一) 案例来源：国科环宇公司上市问询与回复（摘录）❶

国科环宇公司首次公开发行股票并在科创板上市过程中，被问询并要求补充披露"相关商标、专利、软件著作权等知识产权管理的内部控制制度是否建立健全并有效运行"。

(二) 问询焦点

截至招股说明书签署日，发行人及其子公司共拥有注册商标 8 项、专利 53 项、软件著作权 18 项。实用新型专利"空间站科学实验柜的模拟数据进行控制的装置"的专利权人为发行人及实际控制人中国科学院空间应用工程与技术中心。请发行人补充披露相关商标、专利、软件著作权等知识产权管理的内部控制制度是否建立健全并有效运行。

---

❶ 中泰证券股份有限公司. 关于北京国科环宇科技股份有限公司首次公开发行股票并在科创板上市申请文件审核问询函的回复 [EB/OL]. (2019 - 05 - 09) [2022 - 11 - 17]. http：//static. sse. com. cn/stock/information-/c/201905/4ad73aa50a2a48eab6f032dace2c8c74. pdf.

（三）问询回复

发行人制定了该公司的《专利及软件著作权管理规范》（编号：GKHY－C－GL－56），对发行人在生产或经营的商品或服务上使用的专利、技术秘密和著作权进行管理。发行人成立了知识产权领导小组，负责对发行人知识产权的宏观管理；知识产权的日常管理由该公司的行政人事部负责。行政人事部下设知识产权管理专员，主要职责包括审查各部门申报的知识产权文书，管理知识产权的申请、注册、登记统计等工作，协助调处知识产权纠纷等。发行人对相关专利、软件著作权的申请使用流程作了明确规定。报告期内，发行人共计申请5项专利，已授权3项专利。为有效提高发行人的知识产权管理水平，强化员工知识产权意识，降低知识产权侵权风险，发行人定期组织相关人员培训，与全部员工签订保密协议并约定了竞业禁止条款，约定相关人员遵守和履行保密职责。报告期内发行人不存在与第三方的知识产权纠纷。

（四）上市培育提示

2019年，上交所科创板股票上市委审议形成了不同意国科环宇公司发行上市的审议意见。作为未成功登陆科创板的首单"不同意发行上市"而终止审核的企业，虽然主要原因不是知识产权管理制度及有效运行的问题，但是对比成功上市的问询回复内容，其并没有根据不同的知识产权类型建立针对性的单独制度或办法，在企业内部没有知识产权专业人士管理知识产权的情况下没有外聘专业机构协助，同时针对"相关人员培训""竞业限制"等只是片面地回复，且不是有效运行的重点。建议上市后备企业可借鉴不成功的案例，防止自身在知识产权管理制度建立过程中出现上述情况。

五、知识产权管理体系实操案例五

（一）案例来源：江西金达莱公司上市问询与回复（摘录）❶

江西金达莱公司首次公开发行股票并在科创板上市过程中，被问询并要求说明"相关商标、专利、软件著作权等知识产权管理的内部控制制度是否建立健全并有效运行"。

---

❶ 招商证券股份有限公司.《关于江西金达莱环保股份有限公司首次公开发行股票并在科创板上市申请文件的审核问询函》之回复报告［EB/OL］.（2019－05－10）［2022－11－17］. http：//static. sse. com. cn/stock/information/c/201905/871c556d9aa0447ca1e5b72eb3f65032. pdf.

（二）问询焦点

招股说明书披露，发行人拥有注册商标42项、专利89项、软件著作权3项，其中较多专利为受让取得。

请发行人补充披露相关商标、专利、软件著作权等知识产权管理的内部控制制度是否建立健全并有效运行。

（三）问询回复

发行人根据该公司《企业知识产权管理规范》，结合自身的特点及实际情况编写了自己的《企业知识产权管理工作手册》。根据上述内部管理文件，该公司知识产权包括：①知识产权查新、检索制度；②知识产权工作备案制度；③成果归属判定制度；④知识产权档案集中管理制度；⑤知识产权保密、知识产权承诺制度；⑥知识产权合同制度；⑦知识产权保护制度。

（四）上市培育提示

作为国内创新型水环境治理综合服务商，江西金达莱公司成功登陆科创板。在申请上市过程中，该公司也被要求补充披露知识产权管理的内部控制制度是否建立健全并有效运行的问题，回复中可借鉴的内容之一便是，发行人根据《企业知识产权管理规范》贯标内容编写了自己的《企业知识产权管理工作手册》。该方法让其知识产权管理制度建立更加有序、完善，执行保障。

六、知识产权管理体系实操案例六

（一）案例来源：星邦公司上市问询与回复（摘录）❶

星邦公司首次公开发行股票并在创业板上市过程中，被问询并要求补充披露"发行人是否制定了知识产权保护，防范泄密的内部制度及执行情况"。

（二）问询焦点

发行人拥有"大高度产品设计及实验验证技术"等非专利技术，请发行人补充披露其是否存在技术泄密的情形，是否制定了知识产权保护，防范泄密的内部制度及执行情况。

---

❶ 东海证券股份有限公司. 关于湖南星邦智能装备股份有限公司首次公开发行股票并在创业板上市申请文件审核问询函的回复［EB/OL］.（2020－12－03）［2022－11－17］. http：//reportdocs. static. szse. cn/Up-Files/rasinfodisc/RAS_00017627B123093FDC10E8C40B695E3F. pdf.

（三）问询回复

发行人已在招股说明书"第六节 业务与技术/六、发行人产品技术及研究开发情况/（七）非专利技术保密情况"中补充披露：该公司自成立以来，一直重视专利技术及非专利技术的保护，建立了《保密管理程序》《研究院门禁管理制度》和《保密协议制度》等制度，对技术秘密、涉密人员、涉密区域进行分级管理，防止非研发人员随意进入研发区域。此外，该公司运用信息化技术对所有研发文件进行了加密处理，对涉密技术文件流转和使用执行了严格的管控措施，所有加密文件的解密需要提交解密申请流程，由部门负责人或分管领导审核后才可解密，有效防范了涉密技术文件的泄密风险。该公司还与员工签订了保密协议，协议约定相关员工在离职后不得泄露公司的技术秘密，且有一定年限的竞业禁止约定。报告期内，公司未出现技术泄密的情形。

（四）上市培育提示

在经历三轮问询后，星邦公司撤回公开发行上市申请文件。根据深交所创业板发行上市审核的相关规定，对其终止审核。虽然其撤回申请的原因不排除涉及融资租赁销售模式的情况，不完全是该小节技术保密的审核问询，但上市后备企业需要重点关注技术秘密保护的制度建立。根据《公开发行证券的公司信息披露内容与格式准则第 35 号——创业板上市公司公开发行证券募集说明书》（证监会公告〔2014〕30 号）第三十条规定："发行人应披露其主要产品或服务的核心技术及技术来源，说明技术属于原始创新、集成创新或引进消化吸收再创新的情况，披露核心技术与已取得的专利及非专利技术的对应关系，以及在主营业务及产品或服务中的应用，并披露核心技术产品收入占营业收入的比例。发行人应披露最近三年及一期研发费用的构成、占营业收入的比例。与其他单位合作研发的，还需说明合作协议的主要内容、研究成果的分配方案及采取的保密措施等。"建议若上市后备企业选择通过非专利方式保护核心技术的，需要在创业板申请前完善知识产权管理制度方面，细分制定完整且严格有效执行的技术秘密保护制度。

七、知识产权管理体系实操案例七

（一）案例来源：五一管业公司上市问询与回复❶

五一管业公司首次公开发行股票并在创业板上市过程中，被问询并要求补充和

---

❶ 申万宏源证券承销保荐有限责任公司. 关于广西五一管业股份有限公司首次公开发行股票并在创业板上市申请文件的审核问询函的回复［EB/OL］.（2021 - 01 - 27）［2022 - 11 - 17］. http：//reportdocs. static. szse. cn/UpFiles/rasinfodisc/RAS_0001771E44A6FC3FE372A0CCC3F9AA3F. pdf.

说明"环保无毒化配方技术应用为发行人核心技术之一，而发行人发明及实用新型专利均未涉及配方保护，披露发行人相关配方保密措施及有效性"。

（二）问询焦点

"环保无毒化配方技术应用"为发行人核心技术之一，而发行人发明及实用新型专利均未涉及配方保护，请发行人披露发行人相关配方保密措施及有效性。

（三）问询回复

发行人已在招股说明书"第六节 业务与技术"之"六、公司的技术水平及研发情况"之"（一）公司核心技术"中补充披露公司核心技术保密措施。

环保无毒化配方技术应用为发行人核心技术之一，发行人对相关配方采取较为完善的保密措施。相关保密措施适用包括全部产品配方、产品模具图纸、原材料的来源、供应厂商、采购价格等核心商业信息。该公司员工查阅上述核心信息需要履行经技术部主管或总经理批准方可使用，未经许可发生泄露机密信息，将承担相应法律责任。

该公司严格执行上述保密措施，可有效保护公司的核心技术。报告期内，尚未发生核心技术机密泄露导致生产经营受到负面影响事件。

（四）上市培育提示

五一管业公司从事市场竞争激烈的塑料管道行业，主要研发、生产、销售聚氯乙烯（PVC）、聚乙烯（PE）、三丙聚丙烯管（PP－R）等塑料管道产品。目前，五一管业公司撤回了创业板上市申请。根据《深圳证券交易所创业板股票发行上市审核规则》（深证上〔2020〕501号）第六十七条的有关规定，深交所决定终止对五一管业公司首次公开发行股票并在创业板上市的审核。在申请上市过程中，五一管业公司同样被审核问询了关于其材料配方如何保护的问题。那么，涉及技术是采用专利公开换保护还是不公开保密进行保护的选择时，上市备企业应如何考虑和抉择。

对此建议：①考虑上市后备企业所处行业的技术竞争领域，在公开与不公开利弊均有的情况下，企业应根据自身行业及核心技术特点采取最优的保护方式；②若采取公开换保护的情况下，该核心技术是否符合《专利法》第二十二条规定授予专利权的三性，即专利应当具备新颖性、创造性和实用性；③若企业采取不公开保密的方式保护核心技术的（包括但不限于：具体的工艺参数、实验数据不符合"三性"，无法申请专利，如果申请专利容易被公开的信息造成反向破解），上市后备企业应严格按照《民法典》第五百零一条，《反不正当竞争法》第九条、第三十二条，以及《刑法》第二百一十九条等关于侵犯商业秘密罪的相关法律规定，建立符合技术信息保护的商业秘密管理制度。

八、知识产权管理体系实操案例八

（一）案例来源：苏州久美公司上市问询与回复（摘录）❶

苏州久美公司首次公开发行股票并在创业板上市过程中，由于涉及的核心技术并没有申请专利，被问询并要求回复"是否存在商业秘密泄露风险及发行人应对措施的有效性"。

（二）问询焦点

请发行人说明发行人对核心技术不申请专利而作为商业秘密的做法与同行业公司是否一致，是否符合行业惯例，是否存在商业秘密泄露风险及发行人应对措施的有效性。

（三）问询回复

为减小商业秘密泄露风险，发行人采取了如下措施。

1. 制度规范

该公司制定了《保密制度》《研发项目组织实施管理制度》等规范性文件，对公司技术保护做制度性规范，使技术保护有章可循；与核心技术人员签订《苏州久美玻璃钢股份有限公司员工保密协议》，对保密期限、保密内容和保密措施等进行了明确约定，防止公司技术信息外泄。

2. 股权激励

为保持研发团队及核心技术人员稳定性，充分调动研发人员创新和研究积极性，公司实施股权激励，使主要研发人员和核心技术人员通过公司的员工持股平台间接持有公司股份，将研发人员的个人利益与股东利益、公司利益紧密结合，以此建立长期有效的激励机制，帮助公司吸引和留住优秀人才，同时也能为公司的技术保护提供保障。

3. 控制技术信息知情人范围

该公司产品存在定制化特点，每个合同都有单独的技术协议，该公司根据技术协议进行产品的设计和生产，因此每个合同都有单独的生产资料文件，此文件为该公司核心技术输出的直接表现。用于生成生产资料文件的计算机均装载加密软件，能够保证生产资料文件的安全性。生产资料的解密需要经过专门授权人员进行，能够确保生产资料文件电子档案的安全性。经过上述处理，能够有效控制技术信息知情人范围，有利于保障公司核心技术的安全性。

---

❶ 兴业证券股份有限公司. 关于首次公开发行股票并在创业板上市申请文件的审核问询函的回复［EB/OL］.（2020 – 11 – 17）［2022 – 11 – 17］. http：//reportdocs. static. szse. cn/UpFiles/rasinfodisc/RAS_000175B14B4F433FC3AD03E24669643F. pdf.

截至该回复出具日，发行人与核心技术保密相关的内部控制一直有效运行，发行人与核心技术人员签订的保密协议合法有效，且未曾发生核心技术泄密的情形，也不存在任何与知识产权相关的纠纷。

（四）上市培育提示

2021 年 3 月，苏州久美公司向深交所交了《苏州久美玻璃钢股份有限公司关于撤回首次公开发行股票并在创业板上市申请文件的申请》，深交所作出了终止对苏州久美公司首次公开发行股票并在创业板上市的审核。同样，在申请创业板上市的过程中，苏州久美公司也遇到了"在核心技术没有申请专利下，如何防止技术泄露及如何有效保护"的审核问询。苏州久美公司问询回复内容涉及制度规范、股权激励、控制技术信息知情人范围。因此建议上市后备企业开展以下商业秘密保护措施：①聘请专业机构与企业内部研发人员共同确定技术信息保护范围；②开展密级管理、技术信息使用权限等保密措施；③签订保密协议；④签订竞业限制协议；⑤定期保密培训；⑥设置保密流程等。

第二节　知识产权权属布局

一、知识产权权属布局实操案例一

（一）案例来源：海天瑞声公司上市问询与回复（摘录）❶

海天瑞声公司首次公开发行股票并在科创板上市过程中，被问询并要求回复"变更出资方式是否符合法律规定，是否涉及出资不实及后续的出资补足过程，是否受到过相关行政处罚"。其中的变更出资方式是变更原技术出资为货币出资。

（二）问询焦点

申报文件显示，2014 年 3 月，股东贺某、蔡某智以非专利技术"基于互联网的数据处理平台技术"增加注册资本，后蔡某智将相关出资转让给唐某飞，2015 年 4 月，贺某、唐某飞新增投入货币，分别出资 320 万元、80 万元对上述非专利技术出资 400 万元的出资方式进行了变更。

---

❶ 华泰联合证券有限责任公司. 关于北京海天瑞声科技股份有限公司首次公开发行股票并在科创板上市申请文件审核问询函的回复［EB/OL］.（2019 – 05 – 05）［2022 – 11 – 17］. http：//static. sse. com. cn/stock/information/c/201905/4693c482804d416094a3ced532b7fb47. pdf.

请发行人说明：①用于增资的非专利技术"基于互联网的数据处理平台技术"是否属于发行人生产经营需要使用的非专利技术，若需要使用，变更出资方式是否影响发行人的正常经营，若不需要使用，说明以非专利技术出资的合理性；②用于增资的非专利技术作价400万元的依据，是否经过评估程序；③上述出资及变更出资是否履行了公司内部决策程序；④上述变更出资方式是否符合法律规定，是否涉及出资不实及后续的出资补足过程，是否受到过相关行政处罚；⑤发行人股东间是否因变更出资方式存在纠纷，是否会影响发行人股权的清晰，是否对该次发行上市构成障碍。

（三）问询回复

贺某、蔡某智用于增资的非专利技术"基于互联网的数据处理平台技术"属于发行人生产经营需要使用的非专利技术。2015年4月发行人变更出资方式后，贺某、蔡某智同意该非专利技术仍归公司所有并由发行人继续使用。发行人对该非专利技术持续进行研发更新，且应用于发行人数据资源开发流程中。

由于原用于出资的非专利技术"基于互联网的数据处理平台技术"权属无法明确，存在出资不实的风险，2015年4月相关股东向海天瑞声公司新增投入货币出资，将无形资产出资方式变更为货币出资，已对上述情况进行了出资补足。

（四）上市培育提示

海天瑞声公司首次公开发行股票并在科创板上市过程中，被问询焦点问题之一是基于发行人用于出资的技术权属是属于股东个人还是发行人无法明确，该技术以无形资产出资方式用于发行人增资，在上市核查过程中，或因存在出资不实风险而转以货币出资方式补足出资，并且通过发行人的回复可见，该技术系发行人生产经营需要使用的技术。通过该案例，揭示了上市后备企业如果在核心技术权属的布局上没有前置性的安排考虑，极易引发后续的因权属不清晰而导致的相关问题，例如权属争议纠纷、无形资产出资相关的纠纷等，或将导致发行上市的障碍。因此建议上市后备企业对于自己具有的技术，特别是生产经营需要使用的技术，在权属布局上，应从权利形成的最初即进行合理考虑安排。

二、知识产权权属布局实操案例二

（一）案例来源：和舰芯片公司上市问询与回复（摘要）❶

和舰芯片公司首次公开发行股票并在科创板上市过程中，被问询并要求回复相

---

❶ 长江证券承销保荐有限公司. 关于和舰芯片制造（苏州）股份有限公司首次公开发行股票并在科创板上市申请文件审核问询函的回复［EB/OL］.（2019－04－30）［2022－11－17］. http：//static. sse. com. cn/stock/information/c/201904/98b0f84863f743f79704f31d24c7efe6. pdf.

关"知识产权的形成过程，截至目前的法律状态，是否存在到期注销、终止等异常情况，知识产权的归属是否存在纠纷或潜在纠纷；知识产权与控股股东授权技术相比是否为发行人核心技术，是否足够先进或者已快速迭代；发行人主要生产经营是否对授权技术存在重大依赖；股东技术授权是否为独占、排他的许可方式，到期后的续约安排，是否存在替代措施，发行人技术及研发是否独立或存在对最终控股股东的重大依赖，如不能获得授权或者授权费用大幅上升是否会对发行人持续经营能力造成重大不利影响；通过授权使用获取相关核心技术对发行人资产完整性和业务独立性的影响……技术及投资总量等受限对公司未来持续经营的影响；结合发行人多数主要核心技术均为股东或外部授权的情形、目前的产品结构及未来发展规划，披露主营业务、主要产品是否符合国家产业政策要求，是否属于国家鼓励发展的方向，是否存在落后产能，是否符合科创板定位"。

（二）问询焦点

招股说明书披露，报告期内发行人主要向英国 ARM 公司等第三方公司获得知识产权授权。发行人拥有多项发明专利、实用新型专利、集成电路布图设计等知识产权，但 $0.13\mu m$、28nm、40nm、55nm、80nm 及 90nm 等核心制程晶圆制造技术均来自联华电子股份有限公司授权使用。请发行人披露：①相关知识产权的形成过程和法律状态，是否存在到期注销、终止等异常情况，知识产权的归属是否存在纠纷或潜在纠纷；知识产权是否涉及研发人员在原单位的职务成果，研发人员是否违反竞业禁止的有关规定，是否存在违反保密协议的情形。②相关知识产权与晶圆制程技术的对应关系，与控股股东授权的非专利技术进行先进性比较，与国内外同行相应技术进行先进性比较，在发行人技术体系中的地位，其知识产权与控股股东授权技术相比是否为发行人核心技术，是否足够先进或者已快速迭代。③报告期内依托上述知识产权和股东授权技术的相关业务收入分别占营业收入总额的比重，对发行人生产经营、财务状况的贡献，发行人主要生产经营是否对授权技术存在重大依赖。④股东技术授权是否为独占、排他的许可方式，到期后的续约安排，是否存在替代措施，相关技术授权费的价格是否公允，发行人技术及研发是否独立或存在对最终控股股东的重大依赖，如不能获得授权或者授权费用大幅上升是否会对发行人持续经营能力造成重大不利影响。⑤通过股东授权制程技术开展生产经营是否符合行业或者国际惯例，与国际上同类技术授权使用费的对比情况、差异原因及合理性；通过授权使用获取相关核心技术对发行人资产完整性和业务独立性的影响。⑥取得最终控股股东联华电子股份有限公司的技术授权、晶圆制造厂投资数量、制程技术等是否符合相关要求；技术及投资总量等受限对公司未来持续经营的影响。⑦结合发行人多数主要核心技术均为股东或外部授权的情形、目前的产品结构及未来发展规划，披露主营业务、主要产品是否符合国家产业政策要求，是否属于国家鼓励发展的方向，是否存在落后产能，是否符合科创板定位。请保荐机构、发行人律师对上述事项及发行人是否符合相关发行条件进行核查，并说明核查方式、核查过程并发表明确意见。

（三）问询回复

截至该招股书签署日，发行人及子公司在中国大陆共取得 72 项专利，其中有 57 项发明专利，15 项实用新型专利；在中国台湾地区拥有 12 项专利，其中发明专利 11 项，实用新型专利 1 项；在美国拥有 3 项发明专利，发行人子公司山东联暻拥有已授权的集成电路布图设计 12 项，上述知识产权均为发行人或发行人子公司原始取得，截至目前的法律状态均为正常使用，不存在到期注销、终止等异常情况，知识产权的归属不存在纠纷或潜在纠纷；上述知识产权均为职务研发成果，不属于员工在原单位的职务成果，也不存在违反竞业禁止的有关规定和保密协议的情形。该公司目前获得知识产权的专利涵盖公司 8 英寸核心技术体系的主要制程范围，占据该公司 8 英寸核心技术体系的主导地位。控股股东授权技术主要集中在 12 英寸，涉及 28nm、40nm、55nm、80nm、90nm 制程技术，引进吸收前，该公司没有 12 英寸相关技术，通过在引进吸收控股股东授权 12 英寸基础上进行客制化、差异化研发形成了公司的 12 英寸核心技术体系。12 英寸相关技术主要来自控股股东授权，该公司已完全掌握控股股东授权技术，并在此基础上进行客制化或差异化研发，已对控股股东技术不存在重大依赖。

根据发行人和控股股东签署的技术授权契约，股东授权使用技术的许可并非独占、排他的方式。发行人在引进吸收后已完全掌握股东授权技术，到期后继续授权只不过是为了避免被第三方起诉而引起不必要的知识产权纠纷，联华电子股份有限公司确认到期后发行人能够继续使用上述授权技术，不会采取任何方式追究发行人的侵权责任。

和舰芯片公司通过多年的运营，积累了丰富的 8 英寸先进制程和特色工艺经验，拥有完整的研发团队，有能力不断研发先进和特色芯片技术；为了快速提高公司和国内芯片制造技术水平，降低研发风险，缩短研发周期，该公司子公司厦门联芯集成电路制造（厦门）有限公司（以下简称"厦门联芯"）采用了国际业内常用的技术引进的策略；通过公司控股股东引进 28nm、40nm 等技术，联华电子股份有限公司授权厦门联芯 28nm、40nm 完整技术，包含制程技术、设计规则、电路布线、光罩图形档案、光罩等，厦门联芯引进吸收后技术上无需依赖联华电子股份有限公司，且厦门联芯自设立以来，一直在建立和完善自己的研发团队，有能力对吸收引进的技术进行特色化工艺开发，取得了丰硕的研发成果，并且储备了大量的研发项目。

发行人主要从事 12 英寸及 8 英寸晶圆制造，不属于落后产能。发行人具有独立完整研发系统，该公司 8 英寸主要核心技术已形成了自主知识产权，报告期内该公司在 8 英寸和 12 英寸先进制程和特色工艺研发方面取得了丰富的成果，该公司拥有控股股东授权使用的技术产权的使用权，控股股东授权技术产权清晰不存在纠纷或潜在纠纷。

（四）上市培育提示

和舰芯片公司首次公开发行股票并在科创板上市过程中，被问询的焦点问题之一是基于其 2 项核心技术产品 12 英寸晶圆及 8 英寸晶圆并非完全属于其自己所有，从相关知识产权的权属来看，8 英寸晶圆产品的知识产权权属基本属于发行人自有，但更先进的 12 英寸晶圆产品的技术的知识产权权属属于其他企业，系授权给发行人使用。发行人在国内相对落后于国际先进技术的领域，一方面依托自有核心技术及研发团队，大力形成自有知识产权权属体系。另一方面通过获得授权方式，快速引进国际较先进技术，并着力于技术的消化吸收及后续客制化、差异化研发。对于此种知识产权权属布局形态的上市后备企业而言，依赖于第三方授权的技术，以及是否会构成侵权纠纷等，都将是其必须重视的问题。因此建议上市后备企业及时自检，对经授权方式进行使用的知识产权，在该权利获得法律保护的最长期限范围内，检查是否均取得授权许可，以免被第三方起诉而引起不必要的知识产权纠纷。

三、知识产权权属布局实操案例三

（一）案例来源：恒安嘉新公司上市问询与回复（摘录）❶

恒安嘉新公司首次公开发行股票并在科创板上市过程中，被问询并要求回复"核心技术是否权属清晰；请结合可比公司的专利数量、申请时间及应用范围，说明发行人专利体系是否具有市场竞争优势；发行人与江苏省通信管理局、国家计算机病毒应急处理中心共有上述两项计算机软件著作权的原因和背景，以及关于上述两项软件著作权的权利义务协议或约定，是否存在权属纠纷"。

（二）问询焦点

招股说明书披露，该公司拥有注册商标43 项，申请发明专利46 项，其中6 项已取得专利权（含1 项美国专利），申请日期主要集中在 2010～2012 年。拥有软件著作权58 项和作品著作权2 项。2 项软件著作权（KPI 考核系统、黑客案件线索发布与处置系统 V1.0）分别与江苏省通信管理局、国家计算机病毒应急处理中心共同所有。

---

❶ 中信建投证券股份有限公司. 关于恒安嘉新（北京）科技股份公司首次公开发行股票并在科创板上市申请文件审核问询函的回复 [EB/OL]. (2019 - 05 - 06) [2022 - 11 - 17]. http://static.sse.com.cn/stock/information/c/201905/35520f3e320e4ce78445b79762dd9ec5.pdf.

请发行人说明：①6 项专利的来源情况，属于自主研发还是受让取得，发行人是否掌握具有自主知识产权的核心技术，核心技术是否权属清晰、是否国内或国际领先、是否成熟或者存在快速迭代的风险；②发行人是否存在他方许可其使用专利或非专利技术的情形，核心技术是否存在对他方的重大依赖；③请结合可比公司的专利数量、申请时间及应用范围，说明发行人专利体系是否具有市场竞争优势，以及核心经营团队和技术团队的竞争力情况；④尚未取得专利权的 40 项专利申请的具体情况，并请结合发行人专利的数量及申请时间，分析发行人的技术水平；⑤KPI 考核系统、黑客案件线索发布与处置系统 V1.0 2 项软件著作权对发行人生产经营的重要性，报告期各期对应的营业收入情况；⑥发行人与江苏省通信管理局、国家计算机病毒应急处理中心共有上述 2 项软件著作权的原因和背景，以及关于上述 2 项软件著作权的权利义务协议或约定，是否存在权属纠纷；⑦发行人是否具备技术成果有效转化为经营成果的条件，是否形成有利于企业持续经营的商业模式，是否依靠核心技术形成较强成长性，包括但不限于技术应用情况、市场拓展情况、主要客户构成情况、营业收入规模及增长情况、产品或服务盈利情况；⑧发行人是否拥有高效的研发体系，现有研发体系是否具备持续创新能力或技术持续创新的机制，是否具备持续创新能力，近年来是否取得市场认可的研发成果，在研项目的主要方向及应用前景，技术储备及技术创新的具体安排。

请保荐机构根据《上海证券交易所科创板企业上市推荐指引》● 问答要求，对上述事项进行核查，并发表明确意见。

（三）问询回复

该公司核心技术均为自主研发，相关技术在产品应用过程中不断升级和积累，并运用于公司的主要产品中；公司核心技术权属清晰，不存在技术侵权纠纷或潜在纠纷。

与相关可比公司相比，该公司专利数量较少。主要是因为在业务发展前期，该公司侧重于各项核心技术开发和不断优化，对专利保护作用的重视程度存在一定的不足。但随着公司的持续发展，该公司核心经营团队和技术团队不断强化对专利的重视程度，持续增加对专利申请的投入，积极构建并不断完善自身专利体系。

该公司结合主营业务及行业主流技术方向进行专利布局，注重专利申请的质量。其取得授权或申请中的专利涉及互联网和通信网中的网络安全、内容安全、网络优化、AI、大数据、车联网等多个业务方向，在 2019 年专利规划中将在第五代移动通信技术（5G）、AI、工业互联网和物联网方面进行布局，持续跟进主要的技术发展方向，确保在网络空间安全方向的技术先发优势。

● 注：该指引已于 2020 年 3 月 27 日废止，上交所于 2021 年 4 月 16 日发布《上海证券交易所科创板企业发行上市申报及推荐暂行规定》（2021 年 4 月修订，上证发〔2021〕23 号）对该指引进行了修订。

该公司于 2017 年发布《专利申请及管理办法》，建立了专利申请考核和奖励机制，鼓励研发技术人员撰写专利，为公司持续跟进前沿技术、保持持续创新性奠定制度基础。

该公司与江苏省通信管理局共有软件著作权"江苏基础电信企业 KPI 考核系统"，是该公司基于 KPI 考核系统软件销售合同的约定，为 KPI 考核系统软件注册软件著作权。

该公司与国家计算机病毒应急处理中心共有软件著作权"黑客案件线索发布与处置系统 V1.0"，是该公司基于合作开发协议约定，共同开发"黑客案件线索发布与处置系统 V1.0"并为其注册软件著作权。

（四）上市培育提示

恒安嘉新公司在首次公开发行股票并在科创板上市过程中，被问询的焦点问题之一是要求发行人说明其专利体系是否具有市场竞争优势，以及发行人与江苏省通信管理局、国家计算机病毒应急处理中心共有的 2 项软件著作权是否存在权属纠纷。这两个方面的问题均涉及发行人的知识产权权属布局，并且均将可能引起对发行人是否具备持续创新能力以及权属纠纷的疑虑。上市后备企业应关注，在其专利体系的建设中，考虑将公司各核心技术与专利建立紧密对应关系，建立相应制度促使技术人员在研发过程中注重对技术研究成果的及时总结，及时申请相应专利，以便为核心技术提供持续有力的保护，促进企业核心技术的领先地位和企业的市场竞争优势。另外，就该案例涉及的著作权属共有问题，根据《著作权法实施条例》（2013 年修订）第九条规定："合作作品不可以分割使用的，其著作权由各合作作者共同享有，通过协商一致行使；不能协商一致，又无正当理由的，任何一方不得阻止他方行使除转让以外的其他权利，但是所得收益应当合理分配给所有合作作者。"可见，共有的著作权在使用时，在没有约定的情况下，存在共有方均可使用的情形。上市后备企业对于共有著作权的使用，确实比完全单独享有的知识产权更易产生纠纷或更多潜在纠纷。因此建议上市后备企业在知识产权形成之初即应保持对其权属布局的清醒认识。

四、知识产权权属布局实操案例四

（一）案例来源：上海赛伦公司上市问询与回复（摘录）❶

上海赛伦公司首次公开发行股票并在科创板上市过程中，被问询并要求回复

---

❶ 海通证券股份有限公司. 关于上海赛伦生物技术股份有限公司首次公开发行股票并在科创板上市申请文件审核问询函的回复［EB/OL］.（2019 – 06 – 28）［2022 – 11 – 17］. http：//static. sse. com. cn/stock/information/c/201909/18151d24502e4f76a33d628f6bd781b8. pdf.

"发行人是否已拥有与生产经营相关的所有专利，专利来源及权属是否存在瑕疵；发行人是否存在合作研发、研发外包、引进授权等与第三方合作的商业模式，如存在，请补充说明发行人在研发过程中参与的环节，是否可以独家申请注册证书，是否拥有完整的知识产权和所有权"。

（二）问询焦点

请发行人说明：①发行人是否已拥有与生产经营相关的所有专利，专利来源及权属是否存在瑕疵，使用上述专利是否合法合规，是否存在纠纷，如果存在，请披露纠纷的详细情况及对发行人持续经营的影响；②发行人是否存在合作研发、研发外包、引进授权等与第三方合作的商业模式，如存在，请补充说明发行人在研发过程中参与的环节，是否可以独家申请注册证书，是否拥有完整的知识产权和所有权，是否能独家使用，是否存在使用期限，对应的主要产品是否在可预见的未来存在市场竞争力。请保荐机构、发行人律师核查并发表意见。

（三）问询回复

报告期内，该公司就部分在研产品与军事科学院等机构进行合作研发；在项目研发过程中在部分研发环节按照行业惯例做法采取研发外包模式，委托医药研发合同外包服务机构（CRO）机构开展研发；该公司不存在引进授权等与第三方合作的情形。在合作研发过程中，该公司由于在抗血清抗毒素领域具备领先优势，特别在毒素蛋白质组学、动物免疫和工艺环节具备优势，因此主要负责动物免疫、采浆、生产工艺研究、产品生产、产品检测等环节；军事科学院等合作研发机构则在特殊毒素的基础研究上具备一定优势，主要负责特定毒素的制备、特定毒素的毒力检测等环节。一般情况下，该公司与合作研发机构对合作研发所产生的知识产权享有共同所有权，并共同申请相关注册证书。

该公司在药品研发活动中，在部分研发环节采取了研发服务外包模式。医药行业研发周期较长，行业分工较为细致，医药公司选择CRO协助某些研发环节，以提高研发效率，为行业主流模式，符合行业惯例。在存在研发外包的研发项目中，该公司拥有在研产品相关的完整知识产权和所有权，CRO仅针对该公司委托提供部分研发外包服务，不涉及产品知识产权或所有权归属问题。

（四）上市培育提示

上海赛伦公司首次公开发行股票并在科创板上市过程中，其提供的专利权权属登记显示其相当部分专利存在共有权利人，在被问询的焦点问题之一："发行人是否已拥有与生产经营相关的所有专利，专利来源及权属是否存在瑕疵"，对于所使用的技术权属存在共有人的情况下，鉴于伴随的权属纠纷、是否为发行人专属使用、有无其他潜在纠纷等问题均会相随而来，因此发行人的此类知识产权权属布局，也将引发较高的审核关注，建议上市后备企业自检知识产权权属分布时，对于共有权利人，应当签订相应的协议，完善约定共有知识产权的使用、许可使用、收益分配、转让等内容。

该案例中被问询的焦点问题之二："是否存在合作研发、研发外包、引进授权等与第三方合作的商业模式，如存在，请补充说明发行人在研发过程中参与的环节，是否可以独家申请注册证书，是否拥有完整的知识产权和所有权。"根据《民法典》第八百五十九条规定："委托开发完成的发明创造，除法律另有规定或者当事人另有约定外，申请专利的权利属于研究开发人。研究开发人取得专利权的，委托人可以依法实施该专利。研究开发人转让专利申请权的，委托人享有以同等条件优先受让的权利。"第八百六十条规定："合作开发完成的发明创造，申请专利的权利属于合作开发的当事人共有；当事人一方转让其共有的专利申请权的，其他各方享有以同等条件优先受让的权利。但是，当事人另有约定的除外。合作开发的当事人一方声明放弃其共有的专利申请权的，除当事人另有约定外，可以由另一方单独申请或者由其他各方共同申请。申请人取得专利权的，放弃专利申请权的一方可以免费实施该专利。合作开发的当事人一方不同意申请专利的，另一方或者其他各方不得申请专利。"在合作开发及委托开发情况下，都可能对相关知识产权权属产生不同的影响，因此建议上市后备企业在通过合作开发或委托开发形成知识产权成果时，对其权属归属，应当先行布局并与合作方及委托方签订必要而全面的协议进行约定。

五、知识产权权属布局实操案例五

（一）案例来源：国科环宇公司上市问询与回复（摘录）❶

国科环宇公司首次公开发行股票并在科创板上市过程中，被问询并要求回复"发行人通过自有的开发宝平台建立了新技术的众包研发模式，平台汇聚了上千个具有活力的小型创新团队，可以快速响应新技术的开发与攻关需求。在发行人业务较多涉及国家秘密的情况下将研发项目外包如何防范泄密风险，发行人是否具有自主研发能力，是否符合《中华人民共和国保守国家秘密法》等相关法律法规的规定。说明该模式下对知识产权、专利权的权属约定，权属纠纷的争议解决机制。"

---

❶ 中泰证券股份有限公司. 关于北京国科环宇科技股份有限公司首次公开发行股票并在科创板上市申请文件审核问询函的回复［EB/OL］. （2019 – 05 – 09）［2022 – 11 – 17］. http：//static. sse. com. cn/stock/information-/c/201905/4ad73aa50a2a48eab6f032dace2c8c74. pdf.

（二）问询焦点

发行人通过自有的开发宝平台建立了新技术的众包研发模式，该平台汇聚了上千个具有活力的小型创新团队，可以快速响应新技术的开发与攻关需求。

请发行人：①补充披露自行研发和研发外包的区分标准，报告期各期研发外包的项目数量、金额及占比；②补充披露该模式是否涉及核心技术外包研发，是否存在对中标项目的分包、转包情况，如有，请说明具体项目、合同金额、分包金额，分包商是否具备业务资质，该等研发模式是否符合军用产品生产的要求和招投标文件的规定；③补充披露在发行人业务较多涉及国家秘密的情况下将研发项目外包如何防范泄密风险，如何有效保障研发质量，发行人是否具有自主研发能力，是否符合《保守国家秘密法》等相关法律法规的规定；④说明该模式下对知识产权、专利权的权属约定，权属纠纷的争议解决机制，是否存在权属纠纷或潜在纠纷；⑤说明开发宝平台的业务模式、盈利模式，开发宝平台上汇集的大量开发项目与该公司主营业务之间的关系。请保荐机构和发行人律师核查并发表意见。

（三）问询回复

在项目研发过程中，产品和服务的整体结构与功能设计、研发均由发行人自身负责，而部分模块或环节则由发行人视情况进行外包。开发宝平台作为第三方研发交易、服务平台，主要为发包方与接包方提供进行交易的互联网场所。发行人的部分研发外包项目通过开发宝对外发布。为保证发行人核心技术不被复制，长期为发行人创造价值，发行人规定不得将核心技术外包，因此，开发宝模式下不涉及核心技术外包研发。开发宝平台作为第三方研发交易、服务平台，主要为发包方与接包方提供进行交易的互联网场所。开发宝平台并未对在平台上发布的交易信息相关的知识产权、专利权的权属进行规定，发包方与接包方的权属约定以及权属争议解决机制由双方自行协商确定。

（四）上市培育提示

国科环宇公司在首次公开发行股票并在科创板上市过程中，被问询的焦点问题之一是发行人通过自有的开发宝平台建立的新技术的众包研发模式，在发行人业务较多涉及国家秘密的情况下将研发项目外包如何防范泄密风险，发行人是否具有自主研发能力，是否符合我国《保守国家秘密法》等相关法律法规的规定。以及在该模式下相关知识产权的权属归属和权属纠纷的争议如何解决。该案例发行人作为一家航天关键电子系统解决方案供应商，是我国载人航天、北斗卫星导航系统、高分辨率对地观测系统等国家重大科技专项关键电子系统的核心供应商，所开展的研发项目大多涉及国家机密，所取得的研究成果也大多申请国防专利，而此背景下，该上市后备企业展示的知识产权权属获取的来源方式，有通过其建立的第三方研发交易、服务平台进行众包研发的模式而取得，该权属布局状况，除了众包方式下可能引发的知识产权权属应属合作开发技术成果还是委托开发技术成果的归属争议外，还可能引发违反如《保守国家秘密法》《招标投标法》等法律法规的强制性禁止性规范的风险。因此建议上市后备企业对自己知识产权权属来源、组成、获取渠道、主营业务的硬性要求等，应建立系统合理的体系机制进行全面评估，防范风险。

六、知识产权权属布局实操案例六

（一）案例来源：华夏天信公司上市问询与回复（摘录）❶

华夏天信公司首次公开发行股票并在科创板上市过程中，被问询并要求回复"说明山东大学与发行人就专利权属的具体约定，相关约定是否对发行人的业务发展产生不利影响；说明共有专利、软件著作权的形成原因，各方就权属的具体约定，是否对发行人的业务发展产生不利影响及依据，各方就技术权属或者使用是否存在纠纷或者潜在纠纷"。

（二）问询焦点

招股说明书披露，该公司及其子公司共拥有 61 项专利、83 项软件著作权。发行人专利之一的异步电动机直接转矩控制装置及其方法为山东大学与发行人共有，部分软件著作权与他人共有。

请发行人说明：①发行人原始取得的各项专利权的研发过程，是否存在合作研发的情况，如有，说明合作各方名称、合作方式、发行人在合作研发中承担的作用、关于研发成果归属的具体约定，发行人对合作方是否存在研发或者技术依赖；②山东大学与发行人就专利权属的具体约定，相关约定是否对发行人的业务发展产生不利影响；③共有专利、软件著作权的形成原因，各方就权属的具体约定，是否对发行人的业务发展产生不利影响及依据，各方就技术权属或者使用是否存在纠纷或者潜在纠纷；④结合上述情况，发行人是否具备自主研发能力，是否存在对他人的重大技术依赖。请保荐机构、发行人律师核查上述事项并发表意见。

---

❶ 中泰证券股份有限公司. 关于华夏天信智能物联股份有限公司首次公开发行股票并在科创板上市申请文件的审核问询函回复［EB/OL］.（2019－08－22）［2022－11－17］. http：//static. sse. com. cn/stock/information/c/201908/92026f3d3f664322ba81a8200bf8a37f. pdf.

（三）问询回复

根据华夏天信公司与山东大学签署的《专利合作协议》等，双方对研发成果的归属进行了如下约定：①双方合作期间取得的专利号为 ZL201410459482.7 的专利发明专利权属双方共同拥有；②该项专利转让产生的收益双方各按 50% 分配；③该项专利成果转化产生的收益，由负责成果转化的一方独自享有，如共同合作进行转化，则各按 50% 分配；④一方转让其拥有的专利时，另一方可以在同等条件下优先受让；⑤双方在合作过程中，专利权申请的费用各按 50% 承担，其中一方单方面放弃专利申请权的，可由另一方单独申请并承担费用、独自享有专利权；⑥任何一方未经另一方书面同意，不准向第三方直接、间接、口头或者书面提供涉及专利技术等保密内容。

（四）上市培育提示

华夏天信公司在首次公开发行股票并在科创板上市过程中，被问询的焦点问题之一是发行人与他人共有专利权是否对发行人的业务发展产生不利影响，以及技术权属或者使用是否存在纠纷或者潜在纠纷。根据发行人的回复可见，其共有双方对权属归属、使用、转让限制、费用分担及利益分配等均进行了相关约定，因此建议上市后备企业在通过合作开发或委托开发形成知识产权成果时，为避免后续纠纷，应当就相关约定签订尽可能全面而详细的协议。

七、知识产权权属布局实操案例七

（一）案例来源：江苏微导纳米科技股份有限公司上市问询与回复（摘录）❶

江苏微导纳米科技股份有限公司首次公开发行股票并在科创板上市过程中，被问询并要求回复"发行人尚有部分软件著作权正在办理权属变更登记，请发行人说明相关变更的办理进展"。

（二）问询焦点

根据首轮问询回复，发行人尚有部分软件著作权正在办理权属变更登记，请发行人说明相关变更的办理进展。请发行人律师核查并发表明确意见。

---

❶ 中信证券股份有限公司. 关于江苏微导纳米科技股份有限公司首次公开发行股票并在科创板上市申请文件的第二轮审核问询函的回复［EB/OL］.（2020－10－28）［2022－11－17］. http：//static. sse. com. cn/stock/information/c/202010/df65ff5a90474d93b57f9c40d7f4f95c. pdf.

（三）问询回复

根据中国版权保护中心公布的《软件登记事项变更或者补充登记指南》，办理软件著作权变更或者补充登记申请前需先进行软件登记概况查询。截至该回复出具之日，发行人已收到中国版权保护中心反馈的查询结果，前述软件著作权为江苏微导纳米科技股份有限公司所有，并已向中国版权保护中心提交变更登记申请，相关权属变更登记正在办理中。

（四）上市培育提示

江苏微导纳米科技股份有限公司在首次公开发行股票并在科创板上市过程中，被一轮、二轮问询均涉及其软件著作权的权属变更登记办理情况。因此建议上市后备企业在知识产权权属布局阶段，即应建立相应的评估论证机制并尽早做出合理安排，以免不必要的耽误被审核的时间。

八、知识产权权属布局实操案例八

（一）案例来源：宜搜科技公司上市问询与回复（摘录）❶

宜搜科技公司首次公开发行股票并在科创板上市过程中，被问询并要求回复发行人 App 上的漫画、书籍等内容是否均有合法著作权，发行人阅读、漫画、音乐、游戏等合同就著作权相关事项的具体约定；知识产权的合规情况及是否存在侵犯他人著作权或其他合法权益的情形或潜在风险。

（二）问询焦点

请发行人说明：①发行人 App 上的漫画、书籍等内容是否均有合法著作权，发行人阅读、漫画、音乐、游戏等合同就著作权相关事项的具体约定；②发行人报告期内购买著作权的数量、金额、发行人 App 主要产品的内容来源、制作方式，有无纠纷或潜在纠纷；③相关著作权的续约情况，是否存在不能续约的风险，如不能续约是否对发行人的正常经营造成重大影响；④知识产权的合规情况及是否存在侵犯他人著作权或其他合法权益的情形或潜在风险，发行人报告期内的具体著作权纠纷情况以及对未来可持续经营存在的风险。请发行人结合上述事项作重大事项提示。请保荐机构和发行人律师核查上述事项，并发表明确意见。

---

❶ 东莞证券股份有限公司. 关于深圳宜搜天下科技股份有限公司首次公开发行股票并在科创板上市申请文件的审核问询函之回复［EB/OL］. （2020－03－17）［2022－11－17］. http：//static. sse. com. cn/stock/information/c/202003/3a21d9d02cdc480d99cc410fae10695d. pdf.

（三）问询回复

经核查，发行人律师认为：①发行人运营阅读、漫画、音乐、游戏业务主要通过与著作权方签署书面合同的方式并就著作权的授权事项及合作进行具体约定，发行人制定了著作权采集合法合规的内控机制并有效执行，报告期内发行人不存在著作权方面的行政处罚，发行人App上的漫画、图书等内容不存在重大权属瑕疵。②发行人已建立对获取阅读产品内容的合法合规性审核制度，且执行情况良好，除了上述已经了结的主要著作权纠纷，截至该审核问询函出具之日，发行人不存在尚未了结的著作权纠纷。发行人著作权相关纠纷大多数以原告撤诉为结果，且在部分案件中，双方建立了著作权引进合作关系，并向对方购买著作权。发行人报告期内不存在因内容审查问题遭受行政处罚的情形。③发行人著作权不能续约的风险较低。相关著作权如不能续约不会对发行人的正常经营造成重大不利影响。④报告期内，发行人存在著作权相关的诉讼纠纷，发行人已在《招股说明书（申报稿）》中揭示了相关风险。

（四）上市培育提示

宜搜科技公司在首次公开发行股票并在科创板上市过程中，被问询的焦点问题之一是发行人App上的漫画、图书等内容是否均有合法著作权，发行人阅读、漫画、音乐、游戏等合同就著作权相关事项的具体约定，以及知识产权的合规情况是否存在侵犯他人著作权或其他合法权益的情形或潜在风险。该案例中发行人主营业务决定了其知识产权权属布局上不可能是自有大量知识产权的情况，更多的是所经营业务涉及必然使用他人著作权、获得他人合理合法授权的情况。根据《著作权法》（2020年修正）第十条规定："著作权包括下列人身权和财产权：（一）发表权，即决定作品是否公之于众的权利；（二）署名权，即表明作者身份，在作品上署名的权利；（三）修改权，即修改或者授权他人修改作品的权利；（四）保护作品完整权，即保护作品不受歪曲、篡改的权利；（五）复制权，即以印刷、复印、拓印、录音、录像、翻录、翻拍、数字化等方式将作品制作一份或者多份的权利；（六）发行权，即以出售或者赠与方式向公众提供作品的原件或者复制件的权利；（七）出租权，即有偿许可他人临时使用视听作品、计算机软件的原件或者复制件的权利，计算机软件不是出租的主要标的的除外；（八）展览权，即公开陈列美术作品、摄影作品的原件或者复制件的权利；（九）表演权，即公开表演作品，以及用各种手段公开播送作品的表演的权利；（十）放映权，即通过放映机、幻灯机等技术设备公开再现美术、摄影、视听作品等的权利；（十一）广播权，即以有线或者无线方式公开传播或者转播作品，以及通过扩音器或者其他传送符号、声音、图像的类似工具向公众传播广播的作品的权利，但不包括本款第十二项规定的权利；（十二）信息网络传播权，即以有线或者无线方式向公众提供，使公众可以在其选定的时间和地点获得作品的权利；（十三）摄制权，即以摄制视听作品的方法将作品固定在载体上的权利；（十四）改编权，即改变作品，创作出具有独创性的新作品的权利；（十五）翻译权，即将作品从一种语言文字转换成另一种语言文字的权利；（十六）汇编权，即将作品或者作品的片段通过选择或者编排，汇集成新作品的权利；（十七）应当由著作权人享有的其他权利。著作权人可以许可他人行使前款第五项至第十七项规定的权利，并依照约定或者本法有关规定获得报酬。著作权人可以全部或者部分转让本条第一款第五项至第十七项规定的权利，并依照约定或者本法有关规定获得报酬。"可见，涉及著作权的权利类别是比较多且复杂的，因此建议上市后备企业在知识产权权属布局阶段，如涉及大量著作权授权问题的，应制定著作权授权合法合规的内控机制并进行有效运行。

第三节　核心技术应用

一、核心技术应用实操案例一

（一）案例来源：博拉网络公司上市问询与回复（摘录）❶

博拉网络公司在首次公开发行股票并在科创板上市过程中，被问询并要求说明其核心技术的先进性，主要产品与核心技术的匹配关系。

（二）问询焦点

请发行人说明：①使用浅显易懂的语言直接、准确地披露发行人具体业务内容，在互联网大数据挖掘与分析方面的优劣势，与同行业可比公司的比较情况，相关技术是否为行业普遍、基础性技术，发行人拥有的互联网技术是否难以被复制或研发，是否能够持续保持相关的技术独特性及创新性；②发行人主要技术中哪些属于行业共性技术、哪些属于公司特有技术，详细披露公司特有核心技术的独特性和突破点；③发行人主要产品与核心技术、专利、软件著作权、业务许可和资质等匹配关系，如何保持核心技术的先进性。

---

❶ 申万宏源证券承销保荐有限责任公司. 关于博拉网络股份有限公司首次公开发行股票并在科创板上市申请文件的审核问询函的回复［EB/OL］.（2019 - 07 - 01）［2022 - 11 - 17］. http：//static. sse. com. cn/stock/information/c/201907/42d3ca417b9c4bc9b5ab032a82d072da. pdf.

（三）问询回复

发行人从多方面的阐述和分析来印证公司的核心技术优势，以及如何保持核心技术的先进性。在客户服务方面，公司保持核心技术先进性的措施包括：①结合业务实践，巩固技术创新优势；②扩大客户应用领域；③加强核心技术的持续迭代，巩固技术深度。在知识产权方面，其软件著作权和发明专利相关情况表明发行人具有较强的技术创新能力与水平，且紧跟国家战略要求和产业发展趋势，接下来将加大中小企业大数据应用覆盖度。

（四）上市培育提示

作为同时申请过创业板和科创板的博拉网络公司，其招股说明书上显示其为企业大数据服务提供商，通过自主研发的数字商业大数据云平台，以"大数据＋技术产品＋应用服务"的业务模式，为企业客户提供技术开发服务和大数据应用服务。根据科创板上市委召开第 45 次审议会议显示，博拉网络公司上市被否的原因包括核心技术、技术先进性及核心技术在主营业务中的应用情况披露不充分、不准确、不一致。科创板关于核心技术应用的审核重点之一是核心技术的先进性，根据《公开发行证券的公司信息披露内容与格式准则第 41 号——科创板公司招股说明书》（证监会公告〔2019〕6 号）第五十四条规定："发行人应披露主要产品或服务的核心技术及技术来源，结合行业技术水平和对行业的贡献，披露发行人的技术先进性及具体表征。"

同时，根据《上海证券交易所科创板股票发行上市审核规则》（2020 年修订，上证发〔2020〕89 号）第三条规定："发行人申请股票首次发行上市，应当符合科创板定位，面向世界科技前沿、面向经济主战场、面向国家重大需求。优先支持符合国家战略，拥有关键核心技术，科技创新能力突出，主要依靠核心技术开展生产经营，具有稳定的商业模式，市场认可度高，社会形象良好，具有较强成长性的企业。"根据《上海证券交易所科创板股票发行上市审核问答》规定："9.《上市审核规则》规定发行人应当符合科创板定位。对此应如何把握？……发行人自我评估的考虑因素发行人进行自我评估时，应当尊重科技创新规律、资本市场规律和企业发展规律，并结合自身和行业科技创新实际情况，准确理解、把握科创板定位，重点考虑以下因素：……依靠核心技术开展生产经营的实际情况等"，科创板关于核心技术应用的审核重点之二是主要生产经营业务应依靠核心技术。因此建议上市后备企业在主板、创业板、科创板、北交所等各类板块上市的选择过程中，要综合各板块的特点谨慎决策。若有意愿申请科创板，应当自行评估是否符合科创板的定位，在核心技术应用方面应当至少满足核心技术的先进性要求以及主营业务依靠核心技术的上市标准。

二、核心技术应用实操案例二

（一）案例来源：江西金达莱公司上市问询与回复（摘录）❶

江西金达莱公司首次公开发行股票并在科创板上市过程中，被问询并要求说明其技术先进性、技术快速迭代风险以及核心技术开展生产经营的实际情况，需要进一步说明其是否符合科创板定位。

（二）问询焦点

请发行人补充披露该公司其他主流技术的竞争优势，主流技术应用项目的生命周期，技术改造或升级换代的常规路径及相应成本，以及公司核心技术是否存在技术壁垒，是否已经属于通用技术，是否存在快速迭代风险，主要竞争对手所采用的技术路线，并结合公司与主要竞争对手的经营成果差异分析并披露公司核心技术的先进性。根据《上海证券交易所科创板股票发行上市审核问答》的规定，结合公司核心技术在境内与境外发展水平中所处的位置、保持技术不断创新的机制、主要依靠核心技术开展生产经营的实际情况等，进一步就符合科创板定位作出评估并在招股说明书中披露。

（三）问询回复

第一，关于补充披露该公司核心技术是否存在技术壁垒，是否已经属于通用技术，是否存在快速迭代风险的问询。目前，能实现技术跨越并具备成熟实践经验的企业相对较少，因此，对于市场新增参与者而言，该公司的核心技术具有较高的技术壁垒。该公司兼氧膜生物反应器（FMBR）技术是其自主研发的核心专利技术，该技术通过特性微生物的作用，实现在日常运行基础不外排有机剩余污泥条件下同步降解氧、氮、磷，具有较高的技术壁垒，该公司的核心技术不属于通用技术，不存在快速迭代风险。第二，关于主要竞争对手所采用的技术路线、结合公司与主要竞争对手的经营成果差异分析并披露公司核心技术的先进性的问询，该公司综合毛利率高于同行业竞争对手，经营规模虽然低于同行业上市公司，但营业收入和净利润增长率均处于较高水平。综上，发行人依靠核心技术形成了较强成长性，核心技术具有先进性。

---

❶ 招商证券股份有限公司.《关于江西金达莱环保股份有限公司首次公开发行股票并在科创板上市申请文件的审核问询函》之回复报告［EB/OL］.（2019－05－10）［2022－11－17］. http://static.sse.com.cn/stock/information/c/201905/871c556d9aa0447ca1e5b72eb3f65032.pdf.

（四）上市培育提示

江西金达莱公司作为国内先进的创新型水环境治理综合服务商，在科创板顺利上市，在上市申请的审核问询过程中，除了核心技术是否具有先进性，江西金达莱公司还被审核问询到核心技术的技术壁垒及被快速迭代风险。根据《上海证券交易所科创板股票发行上市审核问答》的规定："9.《上市审核规则》规定发行人应当符合科创板定位。对此应如何把握？答：《上市审核规则》规定，本所对发行上市进行审核。审核事项包括三个方面：一是发行人是否符合发行条件；二是发行人是否符合上市条件；三是发行人的信息披露是否符合要求。在对上述事项进行审核判断时，将关注发行人是否符合科创板定位。发行人应当对其是否符合科创板定位进行审慎评估，保荐机构应当就发行人是否符合科创板定位进行专业判断。……发行人自我评估的考虑因素发行人进行自我评估时，应当尊重科技创新规律、资本市场规律和企业发展规律，并结合自身和行业科技创新实际情况，准确理解、把握科创板定位，重点考虑以下因素……保持技术不断创新的机制、技术储备及技术创新的具体安排；……"在关于核心技术层面，科创板上市审核关注重点之一是核心技术的快速迭代风险。因此建议：上市后备企业若计划申请科创板上市，应结合公司核心技术比较国内外同行业企业之间的技术发展水平中，同时在培育期间建立保持技术不断创新的机制，针对科创板定位去执行落地企业的知识产权上市培育方案。

三、核心技术应用实操案例三

（一）案例来源：和舰芯片公司上市问询与回复（摘要）❶

和舰芯片公司首次公开发行股票并在科创板上市过程中，被问询并要求说明其在核心技术应用方面是否存在技术依赖，业务独立性是否存在影响，产品是否符合产业政策要求，需要进一步说明其是否符合科创板定位。

（二）问询焦点

请发行人披露：①报告期内依托上述知识产权和股东授权技术的相关业务收入分别占营业收入总额的比重，对发行人生产经营、财务状况的贡献，发行人主要生产经营是否对授权技术存在重大依赖。②股东技术授权是否为独占、排他的许可方式，到期后的续约安排，是否存在替代措施，相关技术授权费的价格是否公允，发

---

❶ 长江证券承销保荐有限公司. 关于和舰芯片制造（苏州）股份有限公司首次公开发行股票并在科创板上市申请文件审核问询函的回复［EB/OL］.（2019-04-30）［2022-11-17］. http://static.sse.com.cn/stock/information/c/201904/98b0f84863f743f79704f31d24c7efe6.pdf.

行人技术及研发是否独立或存在对最终控股股东的重大依赖，如不能获得授权或者授权费用大幅上升是否会对发行人持续经营能力造成重大不利影响。③通过股东授权制程技术开展生产经营是否符合行业或者国际惯例，与国际上同类技术授权使用费的对比情况、差异原因及合理性；通过授权使用获取相关核心技术对发行人资产完整性和业务独立性的影响。④结合发行人主要核心技术均为股东或外部授权的情形，目前的产品结构及未来发展规划，披露主营业务、主要产品是否符合国家产业政策要求，是否属于国家鼓励发展的方向，是否存在落后产能，是否符合科创板定位。请保荐机构、发行人律师对上述事项及发行人是否符合相关发行条件进行核查，说明核查方式、核查过程并发表明确意见。

（三）问询回复

报告期该公司自有技术带来的收入占比超过 60%，报告期内该公司的毛利润全部来自自有技术，授权技术对公司毛利润贡献为负。报告期内该公司授权技术带来的收入占比增加主要是因为公司 12 英寸生产线于 2016 年底刚刚建成投产。为了快速提高我国芯片制造技术水平和降低研发风险，12 英寸相关技术主要来自控股股东授权，该公司已完全掌握控股股东授权技术，并在此基础上进行客制化、差异化研发，已对控股股东技术不存在重大依赖。发行人控股股东授权的技术是完整技术，发行人通过在引进吸收的基础上进行客制化和特色工艺研发，已完全掌握控股股东授权的最先进制造技术，并且有能力进行特色工艺的研发，可以满足现阶段生产经营的需要。综合报告期内授权技术对发行人收入和毛利润的贡献，该公司生产经营对授权技术不存重大依赖。

（四）上市培育提示

作为首批科创板受理的 9 家企业，和舰芯片公司最终未成功上市。经历了三轮问询回复，除了科创板关于核心技术先进性等重点关注的问题，和舰芯片公司关于核心技术方面是否存在依赖重点问询，例如发行人主要生产经营是否对股东授权技术存在重大依赖，发行人技术及研发是否独立或存在对最终控股股东的重大依赖。这些问题涉及和舰芯片公司是否符合科创板的定位，根据《科创板首次公开发行股票注册管理办法（试行）》（2020 年 7 月修正）第十二条规定："发行人业务完整，具有直接面向市场独立持续经营的能力：（一）资产完整，业务及人员、财务、机构独立，与控股股东、实际控制人及其控制的其他企业间不存在对发行人构成重大不利影响的同业竞争，不存在严重影响独立性或者显失公平的关联交易。"因此建议上市后备企业应当注意与控股股东、实际控制人及其控制的其他企业之间不能构成重大不利影响的同业竞争，且不能在核心技术上与上述法律主体之间存在大量技术授权，防止涉嫌技术依赖的情况。

第四节 核心技术人员

一、核心技术人员实操案例一

（一）案例来源：上海赛伦公司上市问询与回复（摘录）[1]

上海赛伦公司首次公开发行股票并在科创板上市过程中，被问询并要求"列表说明曾在上生所任职的发行人员工情况，包括入职时间、离职时间、原担任职务、现担任职务、职务发明情况等，是否存在同时任职、领薪的情况，是否存在违反竞业禁止义务或违反保密协议的情形，是否具备任职资格，是否符合相关法律法规及上生所内部规范的要求"。

（二）问询焦点

招股书披露，该公司成立之初，上海生物制品研究所（以下简称"上生所"）以抗蛇毒血清等系列相关产品的生产文号和生产技术出资。请发行人列表说明曾在上生所任职的发行人员工情况，包括入职时间、离职时间、原担任职务、现担任职务、职务发明情况等，是否存在同时任职、领薪的情况，是否存在违反竞业禁止义务或违反保密协议的情形，是否具备任职资格，是否符合相关法律法规及上生所内部规范的要求。

（三）问询回复

第一，发行人成立后，上生所不再从事抗血清抗毒素相关产品的研发与生产，原先与该业务相关的技术人员自上生所离职后加入发行人，构成发行人的初始研发团队。

第二，发行人成立以来，除了承接原上生所技术人员，还根据抗血清抗毒素产品的全套研发流程，组建了包含机理研究、免疫技术、工艺开发升级、检测与质控四个方面的专业技术团队，覆盖了抗血清抗毒素领域研发的各个环节。

第三，曾在上生所任职的员工均为自上生所离职后加入发行人公司，均在上生所停薪后才开始在发行人公司领薪。

发行人业务、产品和技术研发与上生所之间不存在冲突竞争关系，上述员工自

---

[1] 海通证券股份有限公司. 关于上海赛伦生物技术股份有限公司首次公开发行股票并在科创板上市申请文件审核问询函的回复［EB/OL］.（2019－06－28）［2022－11－17］. http：//static. sse. com. cn/stock/information-/c/201909/18151d24502e4f76a33d628f6bd781b8. pdf.

上生所离职后成为发行人员工不存在违反竞业禁止义务或违反保密协议的情形。上生所亦不存在与上述发行人员工关于劳动人事方面的争议或纠纷。

（四）上市培育提示

上海赛伦公司首次公开发行股票并在科创板上市的过程中被问询的焦点问题之一是关于核心技术人员是否与原任职单位之间存在同时任职、领薪或者违反原任职单位竞业禁止义务或保密义务的问题，其实质是对拟上市公司是否具备独立的研发能力以及是否对其他公司具有重大技术依赖问题的关注。根据《专利法》（2020 年修正）第六条的规定："执行本单位的任务或者主要是利用本单位的物质技术条件所完成的发明创造为职务发明创造。职务发明创造申请专利的权利属于该单位，申请被批准后，该单位为专利权人。"《专利法实施细则》（2010 年修订）第十二条规定："专利法第六条所称执行本单位的任务所完成的职务发明创造，是指：（一）在本职工作中作出的发明创造；（二）履行本单位交付的本职工作之外的任务所作出的发明创造；（三）退休、调离原单位后或者劳动、人事关系终止后 1 年内作出的，与其在原单位承担的本职工作或者原单位分配的任务有关的发明创造。专利法第六条所称本单位，包括临时工作单位；专利法第六条所称本单位的物质技术条件，是指本单位的资金、设备、零部件、原材料或者不对外公开的技术资料等。"可见，核心技术人员作为拟上市公司的"研发能力"的保障，其与原单位不存在任职关系，已无竞业限制义务和保密义务等，对于拟上市公司保证其"独立的研发能力"是必要的。因此建议上市后备企业应当自检其是否针对每个核心技术人员建立了完整的履历档案管理制度，包括与之前任职企业的劳动关系解除证明、竞业限制及保密义务情况说明等资料，以及是否建立了核心技术人员引进及审核制度等。

二、核心技术人员实操案例二

（一）案例来源：中联云港公司上市问询与回复（摘录）❶

中联云港公司首次公开发行股票并在科创板上市过程中，被问询并要求回复"发行人是否将项目主导人员认定为核心技术人员"。

（二）问询焦点

请保荐机构及发行人律师核查发行人是否将项目主导人员认定为核心技术人员。

---

❶ 华泰联合证券有限责任公司. 关于中联云港数据科技股份有限公司首次公开发行股票并在科创板上市申请文件的审核问询函的回复［EB/OL］.（2019 - 09 - 26）［2022 - 11 - 17］. http：//static. sse. com. cn/stock/information/c/201909/7250208a846041da84e54208e3c5f627. pdf.

（三）问询回复

经保荐机构及发行人律师核查，发行人不存在将项目主导人员认定为核心技术人员的情形。该公司主要根据员工对公司研发的贡献程度、取得的专业资质、重要科研成果和获得奖项情况、学历背景、工作年限及创新能力等指标来认定核心技术人员。该公司已建立完善的人才管理机制，根据上述指标对相关技术人员进行考核认定，考核结果达到核心技术人员认定标准，其主导的相关研发项目对于该公司未来核心技术的研发具有重要意义，被该公司认定为核心技术人员。

（四）上市培育提示

中联云港公司首次公开发行股票并在科创板上市的过程中，鉴于其陈述有4名核心技术人员，5项在研项目处于同行业先进水平，同时与清华大学、北京邮电大学、北京科技大学等高校建立了紧密的合作关系，故被问询的焦点问题之一为是否存在将项目主导人员认定为核心技术人员的情形。根据《科创板首次公开发行股票注册管理办法（试行）》第十二条的规定："发行人业务完整，具有直接面向市场独立持续经营的能力……（二）发行人主营业务、控制权、管理团队和核心技术人员稳定，最近2年内主营业务和董事、高级管理人员及核心技术人员均没有发生重大不利变化；控股股东和受控股股东、实际控制人支配的股东所持发行人的股份权属清晰，最近2年实际控制人没有发生变更，不存在导致控制权可能变更的重大权属纠纷。（三）发行人不存在主要资产、核心技术、商标等的重大权属纠纷，重大偿债风险，重大担保、诉讼、仲裁等或有事项，经营环境已经或者将要发生重大变化等对持续经营有重大不利影响的事项。"中联云港公司4名核心技术人员如果仅系项目主导人员，其或将不满足科创板公开发行股票的规定，也可能引起核心技术或存在潜在权属纠纷的疑虑，因此建议上市后备企业应当自检与梳理其核心技术的权属情况，特别是在与高校等第三方主体合作开发、委托开发合同中关于知识产权的权属约定，防止核心技术依赖与权属问题在上市过程中受到问询的影响。

三、核心技术人员实操案例二

（一）案例来源：海天瑞声公司上市问询与回复（摘录）❶

海天瑞声公司于2019年4月提出首次公开发行股票并在科创板上市申请，在过

---

❶ 华泰联合证券有限责任公司. 关于北京海天瑞声科技股份有限公司首次公开发行股票并在科创板上市申请文件审核问询函的回复［EB/OL］.（2019－05－05）［2022－11－17］. http：//static. sse. com. cn/stock/information/c/201905/4693c482804d416094a3ced532b7fb47. pdf.

程中被问询并要求回复"核心技术人员的认定依据,核心技术人员在公司研发、取得专利、软件著作权、主要核心技术等方面发挥的具体作用;结合公司研发部门主要成员、主要专利发明人、主要研发项目参与人、员工持股数量及变化等情况,披露核心技术人员的认定是否全面、恰当"以及"报告期内核心技术人员的变动是否符合《科创板首次公开发行股票注册管理办法(试行)》关于发行人核心技术人员稳定、最近2年内核心技术人员均没有发生重大不利变化的规定;发行人的核心技术人员是否存在流失风险,是否对发行人的经营稳定性产生影响"。

(二) 问询焦点

报告期内,发行人的核心技术人员中2名核心技术人员分别为2017年和2018年新增。请发行人披露:①核心技术人员的认定依据,核心技术人员在该公司研发、取得专利、软件著作权、主要核心技术等方面发挥的具体作用;②结合该公司研发部门主要成员、主要专利发明人、主要研发项目参与人、员工持股数量及变化等情况,披露核心技术人员的认定是否全面、恰当。请发行人说明:①报告期内核心技术人员的变动是否符合《科创板首次公开发行股票注册管理办法(试行)》关于发行人核心技术人员稳定、最近2年内核心技术人员均没有发生重大不利变化的规定;②发行人的核心技术人员是否存在流失风险,是否对发行人的经营稳定性产生影响。

(三) 问询回复

第一,发行人制定了《海天瑞声岗位管理办法》,将核心技术人员定义为对公司战略目标和核心技术竞争优势有关键影响力的管理人员、公司核心技术研发的主要负责人、研发成果及知识产权的主要发明人。

第二,发行人依据《海天瑞声岗位管理办法》对"核心技术人员"的定义,认定了6名公司核心技术人员,覆盖了公司研发总体负责人,与公司业务相关的具体研发、技术相关负责人,研发部门主要成员,以及主要知识产权和非专利技术的发明人和设计人,同时结合公司员工持股平台中研发技术人员持股情况,公司对核心技术人员的认定全面、恰当。

第三,报告期内发行人核心技术人员较为稳定,除了2名核心技术人员分别为2017年和2018年新增,其余核心技术人员均自报告期初期即在公司任职且未发生变动,核心技术人员的持续加入,提高了公司研发创新能力,促使公司持续、健康发展。公司核心技术人员变动符合《科创板首次公开发行股票注册管理办法(试行)》关于发行人核心技术人员稳定、最近2年内核心技术人员均没有发生重大不利变化的规定。

第四,虽然发行人已设立了较为完善的激励机制对核心技术人员进行激励,但随着行业的持续发展,企业之间对于高端人才的竞争日益激烈,如果发行人无法持续加强核心技术人员的培养及引进，并为核心技术人员提供有竞争力的激励机制和薪资待遇，则将存在核心技术人员流失的风险，并对公司经营稳定性、技术水平、研发能力产生不利影响。

（四）上市培育提示

海天瑞声公司在首次公开发行股票并在科创板上市的过程中，被问询关于核心技术人员的焦点问题实质集中于两方面，其一，核心技术人员的认定依据是什么；其二，核心技术人员的稳定性问题。根据《科创板首次公开发行股票注册管理办法（试行）》第十二条规定："发行人业务完整，具有直接面向市场独立持续经营的能力：……（二）发行人主营业务、控制权、管理团队和核心技术人员稳定，最近2年内主营业务和董事、高级管理人员及核心技术人员均没有发生重大不利变化；控股股东和受控股股东、实际控制人支配的股东所持发行人的股份权属清晰，最近2年实际控制人没有发生变更，不存在导致控制权可能变更的重大权属纠纷。"其中，最近2年内核心技术人员没有发生重大不利变化，为科创板上市的重要条件。因此建议上市后备企业应当自检是否建立了完善的核心技术人员认定机制、激励机制（包括科研激励制度、股权激励制度等），以及对核心技术人员的约束机制（包括保密管理制度、竞业限制制度等）。

四、核心技术人员实操案例四

（一）案例来源：虹软公司上市问询与回复❶

虹软公司首次公开发行股票并在科创板上市过程中，被问询并要求回复"报告期内公司总体以及各个部门员工的期初人数、本期增加人数、本期减少人数以及期末人数的情况，是否存在人员大幅波动、人员流失率较高的情况，若存在，是否对公司核心技术泄密、产品质量控制以及经营稳定性造成重大不利影响"。

（二）问询焦点

请发行人补充披露报告期内公司总体以及各个部门员工的期初人数、本期增加人数、本期减少人数以及期末人数的情况，是否存在人员大幅波动、人员流失率较高的情况，若存在，是否对公司核心技术泄密、产品质量控制以及经营稳定性造成重大不利影响。

---

❶ 中信建投证券股份有限公司，华泰联合证券股份有限公司. 关于虹软科技股份有限公司首次公开发行股票并在科创板上市申请文件的审核问询函回复［EB/OL］. (2019－04－30)［2022－11－17］. http://static. sse. com. cn/stock/information/c/201904/06c4c335bcc8422483361df6030d57bc. pdf.

（三）问询回复

2016 年和 2017 年该公司员工人数总体平稳，不存在人员大幅波动情况。2017 年公司离职的研发人员相比 2016 年增长较多，主要因为 2017 年公司剥离了杭州美帮网络科技有限公司，导致人员下降幅度较大。但 2017 年视觉 AI 行业发展迅猛，公司看好视觉 AI 的未来发展前景，因此当年招聘了较多研发人员。

2018 年该公司员工人数较 2017 年增幅较大，主要因为 2018 年公司业务快速发展，不仅在智能手机视觉领域业务量快速增长，而且将业务进一步延伸至智能汽车、物联网等领域。因此，2018 年需要招聘大量人才为公司未来在智能手机、智能汽车及物联网领域的业务发展储备大量研发、销售人才。2018 年公司人员流失数量较小。

该公司制定了一系列严格的技术保密措施及质量控制措施，包括：①公司已与所有员工签署了保密、竞业禁止协议，且均在有效履行中；②公司建立了完备的源代码管理系统，严格控制代码的访问权限，确保源代码安全；③公司建立了完备的漏洞管理系统，严格控制漏洞信息访问权限控制，确保漏洞信息安全；④公司不断加大研发投入，加快产品和技术的更新换代，降低个别的、静态的技术失密给公司带来的风险；⑤公司已采取诸如严格执行研发全过程的规范化管理、健全内部保密制度、申请专利及软件著作权保护等相关措施；⑥公司核心岗位均配备了多人负责，以最大程度降低个别员工离职对公司经营的影响。

（四）上市培育提示

虹软公司首次公开发行股票并在科创板上市的过程中，被问询的焦点问题之一为是否存在发行人的人员波动导致对公司核心技术泄密、产品质量控制以及经营稳定性造成重大不利影响，其实质也涉及核心技术人员的不稳定或将引发的技术泄密、重大不利经营影响问题。虹软公司于 2019 年 6 月通过科创板上市委会议并已提交注册，通过虹软公司的回复可见，其所建立的完善的技术保密措施及质量控制措施是上市成功的重要基石。因此建议上市后备企业应当尽早建立并切实执行与员工签署保密、竞业禁止协议，建立完备的技术管理系统，从物理上实现技术安全保障，建立研发全过程的规范化管理制度、健全内部保密制度、申请相应知识产权保护制度等。

五、核心技术应用实操案例五

（一）案例来源：和舰芯片公司上市问询与回复（摘要）❶

和舰芯片公司首次公开发行股票并在科创板上市过程中，被问询并要求回复其

---

❶ 长江证券承销保荐有限公司. 关于和舰芯片制造（苏州）股份有限公司首次公开发行股票并在科创板上市申请文件审核问询函的回复［EB/OL］.（2019 – 04 – 30）［2022 – 11 – 17］. http：//static. sse. com. cn/stock/information/c/201904/98b0f84863f743f79704f31d24c7efe6. pdf.

结合研发项目与生产经营及专利取得等情况，核查确定相关人员成为核心技术人员的原因及合理性；报告期内研发人员的变动情况、研发人员的教育背景、学历构成、研发经历、薪酬水平以及与同行业上市公司的对比情况；问询时近 2 年内发行人的核心技术人员是否发生重大不利变化，发行人维持研发人员尤其是核心技术人员稳定的措施及其有效性。

（二）问询焦点

请保荐机构、申报会计师核查以下事项并发表明确意见：①结合研发项目与生产经营及专利取得等情况，核查确定相关人员成为核心技术人员的原因及合理性；②报告期内研发人员的变动情况、研发人员的教育背景、学历构成、研发经历、薪酬水平以及与同行业上市公司的对比情况；问询时近 2 年内发行人的核心技术人员是否发生重大不利变化，发行人维持研发人员尤其是核心技术人员稳定的措施及其有效性。

（三）问询回复

第一，该公司在国内外拥有发明专利71 项，实用新型专利16 项，集成电路布图设计12 项，涉及发明人或设计人超过100 人，该公司具有完整的研发体系和技术创新机制，相关发明人或设计人按照公司的研发计划及项目，有组织地进行研发活动并形成研发成果，就相关发明人或设计人个人而言属于职务行为，是利用公司的研发资源形成的职务成果，公司不认定其为核心技术人员。根据《上海交易所科创板股票发行上市审核问答》的规定："原则上，核心技术人员通常包括公司技术负责人、研发负责人、研发部门主要成员、主要知识产权和非专利技术的发明人或设计人、主要技术标准的起草者等"，结合公司实际情况，相关核心技术人员作为公司生产经营或研发负责人，对公司生产经营和技术进步有很大作用。该公司根据生产经营需要和上述人员对公司生产经营发挥的实际作用确定上述人员作为公司的核心技术人员。

第二，该公司维持研发人员尤其是核心技术人员稳定主要措施有：公司项目负责人和主要研发人员每年至少参加一次行业高水平的产品展示会或技术交流会，以增强对行业发展水平和发展方向的认识，提高研发水平。该公司定期对研发人员进行培训和考核。该公司在员工绩效考核制度中对研发人员设立了专门的考核奖励制度，包括新产品开发激励措施、产品改进激励措施、知识产权申请激励措施等以激励科研人员的积极性和创造性。

（四）上市培育提示

和舰芯片公司首次公开发行股票并在科创板上市的过程中，被问询的关于核心技术人员的焦点问题实质涉及两个方面，其一，认定核心技术人员的标准；其二，维持核心技术人员稳定的措施及其有效性。根据《上海证券交易所科创板股票发行上市审核问答》的规定："申请在科创板上市的企业，应当根据企业生产经营需要和相关人员对企业生产经营发挥的实际作用，确定核心技术人员范围，并在招股说明书中披露认定情况和认定依据。原则上，核心技术人员通常包括公司技术负责人、研发负责人、研发部门主要成员、主要知识产权和非专利技术的发明人或设计人、主要技术标准的起草者等。"该回答为核心技术人员的认定标准及范围起到明确的指导作用。至于维持核心技术人员稳定性的措施，在此前有关虹软公司的案例中已述及，此处提示企业还应当关注稳定性措施的有效性问题。因此建议上市后备企业除了建立完善的激励机制，还应具备完善的绩效考核制度，以确保激励机制的有效实施。

六、核心技术应用实操案例六

（一）案例来源：恒安嘉新公司上市问询与回复（摘录）❶

恒安嘉新公司首次公开发行股票并在科创板上市过程中，被问询并要求回复根据《科创板股票发行上市审核问答》，明确披露核心技术人员的认定依据；结合公司研发部门主要成员、主要专利发明人、主要研发项目参与人、员工持股数量及变化等情况充分、恰当地认定核心技术人员；说明相关公司董事、高管未被认定为核心技术人员的原因及合理性，并对核心技术人员的认定是否合面、恰当，报告期内最近2年内是否发生重大不利变化发表明确意见。

（二）问询焦点

招股说明书披露，该公司当时有6名核心技术人员。发行人承担的8项重大科研项目中，其总经理陈某光牵头承担3项。请发行人：①根据《科创板股票发行上市审核问答》，明确披露核心技术人员的认定依据；②结合该公司研发部门主要成员、主要专利发明人、主要研发项目参与人、员工持股数量及变化等情况充分、恰当地认定核心技术人员；③披露报告期内核心技术人员的变化情况，最近2年内是否发生重大不利变化。

请保荐机构、发行人律师结合该公司研发部门主要成员、主要专利发明人、主要研发项目参与人、员工持股数量及变化等情况，说明相关公司董事、高管未被认

❶ 中信建投证券股份有限公司. 关于恒安嘉新（北京）科技股份公司首次公开发行股票并在科创板上市申请文件审核问询函的回复［EB/OL］.（2019-05-06）［2022-11-17］. http：//static. sse. com. cn/stock/information/c/201905/35520f3e320e4ce78445b79762dd9ec5. pdf.

定为核心技术人员的原因及合理性，并对核心技术人员的认定是否全面、恰当，最近2年内是否发生重大不利变化发表明确意见。

（三）问询回复

（1）根据《科创板股票发行上市审核问答》，明确披露核心技术人员的认定依据。公司对核心技术人员的认定标准包括：①任职期间是否主导核心技术或主要产品线的研究、开发和创新，是否为公司经营发展作出突出贡献；②是否在公司技术研究或产品研发岗位担任重要职务，是否为技术骨干；③在公司任职是否超过5年，或从事特定专业领域研究超过5年；④任职期间是否牵头或参与多项专利、软件著作权的申请，以及主要行业标准的起草。

（2）结合公司研发部门主要成员、主要专利发明人、主要研发项目参与人、员工持股数量及变化等情况，充分、恰当地认定其为核心技术人员。

第一，是否为研发部门主要成员。

该公司核心技术人员杨某智、蔡某、王某、傅某、田某和梁某均为该公司研发部门主要成员，其中，杨某智与蔡某系该公司联合创始人、高级管理人员及技术负责人，全面负责该公司产品开发和技术研发；傅某、王某和田某分别担任该公司智能安全创新研究院、平台研发中心、基础研发中心等三大核心研发部门的技术负责人；梁某2017年毕业于清华大学物理系天体物理专业，博士研究生学历，系该公司近年来重点引进和储备的高素质专业人才，其突出的数学基础是AI研究的重要前提和保证，具有突出的AI技术研究和成果转化能力，目前担任公司智能安全创新研究院极光人工智能实验室主任、首席AI专家。

第二，是否为主要专利发明人。

该公司核心技术人员均牵头或参与了公司多项专利的发明，其中，杨某智主持或参与发明专利2项，另有38项发明专利正在申请中；蔡某参与发明专利1项，另有10项发明专利正在申请中；王某参与并申请发明专利1项；傅某参与并申请发明专利2项；田某参与并申请发明专利2项；梁某参与并申请发明专利2项。

第三，是否主要研发项目参与人。

该公司核心技术人员均牵头或参与了公司多个主要研发项目，其中：杨某智牵头了下一代网络安全与管理平台产业化示范项目、面向移动通信网络的应用数据流深度内容监测及分析处理平台产业化项目、下一代网络安全与管理平台产业化项目等重大科研项目，主导智能终端防护技术和流量牵引技术等核心技术的研发，并为公司各主要产品线的研发、迭代作出突出贡献；蔡某重点牵头基于跨域大数据综合分析的通信信息诈骗防治平台项目，并主导互联网与通信网一体化采集技术、旁路阻断技术等核心技术的研发和不断创新；王某作为技术骨干，主要负责业务态势感知技术、安全态势感知技术、应急协调处置技术等核心技术的研发；傅某作为研究院院长，主要负责公司安全基础能力的持续积累和创新，并牵头负责安全态势感知技术、引擎研判技术等核心技术的研发；田某作为技术骨干，核心负责 PB 级大数据存储处理技术等核心技术的研发；梁某自 2014 年起开始从事 AI 应用技术的研究，在该公司任职期间牵头负责基于 AI 的数据挖掘技术的研发以及 AI 技术的深度产业化应用。

第四，员工持股数量情况。

该公司基于核心技术人员的认定依据，并结合该公司研发部门主要成员、主要专利发明人、主要研发项目参与人、员工持股数量及变化等情况，认定杨某智、蔡某、王某、傅某、田某和梁某六人为核心技术人员，该公司对核心技术人员的认定充分、恰当。

金某、陈某光及王某等三人系该公司联合创始人，并参与了公司早期技术路径确定，目前主要从事管理岗位，故未被认定为核心技术人员。上述三人主要以总协调人的身份参与该公司科研成果和重大科研项目研究，并履行人员及资源调配、对外联络等组织管理职责，未实际参与项目的具体执行。

阮某立除担任公司董事外，报告期内其未在该公司技术部门任职，故未被认定为核心技术人员；张某江系公司研发人员，其所在信息化服务中心主要负责公司研发项目管理系统（EverOffice 系统）的规划、设计、建设和运行维护，与核心技术研发及主要产品线开发的相关性较低，故未被认定为核心技术人员；刘某蔚和扈某娟分别从事销售和财务工作，未参与该公司技术和产品开发，故未被认定为核心技术人员。

（四）上市培育提示

恒安嘉新公司首次公开发行股票并在科创板上市的过程中，被问询核心技术人员的合理性问题。恒安嘉新公司制定了相应的核心技术人员的认定标准，但从其被问询的问题来看，显然存在上交所认为满足《科创板股票发行上市审核问答》中关于核心技术人员认定标准的人员却未被认定为核心技术人员的情况，因此建议上市后备企业应当自检是否建立核心技术人员的认定标准及制度，且是否符合上市认定标准。

七、核心技术应用实操案例七

（一）案例来源：依图公司上市问询与回复（摘录）[1]

依图公司首次公开发行股票并在科创板上市过程中，被问询并要求回复"发行

---

[1] 国泰君安证券股份有限公司. 关于依图科技有限公司首次公开发行存托凭证并在科创板上市申请文件的审核问询函之回复［EB/OL］.（2021 - 02 - 10）［2022 - 11 - 17］. http：//static. sse. com. cn/stock/information-/c/202102/bd382c1ba1cb478ebc883ccf17b1ed4d. pdf.

人的高级管理人员、核心技术人员是否存在违反原任职单位关于竞业禁止、保密协议约定的情形，发行人核心技术、产品的研发是否涉及其原任职单位的技术成果，是否存在纠纷或潜在纠纷"。

（二）问询焦点

请发行人披露：①报告期内最近 2 年内董事、核心技术人员是否发生重大不利变化；②发行人的高级管理人员、核心技术人员是否存在违反原任职单位关于竞业禁止、保密协议约定的情形，发行人核心技术、产品的研发是否涉及其原任职单位的技术成果，是否存在纠纷或潜在纠纷。

（三）问询回复

根据发行人董事（不含未与发行人建立劳动关系的外部董事和独立董事）、高级管理人员、核心技术人员签署的调查表及其出具的承诺函，发行人董事（不含未与发行人建立劳动关系的外部董事和独立董事）、高级管理人员、核心技术人员不存在违反原任职单位关于竞业禁止、保密协议约定情形，其在发行人处承担核心技术、产品的研发不涉及其在原任职单位技术成果，与原任职单位不存在有关知识产权归属、核心技术、商业秘密、保密、竞业禁止等方面的争议纠纷或潜在纠纷。

（四）上市培育提示

依图公司首次公开发行股票并在科创板上市的过程中，被问询核心技术人员是否存在违反原任职单位关于竞业禁止、保密协议约定的情形时，依图公司回复问询的依据是核心技术人员签署的调查表及其出具的承诺函，此类文件往往系当事人单方出具的文件，其证明效力有限，因此建议上市后备企业在引进核心技术人员时，应优先考虑要求其提供与原任职单位解除劳动关系证明及关于竞业禁止、保密义务的情况说明等。

八、核心技术应用实操案例八

（一）案例来源：瑞能公司上市问询与回复（摘要）❶

瑞能公司首次公开发行股票并在科创板上市过程中，被问询并要求回复：①核心技术人员与恩智浦公司是否存在竞业禁止、商业秘密等方面的约定，是否存在纠

---

❶ 中信证券股份有限公司.《关于瑞能半导体科技股份有限公司首次公开发行股票并在科创板上市申请文件的审核问询函》之回复报告［EB/OL］.（2020 - 11 - 25）［2022 - 11 - 17］. http：//static. sse. com. cn/stock/information/c/202011/b575764e36e341ccaecde9b64c9f0f91. pdf.

纷或潜在纠纷；②与恩智浦公司是否存在核心技术和知识产权纠纷或潜在纠纷；③沈某加入公司成为核心技术人员的原因，与原任职单位是否存在纠纷或潜在纠纷。

（二）问询焦点

根据申报材料，核心技术人员均有曾在恩智浦公司的任职经历，2020 年 4 月沈某加入公司即成为核心技术人员。

请发行人说明：①核心技术人员与恩智浦公司是否存在竞业禁止、商业秘密等方面的约定，是否存在纠纷或潜在纠纷，与恩智浦公司是否存在核心技术和知识产权纠纷或潜在纠纷；②沈某加入公司即成为核心技术人员的原因，与原任职单位是否存在纠纷或潜在纠纷。

（三）问询回复

第一，相关发行人核心技术人员均系恩智浦原双极业务板块的技术人员。在恩智浦公司将双极业务出售给发行人后，相关核心技术人员的劳动关系按照约定转移至发行人，其与恩智浦公司的劳动关系、竞业禁止及商业秘密协议终止，与恩智浦公司不存在纠纷和潜在纠纷。发行人在核心技术和知识产权方面与恩智浦公司不存在争议和潜在纠纷。

第二，沈某加入公司即成为核心技术人员的原因，与原任职单位是否存在纠纷或潜在纠纷。公司为了加大碳化硅方向拓展力度，需要增加一名在该领域具有较强专业背景及行业经验的核心技术人员，负责在该领域推动及整合公司创新技术、核心技术、产品相关的研发任务。沈某毕业于北京大学物理系，拥有 17 年的半导体和高科技企业工作经验，曾任职于恩智浦公司。加入瑞能公司后，沈某负责管理公司战略规划及商务运营，涉及公司战略、关键绩效指标追踪、推动流程改进、领导技术项目，专注于建立新平台和领导新的细分市场。沈某曾经在恩智浦公司担任产品经理，制定并执行产品线的战略，并对相关功率器件产品线进行深入分析，特别是可控硅领域，推动及整合公司创新技术、核心技术、产品相关的研发任务。沈某与原任职单位疬动科技（上海）有限公司不存在劳动用工和知识产权等方面的纠纷或潜在争议。

（四）上市培育提示

瑞能公司和首次公开发行股票并在科创板上市的过程中，被问询的与核心技术人员相关的两个问题中，第一个问题，核心技术人员均有曾在恩智浦公司的任职经历，与恩智浦公司是否存在竞业禁止、商业秘密等方面的约定，是否存在纠纷或潜在纠纷，发行人的答复揭示了这一问题的原因是在于恩智浦公司将双极业务出售给了发行人。因此建议当整体收购他方公司或主要技术时，对于掌握该技术的人员的接纳及使用，务必在原收购协议中明确约定或者要求原单位与主要技术人员逐一签订协议，解除双方劳动关系，解除竞业限制及保密约定。而对于瑞能公司被询问的第二个问题，沈某加入公司即成为核心技术人员的问题，建议上市后备企业应从核心技术人员的认定是否恰当、最近2年内是否发生重大不利变化角度进行自检和完善。

九、核心技术应用实操案例九

（一）案例来源：浙江前进公司上市问询与回复（摘录）❶

浙江前进公司首次公开发行股票并在创业板上市过程中，被问询并要求回复补充披露相关人员是否与原/现任职单位签订保密协议或竞业禁止条款，是否存在纠纷或潜在纠纷。

（二）问询焦点

请发行人补充披露相关人员是否与原/现任职单位签订保密协议或竞业禁止条款，是否存在纠纷或潜在纠纷。

（三）问询回复

相关人员均与发行人签订了保密、竞业禁止协议。保密、竞业禁止协议主要条款如下。

（1）保密义务人对其因身份、职务、职业或技术关系而知悉的甲方商业秘密应严格保守，保证不被披露或使用，包括意外或过失。

（2）在任职期间，保密义务人未经授权，不得以任何理由，擅自披露、使用商业秘密，制造再现商业秘密的器材，取走与商业秘密有关的物件；不得刺探与本职工作无关的商业秘密；不得直接或间接地向公司内部、外部的无关人员泄露商业秘密；不得向不承担保密义务的第三人（包括无权知悉该项秘密的甲方职员）披露甲方的商业秘密；不得允许（出借、赠与、出租、转让等处分甲方商业秘密的行为皆属于"允许"）或协助不承担保密义务的任何第三人使用甲方的商业秘密；不得复制或公开包含公司商业秘密的文件或文件副本；对因工作所保管、接触的有关该公司或公司客户文件应妥善对待，未经许可不得超出工作范围使用。

（3）无论乙方因何种原因离职，乙方离职之后（自离职之日起）仍应当保守在

---

❶ 安信证券股份有限公司. 关于浙江前进暖通科技股份有限公司首次公开发行股票并在创业板上市申请文件的审核问询函之回复［EB/OL］.（2020－09－19）［2022－11－17］. http：//reportdocs. static. szse. cn/UpFiles/rasinfodisc/RAS_000174A4ED6DAF3FC34B502C1407303F. pdf.

甲方任职期间接触、知悉的属于甲方或者虽属于第三方但甲方承诺有保密义务的商业秘密，承担同在甲方任职期间一样的保密义务。

（4）乙方承诺在甲方任职期间及离职后 5 年内，未经甲方书面同意，不得直接或间接为甲方生产、经营同类产品的其他企业提供服务，包括但不限于合伙人、董事、监事、股东、经理、职员、代理人、顾问等。

（5）如果乙方违反该协议规定的保密义务和竞业禁止义务，应当承担违约责任，任职期间接受甲方的罚款（至少相当于其工作报酬或一年工资）、降薪、辞退等处罚；如已离职，一次性向甲方支付违约金 50 万元人民币。

（6）如果因为乙方前款所称的违约行为造成甲方的损失，乙方应当承担赔偿责任，并承担赔偿甲方损失的责任，其赔偿的数额不少于由于其违反义务所给甲方带来的损失。

因此，相关人员未违反保密、竞业禁止协议的约定，与发行人不存在纠纷或潜在纠纷。

（四）上市培育提示

浙江前进公司首次公开发行股票并在创业板上市的过程中，被问询的焦点问题之一是核心技术人员是否与原/现任职单位签订保密协议或竞业禁止条款。根据《创业板首次公开发行股票注册管理办法（试行）》第十二条规定："发行人业务完整，具有直接面向市场独立持续经营的能力：……（三）不存在涉及主要资产、核心技术、商标等的重大权属纠纷，重大偿债风险，重大担保、诉讼、仲裁等或有事项，经营环境已经或者将要发生重大变化等对持续经营有重大不利影响的事项。"核心技术人员与原/现任职单位签订保密协议或竞业条款，都是保障核心技术等避免权属纠纷的手段，因此建议上市后备企业自引进人才之日起，除了核查其与原任职单位的保密、竞业约定情况，与之签订翔实周密的保密协议及竞业禁止协议也是必不可少的。

十、核心技术应用实操案例十

（一）案例来源：深圳集美公司上市问询与回复（摘录）❶

深圳集美公司首次公开发行股票并在创业板上市过程中，被问询并要求回复其核心技术人员取得的专业资质及重要科研成果和获得奖项情况等。

---

❶ 方正证券承销保荐有限责任公司. 首次公开发行股票并在创业板上市申请文件审核问询函的回复 [EB/OL]. （2020－12－21）[2022－11－17]. http：//listing. szse. cn/projectdynamic/ipo/detail/index. html?id ＝ 1000042.

（二）问询焦点

根据申报材料，发行人关键核心技术为色彩数据化管理系统，拥有近 8 万种色彩配方，能够实现快速找色、精准配色，降低人工配色误差，缩短研发周期，提高生产效率，但发行人未将其申请专利。该公司拥有发明专利 3 项，实用新型专利 14 项，外观设计专利 1 项，软件著作权 12 项。此外，该公司与浙江大学深圳研究院合作，重点进行彩色线条抽片打碎一体化成型工艺设计的研究。

请发行人根据《公开发行证券的公司信息披露内容与格式准则第 28 号——创业板公司招股说明书》（2020 年修订）第五十四条的要求，补充披露主要产品或服务的核心技术来源，是否均为自主研发，发行人的核心技术采取的技术保护措施是否充足，对色彩配方采取的具体保护措施及其有效性；核心技术人员取得的专业资质及重要科研成果和获得奖项情况等。

（三）问询回复

在该公司核心技术人员中，陈某鹏和曹某府共同取得的研发成果主要为核心生产技术，除了上述情况，该公司核心技术人员未取得其他专业资质、重要科研成果或获得奖项。

（四）上市培育提示

深圳集美公司首次公开发行股票并在创业板上市的过程中，被问询的焦点问题之一是核心技术人员取得的专业资质及重要科研成果和获得奖项情况。从深圳集美公司的回复意见可见，其认定的核心技术人员既无专业资质，也无重要科研成果或奖项，但深圳集美公司是拥有发明专利 3 项，实用新型专利 14 项，外观设计专利 1 项，软件著作权 12 项技术成果的，因此建议上市后备企业应当自检是否建立了合理的人才管理机制及核心技术人员考评标准，重要科研成果的申报体系建设是否存在空缺。

十一、核心技术应用实操案例十一

（一）案例来源：深圳国人公司上市问询与回复（摘录）❶

深圳国人公司首次公开发行股票并在创业板上市过程中，被问询并要求披露其

---

❶ 民生证券股份有限公司. 关于深圳国人科技股份有限公司首次公开发行股票并在创业板上市申请文件审核问询函的回复 [EB/OL]. (2020 - 12 - 21) [2022 - 11 - 17]. http：//reportdocs. static. szse. cn/UpFiles/ras-infodisc/RAS_0001768415E9C33FEF2D51982FAA3C3F. pdf.

核心技术人员与原单位是否存在竞业禁止协议和保密约定，与原单位是否存在纠纷或潜在纠纷。

（二）问询焦点

关于核心技术人员申报材料显示，发行人核心技术人员饶某顺、段某金是多项专利的发明人，曾有在竞争对手的工作经历，吴某汪有在客户的工作经历。

请发行人：①披露核心技术人员与原单位是否存在竞业禁止协议和保密约定，与原单位是否存在纠纷或潜在纠纷；②结合发行人核心技术、专利的具体来源及形成过程，分析并披露发行人的技术是否来源于其在竞争对手的职务发明，是否存在侵权情形，是否存在纠纷及潜在纠纷；③披露饶某顺、段某金发明的专利中，与发行人主营业务相关的专利。

请保荐人、发行人律师核查并发表明确意见。

（三）问询回复

该公司核心技术人员均未与原任职单位签署竞业禁止协议；核心技术人员蔡某洪、李某强与前单位签署有保密协议，但上述核心技术人员离职后未向公司泄露原任职单位商业秘密，不存在违反前单位保密约定情形。截至该招股说明书签署日，该公司核心技术人员自原任职单位离职的时间均已超过竞业限制法定最长期限2年，且未与原任职单位签署竞业禁止协议，原任职单位亦未向其核心技术人员支付经济补偿。该公司核心技术人员不存在违反原任职单位竞业禁止协议或保密约定的情形，与原任职单位不存在纠纷或潜在纠纷。

（四）上市培育提示

深圳国人公司首次公开发行股票并在创业板上市的过程中，被问询的焦点问题之一是核心技术人员与原单位是否存在竞业禁止协议和保密约定，与原单位是否存在纠纷或潜在纠纷。从深圳国人公司的回复意见可见，其认定核心技术人员与原单位不存在竞业禁止纠纷的理由之一是"原任职单位未向该等核心技术人员支付经济补偿"，根据《最高人民法院关于审理劳动争议案件适用法律问题的解释（一）》第三十八条的规定："当事人在劳动合同或者保密协议中约定了竞业限制和经济补偿，劳动合同解除或者终止后，因用人单位的原因导致三个月未支付经济补偿，劳动者请求解除竞业限制约定的，人民法院应予支持"。因此建议上市后备企业应当自检如涉及了解企业核心技术的人员流动的，为确保离职人员遵守竞业限制约定，应有专门的制度流程对该等人员的经济补偿发放实施监督。

十二、核心技术应用实操案例十二

（一）案例来源：南京沪江公司上市问询与回复（摘录）❶

南京沪江公司在向不特定合格投资者公开发行股票并在北交所上市过程中，被问询并要求回复"将实际控制人认定为核心技术人员是否合理"。

（二）问询焦点

将实际控制人认定为核心技术人员是否合理。根据公开发行说明书，发行人核心技术人员为实际控制人章某骏、章某一、章某二，其中章某二为工商管理专业且无任何科研成果及奖项。①请发行人补充披露核心技术人员的认定依据，上述核心技术人员所取得科研成果或专利的具体时间，在公司技术及产品中的具体应用，结合该公司研发部门主要人员，主要专利发明发明人情况说明核心技术人员认定是否恰当，是否能够反映发行人的技术研发现状；②请发行人补充披露报告期内研发部门的人员变动情况，是否存在主要专利或核心技术发明人员离职情形以及对发行人生产经营的影响；③请发行人补充披露研发人员的教育背景、学历构成、研发经历以及与同行业上市公司的对比情况。

（三）问询回复

核心技术人员为对该公司新技术开发、应用等方面作出重要贡献的人员。该公司于2012年建立高分子功能材料工程技术研究中心，主要是凝聚公司内外研发资源，推进软包装材料科技研发，并将相关成果运用到企业生产过程；工程中心设有技术委员会，负责日常管理。同时，公司设有技术部负责日常研发工作，下设设备科、新品科等，分别由科室负责人进行日常管理。

章某骏自2012年起担任公司高分子功能材料工程技术研究中心主任，报告期内一直负责设备研发改进工作，2021年卸任总经理后担任技术部经理，总体负责公司研发工作。章某一自2012年起担任公司高分子功能材料工程技术研究中心副主任，报告期内自2018年初至2021年1月担任技术部经理，并亲自负责新品研发工作，2021年1月担任公司总经理后不再兼任技术部经理，但仍对新品研发工作提供具体指导。章某二自2012年起担任公司高分子功能材料工程技术研究中心技术委员会委

---

❶ 东吴证券股份有限公司. 关于南京沪江复合材料股份有限公司向不特定合格投资者公开发行股票并在北京证券交易所上市审查问询函的回复 [EB/OL]. （2021 - 11 - 24）[2022 - 11 - 17]. https：//www.bse.cn/disclosure/2021/2021 - 11 - 24/1637739260_404518.pdf.

员，报告期内一直担任副总经理兼生产部经理，负责生产管理及推进相关的技改项目实施，报告期内作为主要起草人负责《Q/3201 HJFH 001 - 2020 多层复合膜、袋》《Q/3201 HJFH 004 - 2020 单向排气阀》等企业标准的起草，同时作为技改项目负责人，报告期内负责制袋机提速、半自动/全自动气阀机、复合机提速、圆底袋自动线、吨袋自动生产线及拉筋装配机等重要技改项目的开展和实施，为该公司产品升级和生产效率提升作出了较大的贡献。

截至该招股说明书签署日，发行人共有专利 52 项，其中 50 项专利的发明人或主要发明人为章某骏、章某一。

报告期内章某骏、章某一均为发行人研发部门主要负责人，且同时是发行人绝大多数专利的发明人。章某二自 2012 年起即担任发行人工程技术中心技术委员会委员，报告期内负责多项企业标准的起草，日常生产管理工作过程中积极推动新设备、新技术运用与落地，并亲自负责多项重大技改项目，为公司新产品投产作出较大贡献。因此，认定上述三人为核心技术人员是适当的，能够较好反映发行人技术研发现状。

（四）上市培育提示

南京沪江公司在向不特定合格投资者公开发行股票并在北交所上市过程中，被问询的焦点问题之一是将实际控制人认定为核心技术人员是否合理。从南京沪江材料公司的回复意见可见，其认定核心技术人员的相关规定为"核心技术人员为对公司新技术开发、应用等方面作出重要贡献的人员"。作为公司实际控制人的人员在同时满足核心技术人员的认定标准时，同样可以作为公司的核心技术人员。

十三、核心技术应用实操案例十三

（一）案例来源：东立科技公司上市问询与回复（摘录）❶

东立科技公司在精选层挂牌申请过程中，被问询并要求回复"核心技术人员离职影响"。

（二）问询焦点

关于核心技术人员离职影响。根据公开发行说明书，2020 年 9 月，该公司原核

---

❶ 华西证券股份有限公司. 关于四川东立科技股份有限公司精选层挂牌申请文件的审查问询函的回复 [EB/OL]. (2021 - 10 - 28) [2022 - 11 - 17]. https://www.bse.cn/disclosure/2021/2021 - 10 - 28/1635410889_837973.pdf.

心技术人员陈某勇离职。请发行人说明陈某勇原职责范围、研究领域、专利情况，是否签订保密协议，陈某勇离职对公司生产经营的影响。

请保荐机构核查上述事项并发表明确意见。

（三）问询回复

该公司原核心技术人员陈某勇在公司履职期间主要作为技术人员参与绿矾制备硫酸综合利用技术的研究工作。该公司使用专利中，不存在陈某勇作为专利申请人的情形；该公司已与陈某勇签订员工保密及竞业限制协议书。根据协议的约定，在与公司劳动关系存续期间及在其离职后 3 年内，陈某勇不得在与公司生产、经营同类产品或提供同类服务的其他企业内任职，包括但不限于合伙人、董事、监事、股东、经理、职员、代理人、顾问等；不得间接为上述企业提供服务。陈某勇从公司离职后，在兴中矿业任职。兴中矿业为公司实际控制人饶某控制的企业，陈某勇离职对公司生产经营未产生重大不利影响。

该公司通过长期技术积累和发展，已建立了较为完备的研发体系，该公司重视技术人才队伍的建设，具备保持技术领先的人才基础。报告期内，该公司其他关键核心技术人员未发生变化，整体研发实力不会因陈某勇离职而产生重大不利影响，不存在对公司业务发展、技术研发等产生不利影响的情况。

（四）上市培育提示

东立科技公司在精选层挂牌申请的过程中，被问询的焦点问题之一是核心技术人员离职影响。从东立科技公司的回复意见可见，其与核心技术人员签订了保密及竞业限制协议，且在其中约定条款内容中进行了较详细而完备的内容限制，协议的履行将被视为可防止核心技术人员的离职对公司业务发展、技术研发等产生的不利影响。上市培育提示，完备而全面的保密约定内容及竞业限制约定内容对于拟上市公司而言是十分重要的。

十四、核心技术应用实操案例十四

（一）案例来源：北京颖泰嘉和生物科技股份有限公司上市问询与回复（摘录）❶

北京颖泰嘉和生物科技股份有限公司（以下简称"颖泰嘉和公司"）在精选层

❶ 西南证券股份有限公司. 关于北京颖泰嘉和生物科技股份有限公司精选层挂牌申请文件审查问询函的回复［EB/OL］.（2020 - 06 - 01）［2022 - 11 - 17］. https：//www. bse. cn/disclosure/2020/2020 - 06 - 01/1590996683_860860. pdf.

挂牌申请过程中，被问询并要求回复"说明核心技术人员调整的原因，核心技术人员调整对公司技术研发、专利技术保密的影响，是否存在纠纷或潜在纠纷"。

（二）问询焦点

根据公开发行说明书，发行人核心技术人员由乔某、金某涛、游某南等3人变更为乔某、王某、汪某华、李某敢等4人。

请发行人：①说明核心技术人员调整的原因，核心技术人员调整对公司技术研发、专利技术保密的影响，是否存在纠纷或潜在纠纷；②补充披露发行人核心技术人员与原单位是否存在相关竞业禁止协议，在发行人处从事的研究是否与原工作单位产生纠纷或潜在纠纷，是否可能侵犯原单位的知识产权。

请保荐机构、发行人律师核查上述问题并发表明确意见。

（三）问询回复

原核心技术人员金某涛、游某南因公司内部职能调整，不再担任技术研发相关工作，但仍在该公司任职。金某涛、游某南作为核心技术人员期间参与申报的专利技术均属于职位发明，非单一发明人，专利所有权均归属于公司及子公司。因此，金某涛、游某南卸任核心技术人员不涉及职务发明的纠纷或潜在纠纷，不会对该公司专利权完整性造成影响。核心技术人员调整更符合该公司研发工作实际情况，且上述人员均为该公司员工，未从该公司离职，且与该公司签订正式劳动合同和保密协议。综上，公司核心技术人员的调任和增选不会对公司技术研发产生不利影响，符合公司研发工作开展的现状以及未来管理需要，核心技术人员调整对公司技术研发、专利技术保密无重大不利影响，不存在纠纷或潜在纠纷。

（四）上市培育提示

颖泰嘉和公司在精选层挂牌申请过程中，被问询并要求回复"说明核心技术人员调整的原因，核心技术人员调整对公司技术研发、专利技术保密的影响，是否存在纠纷或潜在纠纷"。从颖泰嘉和公司的回复意见可见，其在申请过程中发生了原定核心技术人员的调任和新增情况，但与这些技术人员均签订了保密协议，因此核心技术人员调整对该公司技术研发、专利技术保密不会产生重大不利影响。建议上市后备企业应自检相应保密协议等在公司内签订人员的覆盖范围的全面性。

第五节　知识产权争议与不正当竞争纠纷

一、知识产权争议与不正当竞争纠纷实操案例一

（一）案例来源：东立科技公司上市问询与回复（摘录）❶

东立科技公司在精选层挂牌申请过程中，被问询并要求回复"核心技术缺乏专利保护，是否对发行人的生产经营存在重大不利影响，该等影响是否将长期持续。结合发行人技术的专利保护现状，说明生产经营是否存在侵权行为，对发行人的影响"。

（二）问询焦点

关于核心技术缺乏专利保护。请发行人：①补充披露核心技术未形成专利保护的原因，系统梳理核心技术对应正在申请的发明专利的申请时间、研发背景及进度、主要人员及研发支出、生产经营中的作用、预计形成专利保护的时间，说明核心技术缺乏专利保护是否对发行人的生产经营存在重大不利影响，该等影响是否将长期持续；②结合发行人技术的专利保护现状，说明生产经营是否存在侵权行为，对发行人的影响；③补充披露核心技术对应的主要产品（服务）及收入情况，与核心技术相关的收入认定标准及标准确定的依据。

请保荐机构核查上述事项并发表明确意见。

（三）问询回复

该公司技术来源于自身长期从事理论研究与生产实践的积累，并分散体现在 46 项技术专利以及大量的非专利技术和生产经验之中，其他竞争对手难以仅通过生产设备、生产线的采购、调试等达到该公司现有的处理水平，完成技术替代。因此，该公司因竞争对手外购设备而导致技术替代或技术泄露风险相对较小，因技术替代或技术泄露而对该公司持续经营能力造成重大不利影响的可能性也较小。该公司已申请 46 项专利技术，能够对自有技术形成有效的保护。报告期内，该公司生产经营所采用的主要技术未对其他企业构成侵权，也未发现其他企业对该公司存在侵权行为。

---

❶　华西证券股份有限公司. 关于四川东立科技股份有限公司精选层挂牌申请文件的审查问询函的回复 [EB/OL]. (2021 - 10 - 28) [2022 - 11 - 17]. https：//www.bse.cn/disclosure/2021/2021 - 10 - 28/1635410889_837973.pdf.

（四）上市培育提示

东立科技公司在精选层挂牌申请的过程中，被问询的焦点问题之一是核心技术缺乏专利保护，是否对发行人的生产经营存在重大不利影响，并被要求结合发行人技术的专利保护现状，说明生产经营是否存在侵权行为。根据《专利法》第十一条第一款的规定："发明和实用新型专利权被授予后，除本法另有规定的以外，任何单位或者个人未经专利权人许可，都不得实施其专利，即不得为生产经营目的制造、使用、许诺销售、销售、进口其专利产品，或者使用其专利方法以及使用、许诺销售、销售、进口依照该专利方法直接获得的产品"。如果一项技术存在被他人容易知悉的情况，通常最有效的保护方式之一便是申请专利权保护。因此建议上市后备企业对于自己具有的技术，特别是核心技术，应当建立完善的内部申报甄别制度，并及时进行专利权申请，以有效保护自身权益，打击侵权行为。

二、知识产权争议与不正当竞争纠纷实操案例二

（一）案例来源：南通通易公司上市问询与回复（摘录）❶

南通通易公司在精选层挂牌申请过程中，被问询并要求回复其 TPU 产品 2 项专利均为 2020 年底由发行人孙公司江苏图研新材料科技有限公司取得，请发行人说明 TPU 核心技术形成的地点和时间、核心技术的主要研发人员、是否存在侵权风险。

（二）问询焦点

关于该公司的 TPU 相关技术是否存在侵权风险。该公司的 TPU 产品 2 项专利均为 2020 年底由发行人孙公司江苏图研新材料科技有限公司取得，请发行人说明 TPU 核心技术形成的地点和时间、核心技术的主要研发人员、是否存在侵权风险。请保荐机构、发行人律师核查上述事项并发表明确意见。

（三）问询回复

上述专利技术均为发行人及子公司自主研发取得，不存在使用其他授权技术的情形。发行人及子公司均不存在知识产权纠纷，不存在技术侵权的情形。

（四）上市培育提示

南通通易公司在精选层挂牌申请的过程中，被问询的焦点问题之一是其 2 项专

---

❶ 中信证券股份有限公司. 关于南通通易航天科技股份有限公司精选层挂牌申请文件的审查问询函之回复报告［EB/OL］.［2022－11－17］. https://pdf. dfcfw. com/pdf/H2_AN202106181498529668_1. pdf.

利均为发行人孙公司江苏图研新材料科技有限公司取得，是否存在侵权风险。作为发行人经营中需要使用的专利技术，或者为发行人自己所有，或者是经权利人许可而使用不属于自己所有的专利权时，是否会构成侵权，该专利权是否另有权属纠纷，都是易引发纠纷的问题。因此建议上市后备企业应当自检自身使用的专利权权属是否清晰，使用行为是否合法，建立相应的知识产权权属风险和争议风险机制。

三、知识产权争议与不正当竞争纠纷实操案例三

（一）案例来源：北京凯腾精工制版股份有限公司上市问询与回复（摘录）❶

北京凯腾精工制版股份有限公司（以下简称"凯腾精工公司"）在精选层挂牌申请过程中，被问询并要求回复发行人核心技术人员靳某增曾任职北京市精工制版有限公司，参与开发了激光凹版雕刻机及圆柱形工件外圆加工机床，并获得ZL200820139320.5、ZL200820139319.2 等实用新型专利。结合核心技术人员的履历，说明曾任职于竞争对手的人员是否存在竞业禁止协议，在发行人任职期间的研究项目、申请的专利是否与原工作内容相关，是否侵犯原单位知识产权，是否存在纠纷或潜在纠纷。是否利用上述 2 项专利进行生产，是否存在技术侵权风险。

（二）问询焦点

关于该公司是否存在技术侵权风险。发行人核心技术人员靳某增曾任职北京市精工制版有限公司，参与开发了激光凹版雕刻机及圆柱形工件外圆加工机床，并获得 ZL200820139320.5、ZL200820139319.2 等实用新型专利，上述 2 项专利并未在公开发行说明书中"主要无形资产 - 专利"列表里体现。请发行人：①补充披露上述 2 项专利的权属情况；②结合核心技术人员的履历，说明曾任职于竞争对手的人员是否存在竞业禁止协议，在发行人任职期间的研究项目、申请的专利是否与原工作内容相关，是否侵犯原单位知识产权，是否存在纠纷或潜在纠纷；③发行人是否利用上述 2 项专利进行生产，是否存在技术侵权风险。

（三）问询回复

靳某增在发行人任职之前的原任职单位系发行人全资子公司，不存在侵犯原单位知识产权的风险，不存在纠纷或潜在纠纷。发行人利用 2 项专利进行生产的设备

---

❶ 财达证券股份有限公司. 关于北京凯腾精工制版股份有限公司精选层挂牌申请文件审查问询函的回复 [EB/OL]. [2022 - 11 - 17]. http：//stock. tianyancha. com/Announcement/eastmoney/eb05a622b654d87a9086ada 9effd2b48. pdf.

仍在使用，专利技术系发行人所有，不存在技术侵权风险。

（四）上市培育提示

凯腾精工公司在精选层挂牌申请的过程中，被问询的焦点问题之一是发行人核心技术人员曾任职其他单位并获得 2 项专利，发行人使用该 2 项专利是否侵犯其原单位知识产权，是否存在技术侵权风险。虽然该案中发行人的回复表明该核心技术人员曾任职的单位系发行人的全资子公司，不存在侵权问题及风险，但通过该案焦点揭示：其一，公司使用员工持有的专利时，可能是引起争议风险的来源；其二，若员工持有的专利，是其任职原单位时的职务发明，也可能是引起争议风险的来源。因此建议上市后备企业应当建立完善的知识产权权属登记及确认体系，预防风险发生。

四、知识产权争议与不正当竞争纠纷实操案例四

（一）案例来源：旭杰科技公司上市问询与回复（摘录）❶

旭杰科技公司在精选层挂牌申请过程中，被问询并要求回复说明 2 项核心技术未申请专利保护的原因，相关技术是否存在权属争议、纠纷或潜在纠纷，发行人就非专利技术采取的具体保护措施，相关非专利技术是否存在被侵权的风险。

（二）问询焦点

关于说明 2 项核心技术未申请专利保护的原因，相关技术是否存在权属争议、纠纷或潜在纠纷，发行人就非专利技术采取的具体保护措施，相关非专利技术是否存在被侵权的风险，如有，请补充披露相关风险。

（三）问询回复

该公司虽然对非专利技术采取了相应保护措施，但不排除后续因相关专利申请失败、未申请专利技术保密措施失效等因素，导致相关技术泄密的风险。截至该公开发行说明书签署日，该公司共拥有专利 35 项，软件著作权 18 项，并拥有部分正在申请专利或尚未申请专利的专有技术。上述专利、软件著作权、专有技术是该公司保持市场竞争力的重要因素之一。未来若相关技术被泄密或被侵权，将会对该公司的市场竞争力产生不利影响。

---

❶ 东吴证券股份有限公司. 关于苏州旭杰建筑科技股份有限公司精选层挂牌申请文件审查问询函的回复 [EB/OL]. [2022 - 11 - 17]. https：//www.bse.cn/disclosure/2020/2020 - 06 - 18/1592478244_817190.pdf.

（四）上市培育提示

旭杰科技公司在精选层挂牌申请的过程中，被问询的焦点问题之一是 2 项核心技术未申请专利保护，发行人就非专利技术采取的具体保护措施，相关非专利技术是否存在被侵权的风险。发行人回复中也明确表明公司虽然对非专利技术采取了相应的保护措施，但不排除后续因相关专利申请失败、未申请专利技术保密措施失效等因素，导致相关技术泄密的风险，并将对公司的市场竞争力产生不利影响。在技术的研发过程中，企业通常在具备申请专利权的条件之前，应对其采取相应的保密措施，根据《反不正当竞争法》第九条的规定："经营者不得实施下列侵犯商业秘密的行为：（一）以盗窃、贿赂、欺诈、胁迫、电子侵入或者其他不正当手段获取权利人的商业秘密；（二）披露、使用或者允许他人使用以前项手段获取的权利人的商业秘密；（三）违反保密义务或者违反权利人有关保守商业秘密的要求，披露、使用或者允许他人使用其所掌握的商业秘密；（四）教唆、引诱、帮助他人违反保密义务或者违反权利人有关保守商业秘密的要求，获取、披露、使用或者允许他人使用权利人的商业秘密。经营者以外的其他自然人、法人和非法人组织实施前款所列违法行为的，视为侵犯商业秘密。第三人明知或者应知商业秘密权利人的员工、前员工或者其他单位、个人实施本条第一款所列违法行为，仍获取、披露、使用或者允许他人使用该商业秘密的，视为侵犯商业秘密。本法所称的商业秘密，是指不为公众所知悉、具有商业价值并经权利人采取相应保密措施的技术信息、经营信息等商业信息。"因此建议上市后备企业应当对尚不具备申请专利权的技术，严格按照法律关于商业秘密保护的规定，建立相应的保护体系，以获得法律对该阶段技术成果的相应保护。

五、知识产权争议反不正当竞争纠纷实操案例五

（一）案例来源：咏声动漫公司上市问询与回复（摘录）❶

咏声动漫公司在创业板挂牌申请过程中，被问询并要求回复：①报告期各期涉诉案件数量、金额、涉诉案件主要类型及简要概况，并根据不同类型案件判决结果的基本情况及判决金额进一步披露发行人知识产权保护工作的机制、成效及风险；②发生发明专利权侵权的原因，是否建立相关工作机制有效防止电视动画、动漫电影、玩具设计工作中侵犯他人知识产权，是否对主营业务构成重大影响。

---

❶ 华泰联合证券有限责任公司. 关于广东咏声动漫股份有限公司首次公开发行股票并在创业板上市申请文件的审核问询函的回复［EB/OL］.（2020 - 10 - 26）［2022 - 11 - 17］. http：//reportdocs. static. szse. cn/Up-Files/rasinfodisc/RAS_00017555AAAA6753FEAA16CF0ED27E13F. pdf.

（二）问询焦点

①报告期各期涉诉案件数量、金额、涉诉案件主要类型及简要概况，并根据不同类型案件判决结果的基本情况及判决金额进一步披露发行人知识产权保护工作的机制、成效及风险；②发生发明专利权侵权的原因，是否建立相关工作机制有效防止电视动画、动漫电影、玩具设计工作中侵犯他人知识产权，是否对主营业务构成重大影响。

（三）问询回复

第一，发行人在招股说明书的基础上补充披露发行人涉诉案件数量、金额、涉诉案件主要类型及简要概况。发行人已建立相关知识产权保护工作机制，具体采取：①完善知识产权管理制度，进行主动防御；②与各部门、机构开展合作维权；③利用外部法律顾问的优势进行法律维权；④通过合同明确约定知识产权的归属和保护等措施。发行人及子公司报告期各期的知识产权维权案件数量分别占各期案件总数量的98%以上。在知识产权维权的案件中（除了未完结案件），大部分案件以发行人胜诉/撤诉或者调解结案。综上所述，说明发行人建立的该等知识产权保护工作的机制具有有效性，但由于盗版产品复制简单、价格低廉、购买便利，发行人动漫产品、动漫衍生品及其对应的知识产权易被其他商家盗版使用，虽然发行人采取了上述知识产权保护措施，但仍不能完全避免侵权产品对发行人的经营业绩和品牌声誉造成不利影响的风险。

第二，发行人与斯平马斯特公司之间专利侵权纠纷案件尚未审结，发行人是否构成专利侵权以法院终审判决结果为准。发行人已建立相关工作机制防止电视动画、动漫电影、玩具设计工作中侵犯他人知识产权，具体包括完善知识产权管理制度，进行主动防御；完善内控流程，加强事前控制；加强内部培训和外部联系；开展不定期自查。鉴于被诉侵权产品目前库存为零、该产品在销售期间的实际利润为负，且发行人已建立相关工作机制，该专利权纠纷不会对发行人的主营业务造成重大不利影响。

（四）上市培育提示

咏声动漫公司在创业板挂牌申请的过程中，被问询的焦点问题之一即为该公司是否建立了有效的知识产权保护工作机制，能够有效避免自身知识产权被侵害以及避免侵权第三人的知识产权。深交所在咏声动漫公司的招股说明书中注意到咏声动漫公司涉诉案件量大，且以知识产权纠纷居多，合理怀疑咏声动漫公司知识产权保护机制缺失，并认为存在进一步影响到咏声动漫公司的主营业务的风险，因此提出前述问询。知识产权在如今的市场竞争中发挥着越来越重要的作用，尤其是在某些特定行业中（如咏声动漫公司所在的动漫产业），知识产权往往决定市场竞争主体的生死存亡。而有效的知识产权保护工作机制则是知识产权保护中至关重要的环节。因此建议上市后备企业建立知识产权保护工作机制，确保该工作机制有效运行，并结合实践经验不断修正完善，确保自身知识产权不被侵害的同时确保不侵害第三方的知识产权，为企业的持续健康发展奠定基石。

六、知识产权争议与不正当竞争纠纷实操案例六

（一）案例来源：鸿基节能公司上市问询与回复（摘录）❶

鸿基节能公司在创业板挂牌申请过程中，被问询并要求回复：①披露两级法院判决结果差异的原因，二审期间江苏建峰建设有限公司提供的新证据，相关实用新型专利权在发行人生产经营中的应用和重要性，如该专利最后被判定无效，是否对发行人构成重大不利影响；②披露发行人所拥有的其他专利中是否存在类似纠纷。请保荐人、发行人律师发表明确意见。

（二）问询焦点

①披露两级法院判决结果差异的原因，二审期间江苏建峰建设有限公司提供的新证据，相关实用新型专利权在发行人生产经营中的应用和重要性，如该专利最后被判定无效，是否对发行人构成重大不利影响；②披露发行人所拥有的其他专利中是否存在类似纠纷。

（三）问询回复

第一，涉案专利已于 2016 年 11 月 23 日期限届满终止失效，且由于发行人生产技术迭代更新，已不再使用该专利，即使该专利最后被判定为无效，不会对发行人的生产经营产生重大不利影响。

第二，除了已披露的情形，发行人现行有效的专利或核心技术不存在争议或纠纷，发行人的已授权专利均经国家知识产权局审核后取得专利证书，该等专利不存在收到其他第三方申请无效宣告或主张权利情况。

（四）上市培育提示

鸿基节能公司在创业板挂牌申请的过程中，被问询的焦点问题之一即为公司相

---

❶ 华创证券有限责任公司. 关于江苏鸿基节能新技术股份有限公司申请首次公开发行股票并在创业板上市审核中心审核问询函的回复［EB/OL］.（2020 – 11 – 10）［2022 – 11 – 17］. http：//reportdocs. static. szse. cn/UpFiles/rasinfodisc/RAS_000175AC4CC76C3FD4EBEBC22D07683F. pdf.

关专利权在发行人生产经营中的应用与重要性，如该专利最后被判定无效，是否对发行人构成重大不利影响。专利权作为生产要素之一，往往是市场主体取得竞争优势的法宝，乃至成为决定性因素。如果企业的主营业务主要依赖相关专利权开展，一旦专利权丧失则会产生毁灭性的打击。因此建议上市后备企业应当时刻关注自身专利权及其权利状态，建立完善相关保护制度并确保其有效运行，尤其是对企业生产经营起决定性作用的专利权。同时，企业主动对外启动专利权等知识产权维权诉讼一定要慎之又慎，充分评估自有专利权的独创性、先进性，避免造成自身专利无效、提前终止的情况发生。

七、知识产权争议与不正当竞争纠纷实操案例七

（一）案例来源：深圳乾德公司上市问询与回复（摘录）❶

深圳乾德公司在创业板挂牌申请过程中，被问询并要求其披露：富士康诉深圳乾德公司及其子公司启东乾朔电子有限公司侵害其发明专利纠纷案件的诉讼具体情况，诉讼有关专利名称，该专利的形成过程，富士康起诉该公司侵害专利权的原因，富士康撤诉后前后双方协商情况，该专利对发行人生产经营的重要性情况，使用该专利的产品收入占发行人营业收入的比例。

（二）问询焦点

关于富士康专利权诉讼。涉案专利对发行人生产经营的重要性情况、使用该专利的产品收入占发行人营业收入的比例。

（三）问询回复

涉案专利不属于卡连接器生产过程中的核心技术，对发行人生产经营的重要性程度较低，报告期内发行人涉案专利相关的产品销售收入占发行人当期营业收入比例较小。因此，该专利权纠纷不会影响发行人的持续生产经营。

（四）上市培育提示

深圳乾德公司在创业板挂牌申请的过程中，被问询的焦点问题之一即为涉案专利对发行人生产经营的重要性情况、使用该专利的产品收入占发行人营业收入的比例，是否影响发行人的持续经营。如果企业的主营业务主要依赖相关专利权开展，

---

❶ 招商证券股份有限公司. 关于深圳市乾德电子股份有限公司首次公开发行股票并在创业板上市申请文件审核问询函的回复［EB/OL］.（2020－11－12）［2022－11－17］. http：//reportdocs. static. szse. cn/UpFiles/rasinfodisc/RAS_00017597E62C953FA4568F65F1D2003F. pdf.

且专利实施的产品收入成为企业营业收入的主要来源，一旦专利权丧失则会产生毁灭性的打击。因此建议：①上市后备企业对于关系企业生存发展的核心技术应当是自主研发，并通过申请专利权、商业秘密保护等法定形式予以保护；②上市后备企业应当注重加强专利等知识产权的体系布局，确保不会因部分专利侵权或丧失影响企业整体的生产经营。

八、知识产权争议与不正当竞争纠纷实操案例八

（一）案例来源：深圳汉弘数字印刷集团股份有限公司上市问询与回复（摘录）❶

深圳汉弘数字印刷集团股份有限公司（以下简称"深圳汉弘公司"）在科创板挂牌申请过程中，被问询并要求回复，作为发行人核心技术人员的赵某发、李某刚涉嫌侵害润天智公司的商业秘密，涉嫌构成侵害商业秘密罪。

（二）问询焦点

请发行人补充披露：①润天智公司起诉赵某发、李某刚案件的主要事实情况，是否涉及发行人的核心技术、其他技术及主营业务产品，如是，涉及的产品销量、销售收入、核心技术产品收入等情况；发行人是否存在侵犯第三方权利的情形。②诉讼的最新进展情况，赵某发、李某刚是否存在败诉的风险，若二人败诉，预计对发行人核心技术、研发、生产经营、财务状况等所产生的不利影响。

（三）问询回复

发行人补充披露了该案件的起因和发展过程，并认为该案件不涉及发行人报告期内及目前的核心技术，其他核心技术及主营业务产品；发行人及其子公司拥有的专利权、软件著作权未收到任何第三方关于技术侵权的主张，亦未与第三方已授权专利、软件著作权之间存在纠纷或争议，发行人及其子公司不存在侵犯第三方权利的情形。

该案件二审程序仍在进行中，尚未开庭审理。且发行人认为赵某发、李某刚未侵犯润天智公司商业秘密，二审败诉风险较小。若赵某发、李某刚二审败诉，则直接导致该二人离职，造成发行人研发人员及管理人员流失，但不会对发行人核心技术、研发、生产经营、财务状况等产生不利影响。

---

❶ 民生证券股份有限公司. 关于深圳汉弘数字印刷集团股份有限公司首次公开发行股票并在科创板上市申请文件审核问询函的回复［EB/OL］.（2020－06－09）［2022－11－17］. http：//kcb. sse. com. cn/renewal/xmxq/index. shtml?auditId＝396&anchor_type＝0.

（四）上市培育提示

深圳汉弘公司在科创板挂牌申请的过程中，被问询的焦点问题之一即为发行人的核心技术人员涉嫌侵害第三方的商业秘密乃至构成刑事犯罪，是否会波及发行人自身；如果核心技术人员侵权或者刑事犯罪成立，是否会对发行人核心技术、技术研发及生产经营带来重大不利影响。核心技术人员往往掌握企业的商业秘密，在人员流动的过程中容易与原用人单位产生纠纷，在跳槽、重新入职后实施侵害原用人单位商业秘密的情况。因此建议上市后备企业在核心技术人才引进等环节中，首先，应当特别注意对核心技术人员的背景调查，关注其掌握原用人单位的商业秘密及其范围，是否签署相关保密协议等文件。为其合理安排工作岗位，明确要求并签署在其工作过程中不得侵权第三方知识产权，否则承担全部赔偿责任的承诺函等配套文件。其次，如核心技术人员不可避免地参与企业核心技术的开发、主营业务产品研究中，则应当做好自主研发、其他合法来源等过程资料的搜集、管理工作，避免企业承担责任。最后，企业应当加强内部自身科研团队及人员的培养，形成自主知识产权。

九、知识产权争议与不正当竞争纠纷实操案例九

（一）案例来源：成都纵横公司上市问询与回复（摘录）❶

成都纵横公司在科创板挂牌申请过程中，被问询并要求回复发行人涉诉技术的研发过程，包括研发时间、参与人员、技术保护措施等，是否为原始创新或集成了行业通用技术或其他竞争对手的技术进行二次创新，请结合发行人 CW－10D 无人机系统产品及其他可能涉及涉诉专利技术产品的技术方案与涉诉专利的权利要求进行——比对分析，是否存在侵犯雄安远度公司或第三方知识产权的情形，发行人认为该次涉案产品为该公司 CW－10D 无人机系统产品的依据。

（二）问询焦点

请发行人补充披露其涉诉技术的研发过程，包括研发时间、参与人员、技术保护措施等，是否为原始创新或集成了行业通用技术或其他竞争对手的技术、进行二次创新，请结合发行人 CW－10D 无人机系统产品及其他可能涉及涉诉专利技术产品的技术方案与涉诉专利的权利要求进行——比对分析，是否存在侵犯雄安远度公司

---

❶ 国泰君安证券股份有限公司. 关于成都纵横自动化技术股份有限公司首次公开发行股票并在科创板上市申请文件第二轮审核问询函的回复［EB/OL］.（2020－08－06）［2022－11－09］. http：//static. sse. com. cn/stock/information/c/202008/c6e6dc5cf4974d0c8c5c42a2a72d7e76. pdf.

或第三方知识产权的情形，发行人认为该次诉讼涉案产品为该公司 CW – 10D 无人机系统产品的依据。

（三）问询回复

发行人补充披露了涉诉技术研发过程，包括研发时间、参与人员、技术保护措施等，并认为涉诉技术均为发行人及其核心技术人员原始创新。发行人将原告主张的专利的权利要求所限定的全部技术特征与 CW – 10D 无人机系统产品所使用的技术方案进行了一一比对分析，认为两者存在实质性差异，发行人 CW 系列无人机产品均不存在侵犯雄安远度公司涉诉专利。

（四）上市培育提示

成都纵横公司在科创板挂牌申请的过程中，被问询的焦点问题之一即为发行人 CW 系列产品是否侵害原告主张的专利权。《最高人民法院关于审理侵犯专利权纠纷案件应用法律若干问题的解释》第七条规定："人民法院判定被诉侵权技术方案是否落入专利权的保护范围，应当审查权利人主张的权利要求所记载的全部技术特征。被诉侵权技术方案包含与权利要求记载的全部技术特征相同或者等同的技术特征的，人民法院应当认定其落入专利权的保护范围；被诉侵权技术方案的技术特征与权利要求记载的全部技术特征相比，缺少权利要求记载的一个以上的技术特征，或者有一个以上技术特征不相同也不等同的，人民法院应当认定其没有落入专利权的保护范围。"根据上述法律规定，专利侵权的审查标准是相当严格的，企业能够采取合理的措施提前规避侵权风险。因此建议上市后备企业在正式投入人力、物力研发相关技术方案之前，应当提前做好专利检索、专利预警等相关工作，充分了解相关领域的现有技术、现有专利，并在研发过程中注意规避现有专利的技术特征，避免研发的技术成果侵害第三方在先专利权，不仅造成资源的极大浪费，甚至面临侵权风险。

第七章　上市后备企业知识产权培育重点

企业上市过程中需要面临的知识产权问题众多，企业的生产、经营和商业模式以及知识产权资产的内容、地位和作用等不同，企业需要解决的知识产权问题也就各不相同。因篇幅所限，笔者无法就这些问题逐一说明，为了突出重点，下面仅就企业上市过程中的科技人才与企业核心技术体系、知识产权权力状况效力评估、知识产权风险排查与争议解决等需要重点培育的内容和共同的规律性问题，提出相应的具体指导意见。

第一节　科技人才与企业核心技术体系

企业核心在科技，科技核心在人才。由此可见，人才尤其是科技人才与企业成长进步的内在关系非常密切。对于科技型企业而言，科技人才往往是企业产品市场成功的关键所在。当然也是企业上市的关键条件之一。因此，企业在上市培育和筹备阶段，应当不断加强自身科技人才和核心技术的储备，为成功上市打下坚实的基础。

一、科技人才队伍建设与法律保障

在新经济时代下，企业之间的竞争归根结底是人才的竞争，科技版图背后的"人才战略"是核心。研发人员的数量及占比已经成为拟上市企业是否具有科创属性的重要评价标准之一。

2021年4月16日，证监会发布修正后的《科创属性评价指引（试行）》，其中第一条第二项规定："研发人员占当年员工总数的比例不低于10%"。可见，对于拟上市企业来说，在研发人员数量及比例方面，应当保持研发人员占当年员工总数的比例不低于10%，同时关注同行业可比公司研发人员的占比情况，尽量保持该比例在行业平均水平之上。

2021年12月31日，商汤集团股份有限公司成功在港交所主板上市，创造了中国 AI 企业最大规模上市，其拥有一支囊括了40位教授、250多名博士，以及3593

名科学家和工程师的技术研发团队，占比公司全员超 2/3。其强大的科技人才队伍堪称企业成功上市方面的人才储备典范。然而，现阶段我国企业普遍面临科技人才队伍建设危机、"大而不强"、核心技术人才队伍不稳定等问题。对待技术人才，上市企业应当遵循人才挖掘、培养和激励三管齐下策略，实现精准选才、良方育才、用心留才"三位一体"的人才机制，充分激发人才创新活力，打好核心技术攻坚战，确保科技人才队伍的专业性、稳定性和可持续性。

1. 精准化引才

人才不是招聘来的，而是吸引来的，要打造一支强大的科技人才队伍，首先应当具备人才吸引力。企业应当突出自身的发展愿景、品牌影响、科研环境、薪酬待遇、职业发展、团队凝聚力等优势，营造有机会、有平台、有回报的工作环境，不断吸引大量外来优秀科技人才和留住现有科技人才，壮大公司研发队伍，促进公司核心人才队伍建设和稳定。

一方面，企业人才引进要具有很强的针对性和目的性，基于自身战略目标和经营策略，实行"按需引才、精准储才"，既不能盲目引才，也不能受传统招聘理念束缚，坚持专业对口，着重考察其主动性、创造力、专业素养、团队协作能力、未来发展规划等要素，选择与企业发展相匹配的人才；另一方面，企业应基于自身人才需求，坚持"积极、多元、开放"的人才观，充分利用各级政府的人才扶持政策，积极与全球范围内的企业、高校及研发机构广泛合作，依托各类引才平台机制，引进不同层次的创新型科技人才。

2. 专业化育才

企业要想建立一支专业且强大的科技人才队伍，还应完善人才培养体系，通过内部培养优秀的科技人才，推进产、学、研深度结合的技术创新体系，加速科技人员的科研创新突破和创新成果转化，为科技人才搭建国内外学术交流合作、继续深造学习的机会和平台，进一步开阔眼界、增长见识，保持人才队伍的活力，实现企业与科技人才的持续成长和共同进步，为企业上市不断储备知识产权潜能。

一方面，企业人才培养应立足于全面培养、整体优化。企业应根据员工的特点和岗位需求，定期组织专业性、针对性、系统性、适应性的专业知识培训工作，为技术人员提供方便快捷、智能高效的学习交流平台，使科技人员持续学习新知识、新技能、新理念，从而全面提升员工的专业知识、工作技能和创新能力；另一方面，要加大高精尖科技人才培育。企业应当聚焦科技前沿，打造一支技术精尖、创新能力强的技术团队，充分发挥高精尖科技人才和核心技术骨干的牵头作用，实现科技人才队伍从重规模、重数量向重水平、重质量转变，从而为推动企业整体战略目标的实现提供坚实的人员和技术保障。

例如，2019 年 1 月 28 日，康龙化成（北京）新药技术股份有限公司成功登陆港交所，其成功离不开优秀的团队。该公司人才发展策略是积极引进国内外高端人才，更重要的是其多年来一直坚持对本土人才的培养和发展。该公司拥有7400多名员工，其中6000多名员工系研发人员，由此打造了一支成熟健全、能力突出、经验丰富的高素质科研团队。该公司不断打造学习文化，培养一流人才队伍，通过日常学习、学术研讨会、年度论坛、名师课程培训、康龙学院、访问学者计划、博士后资助计划等途径，实现产、学、研深度结合，不断培养和激励人才，给科技人员不断注入新目标、新热情、有生机、有活力，为成功上市保驾护航。

3. 多元化留才

企业不仅需要引进、培育科技人才，更需要通过科学合理的激励机制留住人才，防止科技人才流失。科技创新型企业人才的绩效表现是长期性的，需要有长期的激励政策配合，实施更有效地激励机制，运用诸如股权激励对员工进行现有薪酬的有效补充。与传统行业将股权激励视作"奢侈品"相比，对于人力资本密集、智力资本密集的科技创新型企业而言，股权激励正越来越成为"必需品"。据统计，截至2021年8月底，已有科创板上市的141家公司披露165份股权激励方案，覆盖率达43%。

例如，2021年10月28日，深圳英集芯科技股份有限公司（以下简称"英集芯公司"）成功上市上交所科创板。该公司为留住科技人员，在建立内部晋升制度的基础上，采用核心研发人员持股方式，形成了完善且有效的高素质专业人才激励机制，让员工分享公司的发展成果，以分享和开放的精神吸引和留住高端人才，使高素质专业人才在企业拥有主人翁的意识，充分发挥主观能动性和专业才干。该公司通过激励机制有效奖励鼓励员工积极创新，保障公司实现长期可持续的快速发展，这对其上市成功无疑会产生积极影响。

因此，拟上市企业应该通过多元化的激励机制打造"企业－员工利益共同体"，增强科技人员参与感、归属感和企业凝聚力，齐心协力应对企业上市。拟上市企业应当做到物质激励与精神激励双管齐下，一方面，通过薪酬激励、股权激励等经济物质形式对员工进行常态化激励；另一方面，通过个人授权、荣誉奖项等精神方面对员工进行长效激励。同时，企业在激发员工创造性的同时也督促员工加强自我管理、自我监督，尽量避免对个别核心技术人员形成重大技术依赖，从而防止人才流动对其生产经营带来重大不利影响。

为了确保以上人才队伍建设措施的落实，企业必须给予人才队伍建设建立相应的法律保障措施。不断通过公司章程、决议等管理制度文件，诸如劳动合同等具有法律效力的文件形式固化上述措施手段，并确保其有效执行。只有这样，才能免除科技人才的后顾之忧。

总之，拥有稳定、高素质的科技人才队伍对企业发展至关重要，企业应当非常重视科技人才队伍建设，制定多元化、高水准、全方面的人才培养机制。同时，完善内部管理规章制度，制定符合人才保障机制的劳动用工政策，主动保障科技人员的基本权益，落实政府的人才落户计划，为科技人才潜心研发技术不断提供相应的政策、组织和法律保障。

二、人才引进相关法律风险分析

吸纳新人才、引进新技术是企业经营常态，但对准备登陆资本市场的企业来说，满足"独立性"是基本要求，即应当特别关注核心技术团队的独立性以及知识产权的独立性、完整性。在经济高速发展的当下，科技创新型企业人才的高流动性，不断促进企业核心技术的发展与营业利润的增长。但与此同时，引进的人才入职前未进行充分的工作背景调查，可能会给企业带来各种潜在的法律风险，导致上市被迫中止甚至终止的案例比比皆是。

拟上市企业围绕人才引进，可能引发的法律风险主要集中在涉及人才流动时的股权关系、劳动关系、竞争关系等。尤其是竞争关系条件下的人才引进已是危机四伏，一不小心就会给经营、管理、市场，企业形象和客户价值带来灭顶之灾，必须引起企业的高度重视。在日常工作中，采取充分有效的措施化解相应法律风险，才能确保上市顺利，经营稳健。

1. 劳动争议风险

企业所引进人才必须依法处理好与原用人单位的劳动合同关系，正常合法有效地终结劳动关系，避免引发劳动争议。

《劳动法》和《劳动合同法》均明确规定，用人单位招用未解除劳动合同的劳动者，对原用人单位造成经济损失的，该用人单位应依法承担连带赔偿责任。《违反〈劳动法〉有关劳动合同规定的赔偿办法》第六条规定，用人单位承担的连带赔偿责任的份额，应不低于对原用人单位造成经济损失总额的70%。可见，企业引进人才时，若不关注科技人才与原单位之间可能潜在的劳动纠纷，将会给企业带来极大的经济负担，进而影响上市进程。

2. 竞业限制风险

通常情况下，劳动者与用人单位的竞业限制协议的签订主体是公司的董事、高级管理人员、核心技术人员，甚至是实际控制人，这种协议要求劳动者在赔付用人单位违约金的同时还需赔偿其经济损失，经济损失赔付不仅会导致人员自身存在较大负债的风险，甚至影响发行人的技术独立性、资产完整性、员工任职合规性、管理团队稳定性、经营业务可持续性、商业秘密及知识产权保护体系的完备性，进而导致纠纷或潜在纠纷的风险。

拟上市企业引进人才，未严格审查被引进人才是否存在违反与原单位的竞业限制协议或承诺，即可能会面临与原单位之间的竞业限制纠纷。

2022年1月，南京麦澜德医疗科技股份有限公司（以下简称"麦澜德公司"）

因实际控制人竞业禁止等问题被暂缓审议。麦澜德公司于 2021 年 6 月获科创板上市受理，在上市委现场问询中，要求麦澜德公司结合实际控制人历史上签署的相关竞业禁止条款，以及实际控制人、核心技术人员与南京伟思医疗科技股份有限公司签署的相关保密条款和专利纠纷等，进一步说明发行人是否符合《科创板首次公开发行股票注册管理办法（试行）》相关要求。但是，麦澜德公司历经 3 轮问询后于 2022 年 1 月被上市委确定暂缓审议。

为了避免上述风险，若相关人员已与原任职单位签订竞业限制协议，拟上市企业需严格审查该竞业限制协议的内容，核实原任职单位就该协议的实际履行情况。如原任职单位已经超过 3 个月未支付协议约定的竞业限制补偿金，则相关人员可以解除该竞业限制协议；若原任职单位已经按协议约定支付相应的补偿金，则企业应等待竞业限制期限结束后再引进相关人员。

3. 不正当竞争风险

企业之间的竞争，说到底是人才的竞争。人才是技术、知识的载体，是先进管理思想和经营策略的源泉。一些企业往往不惜代价挖掘和吸引人才，以增强自己的竞争实力。这样一来，企业可能因为不当引进人才而遭遇不正当竞争侵权风险。如果被引进人才的原任职单位认为，企业违法引进人才，即可能构成不正当竞争。原任职单位可以依法追究该员工、流入企业的相应法律责任。例如，某医院心外科有 14 位职工在同一天离职，跳槽去了另一家医院。❶

4. 商业秘密风险

企业在引进人才的过程中，因未严格审查引进人员的工作背景，若技术人员被认定侵犯他人商业秘密，原单位在维权时一般也会选择将发行人与员工列为共同被告。这将会使拟上市企业的核心技术来源和业务来源面临重大风险，可能限制发行人使用相关技术，甚至赔偿侵权损失，并对企业的声誉和经营能力造成重大的不利影响，从而导致企业核心竞争力、资产完整性和持续经营能力存疑，达不到法定上市要求。

2020 年 4 月 16 日，深圳汉弘公司提交上市申请，但因涉及"核心技术人员涉嫌侵犯商业秘密刑事诉讼和民事诉讼的进展情况以及败诉是否会对公司核心技术、技术研发及生产经营带来重大不利影响"的问题，上市委会议决定暂缓审议汉弘集团的申请。深圳汉弘公司于 2020 年 11 月 13 日撤回上市申请，终止上市。2021 年 10 月，深圳汉弘公司再次启动科创板上市，因"核心技术员工被判泄露商业秘密"再生波折，为该公司上市之旅蒙上了阴影，将会进一步加大其上市结果的不确定性。

深圳汉弘公司虽然已经多次对于核心技术人员涉嫌侵犯商业秘密刑事诉讼、民事诉讼案件情况进行说明，且已明确表示涉案产品不涉及公司主营产品，败诉并不

---

❶ 人民日报健康客户端. "一个病区几乎瘫痪"近 40 名专家跳槽同一医院，河南省卫健委紧急叫停 [EB/OL]. （2022－05－21）［2022－11－09］. https：//www. guancha. cn/politics/2022_05_21_640774. shtml.

会给发行人造成重大不利影响，也不会对该次发行构成实质障碍，但仍选择撤回上市申请。

因此，为了避免上述商业秘密法律风险，拟上市企业在引进核心技术人员时（尤其是当该人员来自直接竞争对手时），应当注意以下两个方面。

第一，对于拟上市企业来说，在引进核心技术人员时，应当避免侵犯他人的商业秘密，同时注重企业自身的商业秘密管理，构建科学研发体系，避免对个别核心技术人员形成重大技术依赖，减少上市过程中潜在的知识产权侵权风险。同时，企业不得故意教唆、引诱、帮助该员工以盗窃、欺诈等不正当手段获取他人商业秘密或违反保密义务披露、使用、允许他人使用其所掌握的商业秘密。以免与该员工构成共同侵权，对企业的声誉及经营能力造成重大的不利影响。

第二，在企业的日常经营过程中，应当加强人员管理，可以在核心技术人员入职前进行充分必要的基础调查，尽到合理注意义务，并要求拟引进技术人员签署不侵犯他人商业秘密的承诺函。同时，注意事前防范，聘请专业人员定期或不定期对核心技术人员进行商业秘密知识教育培训，向其宣导侵犯商业秘密可能面临的行政、民事及刑事责任，加强核心技术人员的保密意识，尽可能地避免无意识、企业不知情的情况下，违法披露、使用他人的商业秘密。

5. 知识产权权属风险

企业核心技术的来源、权属、形成过程及是否存在争议纠纷，历来是上市审核的核心、关注的重点，相关人员在原单位的职务作品或职务发明等系上市过程中高发的知识产权风险之一。

2021年9月在科创板发行上市的10家企业中有5家企业因存在实际控制人、董监高、核心技术人员等主要人员兼职或历史任职而存在相关职务发明问题。以广州禾信仪器股份有限公司为例，在第二轮审核问询中，上市委重点关注发行人的专利发明及软件著作权中（包括在申请过程中的）由上述人员作为主要创作人的具体专利发明设计或作品著作权创作情况，是否属于上述人员在高校的职务发明创造或职务作品，如属于，是否与所属高校约定了相关的成果归属，是否存在权属纠纷。

从已有案例来看，科创板的审核过程中常会关注研发人员在原单位工作时的工作任务和职务行为，并会询问核心技术研发的关键信息来源。因此，为防止因职务发明等问题引发争议，建议拟上市企业尽量避免吸纳离职不满1年的员工，或尽量避免在该等人员离职后1年之内提出专利申请，禁止将曾任职单位的职务成果带入发行人的技术研发。拟上市企业更应重视潜在的职务发明问题，在拟上市前期，应在技术研发和专利申请过程中采取必要的措施防患于未然，如保留技术的研发记录文件，在可能出现权属纠纷时，应从争议技术是否属于相同的技术领域、解决的技术问题是否相同、技术手段是否具有传承性等方面进行分析说明，避免其成为上市审核障碍。

总之，企业在引进科技人才时（尤其是当员工来自直接竞争对手时），应当提前做好员工的背景调查，尽充分必要合理的审查注意义务。在日常经营过程中注意事前防范和风险排查，聘请专业人员定期或不定期对科技人员进行教育培训，特别是对可能涉及的保密义务、知识产权权利归属以及流转等相关内容，向其宣导侵犯他人知识产权可能面临的法律责任，加强技术人员的风险意识，尽可能地避免在该人员无意识、企业不知情的情况下披露、使用他人的商业秘密或侵犯他人知识产权，减少上市过程中因人才引进所带来的知识产权争议纠纷。

三、涉及科技人才的劳动合同重点注意事项

劳动合同作为连接用人单位和劳动者之间最重要的法律文件，科技人员相对于普通员工更具特殊性，劳动合同除了涉及常规内容（劳动报酬、工作时间及条件、五险一金、合同期限等），更应当关注职务成果权利权属及奖励标准、服务期、保密及竞业限制以及违约金等内容，企业提前对劳动合同条款进行事先缜密设计、充分优化和具体约定，对相关事宜进行可操作性明确约定，从而最大限度降低科技人才管理中的劳动合同法律风险。

1. 职务性成果归属及其奖励

基于知识产权无形性的固有属性及相关法律规定，有必要在劳动合同中对科技人员入职前、任职期间、离职后的工作成果的归属、使用等进行约定，以明确归属、保护权益，同时减少争议、降低风险。

首先，科技人员入职后很可能将先前成果用于新单位的生产经营中，进而导致企业在不知情的情况下侵犯他人知识产权。因此，有必要对先前成果的披露、使用、授权等进行约定，同时可以要求科技人员在劳动合同中明确作出不使用、不侵犯原单位职务成果的承诺，以降低企业就先前成果与第三方或员工发生争议的风险。

其次，关于员工在职期间完成的职务作品或职务发明的权属规则，我国法律遵循"约定优先"的原则。同时，根据相关法律规定，用人单位应给予职务发明人、职务技术成果完成人奖励或报酬。在这样的权属认定及利益分配的规则之下，企业有必要在法律规定的大原则下，主动在入职时对科技人员在职期间的研发成果归属及利益分配进行明确的书面约定，明确具体规则及标准，从而避免因工作成果的权属瑕疵或奖励及报酬金额的不确定性而引发单位与科技人员之间发生争议，使企业陷入诉讼的风险。

最后，鉴于研发工作的延续性，技术成果可能在离职后出现。从合理性角度而言，离职后较短时间内员工不可能从无到有创造出新的成果，如果有，则只能是之前在职期间成果的延续。因此，可约定雇用结束后合理时间内（如1年）员工在公司从事工作或者公司分配的任务有关的发明为职务发明归属公司所有，避免职工在

离职后利用职务成果申请专利或进行其他类型的使用。为保证该合同约定的具体履行，还应约定员工具有向原雇主主动书面披露其离职后一定时间内所参与的知识产权（如专利、著作权）申请、登记、使用情况的义务。

2. 保密义务及竞业限制协议订立

与员工签订保密及竞业限制协议已经成为企业保护技术成果、商业秘密和商业资源等非常重要的防御手段，甚至可以说是最重要的人才管理手段。实践中，常常出现企业未与科技人员签订保密或竞业限制条款而引发核心技术或商业秘密泄露的情形。因此，对于负有保密义务或需要履行竞业限制的员工，入职环节用人单位可以在劳动合同中或者签订专项协议与劳动者约定保密及竞业限制义务，从源头防止企业遭受技术信息、经营信息、商业信息等被泄露的危机。

3. 合同违约金及违约责任设计

《劳动合同法》对劳动者应支付违约金情形进行了严格限制，仅包括违反服务期约定的违约金和违反竞业限制约定的违约金。如果在劳动关系存续期间就劳动者的其他违约行为约定违约金的，会因违反强制性规范而被认定无效。除约定违约金外，双方可在劳动合同违约责任条款中就违约时返还利益进行相应约定。即约定违约员工应返还所获得的职务发明奖励、报酬等，包括但不限于货币、期权、股票及其收益等。也可就违约损失的赔偿范围进行相应约定，即将违约产生的律师费、诉讼费、公证费、维权费用、第三方向企业索偿的全部费用等列为违约损失赔偿范围。

综上，涉及科技人员的劳动合同内容条款设计，首先应符合相关法律规定，其次是核心条款约定不可缺失、内容应详细周密有预见性，更为重要的是，应当结合企业及员工具体情况进行相应的个性化调整安排，切勿迷信推荐文本或者模板定式。

四、竞业限制和保密义务设定难点

竞业限制和保密义务的审核历来是上市审核过程中的重点，员工竞业限制和保密义务遵守与否不仅涉及相关人员的违约风险，影响核心人员的稳定性，更关乎拟上市公司核心技术来源、形成过程、权属纠纷等关键问题。实践中，企业在与员工约定竞业限制和保密义务时，通常面临如何进行有效权利、义务设定的难题，具体包括确定主体、范围、期限、违约责任等。

1. 竞业限制主体

根据《劳动合同法》第二十四条规定，竞业限制的义务主体包括高级管理人员、高级技术人员和其他负有保密义务的人员。可见，并非所有劳动者都可以成为竞业限制主体，也并非只要签订了竞业限制协议就万无一失。用人单位在确定竞业限制义务主体时，需要注意以下三个方面。

（1）不要一刀切地机械使用包含竞业限制条款的劳动合同通用模板或规章制度

条款内容，也不要盲目地将所有劳动者都纳入竞业限制范围，否则不仅会侵害劳动者的自由择业权和生存权，而且会增加企业的经营成本，即支付大量不必要的竞业限制补偿金。应当注意，企业为员工设定竞业限制义务、签订竞业限制协议或条款的主要目的是：①避免同类经营者恶意挖人或者员工恶意跳槽；②避免企业的商业秘密被披露和非法获取；③避免员工利用知悉的商业秘密自营同类业务导致企业市场优势地位受损。

（2）对于非高级管理人员、非高级技术人员的其他人员，企业应当结合双方签订的协议、用人单位的行业、业务内容、劳动者的岗位、工作内容、工作年限等实际情况，从用人单位是否存在特定的商业秘密以及劳动者能否接触到该商业秘密两个方面来认定劳动者是否属于"其他负有保密义务的人员"范围。

（3）对竞业限制人员应进行动态化管理、定期评估，当商业秘密被公开或其他原因已丧失保密之必要等情形出现时，对竞业限制人员范围应当进行及时相应的调整。

2. 竞业限制范围、地域、期限

尽管法律并未对竞业限制的范围、地域、期限作出明确限制，但竞业限制制度作为一种利益衡平机制，其立法目的在于保护商业秘密，保障企业权益，同时尊重劳动者的择业自由，故竞业限制的范围、地域和期限应与保护用人单位商业秘密的目的成比例。

（1）竞业限制范围应当明确，并应以保护用人单位合法权益为初衷，以能够与用人单位形成实际竞争关系、有可能损害到用人单位商业秘密等竞争优势的范围为限，避免约定范围过小而无法达到保护目的或约定范围过大可能被认定为侵害员工自主择业权利，进而导致竞业限制协议无效。

（2）用人单位在确定竞业限制地域范围时，需考虑其自身业务特性、业务的经营区域范围，实际存在竞争的区域范围，从而合理确定竞业限制地域范围。对于跨国公司而言，确定竞业限制地域范围时可根据实际情况确定境内和境外全部或者部分区域为竞业限制地域。

（3）在对竞业限制期限进行约定时，最长不要超过2年，最短不宜低于6个月。同时，应尽量明确具体，给劳动者以合理期待，并确保其择业自由权受到限制是一个确定的状态，避免过度限制劳动者的合法权利。

3. 竞业限制补偿金

相关法律及司法解释已经明确规定，用人单位在竞业限制期间应当向劳动者支付竞业限制经济补偿金，并对经济补偿金的法定最低标准作出规定。实务中，很多用人单位基于节约成本的考虑，通常与劳动者约定相对较低的竞业限制补偿金，或者在没有明确约定的情况下按照较低的标准支付竞业限制补偿金，甚至是远低于最低工资的标准。因此，用人单位在与劳动者约定竞业限制补偿金时需要注意以下两个方面。

（1）除了明确约定劳动者需要遵守的竞业限制义务，还需要明确约定竞业限制补偿金及相应的标准，且该标准不应低于法定标准，以免引发竞业限制约定无效的争议。如果地方规定高于司法解释中确定的标准，则应按照地方规定中确定的标准来执行。

第一，如果竞业限制协议未约定经济补偿金条款，即未约定解除或终止劳动合同后给予员工经济补偿的，并不影响竞业限制协议或条款的法律效力，员工仍然应当按照协议约定履行相应的竞业限制义务。没有在竞业限制协议或条款中约定补偿金内容，并不能作为员工违反约定，主张竞业限制协议或条款无效的当然理由。当然，基于公平原则，如果员工履行了竞业限制义务，即使协议中未约定经济补偿金，员工也有权向企业主张相应补偿。

第二，协议中如果约定了经济补偿金标准，则按照双方的约定标准履行。若协议没有约定补偿金的具体标准或数额，则企业和员工可以通过协商的方式达成补充协议。如果无法通过协商对补偿金标准或数额进行约定，根据相关司法解释的规定，用人单位应当按照劳动者在劳动合同解除或者终止前12个月平均工资的30%或者劳动合同履行地最低工资标准，按月向劳动者支付经济补偿。如果劳动者月平均工资的30%低于劳动履行地最低工资标准，可以按照劳动履行地最低工资标准支付。

（2）关于支付时间和支付形式属于约定内容，企业可与员工进行约定，选择一次性支付或分期支付、现金支付或其他方式支付，提前对相关事宜进行约定，可以防止后续发生纠纷。

4. 竞业限制违约责任

《劳动合同法》第二十二条明确规定，劳动者违反竞业限制约定的，应当按照约定向用人单位支付违约金，即用人单位可以在和劳动者约定竞业限制义务时明确约定劳动者违约时应支付的违约金。实务中，用人单位为了约束劳动者尽可能保护自身的商业秘密，通常会和劳动者约定相对较高的违约金，但司法实践中，较高违约金并不一定会得到全额支持。因此，在约定违约金时需要注意以下两个方面。

（1）约定违约金时，应充分考虑劳动者的工作岗位和职责、工作年限、薪酬水平、需要保护的商业秘密的价值、竞业限制义务的履行程度、用人单位支付的补偿金数额、劳动者违反竞业限制义务可能造成的损失等因素，合理确定违约金数额。

（2）约定违约责任条款时，除了明确违约金数额，还可以增加条款，明确约定劳动者违反竞业限制义务时应返还用人单位已支付的补偿金，以避免诉讼时该项诉求无法获得支持。

根据《劳动合同法》等相关法律规定，如果员工违反竞业限制协议约定，比如跳槽去竞争对手单位或者开展自营业务，那么企业可以根据协议中的违约条款要求员工承担违约责任，造成损害的可以同时要求其承担损害赔偿责任，当然用人单位也可以选择直接约定员工支付违约金。对于在竞业限制协议中约定违约责任条款的，应当注意以下两个方面。

第一，员工承担违约责任不影响其继续履行竞业限制义务。员工违反竞业限制约定，向单位承担损害赔偿责任或者支付违约金后，单位仍然可以要求员工按照约定，继续履行竞业限制义务。

第二，违约金和损害赔偿有区别。员工的违约行为对企业造成实际损害不是主张违约金的前提条件，只要员工具有违反竞业限制约定的行为，就能适用违约金条款。但是违约金条款的适用以协议中有约定为前提，如果协议中未设立违约金条款，当出现违约行为时仅能根据实际损失向员工主张承担损害赔偿责任，不得主张支付违约金。如果员工违约造成的损失与违约金性质相同，二者通常不能一并主张。如果企业可以证明员工对其造成的损害超过违约金，企业可以就超出部分继续向员工主张损害赔偿。

5. 保密义务责任

实务中，大量相关保密条款只是简单约定保密义务和责任内容，并未详尽约定具体的保密内容、保密范围等情形。这种简单的约定，无法使员工及第三人明确得知哪些内容属于保密责任范畴，哪些内容属于保密信息等。因此，用人单位与员工签订保密协议，应当注意以下三个方面。

（1）明确保密义务的内容、范围，即告知劳动者哪些属于用人单位的商业秘密，让劳动者对其日常工作中可能侵害商业秘密的行为有所预见。同时，通过员工手册、制度培训、自查自纠、投诉举报等方式加强日常管理。

（2）明确约定劳动者承担保密义务，用人单位支付保密补贴的金额、方式、方法。充分运用劳动报酬、工资支付内涵、具体项目和各自比例关系，合理确定相应的保密费支付原则条件。

（3）在告知涉密人员不得违反保密义务的同时，可以明确约定违反保密义务应承担的具体违约金数额，也可以进一步约定要求承担赔偿责任。

五、商业秘密体系建设要求

随着市场竞争的日益加剧，商业秘密越来越成为企业增强自身竞争优势的重要资产，与其等到商业秘密被泄露后花钱聘请律师对侵权人进行索赔或追究其刑事责任的事后救济，企业更应该注重事前投入精力构建完善的商业秘密保护体系并践行，在上市过程中赢得主动、保持优势。因此，企业可从对内和对外两个角度、五个方面建立健全商业秘密体系。

这里提出的商业秘密体系主要是指企业商业秘密的权利范围、制度规范、保密措施、维护机制等系统性权利问题解决方案。

1. 源头梳理，树立全流程管理意识

商业秘密权利本质上是信息的集合，企业在经营活动过程中，会产生和积累各种各样的信息，尤其是科技创新型企业，随着技术研发投入的增加，其所产生和积累的技术信息是海量的，在此情况下，作为管理者，应该具备前瞻性的眼光，及时对相关技术信息进行梳理和分类，以便为下一步的商业秘密管理、赋权、运用和维权打下较为坚实的基础。

因此，建议拟上市企业（尤其是生物医药、芯片、半导体等相关高科技行业）结合企业的技术研发方向、本领域的技术热点、发展趋势、企业的主营业务和短板等诸多因素进行综合判断，将商业秘密从创意、立项开始，整个研发过程都需要采取相应保密措施，如果仅仅在形成技术成果后再对成果实施保护，可能导致商业秘密因环节疏漏而丧失秘密性。

同时，保密宣传教育是增强商业秘密保护意识的重要途径，企业应该定期安排员工的保密知识培训，使每位员工树立"保密无小事"的理念，在工作中保持高度的对保密信息的敏感性和警惕性，言行上逐步养成好的保密习惯，在工作或非工作场合都能有意识地做到不该问的不问、不该听的不听、不该说的不说，并且遵守职业操守，抵御外界诱惑，降低泄密风险。

2. 建章立制，提出全方位保密要求

"凡事预则立，不预则废"，建章立制因为比较宏观或务虚，往往容易被企业忽略。但在实践中，相当多的大型企业都有自己一整套的知识产权管理制度，从宏观层面的知识产权战略规划，到微观层面的操作步骤、岗位职责等，基本都有所涉及并能落到实处。

企业只有在日常运营中注意早防范，才能在危机来临时做到早发现、早处理。商业秘密包括技术信息和经营信息等商业信息，企业运营中的人事秘密、薪酬秘密、品牌推广策略等都可以作为商业秘密加以保护。企业可以通过相关的规章制度、员工培训、书面告知、物理措施、奖惩机制等方式，对能够接触、可能接触、获取企业商业秘密的员工、前员工、供应商、客户、来访者等利害关系人提出明确的商业秘密保密要求。

因此，建议企业结合自身实际情况，必须制定—套切实有效保护商业秘密的制度。在必要的情况下，企业可以聘请外部专业人员对相关制度体系进行评估和优化，制定系统、规范、健全的保密制度，使其符合法律法规的要求，并尽量适合企业的实际情况，具备可操作性。同时，也可由专人或外部专业律师定期对企业的商业秘密保护工作进行监督、检查，及时发现问题并优化解决。

3. 加强人员管理，完善控制流程

实践证明，员工是引发商业秘密侵权纠纷最常见的情形之一，可以说，大多数的商业秘密侵害行为都与此有关或是由此引起。因此，针对涉密岗位员工，企业还须从入职管理、履职管理、离职管理等全流程强化对于有关人员的管理。

在入职阶段，企业应先对被引进的新员工（尤其是研发人才）进行背景调查，考察拟聘用员工是否负有商业秘密的保密义务，并要求其作出"不将原单位商业秘密带入本企业进行使用或不侵犯他人商业秘密"的书面陈述或承诺。同时，根据入职后工作性质要求员工签署确认与商业秘密保护相关的合同、规章制度和专项协议，明确保密范围、保密期限以及违反保密义务应当承担的法律责任。

在履职阶段，设立书面形式的保密义务告知制度，定期通过员工手册、入职培训、专题讲座、规章制度讲解等形式对能够接触、获取商业秘密的员工、外包工作人员提出保密要求，加强其在日常工作中的保密意识，增强其合规敏感性。同时，企业在对员工进行保密告知时，应当保留可供查询的证据，如日后涉诉，便于企业证明自己采取了相应的保密措施。此外，企业应严格对员工实施保密信息权限管理措施。例如，建立局域网、计算机终端接口限制，对员工非正常大量下载和对外传输涉密文件行为实施适时动态监督，进行系统预警、禁止员工将可移动存储设备接入涉密存储设备等，必要时可在充分保护员工隐私权的基础上，安装办公场所与办公系统网络监控。

在离职阶段，除了妥善处理离职交接事项并重申其具有的长期保密义务，要求离职员工详细登记、返还、清除、销毁其接触或者获取的商业秘密信息及其载体，还可根据实际需求经协商对员工采取相应的脱密措施或约定离职后的相应保密及其竞业限制义务。

4. 与时俱进，保密措施持续有效

秘密性特点贯穿于商业秘密的整个生命周期，在商业秘密产生、使用、保存、转移、处置、销毁的所有环节都应采取有效的保护措施，企业应从多种途径最大限度将泄密风险降到最低，以免侵权后果的发生。实践中，许多企业因为不重视或不善于采取保密措施，导致信息无意中的泄露，从而失去了商业秘密，或者在发现侵权行为拟提起诉讼时，却发现无法提供合法有效的保密措施证据，只能眼睁睁地看着侵权行为发生而无能为力。

采取有效的保密措施，应当根据商业秘密的性质、重要性程度等，对商业秘密进行具体的分类、分级、分区域管理。

（1）对以文件、实物形式或以实物作为载体的商业秘密信息，一般通过标记、加密、封存等形式进行物理隔离，并对存放商业秘密载体的房间上锁、悬挂警示牌、贴警示标语等方式限制能够接触或者获取的人员范围。

（2）对以电子数据形式表现的商业秘密信息，建立涉密计算机登记备案制度和相应的密码规则，并由专人统一管理，同时使用内部网络、内部系统，防止通过外部网络、私人邮箱、网盘等方式泄露商业秘密涉密，并且采取防火墙、保密软件、数据加密等方式保护商业秘密。

（3）对涉密厂房、车间、实验室、技术档案室等生产经营或研发场所，应严格限制进出人员、进出权限、活动范围，并采用登记备案、门禁、监控等，与一般办公场所进行区分管理。

5. 隐患排查，构建监督检查长效机制

首先，要对保密措施进行排查，定期或不定期检查各类保密措施是否存在漏洞，是否存在泄密风险，是否与企业发展的方向和速度相匹配，以及是否需要进行相应的更新和加入新的保密措施等。

其次，对涉密人员进行排查，定期向研发团队或业务部门负责人了解其团队人员的工作状态，及时了解并掌握是否有拟离职人员，对拟离职人员的工作任务及早进行调整。同时，对发表专业论文或参加技术交流会、成果论证会、技术鉴定会的工作人员进行事先审查，做好提示，建议避免展示核心技术资料。

最后，构建涉密信息排查、监测长效机制，及时排查侵权信息线索。侵权信息的来源一般是互联网等公开渠道，或相关的商品实物等。发现侵权信息后，要及时与企业研发人员共同进行分析研判。在必要的时候，应及早引入知识产权律师等专业人员参与处理，并及时固定相关证据。

六、商业秘密与专利权的区别和联系

就技术成果而言，专利权与商业秘密中的技术信息对一家企业的发展起着至关重要的作用，尤其是对科技创新型企业，上市之争更多的是创新之争。因此，拟上市企业应当充分认识二者的区别和联系，合理选择技术成果权利布局路径、模式，从而提高企业的核心竞争力。

1. 商业秘密权利与专利权利的区别明显

专利权是"以公开换保护"的显性知识产权，商业秘密则是"秘密性"的隐性知识产权，其主要区别有以下六个方面。

（1）保护范围不同。发明创造包括发明、实用新型和外观设计3种。发明和实用新型的客体都是一种新技术方案，其保护范围以其权利要求描述的内容为准。外观设计的客体是一种新设计，其保护范围以表示在图片或者照片中的该产品的外观设计为准。除此之外，专利法对于专利权的保护客体也作出了限制性的规定，如智力成果和疾病的治疗方法等是不能授予专利的。

商业秘密的保护范围比专利权的保护范围要广很多，它包含技术信息和经营信息等商业信息，其不仅可以是一种设计方案、技术手段、工艺流程等，而且可以是组分、算法、参数等，甚至可以是权利人在研发过程中的试验失败记录。同时，还包括具有商业价值的管理经验、信息汇编、财务报表、客户名单、进货渠道、技术诀窍等商业信息。

（2）构成要件不同。专利权应当具备创造性、新颖性及实用性，若不符合法律规定"三性"，任何人均可以依法向国有知识产权局专利局复审和无效审理部提起专利无效宣告申请。若一项专利被宣告无效，则该专利中所述的技术信息即被认为公开的信息，不仅丧失专利权保护的条件，也同时丧失了通过商业秘密保护的可能。商业秘密的秘密性、价值性及保密性构成要件要比专利权宽松，对技术信息和经营信息等商业信息的新颖性和创造性要求较低，新颖性水平的高低对商业秘密并没有实质性影响，这与专利权的要求明显不同。

（3）权利取得方式不同。专利权的取得需要经过行政授权，即专利权人以法定形式向国家专利管理机构申请，经国家知识产权局审查后授权，在法定的保护期内享有独占使用的权利。商业秘密权利的取得则无需通过烦琐的申请授权、审查程序，系基于权利人自身的合法劳动或其他正当手段取得的智力劳动成果，为自然取得方式。类似著作权的取得方式，系自动取得，同样获得法律保护。

（4）权利能力特点不同。专利权的保护是一种法律赋予的排他性独占保护，奉行"单一性原则"，即一个发明创造只能被授予一项专利，并且法律禁止一切盗窃行为、仿冒行为，包括反向工程等，只要权利人能够证明被侵权人所使用技术落入其权利保护范围内，即可请求专利权保护。但是，商业秘密权利不同。法律并未设定商业秘密权利的独占性原则，不同的权利主体可以同时拥有相同或近似的商业秘密信息。同时，法律允许通过自主研发、反向工程获得商业秘密，其保护力度与专利权相比较弱。

（5）权利性质特点不同。专利权公开的技术特征不能成为商业秘密的保护范围，商业秘密涉及的技术方案不能申请专利保护。专利权的性质决定了其公开性特点，商业秘密权利的性质要求其秘密性条件不能丧失。

（6）权利保护期限不同。根据我国《专利法》（2020 年修正）第四十二条规定，发明专利、实用新型、外观设计的保护期限分别为 20 年、10 年和 15 年。同时，专利权人必须每年按规定缴纳相应的年费，否则，则自动丧失专利权。反观商业秘密权利，如果不被公开，则商业秘密并没有明确的期限限制，若权利人一直采取较好的保密措施，那么该保密信息会一直受到法律的保护。例如，可口可乐的配方作为商业秘密，至今一直没有公开。

2. 关于商业秘密与专利权的联系

专利权与商业秘密同属于知识产权客体范围之内，二者保护的客体均是具有经济价值的技术或者信息，二者看似互相排斥，但实际存在千丝万缕的联系。由于专利权的获得需要经过严格的审核且有法定的排除事项，商业秘密对于专利权有着补充保护的作用，使一些无法获得专利权保护的智力成果通过商业秘密保护。例如智力活动规则或者疾病诊断方法，这类智力成果无法获得专利权的保护，但权利人可以通过商业秘密进行保护。专利的权利要求保护范围与商业秘密保护范围内的技术方案可能存在技术上的上下游关系。商业秘密权利设定的保密技术单元可以用于申请专利保护，但专利公开的技术特征不能纳入商业秘密保护范围。就像现有技术的组合可以授予专利权一样，它同样可以纳入商业秘密保护范围。

专利保护与商业秘密保护既存在竞争关系，也存在互补关系，两种制度在技术方案的保护上出现了交叉，即对技术方案的保护并非只有专利权一种选择，它还可以作为技术秘密而获得商业秘密保护。

实践中，一项技术方案在申请专利之前或申请专利未公开之前都可以作为商业秘密加以保护。一项技术方案或者若干项关联的技术方案可以将部分内容申请专利，而将其他部分内容作为商业秘密加以保护。

应当注意的是，商业秘密和专利权并非选择适用、水火不容的关系。如果企业在研发过程中拥有了一套核心技术，该技术方案可以分解为多个步骤环环相扣的技术单元，企业可以将最核心的具有重要商业价值的技术单元列入商业秘密保护范围，其他技术单元用于申请专利保护，这样既可以防止核心技术的泄露，被其他人利用反向工程破解而丧失企业核心竞争力。同时，在保证不丧失核心技术的基础上，不断对核心技术进行改进，围绕该项核心技术的变化而不断申请新的专利，这样不仅能够保证该企业在其业务领域内始终拥有行业优势时，也能够促进企业的技术不断革新，有利于推动科技生产力的快速发展。

总之，商业秘密和专利权对于企业来说均系保护其核心技术竞争力的重要手段，不同企业结合自身核心技术特点同时考虑实践中的生产产品等复杂因素，可以选择最适合自己的保护方式来保护企业自身的技术核心，使自身能够在市场竞争中处于有利地位，从而使自己在日益激烈的市场竞争中立于不败之地。

七、企业核心技术体系培育

核心技术是拟上市企业的重要竞争优势和核心资产，其权利的独立完整性、是否存在瑕疵或潜在纠纷等是上市过程中监管机构审核的重点。尤其是根据科创板上市标准的"4＋5"具体规定可知，科创板对拟上市企业的定位是必须"拥有关键核心技术，科技创新能力突出"，同时对核心技术人员、研发支出也作出了相应要求。

2022年1月10日，翱捷科技股份有限公司在科创板成功上市，在很大程度上得益于其完善的核心技术培育体系。在核心技术方面，该公司自设立以来一直专注于无线通信芯片的研发和技术创新，其所掌握的蜂窝移动通信技术是芯片设计领域最先进、最难掌握的技术之一，蜂窝基带芯片是该公司芯片系列产品中的核心。该公司非常注重科研人员的持续培育，拥有世界级基带芯片研发团队。在研发投入方面，该公司近三年累计研发投入为323233.76万元，占近三年累计营业收入比例为202.74%，持续的研发投入为企业核心技术培育，不断保驾护航。

可见，核心技术是企业上市的关键条件。其中，研发人员是基础、研发投入是保障，三者相辅相成，它们综合体现了企业的科研创新能力。拟上市企业在核心技术培育阶段，应当重点关注核心技术的前瞻性、核心技术人员的稳定性、核心技术研发支出的持续性。

1. 聚焦科技前沿，增强自主创新能力

企业上市对企业核心技术的先进性、稳定性及产业化要求更高，并且更倾向企业核心技术来源于自主研发产生。根据近几年的上市数据统计，在上市审核过程中，监管机构更多关注拟上市企业核心技术的来源、形成、先进性、独立性及稳定性，即是否具备与其经营范围、主营业务相匹配的核心技术，核心技术是否缺乏竞争力、核心技术是否对第三方存在依赖、核心技术是否存在权属纠纷或潜在纠纷或其他引致权利不确定性等。

以中芯国际集成电路制造有限公司（以下简称"中芯国际公司"）为例，2020年6月29日，该公司凭借其自身核心技术和知识产权优势在科创板成功上市，从申请被受理到注册成功仅用了29天，创造了科创板的最快上市纪录。

据了解，中芯国际公司是一家集成电路晶圆代工企业，主要为客户提供 $0.35\mu m$ ~ $14nm$ 多种技术节点、不同工艺平台的集成电路晶圆代工及配套服务。其中，华为公司的海思麒麟710A就采用中芯国际公司的14nm技术，可见，14nm对于中芯国际公司而言，其技术已经相当成熟。

所以，拟上市企业应面向世界科技前沿，面向经济主战场，面向国家重大需求，突破关键核心技术，跟踪国内外产业发展趋势，合理确定技术创新方向，保障技术研发路线的前瞻性和可行性。准确定位于新一代互联网、大数据、云计算、自动化、人工智能、高端装备、新材料、新能源、节能环保、生物医药等新技术、新产业、新业态、新模式深度融合，才符合上市定位。

同时，拟上市企业应发挥市场主体和创新主体地位作用，从源头抓起，提高自主创新能力，加大核心技术和关键材料的自主研发制造，积极牵头组织或参与政府投资实施的关键共性技术开发项目，减少合作研发、研发外包、引进授权等与第三方合作的商业模式，不断积累自主核心技术知识产权储备，突破核心技术外部依赖性的瓶颈，避免上市过程中出现不必要的纠纷。

2. 突出重点，加大核心技术人才培育

企业核心技术团队稳定是发行人业务完整的具体体现，是发行人具有直接面向市场独立持续经营能力的基本要求。2020年6月8日，呈和科技股份有限公司（以下简称"呈和科技公司"）提交上市申请，因招股说明书披露，公司核心技术人员共有3名，研发人员共有18人，占员工总数的11.32%，同时研发人员学历水平均为本科及以下，研发人员数量及占比均低于同行其他企业。因此，上交所针对呈和科技的首轮问询中，主要关注"研发人员数量及占比低于同行业可比公司的原因以及核心技术人员的认定是否恰当、准确的问题"，要求呈和科技公司进一步披露：研发人员数量及占比均低于同行业可比公司的原因，在人数较少、学历较低的情况下，发行人如何保持持续研发能力，如何实现技术领先。同时说明：结合公司研发部门主要成员、主要专利发明人、主要研发项目参与人、员工持股数量及变化、所具备技术对公司业绩贡献程度等情况，说明核心技术人员的认定是否恰当、准确，是否符合实际情况。

关于研发人员数量及占比较低的原因，呈和科技公司答复主要有以下两个原因：①公司技术成熟，现有核心技术团队可满足技术升级的需要；②公司新产品开发由研发团队和销售团队共同完成。关于核心技术人员认定，呈和科技公司将公司技术负责人、研发中心负责人及工程设备部负责人认定为核心技术人员，且三人均为公司核心专利的第一发明人，通过对员工的职务职称、岗位职责、入职时间、参与申请专利及研发活动的情况、对公司的贡献等方面进行认定。对于在研发活动中作为助理，主要是在核心技术人员的指导下执行具体某一方面的工作，而不掌握公司核心技术全貌的人员，不认定为核心技术人员。最终，呈和科技公司通过上交所两轮审核问询并于 2021 年 4 月 21 日成功过会上市。

通过呈和科技公司的案例可以看出，呈和科技公司仅披露了 3 名核心技术人员，其保持长期的研发能力、实现技术领先的能力遭到了上市委的质疑。可见，核心技术人员的数量以及在研发人员中的比例等方面是上市委重点关注的内容，结合该案例以及相关规则文件，建议拟上市企业应当加大自身科技人才储备，加强产、学、研、用深度合作，注重尖端、优秀的核心技术人才及团队的培养锻炼，组建专业、稳定的核心技术团队，汇聚关键核心技术攻坚合力，确保在激烈的国际竞争中立于不败之地。

此外，应当明确核心技术人员范围，确保核心技术人员的稳定。上市审查过程中，不是简单地以技术管理人员认定为核心技术人员，必须在实质性上考虑技术人员与核心技术的关联性，应当明确核心技术人员在具体核心技术领域所发挥的作用及产出的成果。同时应提前采取措施维护核心技术人员的稳定性，建议发行人通过薪酬激励等方式维护核心技术人员的稳定性，同时采取建立商业秘密保护制度，严格划分研发区域的职能，以及签署保密协议、竞业禁止协议的方式保护核心技术信息，以确保报告期内核心技术人员不存在重大不利变化。

3. 充分预算，加大核心技术研发资金投入

持续的研发经费支出是企业有效开展科技创新的物质保障，只有资金充实，经费预算安排到位，才能不断激活和释放核心技术研发活力。2020 年 7 月 31 日，成都盟升电子技术股份有限公司在科创板成功上市，拟募集资金 5.08 亿元。其中，1.69亿元用于"卫星导航产品产业化项目"，1.76 亿元用于"卫星通信产品产业化项目"，0.62 亿元用于"技术研发中心项目"，1 亿元用于"补充流动资金"，以保证

技术研发的经费投入。

企业应当提高核心技术研究项目的经费投入占比，加强技术转化实施，紧跟市场发展态势，敏锐把握市场需求，围绕支撑主导产品、主营业务获取知识产权，增强企业原始创新能力和关键共性技术突破，推动企业向价值链中高端迈进，并及时将技术成果运用于主导产品性能改进、工艺流程优化、服务体验改善等方面。注重制定企业内部激励机制，鼓励加快技术成果转化，以自主实施、许可转让、投资入股等多元化方式，促进知识产权的产品化、商品化、资本化，快速实现知识产权商业价值。

总之，拟上市企业在核心技术培育过程中应当重点关注核心技术的先进性、独立完整性及稳定性、核心技术人员稳定性、核心技术研发投入持续性，以便为成功上市创造良好基础条件。

八、企业知识产权布局策略

对于拟上市企业而言，知识产权问题看似轻微，实则重大，知识产权是体现科技创新能力的重要组成部分，反映企业核心技术成果商业化过程中的行业竞争力，尤其是在科创板上市过程中，与知识产权有关的问题已成为问询重点，是上市最关键的审查环节之一。据统计，截至 2021 年 12 月 29 日，已有将近 200 家拟登陆科创板企业折戟，而知识产权权属侵权纠纷、与知识产权紧密结合的技术先进性信息披露等成为阻碍上市的核心问题。

可以看出，知识产权问题已逐渐成为企业在上市进程中更具威胁的关键风险点，是企业走向资本台前的"敲门砖"，也是决定企业能否成功上市的"硬指标"。归纳起来，上市过程中知识产权问题的问询核心，其焦点在于权属问题、核心技术是否具有独立性、知识产权与主营业务的对应情况、是否具有持续研发的能力。具体体现为企业主营业务具有的竞争力优势源于核心技术和创新能力，并通过知识产权予以证明。同时，企业应当说明核心技术拥有完备的知识产权，且无权属、侵权等风险。

上市之路成在知识产权，败也在知识产权。因此，企业应当未雨绸缪，提前做好相关知识产权的信息收集、权利梳理、布局规划，进行系统化、专业化的知识产权应用分析与布局设计，以应对上市过程中的相关核查，并对潜在风险进行应对布局和防控安排，确保企业知识产权等无形资产的安全性和稳定性，以推动企业在上市进程中走得更稳、更远。

具体而言，企业必须考虑以下五个方面。

1. 知识产权布局基本原则：因业制宜，内外兼修

"因业制宜"要求拟上市企业以技术突破为目标进行研发投入，为保持企业科技

成果具有行业技术的先进性，应围绕企业自身关键核心技术研发进展和企业所属行业状况进行知识产权布局安排。尤其是对于拟上市科创板的企业来说，"形成主营业务收入的发明专利数量达到 5 项以上"是判断企业是否具备科创属性的"硬指标"之一，同时也是企业技术先进性、自主创新能力和持续独立经营能力的重要体现。

2020 年 6 月 24 日，福建汇川物联网技术科技股份有限公司（以下简称"汇川物联网公司"）提交上市申请，在上交所多次审核问询中，均涉及"专利与公司核心技术及主营业务的相关性，以及认定技术先进性的依据是否审慎、客观"的问题。2021 年 3 月 18 日，经科创板上市委审议，认为汇川物联网公司不符合发行条件、上市条件和信息披露要求，决定对其终止审核。

其中，汇川物联网公司自主研发的发明专利仅有 3 项，其余 10 项均为申请上市前半年从闽江学院受让取得，根据汇川物联网公司披露信息显示，有 8 项专利在报告期内应用并形成了主营业务收入。虽然从形式上来看，汇川物联网公司形成主营业务收入的发明专利已经达到 5 项以上的标准，但存在"专利凑数"嫌疑。在上市委多轮问询的过程中，汇川物联网公司未能就受让专利与公司核心技术及主营业务之间的相关性作出清楚、明确答复，该事项成为上市委终止审核的重大原因之一。

尽管汇川物联网公司最终上市失败，但通过该案例可以得知，行业领域的准确定位是企业成功上市科创板的基础和前提。因此，拟上市企业在核心技术形成的过程中，应当及时进行知识产权布局，使创新技术成果得到充分保护，并在企业知识产权布局过程中注意形成与主营业务相对应的知识产权权利体系。除此之外，拟上市科创板的企业应持续提升自主创新能力，尽可能地自主研发核心技术并形成相应的知识产权，确有必要受让他人知识产权时，应当特别注意受让知识产权与企业自身的主营业务的关联性、一致性，尽量避免产生所受让知识产权无法与企业主营业务相对应情况，从而使得上市进程受阻。

"内外兼修"包括两个方面，一是修"内功"，即在知识产权布局过程中不仅要关注准确度，更要注意深度和广度，覆盖专利、商标、著作权、商业秘密等，通过交叉保护对企业知识产权提供多维度全面保护。同时，企业要不断完善知识产权管理制度，将知识产权布局嵌入人力、行政、采购、研发等企业经营的各个环节。

对于拟上市科创板的企业来说，就专利数量而言，形成主营业务收入的发明专利应达到 5 项以上（软件企业除外），若符合该常规指标，企业即可提出科创板上市申请。若确实无法满足，企业可以选择适用 5 项例外条款申请科创板上市，此时形成核心技术和主营业务收入相关的发明专利（含国防专利）数量应达到 50 项以上。应当注意的是，专利数量越多，其与核心技术的对应关系以及与主营业务相关性的认定越复杂。此外，企业除了注重知识产权数量外，同时也要注重知识产权质量，避免"低质量技术"成为企业的核心技术，未来面临被无效或者维权不能的法律风险，从而影响企业的持续经营。

二是修"外功"，即企业要善于利用专业机构协助企业完善条件。由于知识产权问题既具有技术属性又具有法律属性，涉及企业上市的资本属性，开展排查、调查和系统布局的专业性强、技术难度大。因此，当企业决定安排上市后，应迅速引入熟悉企业主营业务和相关技术的中介机构，聘请专业的知识产权律师团队，综合分析研判，识别上市过程中的潜在风险，并制定相应的准备工作和应对方案。如在上市审查询问阶段，可聘用专业的知识产权律师出具"专利不侵权或者侵权风险可控"的法律意见书，以避免企业在上市过程中"爆雷"。

2. 知识产权布局类型选择

企业的技术成果究竟采用哪种形式实施保护。一方面，应根据不同知识产权的特点、表现形式及生命周期，确定保护的最佳策略；另一方面，要打好知识产权布局"组合拳"，通过交叉保护、结构平衡原则对企业知识产权提供多维度系统保护。

以三只松鼠股份有限公司（以下简称"三只松鼠公司"）为例，2019 年 5 月 16 日，三只松鼠公司终于成功上市，其上市背后是强大的知识产权布局支撑。经过检索查询可见，该公司成立至今共申请了 1435 项商标，对"三只松鼠"等多个商标进行了全类别注册，另有 300 余项专利，并对相关计算机软件及卡通形象进行了著作权登记。可见，三只松鼠公司从品牌创立之初，就意识到了专利、商标、著作权等知识产权的重要性，并进行全面布局、挖掘及保护，依靠打造知识产权来获取市场认知度，为成功上市打下了坚实的基础。事实上，我们也没看到三只松鼠公司因为商标、专利或著作权等侵权事件对其品牌形象以及上市进程造成负面影响，其商标先行、全面布局的做法值得许多企业学习。

通常而言，高新技术企业往往会选择申请专利保护其技术成果，但也可以通过商业秘密、商标、软件著作权等诸多其他知识产权弥补专利在技术保护上和保护周期上的局限性。具体而言，对于竞争对手不易通过反向工程获得的产品配方和工艺过程及参数，企业可以选择通过商业秘密保护，或者选择先商业秘密保护，后专利权保护，使专利有效期与市场成熟期较好地重叠，或者利用商标权承接专利垄断权战略，即先利用专利权的专有性形成产品的市场垄断优势，再利用商标权在专利保护期届满前及届满后延续对专利产品市场的持续控制，从而实现技术创新成果的最佳保护。

可见，涉及核心技术的保护形式有多样，如专利、商业秘密、软件著作权、集成电路布图设计等；涉及具体服务和商品的，还有商标、企业名称、域名、字号等。企业在技术研发初期就需要技术部门与知识产权部门进行专业评估及知识产权布局安排。对于技术新创型企业，结合科创属性的规定，对核心技术进行充分挖掘，进行可专利性系统分析，加大专利布局力度，从而达到"形成核心技术和主营业务收入相关的发明专利（含国防专利）合计 50 项以上"的上市要求。

同时，对于拟上市科创板的企业来说，著作权相较于专利、商业秘密等知识产权对企业的主营业务和持续经营能力影响较小，常常容易被忽略。例如，宜搜科技公司是一家依托于智能推荐引擎，致力于阅读、音乐、漫画、游戏等移动数字内容领域，并以"内容付费"或"免费＋广告"的方式实现盈利的互联网企业。基于公司所属的领域和主营业务方向，其从事的数字阅读服务涉及数字内容的著作权，报告期内软件著作权共有 161 项。但在其上市过程中，宜搜科技公司尚未了结的诉讼案件共 6 宗，涉案金额累计为 505.75 万元。2020 年 5 月 24 日，或因报告期内涉及多起著作权纠纷的问题，该公司主动撤回上市申请。

在此，对拟上市企业的著作权风险防范提出以下建议。

第一，拟上市企业对知识产权布局评估时，除了关注专利、商业秘密等与核心技术及主营业务相关性较高的权利内容外，也应对企业所拥有或涉及的著作权是否存在权属不明或侵权风险进行相应评估。

第二，对著作权与企业主营业务相关性较弱的企业，应当注意关注企业生产经营管理使用的专业软件、办公软件、管理软件是否涉及未经许可使用行为，企业用于宣传商品和服务的产品广告、网站使用的文字、图片是否存在著作权侵权风险等。

第三，对著作权与企业主营业务相关性较强的企业，如互联网相关企业，常常会涉及软件著作权纠纷，这可能对企业的主营业务和持续经营产生重大不利影响。因此，该领域的拟上市企业首先应当注重自身著作权保护，及时对已经形成的作品著作权自愿登记，并且避免抄袭他人的作品或计算机软件代码。在确有必要使用他人作品著作权时，提前通过许可或购买方式获得合法授权，避免在上市过程中产生不必要的著作权侵权纠纷，从而影响上市进程。

3. 知识产权布局的时间维度

对于拟上市企业来说，着手知识产权布局的时机选择也至关重要。直接简单的知识产权数量堆砌，不可能蒙混过关，数量不达标、突击申请、非正常申请和购买，都可能成为上市"绊脚石"。

例如，2021 年的大连优讯科技股份有限公司上市审查，该公司拥有 14 项发明专利，其中有 13 项专利集中在 2020 年取得，仅有 1 项专利系受让取得于 2017 年 7 月，并非该公司自身发明。该公司在长达两年时间内都没有任何专利申请，却在上市前集中、突击申请 13 项发明专利，引起上市审查的关注和问询。

又如，2021 年 5 月 27 日，成都思科瑞微电子股份有限公司（以下简称"思科瑞公司"）提交上市申请，根据申报材料，发行人及其子公司拥有 10 项发明专利，其中 9 项为 2020 年取得。同时，根据保荐人的工作报告，截至 2020 年 6 月底，发行人拥有的发明专利不足 5 项，保荐机构督促发行人积极进行专利申请，在超过 5 项后申报。在上交所首轮问询中涉及被问询："截至 2020 年 6 月末，发行人拥有发明专利不足 5 项，在超过 5 项发明专利后申报，是否存在拼凑科创属性评价指标（形成主营业务收入的发明专利 5 项以上）的情形"。

通过上述案例可以看出，"临时抱佛脚式"的集中申请、优先审查而获得专利权的方式并不可取，可能引发存在拼凑专利以满足科创属性评价指标情形，会引起上市委的特别关注。

对此，建议拟上市科创板的企业注意：基于发明专利的授权平均周期大概需要22个月，排除专利无效或诉讼风险大概需要2年的诉讼周期，规避设计并获得市场认可大概也需要2~3年。因此，有必要对知识产权本身、市场因素、竞争对手情况进行系统分析，一般而言，在拟上市之前至少提前3年左右开始着手准备、布局安排，聘请专业的法律服务机构，结合企业商业战略，进行知识产权管理风险排查、补缺，及早发现存在问题并及时解决问题，避免在上市期间遭遇大的知识产权诉讼，或者即便遭受知识产权诉讼也能有预案应对，做到及时可控，从而确保在上市过程中，其知识产权方面能顺利过关。

4. 知识产权布局的空间维度

在激烈的国际市场竞争中，企业要"走出去"谋得一席之地，就必须重视海外市场的知识产权布局规划。相关统计数据显示，2021年，我国受理PCT专利申请7.3万件，收到马德里商标国际注册申请5928件，集成电路布图设计登记1.3万件，企业海外知识产权布局能力需进一步增强。

上海拓璞公司在2019年12月首次科创板上市被终止后，于2020年再度向科创板发起冲击，但仍未摆脱被终止的命运。

该公司打破国外技术垄断，成为继迪菲厄公司、西班牙M. Torres公司之后又一家掌握镜像铣削装备的企业，填补了国内镜像铣削技术空白，却在第二次上市关口，遭遇国外公司2700多万元的专利侵权索赔。迪菲厄公司是否希望通过专利诉讼来达到延缓或阻击上海拓璞公司上市的目的，尚不得而知。而上海拓璞公司在被诉之后，已经采取了积极的措施，并对迪菲厄公司的专利权提起了无效宣告请求，未来针对专利有效性的战争一定会更加激烈，而这也决定着该企业在上市进程中能走多远。

因此，拟上市企业在进行知识产权布局时，应当具有开放的国际视野，重视海外知识产权布局，积极主动通过开展知识产权数据、产品数据、市场数据等多维度数据分析，根据形成企业主营业务的业务来源，考虑选择多大区域范围内的申请计划，是选择本国申请或注册，还是PCT专利申请或商标马德里协定注册，从而达到在所需地域内能够获得相应的知识产权保护，做到所有经营收入来源地都有相应的权利基础支撑。同时，筛选重点布局市场，积极进行国际申请和注册，为重点市场和拟开拓市场构建知识产权保护屏障。

5. 知识产权风险防范布局

申请上市企业越来越多，但不少企业在上市过程中遭到来自竞争对手或职业讼棍的"知识产权诉讼"。因此，企业在上市进程中，应当对自身的知识产权风险管控予以足够重视，做好事前的知识产权尽职调查工作与事后的积极应对措施安排，意识上不轻视、应对上有战略、措施上要有效，做到真正的未雨绸缪。实际上，诉讼并非必然造成"一票否决"，只要积极合理应对，依然可以成功上市。2020年6月2日，敏芯微电子公司在审议公告发布后即遭遇歌尔公司发起的专利侵权诉讼的"突袭"，却最终成功上市便是最好的例证。

据报道，敏芯微电子公司与歌尔公司的纷争要从微机电系统（MEMS）说起，敏芯微电子公司是一家以MEMS传感器研发与销售为主的半导体芯片设计公司，歌尔公司拥有的MEMS传感器是通过进口MEMS芯片做封测，而敏芯微电子公司则是从研发切入，致力于裸芯和制造工艺的研发，促成了MEMS芯片国产化。在上市过程中，歌尔公司先后于2019年7月29日和11月18日向北京知识产权法院提起专利侵权诉讼，将敏芯微电子公司和百度网讯科技有限公司作为共同被告。2019年11月25日，歌尔公司的全资子公司又向江苏省苏州市中级人民法院提起专利权属诉讼，并将敏芯微电子公司及其股东列为共同被告。以上"知识产权诉讼"活动，竞争对手的针对性非常明显。

针对上述诉讼及上市委的问询，敏芯微电子公司采取了以下措施。

①充分披露涉诉情况及进展；②说明涉诉涉案专利状态（1项保护期已届满、1项宣告全部无效、1项部分无效）；③委托第三方的知识产权司法鉴定机构出具鉴定意见，说明2019年11月涉诉产品MEMS麦克风应用技术未落入争议专利的保护范围；④说明诉讼不涉及公司核心技术及在研技术，对发行人的营收无重大影响；⑤论证诉讼败诉的可能性较低，而且即使败诉亦不会对发行人的市场销售及持续经营能力造成实质性影响；⑥说明发行人相关产品所采用的技术路线与涉诉争议专利的技术路线不同，即使出现不利判决结果，也不会影响现有产品的销售；⑦实际控制人作出承诺，如果败诉将承担全部的经济损失。

基于上述案例，对拟上市企业的知识产权风险防范布局，简要总结如下。

第一，事前做好知识产权尽职调查。拟上市企业在上市前除了应对自身知识产权进行系统梳理、规划布局，还应在事先进行系统的知识产权尽职调查并做好相应预防措施，针对公司的主营业务做好自由实施（FTO）分析和预警工作，开展知识产权外部风险隐患排查，提前制定应对预案、主动应对，灵活采取多种手段化解可能发生的各类风险和矛盾危机，尽量避免在上市期间与其他公司发生知识产权争议纠纷，避免争议纠纷升级成为诉讼行为。同时，主动对有关情况进行公开披露，及时回应市场及监管机关可能产生的疑问与质疑，避免不必要的怀疑、炒作和麻烦，提前清除各类知识产权风险隐患，使企业安全度过上市过程中的"相对脆弱期"。

第二，事后积极应对争议纠纷。在发生争议后积极应对，秉持"有事不怕事"的理念，主动与对方开展沟通与协商，争取达成和解方案。在受到侵权或诉讼威胁时，应在早期即主动维权、积极应对，尽早安排风险评估分析，不被动等待。对于无法达成和解或可能是竞争对手恶意诉讼的情况，要及时科学有效的积极应对，选择主动出击，以效率优先为主导制定最有利于公司的诉讼策略，或积极向法院申请加速审理，或依法挑战对方的权利基础。例如，在商标权方面，若商标遭他人抢注，可以依法提出异议或对其申请宣告无效，或可以尝试谈判收购；若已遭遇商标诉讼，则要保持与证监会的良好沟通，并真实、准确地披露信息，积极配合股票发行审核委员会的审核。

总之，企业知识产权风险防范布局工作往往需要行政、技术、市场、法务等多部门配合，贯穿技术研发、专利申请、商标注册、著作权管理、品牌运营、市场拓展、合同管理等多方面工作。同时，不同类型知识产权的申请周期、有效期、保护范围也不尽相同，只有通过规范知识产权事务流程，开展相关工作，建立完善的知识产权档案，对知识产权的全生命周期进行有效管理，才能全面做好知识产权布局，满足拟上市企业信息披露要求。

九、企业经营管理与技术管理

经营管理与技术管理的关系是互相制约、互相依存、互相促进的矛盾统一的关系，对任何企业而言，管理、技术和运营团队都是推动公司发展壮大的重要"舵手"，特别是对典型的技术密集型产业来说，技术团队、管理团队和运营团队更是重中之重。

例如，广东绿岛风空气系统股份有限公司，在创新管理模式方面，具有独特优势。该公司始终坚持以精细化、流程化、信息化的管理方式提升产品质量和经营效率，率先建立了较为完善的科学管理体系，组建了稳定的核心管理团队，核心管理人员大多拥有十年以上的企业管理经验，形成"研发＋产品＋渠道＋管理"四轮驱动，其独立持续经营能力被广泛看好。

该公司在上市前持续创新，为企业赢得了核心竞争力，成为国内室内通风系统产品制造业标杆企业，于 2021 年 8 月 10 日在科创板成功上市。因此，企业应当妥善处理经营管理与技术管理的关系，实现二者的有效配合，否则会导致企业内部发生矛盾，从而影响企业上市进程。

首先，做到组织机构之间的结合。一方面，经营管理人员与技术人员应当相互配合，技术人员应积极参加预测、决策和分析经营管理的全过程，经营管理人员亦应参与技术方案的设计与评议，并且双方要加强信息交流，定期召开由双方人员参加的分析、讨论、评价会议，及时解决工作中出现的各种矛盾与棘手问题，提高企业的整体管理水平；另一方面，经营领导与技术领导应当相互配合。为改变目前高新技术企业中，技术管理员只抓技术管理工作，而经营管理员只抓经营管理的局面，应尽快建立领导班子共同参加"决策中心"，及时对生产、技术、经营、基建中的重大问题作出科学合理的决策，并负责协调处理经营管理与技术管理中存在的矛盾，提高企业的整体效益和全局效益。

其次，做到日常管理工作的结合。一是事先结合，打破单一管理、各行其责、各自为政的局面。例如，在制订有关经营计划时，要考虑技术上的合理性与可行性，保证和促进新技术、新工艺的采用；在进行技术设计时，不仅要有技术上的方案对比，而且要有经济效益的说明，要做到技术上先进合理，经济上利高可行。二是事中结合，保证既定目标的按期实现，减少单一管理因片面而造成的损失。经营计划和技术设计在其实施过程中，都要根据实际情况，在坚持以经济效益为中心的基础上不断进行修改和完善，既保证先进合理的技术设计尽快落实完成，又不断降低各项经营费用。三是事后结合，更好、更全面地总结管理工作中的经验和教训。企业应当避免人为地把二者的事后分析割裂开来，在进行专业分析的基础上，对整个企业进行综合技术、经营分析，全面总结企业管理工作的优缺点，为加强企业的综合管理打好基础。

加强科学管理，实现经营管理与技术管理的完美结合，要从基础工作开始，主要包括标准化工作、定额工作、门量工作、信息工作、职工教育工作及以责任制为核心的各项规章制度的建立和修订工作等。在诸多的基础工作中应首先抓好经营管理人员与技术人员的培训，使技术人员学习和掌握一些经营管理的专业知识，让经营管理人员也懂得相应的技术知识。各项基础工作都围绕提高企业经济效益这一中心工作，统协调地展开，并在责任制中明确各自在企业管理中的权、责、利，保证经营管理与技术管理的结合不断深入地开展下去。

最后，企业要适应市场需要，发挥自身特色，创新发展，做到经营管理与技术管理创新双管齐下，从而提高科研效率。市场竞争不仅体现在技术力量上，也体现在企业的经营管理水平上，企业要想在日益激烈的竞争中立于不败之地，必须与时俱进，在实践中不断创新经营管理理念和技术革新。

以有友食品股份有限公司为例，其在上市筹备阶段，始终坚持创新与营销结合，有友食品股份有限公司营运中心与销售办事处、战略发展部、采购供应部等均是直接与市场紧密联系的部门，研发部门与上述各个部门定期进行沟通交流，获取有效的市场反馈，以使公司的产品研发更贴近市场和客户的需求。同时培养全员创新意识，积极提倡全员建立创新意识，主要通过组织培训、对外交流等方式使员工充分认识到创新涵盖在日常工作的各个方面，不仅是技术的创新，还包括业务模式、管理模式、销售渠道、产品服务等方面的创新，为公司创造更多的市场机会，赢得竞争优势，并于 2018 年 10 月 10 日成功上市。

十、核心技术体系风险防控

针对企业的核心技术和产品，上市核查和问询重点关注包括：①专利技术、核心技术的形成过程是否有合作研发、职务发明创造等内容，是否存在权属的潜在争议；②非专利技术的保护措施和侵权风险审查；③核心技术人员的认定和技术的稳定性问题等。因此，企业从技术研发或技术引进之初，就应系统规划布局，及时申请专利或办理相关权利转移手续，采取科学有效的申请规划布局策略，进行全方位的核心技术体系风险管控，定期对相关知识产权状况进行监测排查调整完善，及时填补风险漏洞。

1. 核心技术人员风险防范

企业对核心技术人员具有一定的依赖性，这种依赖性越大，存在的潜在风险就越高，如果不能稳定现有专业技术人才和业务骨干，不能持续吸引更多优秀人才，将对企业日常经营和长远发展产生不利影响。在上市审核过程中，通常主要审查核心技术人员是否违反竞业禁止、保密协议约定，是否涉及原单位的职务技术成果，是否存在技术纠纷或潜在纠纷，近两年是否发生重大不利变化等问题。概括起来，主要包括核心技术人员是否涉诉、技术研发是否存在权属不明、核心技术人员流动性大的问题。

2. 核心技术权属风险防范

对于拟上市企业而言，掌握无权属瑕疵的核心技术是上市成功的"垫脚石"，反之则会成为上市的"拦路虎"。核心技术权属风险也即核心技术来源风险，企业核心技术来源不外乎内部来源（自主研发）和外部来源（合作研发、委托研发、许可授权、转让授权）。

2019年，在中简科技股份有限公司和云南震安减震科技股份有限公司的审核结果公告中，因发行人的实际控制人、股东及部分核心技术人员曾在同业公司任职，且部分核心技术系从同业公司受让取得。因此，被要求说明核心技术的来源，相关技术人员在原单位任职期间技术成果的权利归属、是否存在违反竞业禁止义务等问题。

合作开发、委托开发过程中形成的技术成果的知识产权归属约定是上市委审核的重点之一，截至2021年11月1日，已有133家申请科创板的企业主动或被动地终止申请。终止申请原因之一就是核心产品被质疑存在对合作方的技术依赖。

例如，2020年12月30日，青岛易来智能科技股份有限公司提交上市申请，因发行人形成主营业务收入的15项发明专利中，有10项为与小米科技有限责任公司及北京小米移动软件有限公司共有。在上交所两次审核问询中均涉及"与小米共有专利的相关情况"，尤其关注共有专利的形成过程、发行人在其中发挥的实际作用、发行人是否具备独立研发的能力、发行人是否存在对共有方的技术依赖以及与共有方是否存在纠纷或潜在纠纷。

2021 年 11 月 12 日，山东益丰生化环保股份有限公司因上交所两轮问询均涉及"受让或购买的专利在发行人产品中的应用情况、形成主营业务收入的专利是否均为受让专利、发行人是否具备独立的研发能力"等问题，而主动撤回上市申请。

该公司在其招股说明书中披露，其专利共有 95 项（57 项专利为受让所得），82 项为发明专利，其中 19 项为直接形成主营业务收入的发明专利。上市委针对该公司的专利来源、应用情况及与核心技术的对应情况进行问询，要求发行人说明 63 项发明专利未构成主营业务收入的原因及合理性，形成主营业务收入的专利是否均为受让专利，如是，说明发行人是否具备独立的研发能力。

以上可以看出，若绝大部分的核心技术来自他人，企业的独立自主研发能力和持续自主经营能力可能遭到上市委和投资者的质疑。因此，笔者提出如下建议。

第一，许可或转让是高新技术企业进行技术革新与技术储备的常见手段，但也需要基于自身技术发展或生产经营的需要理性选择，不能盲目购买与主营业务无关的知识产权，也不能全部从外部获取，避免对许可方或转让方的重大技术依赖，避免技术许可所涉产品成为企业核心技术产品，尽早研发拥有自主知识产权的核心技术。

第二，拟上市企业受让专利技术前，应对目标技术成果的权利类型、归属、效力状况、权利限制等法律风险进行系统严格调查分析，对技术许可类型、期限及地域范围以及新产生知识产权的归属作出明确书面约定，以确保受让技术成果的独立完整性、有效性以及稳定性，并且注意保留协议文本等交易基本证据，在受让技术涉嫌侵害他人知识产权时，可以进行合理性抗辩，避免在上市过程中卷入不必要的纠纷。

总之，"科创属性"意味着企业核心技术不宜过多地来源于合作或转让，即使是技术合作项目，企业也应尽量在合作项目中体现出自身科研能力，并做好后续深度研发的布局安排。

3. 核心技术侵权风险防范

核心技术侵权包括两种情形，一是核心技术涉嫌侵犯他人知识产权，二是核心技术涉嫌被他人侵权，然而无论发行人是作为原告还是被告，一旦核心技术或产品涉及重大知识产权纠纷，将对企业生产经营构成重大不利影响，成为企业上市的实质性障碍。

例如，上海拓璞公司于 2019 年 12 月 5 日第一次科创板上市失败，在 2020 年 6 月 30 日再次申请上市，因迪菲厄公司向上海知识产权法院提起民事诉讼，两次审核问询中均涉及"正在进行中的知识产权诉讼进展及如果败诉可能对公司未来生产经营产生的影响"的问题。

又如，2021 年 5 月 11 日，昆山东威科技股份有限公司通过上市委会议审核顺利上市。上市委在该公司上市过程中明确要求其补充披露"专利及其他知识产权被侵犯及维权情况，并分析是否对发行人的持续经营能力构成重大不利影响"。

不难看出，企业重大诉讼进程及对未来生产经营的影响，是上市委重点审核内容之一。第一，拟上市企业在上市前需要对企业的核心技术、核心产品进行侵权风险评估，判断是否存在侵犯他人专利权的风险。如果评估结果显示企业的核心技术、核心产品具有较高的侵权风险，则需进一步评估对应专利被宣告无效的可能性。如果发现对应的授权专利被宣告无效的可能性较低，则企业需要考虑是否暂缓上市进程，并对核心技术、核心产品进行进一步分析，围绕高风险专利进行相应回避设计，待侵权风险降低后再考虑上市。否则，即使进入上市审核程序，也可能因为重大专利侵权诉讼而被迫终止，造成不必要的损失。

第二，拟上市企业在上市筹备及审核的过程中，应当及时关注自身专利尤其是核心专利是否存在被他人侵权的情况。如果有可能，根据侵权的实际情况，在恰当的时机选择恰当的维权方案（包括但不限于商业谈判、仲裁或诉讼等），尽可能地避免因他人的侵权行为导致企业自身持续经营能力遭受质疑，从而影响上市进程。

综上所述，通过对上市后备企业科技人才与企业核心技术体系的不同视角分析，在于说明无论是科技人才还是核心技术，都需要企业长时间的投入、积累、磨合与培育，拟上市企业在上市培育和筹备阶段，应当统筹兼顾、全面布局，充分注意形成自身的核心竞争力。同时，结合企业自身的发展规划和核心技术状况，提前做好相应的知识产权风险防范，确保在上市审核中交出一份合格的答卷。

第二节 知识产权权利状况效力评估

一、企业知识产权权属状况调查重点

为了防止知识产权权属问题成为企业上市进程中的"拦路虎"，对企业知识产权权属状况进行系统调查分析非常必要。下面从主要的知识产权权利类型出发，分析说明企业知识产权权属调查重点内容。

（一）专利权属状况调查重点

检索科创板上市委问询函内容可以发现，"专利"一词出现频率最高，远高于其他知识产权类型。因此，专利权属问题成为众多拟上市企业最关注的知识产权权属问题之一，也是关乎企业能否顺利上市的最关键问题之一。为了明晰潜在的专利权属问题，拟上市企业应对专利技术的产生、获得方式和时间、是否合法有效存续、是否存在被终止、被宣告无效的情形，专利发明人与发行人的关系以及专利权属的共有情况等进行系统调查分析，核查每项专利的权属法律状态。对存在权属争议且与拟上市企业主营业务关系密切的重要专利技术，企业应预先通过协商谈判、转让购买等方式取得，防止上市审查过程中出现不必要的专利权属纠纷。

1. 职务发明专利

根据《专利法》（2020 年修正）第六条规定："执行本单位的任务或者主要是利用本单位的物质技术条件所完成的发明创造为职务发明创造。职务发明创造申请专利的权利属于该单位，申请被批准后，该单位为专利权人……利用本单位的物质技术条件完成的发明创造，单位与发明人或者设计人订有合同，对申请专利的权利和专利权的归属作出约定的，从其约定。"可以看出，职务发明专利的专利申请权和专利权一般由单位享有，在专利主要是利用单位物质技术条件完成的情况下则可以对其权属进行约定。与职务发明专利有关的专利权属争议，通常是由于竞争单位的员工跳槽到本单位所引发，此时竞争单位会主张某发明专利和发明人或设计人在原单位承担的本职工作或原单位分配的任务有关联，属于发明人或设计人在原单位的职务发明专利，专利申请权和专利权应属于原单位。

根据《专利法实施细则》（2010 年修订）第十二条规定，职务发明创造包括：①在本职工作中作出的发明创造；②履行本单位交付的本职工作之外的任务所作出的发明创造；③退休、调离原单位后或者劳动、人事关系终止后 1 年内作出的，与其在原单位承担的本职工作或者原单位分配的任务有关的发明创造；④主要利用本单位的资金、设备、零部件、原材料或者不对外公开的技术资料等物质技术条件完成的发明创造。因此，判断一项发明专利是否属于职务发明，并不取决于发明的作出地点和作出时间，只要是出于执行单位任务或者主要利用了单位物质技术条件，均应认定为职务发明。还应当注意的是，我国《专利法实施细则》（2010 年修订）所规定的职务发明范畴不仅包括在职时的发明创造，还包括员工离职后 1 年内作出与原单位承担的本职工作或原单位分配的任务有关的发明创造。然而，由于法律意识的缺位，一些员工离职后进入拟上市企业，并在 1 年内申请了专利，此种情况很容易产生专利权属纠纷。

例如，在前面提到的敏芯微电子公司上市过程中，歌尔公司就向江苏省苏州市中级人民法院提起专利权属诉讼，主张确认敏芯微电子公司的某件发明专利属于歌尔公司前员工梅某欣的职务发明，该发明专利权应当归属于歌尔公司。法院经审理认为，诉争专利与歌尔公司举证的 3 项芯片封装专利在具体技术问题的提出、技术解决途径和具体方案方面有较大区别，在技术形成、延续及展开上也缺乏实质的关联，故此驳回了歌尔公司的诉讼请求。歌尔公司不服一审判决，向最高人民法院提起上诉，最高人民法院认为涉案专利与梅某欣在歌尔公司承担的本职工作具有相关性，撤销一审民事判决，确认涉案专利归歌尔公司所有。

拟上市企业对职务发明权属状况进行调查时，首先，应当核查企业是否保留了专利完整的研发记录，如果研发团队存有完整的研发记录，则可有效证明相关专利技术的研发过程和拟上市企业团队的智力投入情况，进而判断该专利是否为职务发明及其权利归属。其次，企业可以核查专利的相关研发人员在原单位的入职、离职文件及从事的主要工作情况，确认其是否主要从事类似技术开发的职位。最后，企业可以核查上述研发人员在拟上市企业开发专利技术时扮演的角色，是否为辅助性角色，如仅负责专利撰写工作等。

2. 合作、委托开发专利

在技术开发过程中，企业为了提高研发效率、降低研发成本，通常还与第三方签订技术开发合同，通过合作、委托的方式进行产品开发。技术开发合同包括委托开发合同和合作开发合同。根据《专利法》（2020年修正）第八条规定："两个以上单位或者个人合作完成的发明创造、一个单位或者个人接受其他单位或者个人委托所完成的发明创造，除另有协议的以外，申请专利的权利属于完成或者共同完成的单位或者个人；申请被批准后，申请的单位或者个人为专利权人。"因此，对于合作或委托开发完成的发明创造，其专利申请权和专利权的归属可以由当事人进行约定；若无约定，则只有完成发明的单位或个人享有专利申请权，其申请经批准后即可成为专利权人。通过合作或委托开发方式取得的专利，实务中经常会因为合同对专利申请权、专利权的权属问题约定不明确引发相应的权属争议。委托开发完成的发明创造，是指一个单位或个人提出研发需求并提供经费和报酬，由其他单位或个人进行研发所完成的发明创造。委托开发合同的标的是一项新的技术或者设计，通常表现为一项新的技术方案，既可以是技术方案本身，也可以是体现技术方案的产品、工艺、材料或者其组合。一个单位或者个人接受其他单位或者个人委托所完成的发明创造，双方就该发明创造的归属订有协议约定的，专利申请权属于协议约定的一方；双方没有协议约定归属的，专利申请权属于完成的单位或者个人；申请被批准后，申请的单位或者个人为专利权人。合作开发完成的发明创造，是指两个以上单位或者个人共同进行投资、共同参与研发工作所完成的发明创造。两个以上单位或者个人合作完成的发明创造，合作各方就发明创造的归属有协议的，按照协议确定权利归属。没有订立协议的，专利申请权属于完成或者共同完成的单位或者个人。完成或者共同完成的单位或者个人，是指对发明创造的实质性特征作出了创造性贡献的合作方。如果发明创造的完成是基于对某一合作方提供的特有的技术、设施或试验数据等的运用，则该合作方应视为对发明创造的实质性特征作出了创造性贡献。在没有协议的情况下，如果各方派出的人员对发明创造的完成都作出了创造性贡献，各方就是共同完成发明创造的单位或者个人，应当共同享有权利；如果只有一方的发明人或设计人对发明创造的完成作出了创造性贡献，其他合作方虽然参加了研究开发，但是没有作出创造性贡献，就只有该发明人或设计人所代表的一方享有权利。

判断一项技术开发关系是委托开发还是合作开发，实践中主要根据两个方面，一是合同双方是否都投入了资金，二是合同双方是否都派出了人员参与研发。如果仅有一方投资，另一方负责研发，则一般属于委托开发；如果双方都进行了投资，但只有一方派出的人员对发明创造的完成作出了创造性贡献，尽管仍属于合作关系，但只能由作出创造性贡献的一方享有发明创造的专利权。为了规避合作、委托开发过程中的专利风险，拟上市企业应重点调查与合作方、委托方是否已签订书面协议以确认专利的权利归属、使用和收益分配方式，拟上市企业是否独立享有或者共有相关专利的所有权或使用权。即使约定知识产权归双方共同所有，也应当就知识产权实施方式进行必要限定，例如禁止单方将知识产权对外投资、约定转让时的优先受让权、限定单方对外进行许可的权利，进而确保拟上市企业的核心竞争力。

3. 技术转让专利

企业通过第三方技术转让取得专利的，可能会因对转让范围的约定不够明确而导致权属争议。企业转让一项基础专利但未约定是否同时转让其从属专利，或者企业仅取得专利技术使用权但未同时取得专利申请权，都可能成为将来产生权属纠纷的源头。在企业上市过程中，因为第三方转让取得专利引发权属诉讼的情形相对较少。依赖第三方技术转让，更多的是引起上市委对企业是否缺乏自主研发能力及是否影响企业持续经营能力的质疑和问询，尤其是在企业的多数核心技术是通过第三方许可取得的情形。

例如，在泰州亿腾景昂药业股份有限公司上市申报过程中，其招股说明书申报稿中披露："公司部分核心在研药品系通过授权引进方式取得，但是公司无法保证未来能否持续遴选到新候选药物并取得相应授权许可"，上市委重点问询了其核心产品需要依赖美国合作方授权许可，以及是否对持续经营能力产生重大不利影响，最终该公司被终止科创板上市。

又如，在江苏艾迪药业股份有限公司上市申报过程中，上市委重点问询了其核心技术专利，即人源蛋白技术是否来源于广东天普生化医药股份有限公司、与广东天普生化医药股份有限公司的未来合作关系能否持续等问题，江苏艾迪药业股份有限公司因此被暂缓审议。

通常技术转让是指一方将自己所掌握的技术转让给另一方的行为。广义上的技术转让包括专利权转让、专利申请权转让、技术秘密转让、专利实施许可、技术秘密使用许可等形式。为了避免因专利或技术转让引发相关权属纠纷，拟上市企业应当调查确认转让合同是否有效以及转让是否已经生效。签订转让合同并向国务院专利行政部门申请登记的，专利申请权或者专利权归属于受让专利的当事人；签订转让合同但未向国务院专利行政部门申请登记的，则专利申请权或者专利权未发生转移。确认相关的专利申请权和专利权是归转让方还是归受让方，要根据转让合同的具体情况进行分析。对于通过第三方技术转让取得的专利，上市委一般会关注转让缘由，而它往往涉及企业是否具有技术研发能力及完善的知识产权体系。企业进行权属状况调查时，应注意收集"预先取得未来可能涉及的相关专利，目的是防止发生专利权属纠纷"的材料，用以在接受问询时证明企业核心技术不依赖受让专利，且对未来技术与业务发展有完整规划。

（二）商标权属状况调查重点

商标权作为企业无形资产的重要组成部分，同样是上市委针对拟上市企业重点关注的知识产权问题，在上市过程中遭遇商标纠纷的企业也不在少数。

例如，主营业务为研发、生产和销售照明设备的深圳市紫光照明技术股份有限公司（以下简称"紫光照明公司"），其上市申请虽于2020年6月30日获科创板正式受理，历经两轮问询后在2021年9月提交注册，却在3个多月之后主动撤回了申请，主要原因就是卷入了竞争对手紫光集团有限公司（以下简称"紫光集团"）提起的商标侵权诉讼之中。2020年9月14日，紫光集团向法院起诉紫光照明公司存在商标侵权和不正当竞争行为，称虽然两家企业名称都有"紫光"，可是两者并不存在任何关联关系，并请求法院判令紫光照明公司停止侵害紫光集团"紫光""清华紫光"等注册商标专用权行为，停止使用含有"紫光"字样的企业名称以及赔偿紫光集团经济损失人民币500万元。上市委在问询中要求拟上市企业进一步说明：所涉商标侵权及不正当竞争诉讼的具体情况及进展，对公司持续经营的影响；若公司被认定为商标侵权，拟上市企业所涉商标、企业名称变更的具体过程及时间、成本，是否存在实质性障碍；进一步分析前述商标、企业名称变更后对公司持续经营能力的影响，包括但不限于现有在手订单是否涉及违约或赔偿情形，未来新业务开拓中相关商标侵权认定记录是否影响公司声誉、招投标资质等。紫光照明公司认为该诉讼不仅直接影响了公司的经济利益，而且相关商标侵权记录可能对公司未来新业务开拓中的市场形象、公司声誉造成一定的负面影响，从而对公司的经营业绩产生一定程度的不利影响，最终于2022年1月主动撤回申请终止上市。因此，拟上市企业提前对企业商标权属状况进行调查分析十分重要。

开展企业商标的权属状况调查，主要是针对企业目前正在使用的或者短期内即将使用的商标进行分析确认。拟上市企业可以针对容易出现问题的环节进行专门调查确认，调查范围包括：商标是否尚未注册；已注册商标是否已经及时续展；注册商标是否存在权属争议；转让商标或出资商标权属是否已变更至公司名下；被许可商标原始权属状态是否有所变化等。而从近年来上市委对拟上市企业的商标权权属的关注焦点来看，至少可以总结出以下五个方面的内容：①拟上市企业持有国内外商标及自有品牌的情况；②拟上市企业在主营业务门类上，是否拥有完整的、独占的商标专用权；③拟上市企业是否可以长期稳定地使用被许可商标，是否对被许可商标的权利人形成依赖，是否备有后续处理方案；④拟上市企业变更商标对企业持续经营能力的影响，包括商标许可使用协议或类似合同是否涉及违约及赔偿等情形；⑤拟上市企业变更商标的具体过程、时间、成本及可能的实质性成本等。

（三）著作权权属状况调查重点

对于拟上市企业来说，著作权相较于专利、商业秘密等知识产权对企业的主营业务和持续经营能力的影响相对较小，经常容易被忽视。但如果因著作权权属不明引发权属纠纷，也会对企业上市进程产生较大影响。

例如，宜搜科技公司作为一家致力于提供移动数字内容领域服务的互联网企业，其从事的数字阅读服务涉及数字内容的著作权，报告期内软件著作权共有 161 项。据查询，宜搜科技公司与北京爱奇艺科技有限公司、汉华易美视觉科技有限公司、果麦文化传媒股份有限公司等存在多起著作权纠纷。最终，宜搜科技公司在上市委问询期间主动撤回了上市申请，原因则与上述多起著作权纠纷有关。因此，拟上市企业在上市之前对知识产权权属状况进行调查评估时，除了关注专利、商业秘密等与核心技术及主营业务相关性较高的内容，也需要对企业享有的或涉及的著作权是否存在权属不明等情形进行相应调查梳理。对于游戏、综艺、音乐、软件等文创产业领域的企业，经常会涉及软件著作权纠纷，这可能会对企业未来的生产经营构成重大不利影响。因此，文创产业领域的拟上市企业应当重视自身软件著作权的权属状况，由于著作权取得实行自动取得而非登记取得，只查看登记证明文件并不能明确著作权的实际归属，所以针对主营软件产品开展著作权权属状况调查就显得尤其重要。

根据《计算机软件保护条例》的规定，软件著作权属于软件开发者，即属于实际组织开发、直接进行开发，并对开发完成的软件承担责任的法人或者其他组织；或者依靠自己具有的条件独立完成软件开发，并对软件承担责任的自然人。对于合作开发的软件，其著作权的归属由合作开发者签订书面合同约定。无书面合同或者合同未作明确约定，合作开发的软件可以分割使用的，开发者对各自开发的部分可以单独享有著作权；合作开发的软件不能分割使用的，其著作权由各合作开发者共同享有。对于委托开发的软件，其著作权的归属由委托人与受托人签订书面合同约定；无书面合同或者合同未作明确约定的，其著作权由受托人享有。对于国家机关下达任务开发的软件，著作权的归属与行使由项目任务书或者合同规定；项目任务书或者合同中未作明确规定的，软件著作权由接受任务的法人或者其他组织享有。对于自然人在法人或者其他组织中任职期间所开发的软件，若具有针对本职工作中明确指定的开发目标所开发、开发的软件属于从事本职工作活动所预见的或自然的结果、主要利用法人或者其他组织的物质技术条件所开发并由法人或者其他组织承担责任三种情形之一的，该软件著作权由该法人或者其他组织享有。

二、企业知识产权权利法律状况评估

企业拟上市阶段，应当对自身已有知识产权权利的法律状况进行系统梳理和分析评估。应当说明的是，分析评估对象包括专利权、商标权、著作权、商业秘密等传统知识产权权利类型，网络域名等相关权利作为一种与商标权联系紧密的特殊权利，同样应处于评估范围。

（一）专利权法律状况评估

专利权本质上是一种动态知识产权权利，它从申请到权利终止，期间至少会经历申请、公开、授权、无效、撤销、终止等状态。专利权存续期间如果出现欠缴年费、宣告无效等情况，更是会直接导致专利权终止。因此，拟上市公司披露专利信息时，首先应当对此时拥有或使用的专利权法律状况进行准确评价，客观陈述详细介绍。

对于拟上市企业专利权法律状况评估，主要考虑以下四个方面。

1. 法律状态

表示专利法律属性的信息即为专利的法律状态，该状态会随着各个法定程序和法律事件而动态改变，专利常见的法律状态主要包括专利申请尚未授权、专利权有效和专利权无效三种状态。针对处于申请阶段的专利，拟上市企业应当明确专利申请所处的具体阶段以及未取得专利权的原因，而且应特别注意不得将处于申请阶段、尚未获得授权的专利以及无效的专利评价为有效专利并进行披露，避免对企业上市审核造成重大影响。

例如，在上海凯赛生物技术股份有限公司首轮问询回复中，其招股书披露该公司存在2项核心技术尚未取得授权专利，上市委即要求该公司说明专利申请的具体进度，相应产品是否存在侵犯第三人知识产权的可能，是否存在核心技术泄密的可能，现阶段采取何种保护措施。

又如，在慧翰微电子股份有限公司问询回复中，其招股书披露该公司核心技术对应的部分发明专利申请处于初步审查或实质性审查阶段，上市委不仅要求该公司删除尚未取得授权的相关专利的信息披露，还要求其说明尚未取得授权发明专利的申请及审查近况，预计取得授权时间，并结合上述情况说明发行人是否存在技术被侵权的风险。

2. 权属争议

一般而言，拟上市企业的专利权属争议主要来自上文所述的职务发明专利、委托或合作开发专利以及从第三方受让专利三种情形，拟上市企业应当对具有这三种情形的专利进行重点调查，评价确认所调查专利的权属状态，对于权属有争议的专利应当提前通过购买等方式取得其所有权，避免上市审核过程中出现专利权属纠纷。

3. 权利负担

实践中，专利的权利负担主要包括抵押、质押、许可等情形。专利作为一种无形资产，专利权人可以通过抵押、质押专利的方式进行融资，拟上市企业应当确认所拥有专利是否设立有抵押权、质权等担保物权，避免将来发生重大债务纠纷影响上市。尤其是在实践中企业将专利用于质押融资的情形十分常见。因此，在上市过程中，专利质押情况通常会受到上市委的重点质询。

总结科创板上市中各个企业遭遇质询问题内容可知，以下三个方面涉及专利负担方面的风险问题需要企业适时应对。

（1）专利质押的情况。专利质押通常涉及被担保债权情况、担保合同约定质押权实现情形、质权人是否有可能行使质押权及其对发行人生产经营影响。

（2）专利质押的后果。需要明确说明相关专利是否存在质押权实现风险、质押权实现的具体影响及是否存在重大不利影响。

（3）专利质押对于企业的经营状况影响。需要充分说明上述权属受限知识产权是否影响发行人对相关专利的使用，若债务到期无法偿还对发行人生产经营及核心技术的影响等。对于专利授权许可的情形，实践中主要存在独占许可、排他许可、普通许可、交叉许可等类型。针对专利授权许可的情况，拟上市企业应当确认专利权人授权使用专利的情况，包括授权使用的专利名称和授权时间，许可使用的范围、期限、限制、形式、费用以及是否向拟上市企业之外的第三方授权使用等。

4. 侵权风险

为了应对潜在的专利侵权风险，拟上市企业应当自觉针对自身专利权开展技术FTO，即确认自由使用目标专利不侵犯第三方专利权。当然，除了进行技术FTO分析，拟上市企业还需要对专利侵权风险发生的可能性、专利侵权风险发生对企业带来的影响等方面进行评估。具体而言，对于专利侵权风险发生的可能性评估，可以从专利威胁程度、行业专利诉讼风险度和专利持有人诉讼实力三个方面评价，其中专利威胁程度越大，行业专利诉讼发生频率越高，专利持有人具有过往专利诉讼经历，拟上市企业与专利持有人关系越激烈，专利侵权风险发生的可能性就越大。

（二）商标权法律状况评估

商标作为企业商誉的重要载体、品牌的象征，已经成为越来越多企业的核心资产和重要竞争优势，拟上市企业也不例外。需要注意的是，商标在注册、使用过程中存在诸多法律风险，企业在上市进程中通常会遭遇的商标争议主要有：普通商标侵权、驰名商标侵权，商标标识侵犯他人著作权、外观设计专利权、名称权、姓名权等在先权利，注册商标被异议、撤销或者无效宣告，商标实际使用不规范所引发的争议等。因此，拟上市企业应对自身拥有的商标权法律状况进行全面评估。

企业商标权法律状况的评估主要是指对企业商标权属和企业商标侵权风险评估，前者已经在上文进行分析，此处不再赘述，这里主要针对后者进行评估分析。要对商标侵权风险进行评价判断，首先需要进行商标检索查询，这是评估商标侵权风险的基础工作，主要包括：①确定查询业务类别和类似商品服务群组；②查询是否存在在先相同或近似商标；③核实在先商标的确切状态；④查询商标的附属信息；⑤查询是否侵犯其他在先权利。

商标侵权风险评估除了考虑商标本身的近似程度和商品关联程度外，还应当结合以下九个方面因素进行综合判断。

（1）近似判断的尺度。通常而言，相同或近似程度高的商标，侵权风险会比较高，但商标侵权风险评估与商标注册审查的商标近似判断尺度应当有所差异，一般前者的尺度要比后者更宽松。

（2）商品关联性的影响。一般商品关联性越强，侵权风险越高，但是在查询、评估过程中常常被忽视，即判断侵权时只对商标近似程度进行判断，没有充分考量与在先商标对应商品的关联性。

（3）在先商标的显著性。如果在先商标为某行业的通用词汇，或者是对商品原料、成分、功能、用途、型号等本身特点的描述，则显著性一般较弱，被判侵权的可能性相对较低；如果在先商标不属于日常固定搭配，而是源于权利人的主观创造，则显著性一般较高，被判侵权的可能性相对较高。

（4）在先商标使用情况。已经使用的商标对权利人价值较大，权利人通常比较重视，维权可能性也更大；没有使用的商标对权利人价值较小，权利人提起侵权诉讼的可能性较低，侵权风险较小。

（5）主观因素的考量。虽然主观意图并不是商标侵权的构成要件，但如果拟上市企业具有恶意利用他人商誉的目的，则更可能导致商品发生混淆，权利人判断侵权时可能会予以考虑，赔偿额也会比较高。

（6）使用产品的特点。产品特点决定了消费者的识别能力和注意力程度。对于价格较高的大宗商品，消费者注意力程度较高，识别能力较强，较难发生混淆；对于价格较低的快消品，消费者注意力程度较低，识别能力较弱，容易发生混淆。

（7）商标使用周期及流通范围。如果产品是短期使用的，则考虑相应期间内的风险；如果产品只在某个区域流通，则主要考虑此区域内的风险。

（8）合理的抗辩理由。常见的是考虑其是否具有描述性合理使用的抗辩空间，如商标本身是对产品的通用名称、图形、型号、质量、原料、功能、用途、重量、数量及其他特点的直接描述，或者是对产地地名的客观表述，如果属于这些情形，商标权人无权禁止他人正当使用。

（9）发生纠纷的可能性。在先商标对注册人重要程度高，与注册人地域范围接近，注册人目的在于出售，注册人有工商投诉、侵权诉讼记录等情形实际发生纠纷的可能性较高。另外，域名通常会与企业的商标、商号等知识产权存在关联性，因为在网络上使用的域名具有区分网络服务提供商的标识作用，相当于企业在互联网领域的"商标"，因此域名与商标、商号等知识产权产生法律纠纷的风险也较大。为了避免域名与他人商标存在混淆可能性，拟上市企业需要对企业域名与他人在先权利发生冲突的状况进行评估，具体评估方面和要点可参照商标法律状况的评估。

（三）著作权法律状况评估

虽然《科创属性评价指引（试行）》对发明专利指标的明确要求使得大部分拟上市企业对专利权的关注远高于著作权，但并不是著作权不重要。实践中，著作权和企业经营息息相关，尤其是在文娱产业和信息技术产业，著作权侵权纠纷已经成为企业遇到最多的诉讼类型。因此，为了避免企业上市审核进程受到著作权方面问题的影响，拟上市企业预先对其享有著作权作品的法律状况进行有效评估是十分必要的。通常而言，除了前述的软件著作权权属问题，企业还应当重点关注涉及著作权的以下四个方面的问题。

1. 主营产品是否涉及职务作品，其著作权归职工还是单位所有

职务作品可分为一般职务作品和特殊职务作品。根据《著作权法》（2020年修正）规定，一般职务作品是指自然人为完成单位工作任务所创作的作品，著作权由作者享有，但单位有权在其业务范围内优先使用，且2年内单位享有作品的排他使用权。特殊职务作品是指具有下列三种情形之一的职务作品，作者享有署名权，著作权的其他权利由单位享有，单位可以给予作者奖励：①主要是利用单位的物质技术条件创作，并由单位承担责任的工程设计图、产品设计图、地图、示意图、计算机软件等职务作品；②报社、期刊社、通讯社、广播电台、电视台的工作人员创作的职务作品；③法律、行政法规规定或者合同约定著作权由单位享有的职务作品。但是，《计算机软件保护条例》第十三条对相关规定内容有突破，并规定主要使用单位物质技术条件所开发并由单位承担责任的软件著作权由单位享有。

2. 主营产品是否进行作品登记，是否保留充足的创作证明文件

根据《著作权法实施条例》第六条规定："著作权自作品创作完成之日起产生。"即著作权的取得以创作这一事实行为完成为标志，不以登记为前提。根据《最高人民法院关于审理著作权民事纠纷案件适用法律若干问题的解释》第七条规定："当事人提供的涉及作品著作权的底稿、原件、合法出版物、著作权登记证书、认证机构出具的证明、取得权利的合同等，可以作为证据。在作品或制品上署名的自然人、法人或者其他组织视为著作权、与著作权有关权益的权利人，但有相反证明的除外。"因此，作品登记具有提供初步证明的作用。

3. 企业经营环节可能存在的著作权侵权问题

拟上市企业应当对日常经营管理中可能出现的著作权侵权问题进行评估，通常

可能涉及计算机操作系统、软件、字体、图片等。企业内部管理各流程一般会涉及大量办公软件的使用，企业需要重点评估所使用的办公软件是否属于正版。此外，企业还应评估在其产品或服务的宣传载体上使用的字体和图片是否存在侵犯他人著作权的情形。

例如，在餐饮店铺经营的餐具上印制文字使用字体，在店铺招牌或宣传广告中使用的字体、照片，在网站或者微信公众号上发表的文章，具有创意性的产品设计图等。对于上述几类著作权侵权风险，拟上市企业应当预先按照企业经营管理流程，分环节、分步骤对各类软件、字体、图片的著作权进行排查。

4. 软件产品的著作权侵权问题

通常而言，拟上市企业多属于科技创新型企业，其软件产品基本不会出现完全复制代码程序或结构的侵权情形。而对于软件产品是否存在部分复制使用他人软件代码等的行为，拟上市企业可能自身也不大清楚。因此，需要重点针对自身软件产品是否存在侵权行为进行全面系统的调查分析。在调查过程中，企业对于软件程序"实质性相似"的判断，要同时关注文字成分和非文字成分两类情形。如果经调查确实存在侵权情形，拟上市企业应当提前通过许可或者购买的方式获得相关作品的合法使用权。目前，软件产品开发过程中使用开源代码信息已经比较普遍，这部分使用可能引发的侵权或者其他风险需要综合分析判断，不能一概而论地认为开源软件使用没有风险。

（四）商业秘密法律状况评估

由于商业秘密与科创属性强调的核心技术紧密关联，商业秘密也成为拟上市企业知识产权状况的重点评估对象。一般而言，企业遭遇的商业秘密纠纷主要是因为商业秘密泄露导致的，可见商业秘密泄露是企业商业秘密管理存在的主要问题。导致商业秘密泄露的原因非常多，但最终可归结于一点——企业缺乏严密完备的商业秘密保护体系。

例如，2021年12月2日，科创板上市委宣布暂缓审议益方生物科技（上海）股份有限公司的上市申请，原因是该公司及其核心人员江某恒卷入了与其他公司的商业秘密诉讼之中。因此，拟上市企业为了避免因为商业秘密纠纷影响上市进程，应当对企业的商业秘密法律状况进行充分评估。明确界定其商业秘密权利体系、保护范围，保密措施落实情况等问题。

近年来，原单位起诉离职员工与接收离职员工企业侵犯其商业秘密的案件越来越多。纵观这些商业秘密纠纷案件，主要包括两种情形：一是离职员工为了新的工作前景，带着原单位的商业秘密，进入作为原单位竞争对手的被告企业；二是有些接收离职员工的企业不小心被卷入了商业秘密侵权纠纷。可见，对于第二种情形，企业应当主动对招聘人员进行商业秘密风险调查，最大限度防止侵犯他人商业秘密行为的发生。一旦录用了掌握其他企业商业秘密的员工,会给拟上市企业带来极大的侵犯其他企业商业秘密的风险。

例如,在深圳汉弘公司的科创板上市申请审核期间,润天智公司对深圳汉弘公司发起诉讼,要求深圳汉弘公司停止侵犯其商业秘密,赔偿其经济损失,同时还举报深圳汉弘公司答复上市委问询不实。对于拟上市企业,应在上市准备阶段对近 2 ~ 3 年新招员工进行商业秘密侵权风险调查,主要内容包括:①调查员工在原单位的职务以及离职原因等基本情况,重点确认员工在应聘过程中是否意图通过提供技术信息作为提高录取率的筹码;②确认员工是否属于企业高管、项目负责人或者技术人员;③在员工为前述情形时,进一步明确该员工入职以来从事的工作中,是否有涉及使用其前工作单位商业秘密的情形。通过上述步骤,评估新招聘人员是否存在侵犯他人商业秘密的风险。

由于商业秘密已经成为企业的核心竞争力、核心技术和核心价值所在,企业必须考虑规范商业秘密管理、系统防范商业秘密侵权风险,构建完整有效的企业商业秘密保护体系。

三、企业知识产权权利效力状况评估

企业知识产权权利效力状况评估是指对企业知识产权的有效性进行评估,综合分析权利稳定性,进而对其权利效力状况作出法律评价。这里以企业上市实践中有效性问题突出的专利为例,拟上市企业在上市审核过程中被竞争对手提起专利无效宣告请求、遭遇专利无效纠纷,已经成为企业上市中相当常见的一类知识产权纠纷。由于科创板对上市企业持有的与主营业务收入相关的发明专利数量指标存在明确要求,因此,如果拟上市企业持有的与主营业务收入有关的发明专利数量不多,很可能面临竞争企业提起的专利无效宣告请求。

例如,在白山云公司上市审核过程中,网宿科技公司对白山云公司及其子公司的 6 项专利提起了无效宣告请求,同时还提起了多个专利侵权诉讼,最终白山云公司主动撤回了上市申请文件。因此,拟上市企业在上市前对自身持有的核心专利进行有效性或稳定性评估很有必要。衡量专利的有效性主要是确认专利是否处于法律规定的保护期限内或者已经过必要的法定程序而保持有效。根据我国专利法的规定,发明专利的保护期限为 20 年,实用新型专利的保护期限为 10 年,外观设计专利的保护期限为 15 年。对于企业即将到期的专利权,上市委可能会给予关注。

例如,上市委在对"科创板第一股"苏州华兴源创科技股份有限公司的问询中要求说明:"部分实用新型及外观设计临近保护期末,披露相关专利保护期届满可能对发行人生产经营产生的影响及拟采取的应对该风险的措施",该公司从这些专利并非企业核心技术,以及已升级了新技术的角度进行了回复。由此,对于即将失效的专利权，企业可以从技术的重要程度、现阶段的价值、是否存在技术更新等方面对即将到期的专利权进行评估，以确定这部分专利权的失效风险。另外，专利权人应当自被授予专利权的当年开始缴纳年费，没有按照规定缴纳年费的专利权在期限届满前会提前终止导致失效。

例如，2010年1月22日，苏州恒久光电科技股份有限公司（以下简称"苏州恒久公司"）的创业板上市申请经证监会审核通过，不出意外在2010年3月19日成功在创业板上市。但在2010年的2月24日，国家知识产权局对外公布称苏州恒久公司拥有的涉及有机光导管体的4项外观设计专利权因未及时续费而已被终止，同时终止专利权的还有1项有机光导体管实用新型技术专利，最终导致苏州恒久公司暂缓上市。因此，为了避免这类情况的出现，企业需要对相关专利的缴费期限等关键时间进行监控，或委托外部代理机构监控。

拟上市企业应当通过专利检索，对企业的专利稳定性（权利效力状况）进行分析评价，以评估专利被无效的可能性。通常来说，如果专利状况具有以下三种情形，则认为专利稳定性较好：①经过复审、无效宣告程序或诉讼仍然保持有效状态；②该专利的权利要求在其他国家也获得授权；③权利要求的特征比较下位，特征较多、范围较窄。

相反，如果专利状况出现以下三种情形，则认为专利稳定性较差：①发现有比较类似的现有技术而在审查过程中没有被引用和考虑；②查询该专利的同族专利，发现其同族专利遭遇过专利有效性挑战；③权利要求的特征比较上位，特征较少、范围较宽。

四、企业知识产权权利体系结构评估

企业知识产权权利体系结构评估是对企业知识产权的布局情况进行评估，这对于拟在科创板上市的企业尤为重要，因为相比于创业板等板块，科创板对上市企业的知识产权，特别是发明专利的数量和质量都作出了具体要求，拟上市企业的知识产权布局如果不能满足这些要求，其上市申请就无法审核通过。因此，企业在准备科创板上市的过程中，应当对自身的知识产权布局尤其是发明专利布局结构给予足够重视。《科创属性评价指引（试行）》界定了科创板上市企业应当具备的科创属性，其中规定了4项常规指标和5项例外指标，对企业持有发明专利的要求分别是"形成主营业务收入的发明专利5项以上"，以及"形成核心技术和主营业务收入的发明专利（含国防专利）合计50项以上"。可见，无论是哪项指标，均直接规定了发明专利数量的最低要求，拟科创板上市企业必须布局形成该最低要求以上数量的发明专利，并且这些专利都应当是已授权的有效专利。

虽然上述指标要求企业申请上市时持有的发明专利数量不低于5项即可，但企业在上市过程中如果遭遇竞争对手提起专利无效宣告诉讼，那么就会有专利存在被无效宣告的可能，因此企业应当考虑尽可能多布局一些专利。

例如，极米科技股份有限公司持有的16项发明专利在上市审核过程中被竞争对手光峰公司全部提起无效宣告请求。如果企业拥有较多数量的专利，并且权利类型结构合理，那么竞争对手往往需要耗费巨大的成本才能提起专利无效宣告，并且即使有一部分专利确实被无效宣告，通常也不会影响企业的正常上市。对于提交专利申请的数量，拟上市企业需要考虑近期的专利授权率，以及上市前是否能经过专利审查程序并取得专利证书。如果在上市审核期间提交的专利申请无法获得授权或者上市前不能走完审查程序取得证书，同样也不能达到指标要求的专利数量，导致不能通过审核。因此，企业应当积极进行专利布局，使自身的发明专利申请数量远在5项之上，这样即便在提交上市申请时持有的授权有效发明专利数量不足，只要可以预见在较短时间内能够获得足够的授权，通常也能成功通过审核。如果在前期计划上市阶段的有效发明专利数量不够，企业可以对各国规定的专利加速审查制度加以利用，通过适当加速申请中专利的审查进程，达到审核要求的数量。此外，虽然《科创属性评价指标（试行）》并没有对发明专利的取得方式作出规定，但是上市委在问询过程中，一般会提出核心技术是否对第三方具有重大依赖、企业有无核心技术人员、核心技术研发是否稳定且可持续等问题。这些问题本质上均与发明专利的取得方式相关联。若企业只是为顺利上市而大量外购专利，企业的核心技术人员并不是专利的发明人，此时核心技术人员的认定、技术的稳定性和持续性都会受到质疑。

例如，博拉网络公司的21项发明专利均为第三方受让所得，其与大数据和互联网核心技术相关的3项发明专利同样为受让所得，导致上市委认为其招股书中披露的核心技术为自主研发且具有技术先进性的依据不充分，不符合相关上市规则的规定，其上市过程因此被终止。

又如，成都新朝阳作物科学股份有限公司虽拥有76项发明专利，但其中16项为继受取得，多项技术还属于合作开发，因此被质疑具有第三方依赖性，即使该公司针对上市委问询进行了周密的答复，最终仍然主动撤回了上市申请。因此，拟上市企业应当对所持有发明专利的来源和取得方式进行评估调查，尽量确保核心技术所对应的专利、形成主营业务收入的专利为自主研发、原始取得，而不是通过外购受让取得，避免对第三方形成重大依赖以致遭到上市委的质疑，影响上市进程。

对于拟上市科创板的企业来说，在核心技术形成的过程中，应当及时申请专利使科创成果获得充分保护，并在企业专利积累和布局的过程中注意形成与主营业务相对应的核心专利。另外，企业除了注重专利数量外，同时也要注重专利的质量，避免使"低质量专利"成为企业的核心专利，未来面临被无效或者维权不能的法律风险，从而影响企业的持续经营。除此之外，拟上市企业应持续提升自主创新能力，尽可能地自主研发核心技术并形成相应的专利。确有必要受让他人专利时，应当特别注意受让专利与企业主营业务的一致性，避免产生受让专利无法与主营业务相对应的情况，从而使得上市进程受阻。当然，企业进行知识产权布局时，还应当注意打好知识产权布局的"组合拳"，根据发明创造的特点组合选择合适的知识产权类型进行布局，其中既包括做好专利组合的布局，也包括做好专利与商标、著作权、商业秘密等其他知识产权的组合布局，尽量避免企业知识产权权利体系结构不平衡的矛盾出现。

五、企业知识产权权利维护现状评估

由于企业缺乏知识产权维护经验，没有建立系统化、规范化的企业知识产权管理体系，从而导致知识产权日常维护工作漏洞频出，实践中经常出现以下五个问题：①发明专利实质审查费未及时缴纳，导致发明专利申请视为撤回；②专利申请过程中申请费未能及时缴纳，导致专利申请视为未提出；③注册商标未能及时续展导致被撤销；④专利年费未能及时缴纳，导致产生滞纳金甚至专利丧失；⑤其他权利争议异议诉讼与侵权纠纷。因此，拟上市企业在取得知识产权之后，一定不能忽视知识产权维护的重要性，如果企业不注重知识产权的日常维护，很有可能导致在准备上市时出现专利、商标因为过期失效的问题。对于企业知识产权的权利维护，企业应当从多方面进行评估。下面仅就专利、商标、商业秘密权利维护现状进行分析评估说明。

（一）专利维护现状评估

1. 专利年费是否已及时缴纳

根据《专利法》（2020 年修正）和《专利法实施细则》（2010 年修订）的规定，专利权人应当自被授予专利权的当年开始缴纳年费，如果没有缴纳或者未缴足的，应当在缴费期满之日起 6 个月内补缴，同时缴纳滞纳金，如果 6 个月期满仍未缴纳的，专利权自应当缴纳年费期满之日起终止。因此，拟上市企业如果没有为核心专利及时缴纳年费，导致专利在上市审核期间面临失效风险，会极大影响企业的上市进程。

例如，拟在科创板上市的企业北京天科合达半导体股份有限公司因员工忘记缴纳专利年费，导致其与中国科学院物理研究所共有的 3 项专利失效，上市委对专利失效是否给生产经营造成不利影响以及相关专利管理制度是否健全有效给予了重点关注，向该公司提出了有关问询。虽然该公司在答复中称其涉及产品加工环节的授权专利有 5 项，其生产经营并不依赖单个或几个专利，失效专利并不会对生产经营产生影响，但最终还是于 2020 年 10 月 15 日主动撤回科创板上市申请，终止审核。

另外在 2010 年，苏州恒久公司也是因为 5 项核心专利未缴纳年费，导致其在已获证监会创业板上市批准的情况下，在上市前一天被紧急叫停，最终被终止上市，一直到 2016 年才成功上市，差不多推迟近 6 年，给企业造成了不可估量的损失。由此可见，在企业知识产权管理中，大到专利布局、风险防控，小到专利缴费，都需要进行周密完整的流程管理，如果企业确实没有设立专门机构或人员负责相关事宜，应当考虑委托给专业的服务机构，避免因小失大。

2. 专利信息是否已及时更新

专利维护还包括专利著录信息的及时更新，企业如发生地址迁移、名称变更以及专利权转让等事项，均应及时向国家知识产权局办理著录事项变更手续。不及时办理变更手续可能会收不到无效宣告请求书，造成专利在企业不知情的情况下失效。因此，拟上市企业在上市前夕一定要核查专利信息是否已及时更新，确认专利著录信息与实际持有专利情况保持一致。

（二）商标维护现状评估

1. 商标是否已及时续展

根据《商标法》（2019 年修正）的规定，注册商标有效期满，需要继续使用的，商标注册人应当在期满前 12 个月内按照规定办理续展手续，未能办理的有 6 个月的宽展期，如果未能在宽展期内办理续展手续，商标将被注销而失去效力。因此，拟上市企业一定要关注已注册商标是否已及时续展，尤其是注册时间非常长、仍有使用价值的商标，防止在上市进程中出现权属争议。

2. 商标是否存在停止使用情形

根据《商标法》（2019 年修正）的规定，如果注册商标没有正当理由连续 3 年不使用，任何单位或个人都可以向商标局申请撤销该商标。因此拟上市企业应当注意商标的有效使用，以维护商标权的有效性。对于长时间没有使用且不打算使用的商标，可以考虑进行转让或者放弃，避免在上市时引发纠纷。

（三）商业秘密维护现状评估

拟上市企业应当建立完备的商业秘密管理体系，形成有效的商业秘密管理措施，以防止商业秘密泄露。对企业商业秘密维护现状进行评估，主要是考察企业商业秘密管理体系是否完善健全，这应当包括制度和措施两个方面。

企业商业秘密管理制度方面需要重点评估以下七个方面：①有无对商业秘密的范围予以明确，可以从保密必要性、保密可能性以及保密效果三个角度进行考虑；②有无对商业秘密进行规范化管理，是否制定关于商业秘密保护的规章制度，设立商业秘密保护机构，配置专门管理人员；③有无规定与涉密人员签订保密协议和竞业限制协议；④有无依据商业秘密的价值大小划分等级，例如依据秘密泄露给企业带来的损失大小，将商业秘密划分为绝密、机密和秘密三种级别；⑤有无编纂保密读本供员工学习，对员工开展有关商业秘密保护的培训；⑥有无对涉密文件的保存和传递方式进行确定，例如委托特定的人处理并保存在设施完备的保险装置中；⑦有无在商业秘密载体上采用显著标识，例如对书面形式的、非书面形式的以及涉及计算机技术的商业秘密进行区分管理并分别标注不同的显著标识。

企业商业秘密管理的措施方面则需要重点评估以下三个方面：①是否充分利用办公区域管理和保护商业秘密，例如设置相对保密区域，规范在涉密办公区间内员工的行为等；②有无加强用计算机储存的商业秘密管理和保护，例如配备专门的计算机、设置复杂的计算机登录密码等；③是否要求离职员工签署相关保密承诺书，监督离职人员履行应尽的保密义务。

第三节　知识产权风险排查与争议解决

一、企业知识产权管理风险排查

知识产权管理属于企业管理范畴，主要通过规范企业知识产权管理活动，使知识产权在企业日常经营活动中发挥最大效能。知识产权是一种无形资产，企业对知识产权的管理也是对其所有的财产管理，其管理活动内容主要围绕知识产权权利的获取、使用、收益、处分等展开。因此，可以将企业知识产权管理内容细分为获取管理、维权管理、应用管理、日常管理。下面将从这四个方面阐述企业知识产权管理风险因素。

（一）知识产权获取管理中的风险

知识产权获取是指企业通过各种形式取得知识产权的申请权、所有权或者使用权等的过程。知识产权获取管理中的风险是指企业为了获得相关权利，而忽略来源、权属、争议等问题产生的管理风险。

（1）企业通过自主研发获取知识产权，但是与企业内部的研发人员关于权利的申请权和专属权的权利归属等问题约定不明，或者是没有支付法律规定的报酬、奖励。可能出现研发人员起诉企业要求其放弃专属权利或者支付相应的创新奖励。

（2）企业通过与他人合作开发或者委托他人研究开发获取知识产权，但是在合作开发合同中或者委托合同中没有对权利归属作出明确的约定。可能出现合作对象起诉拟上市企业，主张拟上市企业拥有的知识产权系与合作对象共同共有，或者合作开发的知识产权权利被合作对象独享。

（3）企业通过被许可授权获得知识产权，但是没有对许可的范围、类型、数量等作明确的规定或者主营业务涉及的知识产权采用许可方式获取。此种情况下，可能存在权属争议或者被监管机构问询的风险。

（4）企业通过购买的方式获取知识产权，但是制定购买战略、没有进行尽职调查或者尽职调查不充分等。如果短期内大量购买知识产权或者购买的知识产权涉及主营业务，企业可能面临监管机构问询，从而阻碍上市进程。企业在购买之前没有对被购买的知识产权进行尽职调查或者尽职调查不充分，可能出现权属争议风险。

（5）企业通过并购、股东出资等方式获取的知识产权，但是没有进行相关的知识产权背景调查和变更登记，导致企业获取的知识产权存在权属不明的情况。

（6）企业获取知识产权后，没有及时地申请注册，导致权利丧失。企业缺乏知识产权权利意识，研发创造出来的知识产权没有及时地申请注册保护，就直接投入市场使用，导致同行业的竞争人员仿冒产品占据市场，更有甚者，将其相关技术或者产品申请保护，窃取相应知识产权权利。

（二）知识产权维权管理中的风险

知识产权维权是指基于已经获得的知识产权，对侵权或者被控侵权等问题通过法律手段解决。知识产权维权管理中的风险是指企业在上述过程中对权利的完整性进行管理时遇到的问题，可能阻碍企业上市进程的风险。

（1）企业在拥有知识产权之后，没有维权意识，导致市场上假冒产品横行。企业在申请知识产权后，不进行相应的维权管理，主营产品市场被假冒侵权产品占有，导致上市后丧失市场。

（2）企业所有的知识产权侵犯他人的权利的风险。在获取知识产权时，企业没有进行相关技术或者研发背景的检索分析，导致获得的知识产权本身带有侵犯他人知识产权的风险。或者是企业没有知识产权意识，直接抄袭或者复制他人的产品和技术。

（3）企业被控侵犯他人知识产权的风险。此种风险是企业上市进程中的常见风险，多发于上市前夕。在上市进程中，企业的竞争对手、知识产权"流氓公司"以及想要借此宣传自家产品的企业可能选择在这个关键节点发起诉讼，"逼迫"拟上市企业就范并支付赔偿款或者造就热点事件。

（三）知识产权应用管理中的风险

知识产权应用管理是指企业在拥有知识产权权利之后，对其实施许可等应用管理过程中可能面临的问题的有效管控流程设计等。知识产权应用管理中的风险是指，在使用、收益、处分所拥有的知识产权过程中产生的风险问题。

（1）委托加工。如果企业通过委托他人生产加工产品，在委托加工合作过程中，不可避免地会涉及诸如技术秘密和产品设计图纸、工艺技术交底说明等知识产权保护问题，可能存在泄露或者被非法利用的风险。

（2）产品展示。企业在研发获得一项知识产权成果后，往往想快速推出占领市场，以求高额的销售订单。企业在获取知识产权成果后通过参加展览会、博览会等各种会展展示自己的研发能力，在这个过程中，企业可能忽略法律法规规定的权利申请的优先权日的条件，从而被他人抢先申请。

（3）权利质押。企业将自身拥有的知识产权设立质押，导致自身使用权利受到限制。知识产权是一种无形资产，可以设立质押。企业在设立质押时不注意审核合同条款，质押权人可能会对企业知识产权的使用作出限制。比如，在合同中约定，质押权利设立后，质押人不得将该权利再许可授权给他人使用。如果企业同意该合同条款，企业相当于丧失了知识产权授权许可的权利。如果企业发生偿债不能的情况，已经设立质押的知识产权将会被拍卖、变卖、折价，企业原本拥有的知识产权使用将受到限制。

（四）知识产权日常管理中的风险

（1）企业自身的知识产权意识不够高，没有建立专业的知识产权管理制度。企业内部没有专门人员负责知识产权管理工作，或者是将知识产权管理工作同其他业务混同。为了应对上市过程中的知识产权风险以及上市后知识产权管理工作的有效开展，企业的首要工作就是要对照检查自身是否建立了有效、完善的知识产权管理制度。

（2）知识产权管理制度具体包括专利管理制度、商标管理制度、著作权管理制度、商业秘密管理制度等内容。企业必须有意识地建立知识产权管理制度，甚至针对不同权利建立相应地管理制度，"因地制宜"地制定相应的知识产权管理制度。通过构建系统的知识产权管理制度，防范相应风险。尽量杜绝因为制度建设不及时造成的风险事件发生。

（3）企业没有系统的知识产权管理意识，尚未建立自己的知识产权数据库，对已经研发成功的知识产权成果及时申请或者注册；对已申请的权利没有及时进行总结、分类、维护，在面临风险事件时比较被动。

例如，企业可以先行对已经申请的专利进行技术要点布局、领域分类、侵权检索分析，结合行业发展趋势，提前布局专利。同时，建议拟上市企业对持有技术的热点技术领域的专利状况重点展开侵权检索，结合自身企业发展战略，对外围技术领域进行相应专利申请布局。

（4）企业应当建立知识产权有关的档案管理制度，包括研发、开发、转让、许可、投资、合资、合作过程中的签署合同、风险评估、研发过程中的原始资料档案管理。对合同管理制度的建设，要重点关注合同中有关知识产权条款的含义，与合同签署人核对条款含义，确保在合同履行过程中权利义务的清楚明确。研发过程中原始资料的存档，便于在后续侵权诉讼中的举证。例如，《专利法》（2020 年修正）第六十六条规定的由专利权人申请取得的专利权评价报告，也是可以作为争议纠纷案件审理、处理专利侵权纠纷的权利稳定性关键证据。第六十七条规定的被控侵权人以现有技术或者现有设计进行抗辩的，研发过程中的原始技术资料即可以作为有效抗辩证据。

（5）知识产权有关的人才流动管理制度建设，包括在招聘、入职、上岗、调岗、离职等各环节加强知识产权风险管理，安排调查拟聘用人员是否存在竞业禁止限制，要求入职人员及时签署合法有效的保密协议（条款）、竞业禁止协议（条款）、职务发明条款等，员工离职适时签署保密承诺书等。确有必要的，可以通过知识产权专业律师提供专项服务，帮助企业构建相应制度体系及其监督检查措施落实。

（6）建立系统的知识产权风险排查制度，对于包括投资入股、材料采购、产品研发、销售服务等企业经营活动中各环节风险进行系统化、日常化排查。切实做到定期梳理风险因素、管控具体风险、预防新的风险因素产生。

上述内容重点阐述了企业知识产权管理的风险因素和表现形式，为企业具体排查相应管理风险打下了良好基础。同时，也能够帮助企业确定管理风险排查的范围、目标和对象，便于企业做好做实知识产权管理风险排查工作。

二、企业知识产权权属风险排查

一般来说，排查企业知识产权权属风险的方式方法很多。下面仅从企业设立、采购、研发、生产环节来排查知识产权的权属风险进行说明。

（一）企业设立环节

（1）由于股东和公司法人法律意识淡薄，不区分股东财产和公司法人财产，可能造成知识产权权利归属不明确。企业在上市前夕，对其公司名下的知识产权权属和数量需要进行全面详尽的统计。比如，股东以知识产权出资时有没有办理权利人变更登记。在传统观念里，母子关系不分家，俗称"你的就是我的，我的就是你的"。很多企业将这种观念应用到了解决母子公司的知识产权权利归属问题上，客观上造成母子公司之间的知识产权权利资产管理不合规。

（2）企业收购时没有对收购对象进行详尽的背景调查，通过并购公司方式获得的知识产权存在权属不明问题。因为被收购公司专利被无效、专利未缴纳年费而终止、商标到期没有续展、权利归属于其子公司或者关联公司、权利共有人信息披露不完整、许可授权使用范围不明确等情况，导致企业获得的知识产权存在权利缺陷，可能会直接影响企业的上市进程。

例如，2009 年，乐普（北京）医疗器械公司（以下简称"乐谱公司"）申请创业板上市。股票发行审核委员会认为，乐普公司的股东之一 WP 美国国际发展公司将 2 项于 1998 年获得的专利权作为资产向乐普公司出资，但直到 2004 年才办理变更手续，存在股东出资瑕疵。乐普公司回复称，该 2 项专利权虽未进行变更登记，但一直由乐普公司使用，且在变更登记后也并未支付任何对价给 WP 美国国际发展公司，双方从未产生纠纷。未及时办理变更登记手续的瑕疵并不影响发行人的利益，且已经得到纠正，并不会对该次发行上市构成任何实质性的影响。最终乐普公司于当年成功上市。该知识产权权利存在瑕疵，但没有对此次发行构成实质性的影响，因此，上市进程未受影响。但是，也有案例是完全相反的结果。2007 年江西天施康中药股份有限公司申请上市，该公司主要产品为"康恩贝"牌肠炎灵片。然而，"康恩贝"商标属于股东康恩贝集团有限公司间接控股的浙江康恩贝医药销售公司所有，两者之间存在较大的关联关系和依赖关系。因此，江西天施康中药股份有限公司的上市申请于当年就被否决。

（二）经营采购环节

（1）企业在采购办公软件、生产设备以及受让知识产权时，忽略软件著作权、设备上的专属权利以及受让方式等问题，导致在上市前夕被卷入侵权诉讼风波。

（2）企业所采购的设备、零部件、材料等本身可能涉及侵权纠纷，可能让拟上市企业卷入诉讼风波。企业在采购生产活动所需物资时，应该注意审核所采购的材料涉及的专属权利是否完整无瑕疵。如果审核存在困难，建议企业在与供应商签订合同时对该项事务的赔偿责任约定明确。

（3）企业宣传或者推广时使用的各种"物料"，包括但不限于广告使用的字体、图片、各类官方媒体宣传时使用的配图、表情包、配文、音乐。采购相关风险的规避不是法务人员或者外聘法律顾问的事务，企业各部门的人员都必须强化知识产权意识。如果在各项工作开始之前，相关责任人发现风险并且进行规避，将会避免很多纠纷的产生。

（三）技术研发环节

（1）技术成果权属约定不明确，阻碍企业上市进程。建议企业与研发人员采用书面合同的方式就知识产权权属作出相应的约定，避免后续引起的权属争议。例如，在湖北泰晶电子科技股份有限公司上市过程中，该公司与其离职员工围绕专利技术、商业秘密涉及多起诉讼仲裁事项，股票发行审核委员会请其说明上述案件当前状况，对其是否存在不利影响，相关信息披露及风险揭示是否充分。又如，在深圳市英维克科技股份有限公司申请公开上市时，收到股票发行审核委员会的反馈意见。股票发行审核委员会指出，深圳市英维克科技股份有限公司近十名董监高人员和核心技术人员均有爱默生网络能源公司工作经历且涉及多起专利权属和专利侵权诉讼。在敏芯微电子公司的科创板上市进程中，审核机构多次问询其与歌尔公司的专利侵权纠纷。在其与歌尔公司的专利侵权纠纷中，因涉案专利的发明人中直接或间接出现的唐某明是歌尔公司前员工，在唐某明入职敏芯微电子公司后，敏芯微电子公司集中申请了与歌尔公司专利类似的专利，这成为歌尔公司质疑的焦点之一。2019 年 11 月～2020 年 3 月，歌尔公司及其全资子公司 3 次提起权属诉讼，主张敏芯微电子公司的 6 项专利发明为梅某欣、唐某明的职务发明，主张专利权归属于歌尔公司及其全资子公司。

（2）因委托开发或者合作开发引起的专利权属纠纷。企业缺乏自主研发的能力，常常选择与高校、其他企业签订委托开发合同或者合作开发合同，但是合同中没有关于权属约定的条款。因此，知识产权的权属存在瑕疵，企业上市进程遭到阻碍。例如，在上海克来机电自动化工程股份有限公司在申请公开上市时，收到股票发行审核委员会的反馈意见，请其说明 6 项发明专利由其与上海大学共同申请并共有的原因及其合理性、合法合规性，这些技术是否来源于上海大学的研发成果，是否存在相关技术合作协议及其对相关专利申请、共有和使用的约定情况，上海大学依据相关法律法规以及规范性文件的规定是否有权无偿许可发行人使用并处置相关的发明专利，是否存在专利权属的纠纷。

（3）企业通过经他人授权许可的方式获得知识产权。尤其是该专利涉及自身的主营业务时，可能在上市之前被问询相关问题。建议企业在上市之前通过购买或者自主研发的方式代替被许可实施的技术。

（四）加工生产环节

（1）企业委托他人代为加工生产产品，在合作过程中，会提供相关的技术资料，可能造成技术泄密。建议企业在委托加工之前，严格通过合同约定泄露技术秘密的法律后果和责任承担方式、赔偿金额等，避免其他企业窃取技术成果或者向第三方泄密，影响相关权利归属及其效力。

（2）企业作为受托方，接受其他企业的委托加工或者贴牌生产时，生产的产品侵犯他人知识产权，阻碍企业的上市进程。建议企业接受加工业务时，做好委托方所持技术的权属调查，或者在合同中对涉及侵权的赔偿责任约定明确，又或者让委托方在合同中对知识产权权属作出保证。

（3）企业可以就现有的知识产权、技术秘密等通过订立书面合同实施权利许可使用，许可他人实施其知识产权。在许可实施合同中，作为权利人应对相关事项必须约定明确。即具体约定清楚许可实施的权利范围、许可实施的地域、许可实施类型、被许可的对象、实施许可的起止时间、许可实施生产数量等内容，防止在实施许可中产生权属风险。

三、企业知识产权争议风险排查

拟上市企业应当做好与知识产权相关争议解决的风险排查工作，其主要原因在于相应的知识产权争议风险主要表现为以下七个方面。

（一）突发诉讼

竞争对手选择在企业上市前发起知识产权侵权诉讼，这也是高发的企业知识产权争议风险。有相关数据显示，大约有 3/4 的企业由于涉及知识产权侵权而阻碍其正常上市。有些企业在上市前根本不进行涉及技术、专利的侵权检索、对比分析，或者只进行专利相关的侵权对比分析，而忽略掉商标、著作权等的侵权分析研判。例如，在无锡市好达电子股份有限公司的科创板上市中，该公司于 2021 年 6 月 30 日被受理，当时其与行业巨头株式会社村田制作所存在未决专利侵权诉讼。2021 年 9 月，株式会社村田制作所再度发起专利侵权诉讼狙击，主张无锡市好达电子股份有限公司制造、销售和许诺销售共 5 种型号的滤波器对其造成侵权行为。又如，2019 年 9 月 26 日，宜搜科技公司提交科创板上市申请，但在 2020 年 5 月 24 日上市被终止。据披露，2016 年以来，宜搜科技公司作为被告的诉讼共计 68 起，其中多数涉及著作权相关纠纷。截至科创板上市前，还涉及 6 起未结诉讼。

（二）恶意诉讼

拟上市企业可能遭到非经济实体的知识产权所有人发起的恶意诉讼。非经济实体指的是不以知识产权进行经营生产，而是专门以发起恶意诉讼来维持生存的企业。此种风险，可以通过对行业类知识产权诉讼情况的掌握来预见，从而防范该非经济实体的"知识产权流氓"行为。所以，拟上市企业应提前做好无效宣告申请、应诉或者协商的预案，尽可能地将风险遏制在提交上市申请前。

（三）权利质押

企业知识产权因质押而权利受限，会遭到证券交易所的连续问询。如果企业资产质押占比过高，一旦发生偿债不能情况，知识产权等资产就会被拍卖、作价、变卖，企业的持续经营能力就受到影响。例如，包头天和磁材科技股份有限公司于 2020 年 9 月 2 日提交上市申请，上交所问询发行人：专利质押的背景与原因，专利权利受限事项对发行人持续经营的影响，发行人的境内外专利是否存在其他权利受限的情况。包头天和磁材科技股份有限公司回复目前不存在重大的债务困难，并且按照相关法律规定不会存在权利受限的情况。2021 年 1 月 18 日，该公司撤回上市申请，上交所决定对其终止审核。

（四）专利壁垒

境外销售存在专利壁垒或者侵权的情况，也会阻碍上市进程。例如，包头天和磁材科技股份有限公司在上市过程中，上交所请发行人说明：产品出口至国际市场，是否受到境外专利壁垒的影响，是否需要取得或已经取得相关专利许可或专利授权；如是，请补充说明相关专利的具体情况、技术内容、到期时间、对于发行人的重要程度、与发行人现有核心技术的关系、在境外相关专利保护区是否存在被控告侵权的风险等，并结合发行人境外销售情况，补充披露对发行人境外竞争格局和持续经营能力的影响。尽管在问询过程中，企业委托了国内外多家知识产权专业服务机构对侵权风险进行评估，但是仍未打消证券交易所对企业自主持续经营能力的怀疑。最终，该公司撤回上市申请。

（五）名称字号

企业字号侵犯他人商标权也会阻碍企业正常的上市步伐。企业字号可能是风险评估中比较容易忽略的问题，但是企业一旦因为字号问题被他人提起侵权诉讼，那么上市进程将大受阻碍。例如，紫光照明公司于2020年6月30日提交上市申请，经过上交所两轮审核问询，已于2021年2月5日通过上市委会议审核。在上市过程中，紫光集团向北京知识产权法院提交民事诉讼状，请求法院判决紫光照明公司停止侵害紫光集团"紫光""清华紫光"等注册商标专用权行为，判决紫光照明公司停止使用含有"紫光"字样的企业名称以及赔偿损失500万元。上市委关注的重点是企业卷入商标侵权及不正当竞争纠纷是否影响企业的持续经营能力。紫光照明公司在回复中详细地说明了商标、企业名称变更后对公司后续的持续经营的影响。

（六）员工跳槽

企业接受来自竞争对手的"跳槽"员工要谨慎，谨防把企业牵涉进商业秘密或者不正当竞争纠纷诉讼中。

如果企业没有对新入职的员工进行涉密背景调查，将会导致企业自身卷入诉讼风波。例如，润天智公司于2019年1月起诉赵某发、李某刚违反其与润天智公司所签署保密协议约定，依法追究其侵犯商业秘密责任。深圳汉弘公司于2020年4月16日提交上市申请，上交所在首轮问询中请发行人说明其和润天智的诉讼进展，并结合赵某发、李某刚在发行人任职情况，负责的主要业务及其成果、发挥的作用、参与研发的具体贡献等，说明是否对发行人核心技术、技术研发及生产经营带来重大不利影响；赵某发如在上述诉讼二审中败诉导致其离职，是否构成发行人核心技术人员的重大不利变化，是否违反《科创板首次公开发行股票注册管理办法（试行）》第十二条第（二）项的相关规定。在二轮问询中请发行人深圳汉弘公司说明：润天智公司起诉赵某发、李某刚案件的主要事实情况，是否涉及发行人的核心技术、其他技术及主营业务产品，如是，涉及的产品销量、销售收入、核心技术产品收入等情况；发行人是否存在侵犯第三方权利的情形；诉讼的最新进展情况，赵某发、李某刚是否存在败诉的风险，若二人败诉，预计对发行人核心技术、研发、生产经营、财务状况等所产生的不利影响；发行人及其董监高、核心技术人员等是否存在其他诉讼纠纷或潜在纠纷。经过两轮问询后，深圳汉弘公司最终撤回申请，上市宣告失败。

（七）信息披露

科创板上市企业涉核心技术秘密的信息披露过程中，同样可能引发知识产权争议，直接影响上市进程。例如，上海丛麟环保科技股份有限公司（以下简称"上海丛麟公司"）主营业务为危险废物资源化利用和无害化处置。该公司在资源化利用和无害化处置方面有5项核心技术，技术来源均为自主研发。拥有8项发明专利和72项实用新型专利，发明专利中有5项是继受取得，实用新型专利中有21项是继受取得。该公司招股说明书披露上海丛麟公司依托项目合作，已与同济大学、山东大学、东华大学和上海技术应用大学等多家高校建立了紧密的合作关系。发行人有4项合作研发项目，均约定了知识产权归属及保密措施。

第一，在与同济大学的重金属治理技术及其方案与优选合作项目中约定：同济大学拥有商业重金属捕集剂结构的技术秘密，为上海天汉环境资源有限公司的重金属废水和危险废物处理提供重金属捕集剂的使用方法助力商业化，同济大学对该公司的具体应用严格保密。

第二，在与山东大学的固体废物焚烧及资源化、大气污染物控制合作项目中约定：①双方合作研究开发成果（包括专利）所有权归双方共有；②双方共同申报平台，各级各类计划、人才项目，科技成果奖和国家专利，具体排序按实际情况双方商定；③未经双方达成共识，任何一方不得将研发、设计、技术和资料提供给第三方，不得将共有知识产权转让第三方。

第三，在与东华大学的工业废水氧化处理工艺合作项目中约定：①专利申请权归双方共有；②技术秘密的使用权、转让权未经双方同意，甲乙任何一方不得泄露或单独转让。

第四，在与上海应用技术大学的乙腈产品回收生产工艺合作项目中约定：①专利由双方共同申请；②上海天汉对技术秘密具有独家使用权，未经合作对方的书面允许，其中任何一方不得将技术内容向第三方透露，或与第三方合作等。

上交所于2021年6月29日受理上海丛麟公司上市申请，发行上市审核机构于2021年7月27日和9月17日提出两轮问询，该公司分别于2021年9月9日和2022年1月23日作了答复。2022年2月17日公司通过上市委会议，并于2022年3月4

日提交注册并等待注册结果。据发行人 2022 年 1 月 23 日第二轮问询答复披露：2021 年 9 月 10 日，发行人收到民事起诉状。南京广全环保技术服务有限公司（以下简称"南京广全公司"）以发行人、山东环沃环保科技有限公司（以下简称"山东环沃公司"）侵害技术秘密为由，向上海知识产权法院提起诉讼。南京广全公司诉称其享有"阻盐剂"产品的配方及相关知识产权。2020 年 6 月山东环沃公司同南京广全公司签订了多份购销合同书、产品及技术保密协议，约定山东环沃公司购买南京广全公司的"阻盐剂"产品，同时约定对南京广全公司披露的技术秘密等保密信息承担保密义务。南京广全公司认为，山东环沃公司违反保密义务将"阻盐剂"的技术秘密提供给了上海丛麟公司，上海丛麟公司于 2021 年 6 月 29 日发布的《首次公开发行股票关在科创板上市招股说明书（申报稿）》中所述的"疏散剂"与南京广全公司"阻盐剂"产品相同，其关于阻盐剂的技术秘密受到了侵害，故提出该案诉讼。南京广全公司请求判令上海丛麟公司、山东环沃公司停止侵害南京广全公司"阻盐剂"产品技术秘密，删去招股说明书中有关"疏散剂"的相关描述、赔偿原告经济损失 1000 万元并承担该案全部诉讼费用。

四、企业知识产权争议解决预案

下面仅就企业可能面临的知识产权侵权争议解决而言，不同阶段的针对性预案准备方法策略，建议注意以下四个方面的问题。

（1）企业自主研发过程中，要注意做好基础技术信息检索工作。这样既可以避免重复研发导致资源浪费，也可以避免其知识产权从产生时就带有侵权可能性的缺陷。检索工作要尽可能地详尽，检索范围包括但不限于国内外官方的查询系统、互联网、报纸杂志、展览会、新闻报道等。特别是产品远销海外的企业，还要对海外销售地相关的知识产权情况进行尽职调查，尽职调查内容包括但不限于当地同行业的知识产权保护情况、相关的法律制度以及知识产权的诉讼情况。对于与知识产权保护内容相近的现有权利要重点标注，根据其相近程度以及知识产权在企业发展过程中的地位，提出不同的应对方案。当现有的权利保护内容是企业发展绕不开时，企业可以考虑通过"面具人"（考虑市场竞争以及企业战略的保密性，应避免企业出面洽谈协商）购买、无效宣告申请、规避设计或者取得授权许可等方式避免侵权风险。研发人员在创作研发过程中的参考借鉴也要审慎，如果借鉴过多可能引来知识产权的侵权诉讼纠纷。

（2）已经创作、研发完成的知识产权成果，根据知识产权的特性以及所含的技术内容，采取申请权利保护或商业秘密保护等不同的保护方式。特别注意，在提交权利保护申请前，企业要做好保密工作。有些企业为了在国际或者国内展览会上充分展示自己的研发能力，忽略法律风险，常常将还没有提交申请的技术内容公开展览，并且公开展览的行为不属于专利法上规定的新颖性宽限期。此种情况下，企业可能遭到提交保护申请不通过、竞争对手抢占市场等不利影响。

（3）企业在提交保护申请时，应该结合企业自身发展方向和战略布局，对产品进行技术点拆解，对核心技术和外围技术进行合理布局。在布局时，要考虑一个产品上有多个专属权利以及运用多种专属权利进行统一技术内容的保护。计划进入海外市场的企业，还应结合市场的状况，合理、经济的建立海外知识产权布局战略。很多企业陷入误区，认为技术只是采用申请专利权这一种形式进行保护，而忽略采用商业秘密进行保护。如果要采用商业秘密进行保护，建议企业聘请专业知识产权律师团队进行构建商业秘密的保护条件辅导。

（4）向他人购买知识产权或者取得知识产权授权许可时，企业同样也要做好知识产权的尽职调查。尽职调查的内容包括核实权利人信息、知识产权存续状态、知识产权价值评估、权利稳定性评估、知识产权诉讼情况分析、知识产权实用性、权利是否存在瑕疵等，避免在取得授权或者权利转让之后，被他人起诉侵权。在核实权利人信息时，注意调查知识产权是否为提供方与他人共有。知识产权存续状态具体是指知识产权是处于有效保护期内、未缴年费终止、超出保护期或者可以续展等状态。知识产权价值评估建议企业选择专业的评估机构出具相关评估报告，并且将评估报告存档。权利稳定性是指对于已经获得保护的知识产权，他人是否能够轻易通过无效宣告申请而无效专利。知识产权诉讼情况是指目标知识产权经历的诉讼案件，包括案由、具体请求、争议焦点等。

此外，诉讼情况也可以侧面反映知识产权权利的稳定性。知识产权实用性是指以现有的技术条件，能否实现相关技术内容。实用性尽职调查主要运用在交易标的为专利技术或者技术资料的项目中。权利瑕疵指的是知识产权是否设有质押权利。如果上述尽调结果不尽如人意，建议企业在合同条款中对相关事项进行约定，以防后续纠纷的发生。因此，建议购买方要求知识产权提供方对目标知识产权和技术资料作出一定保证。例如，要求知识产权提供方对上述的尽调内容作出保证，并且双方约定，一旦违反了上述保证，即构成实质性违约，知识产权提供方应赔偿企业损失。通过许可授权方式取得的知识产权，注意在合同中对许可实施的权利范围、许可实施的地域、许可实施的类型、被许可的对象、实施许可的起止时间、许可后许可实施生产数量，以及能否以自己的名义起诉等事项约定明确。从企业利益的角度考虑，知识产权提供方采用独占许可的方式许可企业实施知识产权是最好的，许可时间越长越好。许可实施的地域要结合产品制造地和企业的目标市场所在地考虑。关于后续技术改进的权利归属，双方也要作出明确约定，防止侵权纠纷的发生。如果是涉嫌侵权而被动获取许可时，企业应注意在许可协议中豁免侵权行为。需要注意的是，拟上市企业尽量避免在核心技术或者主营业务上采用授权许可的方式获得知识产权。

例如，上海步科自动化股份有限公司于 2020 年 4 月 20 日提交上市申请，并于 2020 年 6 月 23 日和 7 月 24 日对上交所科创板的两轮审核问询函分别进行了答复，两轮问询答复中均涉及"与国外公司签订专利技术许可协议的具体情况及对技术授权、生产经营是否有不利影响"的问题。2020 年 8 月 21 日，该公司最终通过上市委会议审核顺利上市。虽然企业最终成功上市，但是不建议上市后备企业在核心技术上过度依赖他人。其实，该公司在两轮答复中也反复提到公司采用授权技术生产的产品实现的销售收入金额，以及占公司主营业务收入的比例较低，普通许可协议对公司不存在重大影响。

五、企业知识产权争议解决重点注意事项

如果企业无法按照上述预案进行风险控制，或者侵权诉讼的发起较为突然，企业已经在上市过程中遭遇了侵权诉讼。企业不要惊慌失措，毕竟"带诉成功过会"的先例也是存在的。因此，需要从先例中总结经验，在上市期间可以更加从容地应对突发诉讼。

结合成功过会的案例和监管规定，拟上市企业面临争议时应重点注意三个方面的问题。第一，在面对证券交易所的问询时，及时披露企业涉诉情况以及诉讼案件的进展情况，包括案件审理阶段、处理措施、判决结果等。第二，聘请专业知识产权团队或者是国家认证、知识产权鉴定评估等手段对涉案知识产权进行侵权比对、要点拆解、侵权评估，最后出具法律意见书，以此证明拟上市公司不构成侵权以及败诉的可能性较小。第三，重点说明该诉讼不会影响企业的"营业收入额"和"独立自主持续经营的能力"。

在论述上述要点时，可以从以下七个角度出发。

（1）论证涉案的知识产权并非企业核心经营业务和系列产品，涉案的知识产权辐射企业产品的范围非常小。说明涉案产品只是企业全线产品中的一个，并不足以影响企业营业收入和经营能力。

（2）列出涉案知识产权的产品的销售收入，说明涉案知识产权的产品销售收入占企业总营业额的比例较小，也是论证该侵权诉讼对企业无关痛痒。列出的销售收入数据要尽可能专业和详尽，不只是简单的列举。建议聘请专业的第三方审计机构对发行人相关财务数据进行审计，通过审计报告证明报告期内被诉侵权产品销售额具体为多少、占发行人的整体营业收入比例为多少、按照各年综合营业利润率测算发行人销售被诉侵权产品的获利金额为多少，再结合统计出的被诉侵权产品库存数量和订单情况较少来论证上述观点。

（3）说明发行人通过持续研发已经取得新的研发成果或替代技术方案：即使败诉，对发行人的营业收入和持续盈利能力影响较小。重在突出发行人的持续研发能

力，可以通过说明被诉侵权产品的替代技术实现方案、就替代技术申请了新专利、提供第三方出具的在被诉侵权产品上使用新技术后的产品测试报告和使用替代技术已经生产出产品并在市场上销售，并且得到客户的认可等相关材料，以论证即使专利侵权成立，侵权产品被停止制造和销售，发行人仍然可以采用不侵权的替代技术生产和销售相关产品，因此，不会对发行人营业收入和持续盈利能力造成影响。

（4）对涉案专利如果败诉可能产生的赔偿额和造成的损失进行客观说明，并重点说明如何确保损失的可控。发行人可以论述权利人因被侵权所受到的实际损失无证据证明，而经过发行人统计，侵权人因侵权所获得的利润金额非常低，也不存在专利许可使用费的倍数问题。即使侵权，法院也会按照法定的赔偿额进行判决，所以赔偿金额可控，再通过发行人的实际控制人出具承诺函，说明对败诉后发行人承担的损失进行赔偿的办法，以解决该问题。

（5）说明发行人采取了哪些措施来避免侵权和损失的发生。例如：①聘请专业律师积极准备应诉，通过律师事务所专业律师出具的法律意见书来论证被控侵权产品不侵权；②对涉案专利第一时间向专利局提出无效宣告请求，结合专利无效宣告请求的证据来论证涉诉专利被全部无效的可能性很高；③委托律师事务所或第三方机构对涉诉专利不具有专利性出具法律意见书或查新报告。

（6）说明并披露形成发行人主营业务收入的核心技术和产品不存在侵权的情形，即使发行人该次败诉，原告对发行人其他产品继续提起诉讼，也不会对发行人构成重大不利影响。在答复该问题时，需要发行人详细说明形成发行人主营业务收入的核心技术和产品的具体情况和技术方案，并说明对于上述核心技术和产品，发行人是否已经通过获得授权的专利进行保护，建议提供专业的知识产权律师出具的上述核心技术和产品与涉案专利权利要求和技术特征比对表进一步论证，形成发行人主营业务收入的核心技术和产品不存在侵权的比对结果。

（7）援引发行人的知识产权侵权防范内控制度向上市审核机构说明发行人有健全且完善的侵权防范内控制度，并通过列举发行人以往遭遇知识产权侵权诉讼都是以不侵权、权利人撤诉或权利人专利被无效而最终结案来说明发行人的知识产权侵权防范内控制度行之有效。

第八章 企业上市知识产权典型案例

第一节 上市过程中的知识产权阻碍

一、思科瑞公司科创板上市遭质疑"专利拼凑"

（一）案例基本情况

1. 公司简介

思科瑞公司成立于 2014 年 12 月，注册资金为 7500 万元，坐落于四川省成都市，是一家承担军用电子元器件检测筛选试验、破坏性物理分析、失效分析、环境可靠性试验、质量可靠性分析等服务项目的国家高新技术企业。下设西安环宇芯微电子有限公司和江苏七维测试技术有限公司两家全资子公司。

思科瑞公司广泛服务于航空、航天、兵器、电子、船舶等各大军工集团所属军工厂所及地方涉军企业，专业针对超高速、超大规模集成电路、混合集成电路、半导体分立器件、微波器件、电真空器件、机电元件等开展质量及可靠性检测试验，具备按照国家标准、国家军用标准、IEC 标准、美国军用标准以及电子、航天等行业标准或定制要求开展检测筛选服务的能力。

2. 上市详情

思科瑞公司于 2021 年 5 月 27 日申报在上交所科创板上市获得上交所受理，于 2021 年 11 月 29 日科创板首发获得通过，但在首发通过之前其科创属性却饱受热议，甚至在 2021 年 9 月 29 日上会一度遭暂缓审议，前有"专利拼凑"的嫌疑，后又被怀疑关联交易重度依赖可谓上市前景一片黯淡，如表 8 - 1 所示。

表 8 - 1 思科瑞公司上市详情

公司名称	思科瑞公司		
发行前总股本	7500.00 万股	拟发行后总股本	10000.00 万股

拟发行数量	2500.00 万股	占发行后总股本	25.00%
申报日期	2021 年 5 月 27 日	上会状态	上会通过
上会日期	2021 年 11 月 29 日	申购日期	—
上市日期	—	拟上市地点	上交所科创板

关于"专利拼凑"的问题。在科创板上市的企业其本身科创属性一定要过硬，而知识产权情况又是企业科创属性的重要支撑，成立于 2014 年的思科瑞公司在成立以来保持了 4 年左右的非专利保护模式，其公司核心技术一直采用技术秘密、商业秘密等手段进行保护，直至 2018 年，思科瑞公司才申请了第一项发明专利，于 2020 年 3 月才拥有第一项发明专利。由此可见，思科瑞公司成立初期并没有选择以公开换保护的专利保护模式，众所周知，科创板上市对企业的发明专利数量是有硬性指标的，思科瑞公司是在 2020 年 8 月 27 日进入科创板接受上市前辅导的，而在接受上市辅导之前，公司真正拥有的发明专利实际上仅有 1 项，就连其保荐机构都在工作报告中表示，督促发行人积极申请发明专利，待公司拥有超过 5 项发明再进行科创板上市申报。

思科瑞公司听取了保荐机构的建议，但是其采取了积极冒进的方式——在上市辅导的同时集中申请大量的发明专利授权，于是便有了表 8-2 中的专利。

表 8-2　思科瑞公司申请的部分专利

序号	专利名称	申请日期	实质审查日期	获得授权日期
1	用于搭载 IC 测试仪的霍尔传感器测试装置	2020 年 4 月 29 日	2020 年 8 月 10 日	2021 年 4 月 6 日
2	用于搭载 IC 测试仪的霍尔传感器测试方法	2020 年 4 月 29 日	2020 年 8 月 10 日	2021 年 4 月 6 日
3	一种温度传感器液体环境晶圆级测试方法	2020 年 4 月 29 日	2020 年 8 月 10 日	2021 年 1 月 5 日
4	一种半导体器件低温、高温在线测试装置	2020 年 5 月 14 日	2020 年 8 月 27 日	2021 年 2 月 26 日
5	一种图形处理芯片 GPU 老化试验装置	2020 年 5 月 22 日	2020 年 9 月 7 日	2021 年 1 月 5 日
6	一种高速存储电路 DDR2 测试装置	2020 年 5 月 25 日	2020 年 8 月 31 日	2021 年 2 月 9 日

序号	专利名称	申请日期	实质审查日期	获得授权日期
7	一种随机静态存储芯片SRAM功能测试装置	2020年5月25日	2020年9月7日	2021年5月7日
8	一种大功率DC–DC老化试验装置	2020年5月27日	2020年7月23日	2021年4月9日
9	射频功率放大模块动态老化试验装置	2020年5月29日	2020年8月31日	2020年12月25日

注：表中序号1~3的专利为思科瑞公司的全资子公司江苏七维测试技术有限公司作为申请人进行的专利申请。

从表8–2可以看出，思科瑞公司的9项专利均在2020年4~5月集中进行申请，通过优先审查的方式在6~11个月快速获得专利授权。这种"集中申请＋优先审查"的短期内快速获取专利的方式引起科创板上市委高度关注与民众热议。上市委在对思科瑞公司的首轮问询中直接质疑：思科瑞公司在2020年6月拥有的发明专利不足5项，但在随后的8月进入上市前辅导期，以及申报受理后，公司的授权发明专利就迅速达到了10项，这种快速获取专利的方式涉嫌拼凑科创属性评价指标，尤其是同一日申请发明名称近似的2项专利"用于搭载IC测试仪的霍尔传感器测试装置"和"用于搭载IC测试仪的霍尔传感器测试方法"嫌疑最大。

上市委针对思科瑞公司专利领域提出的首轮问询如下。

5.关于发行人专利

根据申报材料，发行人及其子公司拥有10项发明专利，其中9项为2020年获得，专利"用于搭载IC测试仪的霍尔传感器测试装置"分别作为两项发明专利于同一日获得。根据保荐工作报告，截至2020年6月末，发行人拥有发明专利不足5项，保荐机构督促发行人积极申请办理发明专利，在超过5项发明专利后申报。

请发行人说明：（1）"用于搭载IC测试仪的霍尔传感器测试装置"该专利同时申请两项发明专利的原因及合理性；（2）发行人当前10项发明专利应用于主营业务的具体情况，是否满足"形成主营业务收入的发明专利不少于5项"的要求；（3）公司所拥有10项发明专利的申请时间、获批时间，相关发明专利与业务开展和核心技术的关系，研发投入情况，在报告期内所形成营业收入；（4）2020年6月后获批专利所对应技术的形成过程，与公司核心技术演进过程的匹配情况，2020年6月后获批专利的发明人，是否为公司核心技术人员，申请至获批主要过程和时间节点，是否存在拼凑科创属性评价指标的情形。

请保荐机构、发行人律师核查并就发行人是否存在拼凑科创属性评价指标的情

形、是否满足科创属性的要求发表明确意见，说明核查程序及核查证据。❶

思科瑞公司以及保荐机构对此的答复为：发行人主营业务及行业属于技术密集类型，发行人的技术必须保持紧跟电子元器件产品技术的不断发展，所以发行人本身注重研发投入，持有了大量的专有技术。但是从涉军业务的保密性和保持市场竞争力方面考虑，发行人从成立开始就采取了非专利保护模式，该公司制定了《文件管理办法》《信息管控管理制度》等成体系的保密管理制度，设有保密室、保密区域等，严控访客手机携带以及涉密岗位员工签订保密协议等保密措施。但在该公司经营发展的过程中，一方面发行人认识到采取专利保护模式虽然以公开换取了保护，但是另一方面也能彰显公司的技术实力与水平，同时有利于业务开拓。所以在近年来开始增加申请专利作为新的保护模式，2018～2019年发行人主要申请的专利类型为实用新型专利，发明专利申请较少的原因为企业最初采取的技术保护策略是非专利保护模式，但2020年新增专利保护模式，并且公司由于之前多年技术研发使得现在的技术较为成熟，所以才有了较多的现有专有技术存储，并出现集中申请的现象，这也是公司技术能力与水平的体现，综上所述，发行人不存在拼凑科创板属性指标的情形。

（二）"专利拼凑"问题的应对措施

证监会2021年4月将之前试行的"3＋5"科创属性指标升级为"4＋5"，并重点提出：严防研发投入注水、突击购买专利等行为，要求发行人认真评估是否符合科创板定位，不得"拼凑指标"、夸大科创技术水平等，所以说，企业专利数量、质量问题是直接决定该企业是否能在科创板上市成功的重要因素，以下为针对拟上市企业专利问题应对措施的建议。

首先是专利布局要趁早，拟上市企业应当尽早围绕企业核心技术进行专利布局，布局包括：①针对企业核心技术申请核心专利，再围绕核心专利进行基础专利的申请，从而建立起防御类型的专利布局；②根据企业所处行业的判断，针对行业所处阶段具有核心竞争力的技术申请专利或围绕其申请专利，从而形成对抗性专利布局以防未来的专利侵权诉讼；③通过对企业所处行业进行展望或者预判，围绕该行业下一代核心竞争领域申请专利，形成储备型专利布局，从而为企业在未来市场上占据一席之地。在专利申请、专利布局的时间安排上，拟上市企业应当根据市场需求、行业竞争形势的变化趋势在上市之前的3～5年，适时、准确、连贯地提交专利申请并进行专利布局。具体来说，最好连续5年每年提交的专利申请量、拟上市前2～3年每年获得发明专利授权量均高于行业整体水平，这样既彰显企业具有较高的持续创新能力以及技术水平，又能合理排除专利拼凑、集中申请的嫌疑。

---

❶ 中国银河证券股份有限公司. 关于成都思科瑞微电子股份有限公司首次公开发行股票并在科创板上市申请文件的审核问询函的回复［EB/OL］.（2021－08－13）［2022－11－09］. http：//static. sse. com. cn/stock/information/c/202108/fc557236bf0d490d82004c5e28756544. pdf.

其次是专利质量要过硬，科创板中的专利布局绝不仅仅是专利数量的堆砌，还要顺应时代发展、符合行业发展、根据市场需要变化而进行技术研发、专利申请布局，因此企业需要对国家政策和相关法律法规进行研究，预测时代发展的大致方向。《全面加强知识产权保护工作　激发创新活力推动构建新发展格局》提出，知识产权工作正在从追求数量向提高质量转变。根据研究发现，自 2020 年以来，专利申请的风向发生转变，专利的授权率明显降低，从申请到获得授权的时间也进一步延长。同时，国家和地方知识产权部门开展打击"非正常"专利申请的专项整治行动，使凑数专利的生存空间越来越小，授权率越来越低。

最后是针对全球化国际专利申请的布局，国际专利的授权数量并不是科创板上市的指标要求，但确实是体现企业技术硬实力最好的方式之一，具有全球化发展战略的拟上市企业可以根据行业市场以及公司内部全球化产品推广的计划，选择专利申请地进行国际专利布局，其中包括产品制造国、产品销售国、技术引进国、技术推广国、竞争对手所在国等地域，当然不能盲目申请，在申请前需要协调各地区专利申请的数量、专利维持数量和企业经营效益、经济效益之间的平衡，争取能够做到数量布局、质量取胜，在上市审核过程中也能将企业高水平技术、高质量专利呈现给社会公众以及相关的监管审核部门。

（三）案件点评

思科瑞公司于 2021 年 5 月 27 日申报在上交所科创板上市获得受理，在 2021 年 9 月 29 日上会遭暂缓审议，上交所科创板上市委 2021 年第 91 次审议会议于 2021 年 11 月 29 日下午召开，思科瑞公司首发获得通过。思科瑞公司最初是拟通过并购重组的方式"曲线"进行上市的，不过后期并购重组失败，公司选择转战科创板上市，直接接受上市辅导。由此可见，思科瑞公司本身具备较强的上市意愿，但公司自成立至上市辅导前，对上市要求、指标等条件没有深入了解或者对公司上市没有制定长远规划，导致初次并购上市失败、转战科创板上市遭受"专利拼凑"和关联交易质疑等挫折。针对"专利拼凑"这一问题，其实思科瑞公司从成立初期就开始搭建公司技术保护体系，该保护体系应当兼顾专利保护模式与非专利保护模式，从产品技术的研发阶段就需要有技术保护归口部门进行参与，结合该技术的价值含量、技术水平、核心竞争力、研发成本、模仿成本、是否为企业核心技术、企业未来上市等角度判断该技术适合采用非专利保护模式还是专利保护模式，如果适合长期或短期内采取非专利保护模式的产品技术，公司可以通过商业秘密、技术秘密等保密措施加以保护。如果采取专利保护模式对企业效益、业务、知名度、核心竞争力等有积极影响，那么可以有计划地纳入企业专利布局规划中，再通过对拟上市日期的估计，提前 5 年每年有计划地、持续地申请专利，从而有效避免拟上市前为满足上市的硬性指标进行专利集中申请遭受"专利拼凑"的质疑。

二、北京快手科技有限公司上市前被披露 1 万部涉嫌侵权作品链接

（一）案例基本情况

1. 公司简介

北京快手科技有限公司（以下简称"快手公司"）成立于 2015 年 3 月 20 日，注册资金为 10000 万元，该公司主打产品为快手短视频，快手视频的前身是 GIF 快手，诞生于 2011 年 3 月，最初是一款用来制作、分享图形交换格式（GIF）图片的手机应用 App。2012 年 11 月，快手公司从纯粹的工具应用转型为短视频社区，用于用户记录和分享生产、生活的平台。后来随着智能手机的普及和移动流量成本的下降，快手公司在 2015 年迎来市场爆发，成为全球知名的短视频平台、直播电商平台。

2. 上市详情

快手公司于 2020 年 11 月 5 日在港交所递交招股书，拟在香港主板上市，在提交招股书刚满 3 个月，快手公司将以中国"短视频第一股"的身份先行敲钟上市、成功登陆港交所，如表 8-3 所示。但在正式挂牌上市前夕，2020 年 2 月 1 日中国音像著作权集体管理协会（以下简称为"音集协"）官网发布了一则公告，要求快手公司停止相关侵权行为并且下架首批 1 万部涉嫌侵权视频，同时附上了该 1 万部涉嫌侵权视频的链接，这无疑给即将上市的快手公司泼了一盆冷水。

表 8-3　快手公司上市详情

公司名称	快手公司		
发行价	115.00 港元	所属行业	互联网服务
发行量	365218600 股	投资方	非公开
申报日期	2020 年 11 月 5 日	股票代码	××××
上市日期	2021 年 2 月 5 日	上市地点	港交所主板

（二）著作权侵权问题

在短视频随处可见的今天，短视频自带背景音乐已成为抖音、快手等用户自制短视频内容的常规操作，小到烘托短视频气氛，大到决定整个短视频的主基调、主旋律，背景音乐对短视频传播具有极其重要的作用。而短视频传播平台方未经著作权人同意，擅自将不同来源处取得的音乐纳入自身系统的音乐库里，平台用户在拍摄完短视频后直接采用系统音乐库里自带的背景音乐进行制作，然后在平台上进行传播、分享等行为，这种行为已经涉嫌侵犯歌曲原作者的著作权。纵观短视频的传

播、分享给短视频制作者以及平台方带来了巨大的流量与经济效益的同时,背景音乐的著作权人却没有拿到相对应的许可费。

音集协在 2020 年 2 月 1 日发出该公告前,曾多次与快手公司交涉该类问题但均未果,最初是在 2019 年,有著作权人向音集协反映短视频传播平台涉及此类问题,不仅是快手公司存在侵权行为,抖音等其他短视频传播平台也都有该类侵权问题。自此,音集协开始了与各个平台方进行沟通,但各个平台针对该类著作权侵权问题的处理态度与方式却大相径庭。2020 年 11 月,音集协在北京召开了短视频平台音乐著作权维权情况发布会,在该会上,10 位权利人代表介绍了所持著作权作品被短视频平台侵权的情况。音集协在该会上点名表扬了抖音平台的积极配合,同时把快手公司作为反面教材。

音集协在 2021 年 1 月向港交所和香港证监会发起投诉,表示快手公司存在重大侵犯著作权的行为,不符合上市企业的要求。此后,音集协还向各大应用商店发起快手 App 侵权下架投诉。最广为人知的还是音集协在快手公司挂牌上市前五天在官网披露的有关公告,同时还附带上了涉嫌侵权视频的链接列表。

正是由于之前多次交涉无果,音集协便委托"12426 版权监测中心"对快手公司未经许可使用音集协管理的录音制品的行为进行监测与筛选,最后监测发现快手公司涉嫌侵权复制录音制品作为背景音乐的视频数量高达 1.55 亿部。

(三) 著作权侵权问题应对措施

其实早在 2018 年,国家版权局就针对行业重点短视频传播、分享平台企业在专项整治中的自查自纠情况和存在的突出著作权问题进行了线下约谈,国家版权局在北京约谈了抖音、快手等十几家重点短视频平台企业。由此可见,国家管理层面对企业著作权管理的重视程度,但打铁必须自身硬,不仅是国家政策、法律法规约束、行业协会监管,企业自身也要切实加强著作权制度建设,全面履行企业主体责任。上市或拟上市企业也应当重视自身著作权问题,拟上市公司如果涉及法律诉讼,上市审查程序通常会中断,从而影响公司上市进度,严重的会导致上市失败。

首先,针对短视频传播、分享平台来说,从企业成立初期就应当建立一套完善的著作权登记与许可的全流程制度。企业在自身音乐作品创作不多的情况下,把制度建设的重点建立在合法合规取得著作权许可方面。该制度秉承先许可后传播的著作权法基本原则,加强企业的著作权管理,规范短视频内容著作权管理使用制度,未经授权不得直接复制、表演、传播他人影视、音乐、摄影、文字等作品,不得以用户上传为名、滥用"避风港"规则对他人作品进行侵权传播、分享。

其次,企业要加强维权管理、建立健全申诉投诉及时处理机制,履行好作为网络传播、分享平台法定的"通知—删除"义务,及时受理著作权权利人的通知、投诉或申诉,接到上述通知、申请后及时移除相关侵权作品或断开相关侵权作品的链接。

最后，加强完善平台对侵权作品的处置以及对其背后的用户进行处罚，设置有效措施防止平台用户未经许可非法上传、分享、传播他人作品的行为，特别是以合理使用的名义对他人作品进行剪辑、改编、恶搞、拼凑后再进行网络传播、分享的行为，对屡次、恶意进行上述行为的平台用户应当采取封号、拉入黑名单、暂停使用或强制注销用户账户等处罚措施。

（四）案件点评

从事后的角度来看，音集协发布相关公告的举动仅仅是把快手公司推上了舆论的风口浪尖，并没有阻碍快手公司于2021年2月5日的成功上市，但是站在当事人的角度来看，可能真的是当头一棒，会不会对上市产生严重影响也说不好，所以无论是拟上市企业还是已上市企业，在涉及企业核心业务方面的知识产权管理制度、规章等，一定要合规合法、贯彻落实，否则就是给企业埋下一枚不定时炸弹。就像该次音集协发布涉嫌侵权1万部作品的公告，看似狙击快手公司上市，但是根据音集协工作人员表示，其协会在2019年就与各大短视频平台交涉该类问题，只不过快手公司对该类问题比较懈怠处理，才有了其发布的公告，所以该次狙击不同于别的同业竞争对手阻碍对手上市，而是快手公司自己在著作权问题上的管理不规范，导致自己给自己埋了一枚不定时炸弹，只不过刚好在上市前爆炸，才引起了较大关注。从另一个角度分析，快手公司这次无疑是幸运的，如果音集协不是采取在其官网发布公告，而是集合众多著作权权利人对快手公司发起诉讼，那么如此大量的诉讼案件可能真的会导致快手公司上市审核失败或者暂缓。

三、英集芯公司及其股东涉嫌侵害原单位技术秘密

（一）案例基本情况

1. 公司简介

英集芯公司是一家专注于高性能、高品质的数模混合集成电路芯片研发和销售的IC设计公司。其优秀的设计团队来自世界知名大型IC设计公司，拥有10年以上先进的数模混合芯片的设计、生产和测试技术经验。英集芯公司在电源管理、电池管理、无线信号处理和高性能音频信号处理等领域有独特技术，其持续推出的智能数模混合IC受到众多客户的欢迎。该公司已经形成3条产品线：电源管理、音频处理和电池管理［含移动电源系统级芯片（SoC）］。英集芯公司提供的电源管理芯片广泛应用于智能手机、平板、机顶盒、网络摄像机（IPC）等众多领域，得到行业领先的主控商的认可，成为其推荐电源管理IC供应商。英集芯公司的移动电源全集成

SoC 方案以一颗芯片实现微控制单元（MCU）电量显示、开关充电，开关升压，按键、手电筒灯、边充边放、锂电保护等功能，为客户提供高性能、最低的解决方案，逐步成为移动电源的标杆方案。❶

2. 上市详情

英集芯公司于 2021 年 6 月 10 日申报在上交所科创板上市，获得上交所受理，于 2021 年 10 月 28 日在科创板成功过会，如表 8 - 4 所示。根据招股说明书披露，英集芯公司存在未决诉讼 6 起，分别是深圳市富满电子集团股份有限公司（以下简称"富满电子公司"）诉国家知识产权局案（该案件中英集芯公司为第三人），深圳市鑫恒富科技开发有限公司（以下简称"鑫恒富公司"）诉 6 名被告及英集芯公司侵害技术秘密纠纷案，刘某俊诉 6 名被告及英集芯公司合同纠纷案，富满微电子集团股份有限公司诉英集芯公司、深圳国兴顺电子有限公司知识产权权属和侵权纠纷案（此项包含两个案件），吴某淳诉国家知识产权局案（该案件中英集芯公司为第三人）。

表 8 - 4　英集芯公司上市详情

公司名称	英集芯公司		
发行前总股本	37800.00 万股	拟发行后总股本	42000.00 万股
拟发行数量	4200.00 万股	占发行后总股本	10.00%
申报日期	2021 年 6 月 10 日	上会状态	上会通过
上会日期	2021 年 10 月 28 日	申购日期	
上市日期		拟上市地点	上交所科创板

（二）侵害技术秘密纠纷问题

上述案件中，最受公众关注的是侵害技术秘密纠纷案件，根据相关资料显示，英集芯公司于 2014 年 11 月由邱某芳出资成立，但邱某芳只是为其他 16 名自然人代持英集芯公司股份，换句话说，该 16 名自然人才是英集芯公司的创始人团队。在招股说明书中也可以看出其部分自然人为英集芯公司的股东，其中黄某伟为英集芯公司的实际控制人。但通过中国裁判文书网可以查询到相关的裁判文书，❷ 其内容显示黄某伟、陈某、曾某宇、戴某良 4 人在 2013 ~ 2014 年曾在鑫恒富公司任职，在 2015 年上述 4 人与鑫恒富公司有过劳动纠纷案件，并且法院裁判结果为认定双方劳动合同关系合法有效，双方的权利、义务受劳动法的保护和约束，同时鑫恒富公司要求包括上述 4 人在内的 16 名被告交付工作成果（集成电路版图）的请求未经劳动仲裁

---

❶ 深圳英集芯科技股份有限公司. 公司简介 [EB/OL]. [2022 - 11 - 09]. http：//www. injoinic. com/company_info_1. html.

❷ 广东省深圳市福田区人民法院（2015）深福法民四初字第 470 - 485 号民事判决书。

阶段，依据先裁后审的原则依法不予审理。

所以该侵害技术秘密纠纷案件也可以说是上述 4 人的原单位将其起诉到了法院。

2021 年 3 月，鑫恒富公司对 6 名被告及英集芯公司提起侵害技术秘密纠纷诉讼，主张 6 名被告违反了与其签署的合作开发协议书，侵害了公司技术秘密，具体诉讼请求为：①判决被告停止商业秘密侵权行为；②被告返还从原告处拷贝的全部数据材料，不得对外泄露，并且在返还原告之后立即予以销毁，不得私自留存，同时销毁所有涉案产品库存、停止相关涉案产品的生产、销售等；③被告赔偿原告经济损失 5000 万元；④诉讼费由被告承担。

该技术秘密纠纷案件最终以和解的方式结案，所以说没有生效判决公开，但不难推断出这起侵犯技术秘密纠纷案件与双方在 2015 年的劳动争议案件中的工作成果有关，尽管该起未决诉讼披露出来后引起热议，但是英集芯公司第一时间表示上述 6 起披露的未决诉讼案件不会对公司的持续经营造成重大影响，对上市也不构成实质性法律障碍。与此同时，英集芯公司立即着手解决该起技术秘密纠纷，在 2021 年 7 月 20 日，富满电子公司、鑫恒富公司、刘某俊与英集芯公司及相关当事人签署和解协议，同日，富满电子公司与英集芯公司及黄某伟签署一系列知识产权许可使用协议，最终英集芯公司通过授权获得富满电子公司的系列成熟技术，并向富满电子公司支付和解及知识产权使用费共计 5200 万元。至此，该起侵害技术秘密案件彻底完结，对英集芯公司及黄某伟等人来说，该事件并没有对其上市进程造成实质性影响，对鑫恒富公司、富满电子公司来说，其获得了一笔比起诉金额还高 200 万元的和解款项。

（三）侵害技术秘密问题的防范措施

在英集芯公司及其股东与鑫恒富公司侵害技术秘密纠纷案件中，为了不对英集芯公司上市进程产生负面影响，英集芯公司采取了最直接有效但也是成本较高的方式予以解决，英集芯公司向鑫恒富公司、富满电子公司支付了高额的知识产权使用许可费用，而且比起诉金额还高 200 万元，是较为罕见的，因为实务中诉讼利益相对方最终和解的条件一般在原告诉讼请求标准之下，当然如果是为了顺利上市，这也是事后救济最直接有效的补救措施，那么事前可以针对技术秘密问题采取哪些防范措施呢？

第一，对公司招聘的技术人员、股东等进行背景调查，特别是对在同业竞争对手公司近 3 年有从业经历的人员，厘清其是否处于竞业限制阶段，与原单位的工作成果、保密协议、职务发明等各方面情况，排查可能出现的风险隐患，能尽早处理就尽早处理，比如英集芯公司如果在成立初期就采取知识产权使用许可的方式与鑫恒富公司、富满电子公司和解，那么代价肯定远低于 5200 万元。

第二，加大公司研发资金投入，加强公司核心技术的研发，突破现有行业核心技术壁垒，这样就既无需使用他人技术，也增强了自身核心竞争力，增强公司可持续经营能力，为公司上市提供有力支撑。

第三，针对企业自身的技术秘密保护则需要与员工、技术人员等签订保密协议、竞业限制协议；在技术秘密涉及的产品研发、开发过程中保证对全流程进行记录存档；公司建立起完善有效的保密制度，做到纸质版、电子版的技术信息文档、资料、软件程序等存取留痕；采用内外网隔离、云桌面等现代信息技术保密措施等有效防止公司技术秘密泄露或为技术秘密泄露提供完整的证据链支撑。

（四）案件点评

关于侵害技术秘密纠纷案件是否会影响英集芯公司的上市进程肯定是大家心中的一个疑问，在该案件具体信息不透明的情况下，可以假设两种状态：第一种是该技术秘密涉及英集芯公司的核心技术，与其持续经营能力直接挂钩，如果该案件没有采取和解方式，而是将诉讼进行到底，最后英集芯公司败诉的情况下，该案件势必会直接影响英集芯公司的持续经营能力与核心竞争力，那么上交所很可能将英集芯公司的上市中止或终止，这样对英集芯公司上市进程便产生了实质性影响。第二种是该技术秘密不涉及英集芯公司的核心技术，与其持续经营能力不挂钩，仅仅会略微影响公司的营业额、销售额等，并且赔偿金额为 5000 万元也不会影响公司正常经营能力，在这种情况下，如果该案件没有采取和解方式，而是将诉讼进行到底，最后英集芯公司败诉的情况下也不会对其上市进程产生实质性影响。第三种是英集芯公司驳回原告全部诉讼请求，不构成侵犯技术秘密，这样对英集芯公司不产生任何负面影响，同时侧面印证了英集芯公司自身的技术水平较高。

因此，英集芯公司对该诉讼事件的处理效率是值得学习的，在该侵害技术秘密案件可能会影响其上市进程的情况下，仅用几个月的时间便以支付高额的知识产权许可使用费的方式达成和解，简单明了且高效。

四、"同仁堂"商标侵权、不正当竞争纠纷

（一）案例基本情况

1. 公司简介

天津同仁堂集团股份有限公司（以下简称"天津同仁堂公司"）拥有商务部首批认定的"天津同仁堂""宏仁堂"两个中华老字号，被评定为国家高新技术企业。2019 年天津同仁堂公司被工业和信息化部评定为"国家级绿色工厂"和第一批专精特新"小巨人"企业。2020 年经人力资源和社会保障部和全国博士后管理委员会批准设立博士后科研工作站。中共天津同仁堂集团党委被中共天津市委组织部授予首

批"两新"组织"党建工作示范点"称号。

天津同仁堂公司的主营业务为中成药的研发、生产和销售,产品覆盖片剂、硬胶囊剂、颗粒剂、糖浆剂、口服液、口服溶液剂、橡胶膏剂、散剂等8种剂型,涉及治疗领域包括泌尿系统中的肾脏病、心脑血管疾病及周围血管疾病等。该公司拥有多个药品批准文号,多种药品被列入国家医保目录,或被列入国家基本药物目录。❶

2. 上市详情

天津同仁堂公司于2021年6月28日申报在上交所科创板上市获得上交所受理,如表8-5所示。2022年1月26日,由于其上市聘请的会计师事务所被中国证监会立案调查,根据《深圳证券交易所创业板股票发行上市审核规则》第六十四条的相关规定,深交所于2022年1月26日中止了天津同仁堂公司此次发行上市审核,同时尝试上市闯关的天津同仁堂公司在科创板上市申请已获得受理的情况下,被中国北京同仁堂(集团)有限责任公司(以下简称"北京同仁堂公司")以不正当竞争的理由告上法庭。

表8-5 天津同仁堂公司上市详情

公司名称	天津同仁堂公司		
发行前总股本	11000.00万股	拟发行后总股本	14667.00万股
拟发行数量	3667.00万股	占发行后总股本	25.00%
申报日期	2021年6月28日	上会状态	中止审核
上会日期		申购日期	
上市日期		拟上市地点	上交所科创板

(二)不正当竞争纠纷问题

如果不是特别注意,可能公众在日常生活中还没发现这个问题,那就是同仁堂的药品并不仅只有一家公司,有的药品是北京同仁堂公司生产,有的药品是天津同仁堂公司生产,再来细看上述两家公司,其主营业务相似,皆包含了"中成药的研发、生产和销售"的业务范围;其产品上的商标图案也相似,两家公司均采用了"同仁堂"3个字为主视觉形象。单就商标而言,普通消费者不仔细观察则很难辨别两者的差别,更多时候可能会认为两个同仁堂商标属于同一品牌或公司。

所以天津同仁堂公司在科创板上市申请已获得受理后,北京同仁堂公司发表了一则声明:"同仁堂"是拥有350余年历史的中医药老字号,是极具代表性的中华中

---

❶ 天津同仁堂集团股份有限公司. 科技研发〔EB〕.〔2022-11-09〕. http://www.tjtongrentang.com/.

医药民族品牌，一脉相承，源远流长，享誉海内外。"同仁堂"商标是国内第一个驰名商标，是中国"首批马德里商标注册"的国际商标。多年来，北京同仁堂公司在社会各界和广大消费者的支持与厚爱下，传承精华，守正创新，致力于中医药事业高质量发展和全民健康服务，将中华老字号发扬光大。北京同仁堂公司是"同仁堂"字号的唯一合法承继者，是"同仁堂"商标的唯一合法持有人。任何未经许可擅自对同仁堂商标字号的使用、仿冒、混淆等行为，均构成侵权和不正当竞争。

天津同仁堂公司与北京同仁堂公司不具有同源关系，不是北京同仁堂公司的子企业或分支机构，也不具有任何关联关系。天津同仁堂公司未经许可擅自使用与北京同仁堂公司"同仁堂"文字和"同仁堂"注册商标高度近似的侵权标识，并通过企业名称文字突出使用、虚假宣传等方式引起混淆，侵害了北京同仁堂公司注册商标专用权等权利，并构成不正当竞争，北京同仁堂公司有权通过法律途径追究其责任，维护自身权益，并已向法院提起诉讼。在此，北京同仁堂公司也正告其他侵权主体，请立即停止违法行为，正当经营，以免讼累。❶

天津同仁堂公司面对该次商标维权、不正当竞争纠纷风波显然处于劣势，早在2015 年，狗不理集团股份有限公司和天津同仁堂公司结伴挂牌新三板，2018 年天津同仁堂公司也曾递交主板上市的上市申请，但是在 2020 年 12 月撤回了首次公开发行股票并在主板上市的申请文件。此次科创板重新申请上市，又遭遇北京同仁堂公司的侵权诉讼，再加上后期上市聘请的会计师事务所被立案调查导致上市中止，可谓一波三折。为什么天津同仁堂公司面对北京同仁堂公司的诉讼处于劣势呢，根据天津同仁堂公司递交的招股说明书来看，其公司已经申请注册的 115 个商标中并没有"同仁堂"的商标，只有"津同仁"的商标。

通过国家知识产权局商标局的商标综合查询可知，关于天津同仁堂公司的商标相关信息中，其共申请注册商标 115 件，但关于"同仁堂"的文字商标与图形商标均被驳回，申请成功的较为类似的文字商标为"津同仁"，但是目前也处于无效宣告程序中。

再来看北京同仁堂公司的商标注册情况：北京同仁堂公司共申请注册商标 237次，其中关于"同仁堂"的文字商标、图形商标、图文商标均为申请成功的状态，且没有在无效宣告程序中。所以从权利基础的方面，北京同仁堂公司是有优势的，但并不是说天津同仁堂公司就必然构成商标侵权、不正当竞争，还得看有无在先使用、合理使用等情况。

（三）商标侵权、不正当竞争问题的应对措施

2002 年，天津市医药集团有限公司所属的天津同仁堂制药厂进行股改，张某森

---

❶ 浙江日报. 北京同仁堂把天津同仁堂给告了！百年恩怨如何了［EB/OL］. （2021 - 08 - 22）［2022 - 11 - 09］. https：//baijiahao. baidu. com/s?id =1708787166267325764&wfr = spider&for = pc.

等股东共同发起设立了天津同仁堂股份有限公司，张某森也为该公司的实际控制人。2008 年，天津同仁堂股份有限公司更名为天津同仁堂集团股份有限公司。正如上文所述，天津同仁堂公司对外使用"同仁堂"三个字在权利基础上处于劣势，"同仁堂"三个字的文字商标、图形商标、图文商标均由北京同仁堂公司注册，而天津同仁堂公司旗下商标主要为"津同仁"。那么上市企业或者拟上市企业该如何避免商标侵权以及不正当竞争呢？

第一，企业在打造自身品牌的时候要树立好商标意识、知识产权保护观念，无论是单一品牌战略还是多品牌战略都要注重权利基础的搭建，在使用字号、商号前首先应当进行商标检索，检索是否有他人注册在前的相同或近似商标，如果有则在己方无在先使用的情况下建议更换其他字号或商号，否则就是为未来埋下一枚炸弹。在确认己方即将使用的字号、商号无相同或近似的在先注册商标后，可以自行或者委托商标代理机构向国家知识产权局商标局申请注册该商标，以获得稳定的权利基础。在成功申请注册商标后，一方面企业可以开展商标布局，对该商标进行拓展注册，比如设计相关的图文商标、图形商标等进行注册起到完善商标布局的作用；另一方面可以加大对商标的宣传推广，提供商标知名度，从而提供企业知名度与竞争力，这样既能保证企业商标的权利基础正当，又能打造企业的品牌，为以后的企业上市提供有力的支撑。

如果发现己方商标被他人在无许可的条件下使用，可以到有管辖权的法院进行商标侵权诉讼以维护自己的正当权益。如果发现注册商标假冒、商标仿冒等相关行为，可以向市场监督管理局进行举报，申请对相关涉案产品、工具进行扣押、行政处罚等措施，以维护自己的合法权益。如果发现自己使用的字号、商号侵犯了他人正当权益，应当及时整改，对整个权利基础、商标使用情况进行梳理。如果真的侵犯他人正当权益，应当及时更换相应的字号、商号，而不是等着对方起诉后的传票，毕竟败诉后对企业声誉、名誉造成的损失是不可预计的，同时也可以减少诉累。

第二，反不正当竞争法是根据公平原则对一切市场主体提供平等的法律保护与竞争机会，尽可能让所有市场主体处于同一起跑线上，不仅有对知名企业、上市企业的保护，也有对中小企业、小微企业的保护，禁止大企业的倾销与垄断，禁止小企业的"傍名牌、搭便车"等行为，保证机会公平、竞争公平。

根据《反不正当竞争法》（2019 年修正）第二条规定："经营者在生产经营活动中，违反本法规定，扰乱市场竞争秩序，损害其他经营者或者消费者的合法权益的行为。"

第六条规定："经营者不得实施下列混淆行为，引人误认为是他人商品或者与他人存在特定联系：（一）擅自使用与他人有一定影响的商品名称、包装、装潢等相同或者近似的标识；（二）擅自使用他人有一定影响的企业名称（包括简称、字号等）、社会组织名称（包括简称等）、姓名（包括笔名、艺名、译名等）；（三）擅自使用他人有一定影响的域名主体部分、网站名称、网页等；（四）其他足以引人误认为是他人商品或者与他人存在特定联系的混淆行为。"

第八条规定："经营者不得对其商品的性能、功能、质量、销售状况、用户评价、曾获荣誉等作虚假或者引人误解的商业宣传，欺骗、误导消费者。经营者不得通过组织虚假交易等方式，帮助其他经营者进行虚假或者引人误解的商业宣传。"

如果是企业本身发现其他企业有上述行为，可以依法向有管辖权的人民法院提起诉讼，起诉被告实施了针对企业自身的不正当竞争行为，要求人民法院判令被告停止该不正当竞争行为，同时对企业自身的损失予以赔偿，或者采取向有管理权的行政机关举报的方式维权，要求行政机关启动行政执法程序，对其他企业予以行政处罚等相关措施。

（四）案件点评

提到"同仁堂"三个字，想必大家都知道那句耳熟能详的广告语："炮制虽繁必不敢省人工，品味虽贵必不敢减物力"。社会公众在购买药品的时候也认定"同仁堂"品牌的药品质量与性价比，从而形成了"同仁堂"3个字的知名地位，除了普遍意义上的"北京同仁堂"，还出现了如"天津同仁堂""南京同仁堂""成都同仁堂"等商标。此处天津同仁堂公司与北京同仁堂公司的舆论引起公众关注主要是因为天津同仁堂公司科创板的上市申请，该举动直接将百年之久的"同仁堂"品牌之争再度推到公众视野。当前双方的商标侵权及不正当竞争纠纷还在审理当中，未有生效的法院判决，所以天津同仁堂公司是否真正有商标侵权行为及不正当竞争行为还未知，但是该纠纷也给所有上市企业和拟上市企业强调了企业自身品牌以及商标权利基础正当的重要性。

五、武汉珈创生物技术股份有限公司因核心技术先进性问题折戟科创板

（一）案例基本情况

1. 公司简介

武汉珈创生物技术股份有限公司（以下简称"珈创生物公司"）创建于2011年，是一家集生物技术服务与研发为一体的高新技术企业，专注于为生产企业和研发机构提供各类细胞（含重组细胞、病毒宿主细胞、干细胞、免疫细胞）、菌种、毒株和原辅料的质量检测，病毒清除工艺验证技术服务以及细胞建库与保藏服务。珈创生物公司历经多年运营，秉承优质、高效、透明的核心服务理念，不断研发沉淀，成功建立了含近100项技术的细胞质量检测技术体系及独有的数据库系统。以此为基

础，凭借自身的专业团队和管理能力，以及良好的行业口碑，已成功服务国内外企业 400 余家，提供数万批次的细胞及原辅料检测、病毒清除工艺验证服务。

2016 年，该公司获湖北省科学进步二等奖 1 项；2020 年，获湖北省成果推广三等奖 1 项。截至 2021 年 7 月底，该公司获授权发明专利 26 项、实用新型专利 1 项。先后获批武汉东湖新技术开发区（以下简称"东湖高新区"）第五批、第八批、第十批"3551 光谷人才计划"，武汉市"守合同重信用"企业、湖北省"守合同重信用"企业，连续 3 年获武汉市东湖高新区"光谷瞪羚"企业、武汉市东湖高新区高成长性企业、武汉市科技"小巨人"企业。该公司还承担了部分 2019 年度武汉市地方标准制修订项目。❶

2. 上市详情

珈创生物公司于 2020 年 12 月 18 日在上交所科创板申报上市获得受理，如表 8-6 所示。2021 年 4 月 29 日，上交所科创板上市委召开的 2021 年第 27 次审议会议结果显示珈创生物公司首发不符合发行条件、上市条件和信息披露要求，科创板上市委审议认为：根据申请文件，发行人未能充分披露核心技术的先进性，相关信息披露不符合《科创板首次公开发行股票注册管理办法（试行）》第五条和第三十九条的规定；不符合《上海证券交易所科创板股票发行上市审核规则》第十五条和第十九条等规定，珈创生物公司成为 2021 年被否科创板上市的第 9 家拟上市公司。

表 8-6　珈创生物公司上市详情

公司名称	珈创生物公司		
发行前总股本	4000.00 万股	拟发行后总股本	5333.33 万股
拟发行数量	1333.33 万股	占发行后总股本	25.00%
申报日期	2020 年 12 月 18 日	上会状态	上会未通过
上会日期	2021 年 4 月 29 日	申购日期	
上市日期		拟上市地点	上交所科创板

（二）核心技术先进性的问题

科创板上市委在对珈创生物公司审核问询中重点关注了以下事项：一是珈创生物公司按照《中华人民共和国药典》（以下简称《中国药典》）开展细胞检定等业务，珈创生物公司核心技术与《中国药典》的关系；二是珈创生物公司外购仪器与核心技术的关系；三是珈创生物公司外购发明专利及核心技术的具体体现；四是报

---

❶ 武汉珈创生物技术股份有限公司. 公司简介 [EB]. [2022-11-09]. http://www.canvestbio.com/IntroductionToTheCompany/index.html.

告期内研发费用和研发人员变动的原因。

根据珈创生物公司的招股说明书中表明，珈创生物公司拥有的 14 项发明专利中仅有 4 项为公司自主研发，其余 10 项均为转让所得，虽然数量上满足科创板科创属性要求中形成主营业务收入的发明专利 5 项以上的条件，但是其余受让 10 项专利均是非核心技术，且公司研发人员均未参与，上述情况导致珈创生物公司被怀疑实质上是未能达到与主营业务收入相关的 5 项发明专利以上的要求。从 2021 年 4 月 23 日的上会稿可以看出，在核心技术人员方面，由公司创始人郑某义带头组建了 7 名人员的研发团队，其中 1 名研发人员甚至是 2020 年 4 月才被进入珈创生物公司。根据招股说明书显示，最终该公司的研发部门共计 14 人，占公司总员工的 10%，但是其中本科及以上学历的研发人员为 12 人、博士研究生 5 人、硕士研究生 4 人，值得关注的是，博士、硕士研究生等 9 人的人均月工资仅为 8000 元，这样的高新技术企业的技术研发部门成员在人均月工资仅为 8000 元的情况下能否保证稳定的为企业研发新技术、为企业可持续经营能力提供技术支持？这显然是存疑的。在研发经费部分，2018～2020 年，珈创生物公司研发费用分别为 272.09 万元、456.03 万元和 508.06 万元，三年累计研发投入占三年累计营业收入的比例为 6.27%，确实符合科创属性的要求，但是与同类型企业相比却是相形见绌。2017～2019 年，上海药明生物技术有限公司、北京义翘神州科技股份有限公司、华测检测认证集团股份有限公司的研发投入的绝对金额，多则超 3 亿元，少则也有几千万元，而珈创生物公司与之相比确实少。珈创生物公司在自主研发收入占比上也是较低的，珈创生物的招股说明书中表示其从武汉大学受让专有技术后也通过自身研发研发出一些新核心技术，但是上述自主研发的核心技术为公司的创收只占 1/3，说明公司从武汉大学受让的技术为公司创收达到了 2/3。

上述情况让科创板上市委认为珈创生物公司未能充分披露核心技术的先进性，最后导致珈创生物公司科创板上市被终止，成为科创板"实质审查重于形式审查"的第一例。

（三）核心技术先进性问题的应对措施

珈创生物公司折戟科创板的原因离不开"核心技术"这四个字，无论是研发人员、研发投入占比还是核心技术先进性均体现了科创板上市中科创属性，核心技术是需要硬实力，而不是相应数据达到科创板上市要求即可，所以上市公司或者拟上市公司不能仅注重企业表面上的数据与形式，更应该注重企业核心技术创新、可持续性发展等硬实力。

1. 核心创新战略

要实现企业高层管理发展战略的转变，以增强企业核心技术创新能力为目标，不断提升产业技术水平，切实把提高核心创新能力、研发能力作为企业发展的战略基点。定制切实可行、科学合理的核心创新战略，着眼于经济发展、行业发展、技术发展的大趋势，以市场需求为导向，把自主创新、可持续性创新和国外技术引进消化吸收创新相结合，在行业关键领域、核心技术领域获取更多的知识产权，积极开展相关知识产权布局，在技术前沿和市场领域占据一席之地，同时科学提炼企业的战略发展规划、战略发展布局和战略发展保障，真正使核心技术成为企业经济可持续发展、不断提高核心竞争力、保证可持续经营能力的重要支撑。要通过核心技术创新战略的建设，带动和促进企业目标战略、经营战略、品牌战略、人才战略、长远规划发展等的建设和发展，形成科学的技术创新体系，使企业核心技术发展更加规范化、可持续化和系统化。

2. 技术创新机制与技术创新能力相结合

提高企业核心技术研发、创新的能力必须有相应的机制作为制度支撑。企业应当建立健全产、学、研相结合的科研机制，积极与科研单位、研发部门紧密合作，充分利用科研单位、研发部门的知识优势和技术优势，力争为企业研发出新的科技成果、核心技术。要建立健全核心技术创新、研发的投入机制，特别要建立有利于科技创新和科研成果向生产力转化的风险投资机制。企业要从长远发展出发增加核心创新和技术开发的投入，特别是应当结合上市规划制定相关配套制度，让企业核心技术实力过硬，不仅形式上满足上市要求，实质上也要满足上市要求。要建立健全技术研发创新激励机制，保证研发人员、技术部门的研发活力，可以为企业持续输出新技术、新产品，充分挖掘出企业内在的经济资源、物质资源、科技资源和人力资源等，促进企业资源优化配置，加大企业在行业核心技术领域的占有和知识产权的保护，从而巩固企业的可持续发展和不断创新、可持续经营能力。

3. 建立健全人才管理、人才激励机制

正如珈创生物公司被重点询问的科研人员收入等问题，人才是为高新技术企业提供可持续经营、可持续发展的基础之一，要不断完善人才工作环境，优化企业人才结构，提高人才队伍的综合素质，为提高企业核心创新能力提供智力保证。一是要营造尊重知识、尊重人才、尊重劳动、尊重技术创新、尊重和支持核心技术研发的良好企业氛围、文化。二是加强企业人才的培养。加大对人力资本的投入力度，通过职业教育、普法宣传、专业培训等途径提供企业员工的综合素质，努力打造出一支德才兼备、结构合理、高素质的企业人才队伍。三是要建立起科学合理的创新激励机制，对那些具有核心技术创新能力的研发人员、技术人员在工作上多支持，待遇上适当倾斜。对有突出贡献的员工和优秀的科研成果，企业要加大鼓励、激励力度，以此推动企业的核心技术实力不断提高、不断发展。

（四）案件点评

仅从科创板上市的形式上要求来看珈创生物公司是完全符合要求的，之所以折载科创板，首先是由于其核心技术的多方面问题，其自主研发的发明专利仅为 4 项，受让取得的 10 项发明专利多来自武汉大学，而珈创生物公司的实际控制人郑某义曾经为某大学的博士生导师，可以说，珈创生物公司与某大学有着千丝万缕的关系。其次是公司主营业务细胞检测服务在申报前期采用的形容词是"全球先进"，而到申报后期形容词改为了"国内先进"，再加上其受让专利造成的营业收入是自主研发的专利创收的两倍。最后是其研发投入比虽然满足了科创板的基本要求，但是其研发投入的绝对数额过于低，研发团队占总员工比例低，以及研发人员、技术人员的薪酬过低等问题，让科创板上市委难免会质疑其公司核心技术的先进性以及可持续创新能力，最终导致其上市失败。

第二节　上市过程中的知识产权争议纠纷

一、公牛集团股份有限公司与江苏通领科技有限公司标的近十亿元的专利侵权诉讼

（一）案例基本情况

1. 公司简介

公牛集团股份有限公司（以下简称"公牛集团"）创立于 1995 年，是中国制造业 500 强企业，专注于民用电工产品的研发、生产和销售，主要包括转换器、墙壁开关插座、LED 照明、数码配件等电源连接和用电延伸性产品，同时，该公司充分发挥在产品研发、营销、供应链及品牌方面形成的综合领先优势，逐步培育智能门锁、断路器、嵌入式产品、浴霸等新业务，广泛应用于家庭、办公等用电场合，公牛集团已围绕民用电工及照明领域形成了长期可持续发展的产业布局，2020 年 2 月 6 日，公司在上交所主板挂牌上市。

截至 2020 年 6 月 30 日，公牛集团拥有超过 1000 项的专利授权；多个产品摘得德国 iF 奖、中国创新设计红星奖、红点设计大奖等国内外权威大奖；主导及参与 50 余项国家标准和行业标准的制定；通过中国强制认证（CCC）等 240 余个国内外产品认证；先后获得"全国质量检验稳定合格产品""质量可信产品""中国出口质量安全示范企业""浙江名牌产品""宁波市市长质量奖"❶ 等 20 多项质量相关大奖。❷

---

❶ 宁波市市长质量奖于 2020 年改名为"宁波市政府质量奖"。

❷ 公牛集团股份有限公司发展历程 ［EB/OL］．［2022－10－20］．https：//www.gongniu.cn/about/introduce.html.

2. 上市详情

公牛集团于 2019 年 5 月 23 日申报在上交所主板上市获得受理，于 2019 年 11 月 21 日在主板上会获得通过，于 2020 年 2 月 6 日成功挂牌上市，如表 8 - 7 所示。但在挂牌上市之前，其一度遭受专利侵权诉讼危机，主要是竞争对手江苏通领科技有限公司（以下简称"通领科技公司"）提起的 10 起案件，每起案件诉讼标的为 9900 万元，总共接近 10 亿元的诉讼标的总额，原告的索赔额相当于公牛集团一年的利润总额，涉案专利为发明专利"支撑滑动式安全门"（专利号为 ZL201010297882.4）和实用新型专利"电源插座安全保护装置"（专利号为 ZL201020681902.3）。

表 8 - 7　公牛集团上市详情

公司名称	公牛集团		
发行前总股本	60118.05 万股	拟发行后总股本	66118.05 万股
拟发行数量	6000.00 万股	占发行后总股本	9.07%
申报日期	2019 年 5 月 23 日	上会状态	上会通过
上会日期	2019 年 11 月 21 日	申购日期	2020 年 1 月 16 日
上市日期	2020 年 2 月 6 日	拟上市地点	上交所主板

（二）专利诉讼问题

原告通领科技公司于 2018 年 12 月 10 日向江苏省南京市中级人民法院提起诉讼案件 10 起，均以南京中央金城仓储超市有限责任公司为被告一、公牛集团为被告二，具体案件信息如表 8 - 8 所示。

公牛集团正值上市前辅导的关键阶段，在作为上述案件被告收到立案通知后立即组织公司法务、技术人员以及外聘律师团队开始应诉，最后采取了向国家知识产权局专利局复审和无效审理部就上述 2 项专利提起无效宣告的方式来应对，请求涉案专利号为 ZL201020681902.3、专利名称为电源插座安全保护装置的实用新型专利，与专利号为 ZL201010297882.4、专利名称为支撑滑动式安全门的发明专利全部无效，并于 2019 年 1 月 7 日收到原专利复审委员会下发的无效宣告请求受理通知书，其中，实用新型专利 ZL201020681902.3 于 2019 年 4 月 29 日、2019 年 5 月 17 日进行了口头审理，发明专利 ZL201010297882.4 于 2019 年 4 月 30 日、2019 年 5 月 24 日进行了口头审理，国家知识产权局专利局复审和无效审理部于 2019 年 6 月 27 日、2019 年 10 月 11 日分别作出了上述 2 项专利全部无效的决定。

表8－8　原告通领科技公司起诉南京中央金城仓储超市有限责任公司、公牛集团具体案件信息

序号	案件号	涉案专利号	诉讼标的	诉讼请求
1	（2018）苏01民初3438号	ZL201010297882.4（发明专利名称：支撑滑动式安全门）	9900万元	① 判令被告一立即停止侵害专利号为ZL201010297882.4、专利名称为"支撑滑动式安全门"发明专利的销售和许诺销售行为； ② 判令被告二立即停止侵害ZL201010297882.4的一切行为，即停止制造、使用、销售、许诺销售侵权产品，包括但不限于拆除用于制造侵权产品的生产线，销毁制造侵权产品的模具； ③ 判令被告二披露该案侵权产品的销量和利润，并赔偿该案侵权产品给原告造成的经济损失及制止侵权行为所支付的合理开支合计人民币9990万元； ④ 判令两被告承担该案的全部诉讼费用
2	（2018）苏01民初3439号		9900万元	
3	（2018）苏01民初3440号		9900万元	
4	（2018）苏01民初3441号		9900万元	
5	（2018）苏01民初3442号		9900万元	
6	（2018）苏01民初3443号	ZL201020681902.3（实用新型专利名称：电源插座安全保护装置）	9900万元	① 判令被告一立即停止侵害专利号为ZL201020681902.3、专利名称为"电源插座安全保护装置"实用新型专利的销售和许诺销售行为； ② 判令被告二立即停止侵害ZL201020681902.3的一切行为，即停止制造、使用、销售、许诺销售侵权产品，包括但不限于拆除用于制造侵权产品的生产线，销毁制造侵权产品的模具； ③ 判令被告二披露该案侵权产品的销量和利润，并赔偿该案侵权产品给原告造成的经济损失及制止侵权行为所支付的合理开支合计人民币9990万元； ④ 判令两被告承担该案的全部诉讼费用
7	（2018）苏01民初3444号		9900万元	
8	（2018）苏01民初3445号		9900万元	
9	（2018）苏01民初3447号		9900万元	
10	（2018）苏01民初3448号		9900万元	

在收到无效宣告决定书后，原告通领科技公司于 2019 年 7 月 3 日以涉案专利号为 ZL201010297882.4、专利名称为支撑滑动式安全门的发明专利被原专利复审委员会宣告无效为由向江苏省南京市中级人民法院申请撤诉，法院作出民事裁定书准予原告通领科技公司撤回起诉（2018）苏 01 民初 3438～3442 号的起诉❶，同时法院于 2019 年 7 月 21 日作出民事裁定书以涉案专利被无效宣告的理由驳回案件号（2018）苏 01 民初 3443～3445 号、3447～3448 号的起诉❷。

通领科技公司于 2019 年 8 月 13 日向最高人民法院上诉，请求撤销上述江苏省南京市中级人民法院作出的驳回原告起诉的民事裁定书并将该案发回重审。

最高人民法院于 2020 年 3 月 27 日作出（2020）最高法知民终 226～230 号作出终审裁定❸：驳回通领科技公司上诉，维持原裁定内容。至此该起标的接近 10 亿元的专利侵权诉讼案件完结。

（三）专利诉讼问题的应对措施

企业在上市过程中，或者是上市前辅导阶段遭受同业竞争对手提起专利侵权诉讼的现象频出，许多企业因此不得不推迟上市计划，中止上市进程甚至导致上市失败，该类现象在科创板上市企业中最为普遍。由于专利侵权诉讼会对企业的上市计划、上市进程造成极大的负面影响，如何科学、合理、有效地应对专利侵权诉讼也就成为企业面临的首要问题。

首先需要做到知己知彼，在上市前或有上市计划的阶段开始重点关注同业领域内主要竞争对手的专利布局，双方是否拥有核心技术专利、是否采取了围绕核心专利申请的外围专利布局、己方核心业务产品是否落入对方专利的保护范围内等问题。正如上文中公牛集团上市前辅导阶段遭遇专利诉讼，虽然相比公牛集团，通领科技公司的知名度不算高，甚至有些公众可能从未听说过。根据公开资料显示，通领科技公司成立于 2012 年，注册资本为 1.23 亿元，目前第一大股东为东方邦信创业投资有限公司，其持股比例达 36.59%。通领科技公司从事生产销售电气开关和插座，公司产品主要有漏电接地故障保护断路器等，在此次狙击公牛集团上市前，通领科技公司的主战场是在国外市场。

（1）如果企业在上市前辅导阶段遭遇竞争对手提起专利诉讼，企业可以较为从容地应对，但是如果在上市进程中遭受专利诉讼，那么由于时间紧迫企业的压力会大一些，一方面是来自诉讼本身的压力，另一方面是来自上市监管机构的压力。此时企业首先要做到的是积极正面回复证券监管部门关心的问题、问询等，答复要有理有据，同时将专利诉讼案件的详细情况作简要告知，从答复角度可以选择：①企业的产品不存在侵权事实的说明，根据原告起诉的证据材料作出双方产品技术特征比

---

❶ 南京市中级人民法院（2018）苏 01 民初 3438－3442 号民事判决书。

❷ 南京市中级人民法院（2018）苏 01 民初 3443－3445 号、3447－3448 号民事判决书。

❸ 最高人民法院（2020）最高法知民终 226－230 号民事判决书。

对表，用以证明企业产品未落入对方权利保护范围内，以图片和文字相结合的方式让监管部门更加直观地了解到企业产品侵权的可能性较小或无可能性；②对原告持有的涉案专利的"三性"进行说明，根据现有技术或文献来推翻"三性"中的任意一性；③从不会影响企业实际经营能力的角度入手，证明企业资金雄厚，即使专利侵权案件败诉支付全额的赔偿款项也不会对企业实际经营能力造成任何影响，况且该类案件原告为了狙击拟上市企业提出的赔偿额度一般都畸高，实际判赔金额可能远低于起诉金额，毕竟侵权人获利或者是权利人由于侵权行为遭受的损失都是较难证明的。

（2）针对专利侵权案件的涉案专利提起无效宣告请求，这也是该案例中公牛集团的做法。根据2019年国内某知名知识产权代理公司的统计数据表明，统计参考的3万余篇专利无效决定中可以看出有近一半的专利被完全无效，有1/10的专利被部分无效，由此可以看出，在我国申请专利无效宣告的成功率还是很高的，无效宣告手段可以直接将原告方的权力基础灭失，诉讼程序也会随之完结。

（3）积极应对诉讼程序，积极组织公司技术人员与外聘应诉律师团队针对原告提交的证据材料、涉案专利等进行分析，从而制定完整的应诉策略，考虑采取在先使用抗辩、不侵权抗辩、现有技术抗辩或尽可能列举证据减少损害赔偿的额度。

（4）主动与原告协商沟通达成和解，从而使原告撤诉以避免对上市进程的影响，或者以金钱换时间，可以采取专利许可的方式、购买原告专利权的方式或者其他合法合规的和解方式，做到以最快的速度解决其侵权诉讼危机。

（5）作为原告另案起诉竞争对手侵犯己方专利权，该措施也可以称为"反制专利侵权诉讼"，在竞争对手作为原告提起专利侵权诉讼后，拟上市企业可以采取密切关注、检索该竞争对手的专利技术和相关产品，分析对方产品是否可能落入己方的专利权利要求保护范围内，如果发现竞争对手可能侵犯企业专利权，企业同样可以针对竞争对手提起专利侵权诉讼，最后以此形成反制，如果顺利的话，双方最终可以达成和解，撤回起诉。

（四）案件点评

公牛集团与通领科技公司的专利权诉讼，在公牛集团及时、高效地采取应对措施后未对公牛集团的主板上市造成实质性影响，同时，公牛集团的应对策略也体现了专利无效宣告这种直接无效利益相对方权利基础的应对策略的高效性。

二、信利公司苦等三年上市最终被否

（一）案例基本情况

1. 公司简介

信利公司是一家专业开发、生产和销售电容式触摸屏、微型摄像头模组、集成显示触控模组、指纹识别模组以及精密玻璃部件等产品的公司。

信利公司生产的光电电容屏主要包括一体化触控（OGS）电容屏和菲林结构电容屏。生产设备领先，拥有新型嵌入式单片 OGS 电容屏生产线、大片式 OGS 电容屏生产线、全自动卷对卷菲林电容屏生产线、玻璃结构电容屏生产线、菲林结构电容屏生产线以及钢化玻璃生产线。

信利公司生产的电容屏可以实现从前端真空镀膜到后端模块贴合 TOTAL IN HOUSE 生产，并能够针对客户不同需求和不同应用深度定制各种差异化的产品，经过多年的技术和品牌积累，信利公司生产的光电触摸屏已经在行业内形成良好口碑，产品被广泛应用于国内外知名手机、消费类电子、车载、工业及医疗类产品上。❶

2. 上市详情

信利公司于 2017 年 12 月 19 日申报在深交所创业板上市获得受理，如表 8 - 9 所示，在 2018 年 12 月 11 日上会受审前夜宣布因"拟变更一名签字注册会计师"，决定取消信利公司发行申报文件的审核，于 2019 年 1 月 29 日二次上会，最终在 2016 年 3 月提交申报稿开始，排队近三年的信利公司上会未通过，根据股票发行审核委员会的理由来看，信利公司不仅有同业竞争、关联交易等问题，还涉及专利侵权诉讼案件。

表 8 - 9　信利公司上市详情

公司名称	信利公司		
发行前总股本	34000.00 万股	拟发行后总股本	42000.00 万股
拟发行数量	8000.00 万股	占发行后总股本	19.05%
申报日期	2017 年 12 月 19 日	上会状态	上会未通过
上会日期	2019 年 1 月 29 日	申购日期	
上市日期		拟上市地点	深交所创业板

（二）专利诉讼问题

信利公司从 2016 年 3 月提交申报稿开始，到原定于 2018 年 12 月 11 日上会受审间排队等待了近三年，而同类型企业在创业板上市申报排队的平均时间为 400 天，在已经多等待上会受审两倍的时间后，为什么信利公司会以"更换签字注册会计师"的理由取消 2018 年 12 月 11 日的❷上会受审呢？毕竟在发审前夜因中介签字人士的变动而取消发审的也只有信利公司，根据证监会的相关文件显示，发行人更换律师

---

❶　信利光电股份有限公司. 企业简介［EB/OL］.［2022 - 10 - 20］. http：//www. trulyopto. com/index. php/News/index/nav_id/2/col_id/7/type_id/1. html.

❷　中国证券监督管理委员会. 第十七届发审委 2018 年第 189 次工作会议公告的补充公告［EB/OL］.（2018 - 12 - 10）［2022 - 10 - 20］. http：//www. csrc. gov. cn/csrc/c105898/c1010105/content. shtml.

事务所、会计师事务所、资产评估机构的无需中止审查；发行人更换签字保荐代表人、签字律师、签字会计师、签字资产评估师的也无需中止审查。到底是什么原因导致信利公司用这样的理由推迟已经苦等近三年的上会受审呢？

从 2018 年 11 月 17 日一家 A 股上市的企业发布的一则公告中可知，其拟收购的上海思立微电子科技有限公司收到了来自深圳市中级人民法院的诉讼文件，该文件上显示，汇顶公司作为原告将上海思立微电子科技有限公司、信利公司、深圳市苏宁易购销售有限公司三家企业作为被告以侵犯实用新型专利为由诉至法庭，分别是涉案专利名称为"屏下生物特征识别装置和电子设备"的实用新型专利，专利号为 ZL201821220420.0，其专利权人为汇顶公司，该专利的申请日为 2018 年 7 月 6 日；涉案专利名称为"屏下生物特征识别装置、生物特征识别组件和终端设备"的实用新型专利，专利号为 ZL201820937410.2，其专利权人也是汇顶公司，该专利的申请日为 2018 年 6 月 15 日。汇顶公司在 2018 年 11 月 20 日将上述两起实用新型专利侵权案件同时起诉至深圳市中级人民法院，并要求被告一上海思立微电子科技有限公司与被告二信利公司连带赔偿原告经济损失 5000 万元，以及原告为制止侵权行为的合理开支 50 万元，总计 5050 万元。

在接到上述案件法律文书后，正处于上市关键时期的信利公司没有就上述涉案专利提起无效宣告请求，而是上海思立微电子科技有限公司向国家知识产权局提起了专利无效宣告请求。

通过在国家知识产权局官网查询可知，上海思立微电子科技有限公司最终成功将 2 项涉案专利 ZL201821220420.0、ZL201820937410.2 宣告全部无效，信利公司在上述两起专利侵权案件中展现出的应对较为消极、被动，根据中国证监会第十七届股票发行审核委员会 2019 年第 17 次会议审核结果公告的内容也可以看出，导致信利公司上市失败的原因较多，主要有五个方面的问题，包括专利侵权案件的影响、同业竞争、关联交易、客户集中度较高、未足额缴纳保险金等。

（三）专利诉讼问题的应对措施

该案例应对措施同上一个案例，此处不再赘述。

（四）案件点评

在该案例中，信利公司在面对股票发行审核委员会提出的问询，对应着公司本身存在上述五个方面的问题，最终信利公司上市失败也必然离不开上述五个方面的问题。虽然在专利侵权案件中凭借同样被列为被告的上海思立微电子科技有限公司积极应诉、对涉案的 2 项专利申请无效宣告成功摆脱了专利侵权案件的纠缠，但是这也可以看出正值上市关键时期的信利公司在面对股票发行审核委员会的问询以及相关问题的应对处理时并不是积极的，并未建立成体系的紧急情况应对措施，这也就带来了思考，如果仅有信利公司一家公司被列为专利侵权案件的被告，那么信利公司在应诉方面是否能处理得从容、果断且有效。

三、深圳汉弘公司深陷商业秘密纠纷

（一）案例基本情况

1. 公司简介

深圳汉弘公司是一家以数字喷墨打印技术为核心，集研发、生产、销售、售后服务于一体的工业数字印刷综合解决方案提供商，专业为客户提供数字喷墨印刷设备、软件、墨水、配件及专业服务，产品应用涵盖广告、家装、成衣、纺织、包装、书刊、标签、印刷电路板以及3C电子等行业。深圳汉弘公司拥有7家国家级高新技术企业，专业为不同行业的工业印刷企业客户提供端到端高品质的印刷解决方案。

深圳汉弘公司拥有深耕数字印刷行业的精英研发团队，该公司及其控股子公司合法拥有300多项专利，其中，发明专利30多项，实用新型专利100多项，外观设计专利数十项，另拥有注册商标30多项、软件著作权60多项，建立了产品从工程设计到采购、制造、检测等环节的科学流程与规范。在全球60多个国家和地区建立了销售和技术服务支持体系，为深圳汉弘公司全球化的发展道路奠定了稳定的基石。

2. 上市详情

深圳汉弘公司于2020年4月16日申报在上交所科创板上市获得受理，如表8-10所示，但却因为陷入一场长达10年的商业秘密纠纷引起公众热议，一度成为当年科创板上市企业中商业秘密案值最高的案例，最终由于商业秘密纠纷以及其他等问题，深圳汉弘公司于2020年11月选择主动撤回科创板上市申请，在经过整顿后于2021年7月选择在创业板申请上市。

表8-10 深圳汉弘公司上市详情

公司名称	深圳汉弘公司		
发行前总股本	37090.91万股	拟发行后总股本	46399.00万股
拟发行数量	9308.09万股	占发行后总股本	20.06%
申报日期	2020年4月16日	上会状态	暂缓表决
上会日期	2020年8月28日	申购日期	
上市日期		拟上市地点	上交所科创板

（二）商业秘密纠纷问题

该场长达 10 年的商业秘密纠纷的相对方是润天智公司，润天智公司成立于 2000 年，比深圳汉弘公司成立时间早了将近 12 年，该公司于 2015 年 4 月在我国新三板挂牌上市，该公司是专注于数码喷墨印刷设备的研发、生产和销售的国家级高新技术企业，中国著名喷墨印刷设备综合制造商，主要产品有广告喷绘机、UV 打印机、陶瓷喷墨机、纺织数码印花机、标签喷印机、瓦楞包装印刷机等。该公司拥有多项发明与实用新型专利，彩神与 Flora 是其注册商标。该公司 50% 以上的产品出口国外，并与国外行业内多家知名企业长期合作，产品远销欧洲、非洲等近 100 多个国家和地区。❶ 该起长达 10 年的商业秘密纠纷来源于润天智公司曾经的核心技术研发人员赵某、李某等人，其于 2009～2010 年相继离职，并入职新成立的深圳市汉拓数码有限公司（以下简称"汉拓公司"）。根据润天智公司向上交所审核委员会的举报信可以看出，据不完全统计，已经有 20 余名曾经在润天智公司工作的人员在离职后加入深圳汉弘公司或其子公司，其中大部分人员或其近亲属为深圳汉弘公司的股东。上述人员为深圳汉弘公司及其子公司申请了大量专利，其中有效专利占深圳汉弘公司总专利持有量的一半以上，可谓为深圳汉弘公司技术层面提供了半壁江山。表 8－11 列出了该商业秘密纠纷案件的整个过程。

表 8－11　深圳汉弘公司深陷商业秘密纠纷过程

时间	事件
2011 年 5 月 10 日	润天智公司向深圳市某公安局举报赵某、李某侵犯其商业秘密
2011 年 7 月 8 日	深圳市某公安局对商业秘密案件正式立案，并依法对汉拓公司的办公场所进行搜查，扣押了涉案多台计算机（该批计算机内含有相关源代码等文件）
2013 年 7 月 2 日	深圳市某公安局委托深圳市公安司法鉴定中心对扣押的涉案计算机中的电子证据（源代码等文件）进行了提取、固定、分析、对比
2013 年 9 月 11 日	润天智公司委托了广东安证计算机司法鉴定所对润天智公司的服务器 PP2512UV 控制板、PQ512 喷头控制板等源代码文件进行了证据保全，该所于 2013 年 9 月 17 日作出司法鉴定检验报告书

---

❶　深圳市润天智数字设备股份有限公司. 公司简介 [EB/OL]. [2022－10－20]. http：//www. floradigital. com. cn/AboutSt_gywm. html.

续表

时间	事件
2015 年 9 月 30 日	深圳市某公安局委托工业和信息化部电子科学技术情报研究所知识产权司法鉴定中心对润天智公司的平板喷绘机喷头控制板程序、打印机驱动程序中的主要源代码与汉拓公司平板喷绘机中的相应软件源代码是否有同一性进行鉴定，该所于 2015 年 11 月 24 日作出司法鉴定意见书，认为两家公司的相应产品设计具有高度关联性
2018 年 1 月 29 日	深圳市某公安局向深圳市人民检察院移送审查起诉
2018 年 2 月 9 日	深圳市人民检察院向深圳市龙岗区人民检察院（以下简称"龙岗区检察院"）移送审查起诉。龙岗区检察院分别于 2018 年 3 月 19 日和 2018 年 5 月 16 日两次退回侦查机关补充侦查
2018 年 6 月 20 日	工业和信息化部电子科学技术情报研究所知识产权司法鉴定中心出具关于的复函载明："润天智代码"的打印驱动与"汉拓代码"的打印驱动包含了 351 个同名文件，其中 200 多个同名文件为完全相同；"润天智代码"的喷头控与"汉拓代码"的喷头控制程序两个目录存在 38 个同名文件，其中 10 多个同名文件为完全相同
2018 年 7 月 20 日	龙岗区检察院下达深龙检刑不诉〔2018〕404 号和深龙检刑不诉〔2018〕405 号的不起诉决定书，经龙岗区检察院审查并退回补充侦查，认为深圳市公安局认定的部分犯罪事实不清、证据不足，不符合起诉条件，决定对赵某、李某不起诉
2019 年 1 月 8 日	润天智公司向深圳市龙岗区人民法院提起刑事自诉，认为赵某、李某违反了其与润天智公司签署的保密协议约定，侵犯润天智公司商业秘密，请求人民法院以侵犯商业秘密罪判处赵某、李某 3 年以上有期徒刑，并处罚金 50 万元
2019 年 12 月 31 日	深圳市龙岗区人民法院下达刑事裁定书，法院认为润天智公司起诉被告人赵某、李某构成侵犯商业秘密罪的事实不清、证据不足，不能排除合理怀疑，依法驳回润天智公司对被告的起诉
2020 年 1 月 12 日	润天智公司就上述一审裁定向深圳市中级人民法院提起上诉，2020 年 3 月 31 日，深圳市中级人民法院立案受理上述上诉案件
2020 年 4 月 16 日	深圳汉弘公司在上交所科创板申请上市
2020 年 6 月 4 日	润天智公司选择在民事救济方面继续进行维权，在深圳市中级人民法院对汉拓公司以及深圳汉弘公司提起民事诉讼，要求被告停止侵犯其涉案技术秘密，并赔偿经济损失 1 亿多元，以及维权合理支出 35 万元
2020 年 11 月	深圳汉弘公司选择主动撤回科创板上市申请

续表

时间	事件
2021 年上半年	深圳汉弘公司向深圳市中级人民法院起诉，要求润天智公司以立即停止损害深圳汉弘公司商业信誉的不正当竞争行为，并且向上交所发函澄清为公司消除影响外，还请求法院判令润天智公司赔偿其损失 1 亿元
2021 年 7 月	深圳汉弘公司选择在创业板申请上市
2021 年 8 月	润天智公司接到深圳市中级人民法院的诉讼受理通知书，即侵犯商业信誉及不正当竞争案

深圳汉弘公司在应对润天智公司的商业秘密纠纷一系列的诉讼中，也一直在寻找化解之道，早在润天智公司对赵某、李某提起刑事诉讼时，深圳汉弘公司就将二人的职务进行调整，并且在上市前夕将二人以调岗等方式与拟上市企业进行"分离"，但是上述措施也并没有成功阻止首次上市失败的结果，在撤回首次在科创板上市的申请后，深圳汉弘公司向深圳市中级人民法院提起来诉讼，将润天智公司以侵犯商业信誉及不正当竞争为案由告上法庭，并且索赔 1 亿元，同时积极准备同年在创业板申请上市，然而，该起商业秘密纠纷仍然没有最后的盖棺论定，是否会再次成为阻挡深圳汉弘公司上市的绊脚石、拦路虎，我们也不得而知。

（三）商业秘密纠纷问题的应对措施

如表 8-11 所示，润天智公司的技术人员在离职后到竞争对手深圳汉弘公司任职并且为其带来了巨大的技术收益，润天智公司便优先选择了向公安报案的途径走刑事诉讼进行救济，在检察院作出不起诉决定后又采取了刑事自诉的途径，在刑事自诉一审受挫后，除了在刑事方面继续上诉，还开始寻求民事诉讼救济。面对润天智公司的穷追猛打，深圳汉弘公司首次在科创板申请上市前途黯淡便主动撤回申请，撤回申请后一方面准备二次上市申请，另一方面向深圳市中级人民法院提起诉讼，状告润天智公司的侵犯商业信誉及不正当竞争行为，该起商业秘密纠纷案件时间跨度久、寻求救济的途径多、影响也较大，那么拟上市企业该如何应对商业秘密纠纷呢？

1. 商业秘密事件发生之前

关于企业在对商业秘密事件发生之前的前端防范，企业应当对入职的员工，特别是技术人员、研发人员作较为详细的背景调查，包括其上一家入职的企业名称、营业范围、岗位等，是否有签署竞业限制、保密协议、保密承诺等，虽然高水平的技术人员对于企业来讲是核心竞争力的保障，但是如果影响企业上市或者被诉那么将得不偿失。

2. 员工入职后的商业秘密保护措施

针对入职后的企业员工，特别是涉密岗位、研发岗位和技术人员签订专门的保密协议、保密承诺等，在离职时签署竞业限制协议并且按时发放补偿金。企业规划出涉密区域，限制人员出入、携带电子设备等。企业新技术、新产品的开发做到步步留痕或者步步有记录。建立完善的保密体系、保密制度，运用现代化信息手段如云桌面、内外网物理隔离、文件加密系统等手段严防商业秘密流失或者被窃取。

3. 陷入商业秘密纠纷

公司一旦陷入商业秘密纠纷，就有紧急应对措施或者制度，同时积极研究、分析对方证据，可以从以下五个角度入手分析。

（1）原告向法院主张商业秘密，其只是简单提供产品。即原告除了提供商业秘密载体，还要明确商业秘密的具体内容，即商业秘密的"密点"到底是什么。

（2）秘密性是商业秘密的"三性"之一，如果原告列举的商业秘密已经通过网络或其他途径对社会公众公开了的信息则不构成商业秘密。需要特别注意的是，专利与商业秘密不同，专利是以公开换保护，换个角度讲，原告或者他人已经申请的专利或正在申请专利中的技术信息、产品信息、方法等不能作为商业秘密。

（3）保密性也是商业秘密的"三性"之一，只有经过权利人采取过的保密措施的信息才能主张其为商业秘密。如果权利人对企业所有文件、所有信息都简单载有"商业秘密"的字样则也不能就其中某一部分信息或文件主张其为商业秘密，企业对待商业秘密的保护方式应当区别于普通文件。

（4）原告自行披露的信息不能认定为他人非法获取，原告涉案商业秘密是否通过某种方式，如官网、展会、论文、专利等方式已经向社会公众公开。

（5）原告离职员工违反竞业限制约定的义务不直接等于侵犯商业秘密，签订竞业限制协议是高新技术企业普遍采用的应对人才流动，特别是涉密人员、技术人员造成企业商业秘密流失的主要措施之一。违反竞业限制协议的行为可能同时构成违约与商业秘密侵权。员工离职后违反了竞业限制中的约定，但不必然就构成侵犯原单位的商业秘密。原告仍然需要证明竞业限制协议中涉及的信息、资料等符合法定的商业秘密构成要件，而且只有离职员工在竞业限制协议期内从事了披露或泄露商业秘密的行为并且原单位按时支付竞业限制补偿金的条件下，才会同时构成商业秘密侵权与违反竞业限制协议。

（四）案件点评

该案例中，润天智公司对竞争对手深圳汉弘公司的商业秘密侵犯问题早在2011年便启动了相应法律手段维权，时间跨度较长，深圳汉弘公司及其子公司并没有在首次上市前彻底解决该起商业秘密纠纷案件，最后导致在首次申请上市的关键时刻不得已选择了主动撤回申请。在撤回首次上市申请及准备第二次上市前辅导的期间，深圳汉弘公司采取了反制措施，一方面调整涉案人员的岗位，另一方面起诉润天智公司的侵犯商业信誉及不正当竞争行为，然后再次申请在创业板上市，虽然能否成功上市不得而知，但是润天智公司与深圳汉弘公司之间的商业秘密纠纷及其对公司上市造成的消极影响给众多拟上市企业敲响了警钟。

四、苏州晶云药物科技股份有限公司涉外专利侵权纠纷

（一）案例基本情况

1. 公司简介

苏州晶云药物科技股份有限公司（以下简称"晶云公司"）成立于 2010 年，总部设立在江苏省苏州市苏州工业园区生物纳米园，分部设立在美国新泽西州，是中国首家专注于药物晶型研发和产业化的公司。晶云公司通过建立国内首个药物晶型研发平台，致力于提高中国创新药物研发的整体实力及药品质量，并在此基础上通过资源整合、完善配套，以晶型研究为起点深入纵向发展，推出新药化学成分生产与控制（CMC）服务，帮助全球各制药公司加速新药研发进程及提高药物的临床表现，提早在中美等国家和地区提交新药申请并上市。

晶云公司领导团队成员过去在美国各大型制药公司直接负责和从事药物晶型研究、结晶工艺开发以及 CMC 研发，积累了在该领域多年的研发和管理经验，共同负责和管理超过 2000 个药物分子的研究，拥有 150 多项药物晶型专利及合成工艺专利。

晶云公司团队成员凭借专业的服务和快速的反应，高质高效的专业服务，已与全球超过 500 家制药企业建立合作，为 1200 多个新药候选化合物提供了药物晶型研发的专业技术方案。❶

2. 上市详情

晶云公司于 2020 年 6 月 19 日申报在上交所科创板上市获得受理，如表 8 - 12 所示，于 2021 年 3 月 22 日被上交所"暂缓审议"，最终在 2021 年 9 月 29 日，晶云公司和保荐人华泰联合证券有限责任公司分别向上交所提交了《苏州晶云药物科技股份有限公司关于撤回首次公开发行股票并在科创板上市申请文件的申请》和《华泰联合证券有限责任公司关于撤回苏州晶云药物科技股份有限公司首次公开发行股票并在科创板上市申请文件的申请》，申请撤回申请文件。根据《上海证券交易所科创板股票发行上市审核规则》第六十七条规定："出现下列情形之一的，本所将终止发行上市审核，通知发行人及其保荐人：……（二）发行人撤回发行上市申请或者保

---

❶ 苏州晶云药物科技股份有限公司. 公司简介［EB/OL］.［2022 - 10 - 20］. http：//www.crystalpharmatech. com.cn/.

荐人撤销保荐；……"上交所决定终止对晶云公司首次公开发行股票并在科创板上市的审核。

表 8-12　晶云公司上市详情

公司名称	晶云公司		
发行前总股本	3138.95 万股	拟发行后总股本	4185.27 万股
拟发行数量	1046.32 万股	占发行后总股本	25.00%
申报日期	2020 年 6 月 19 日	上会状态	暂缓表决
上会日期	2021 年 3 月 22 日	申购日期	
上市日期		拟上市地点	上交所科创板

（二）涉外专利侵权纠纷等问题

上市委首先是对晶云公司展开核心技术方面的问询：要求晶云公司结合公司的核心技术、持续研发能力以及与可比公司的技术优劣势，说明公司有关科创属性的信息披露是否符合相关信息披露要求。

从晶云公司在 2019 年的工作人员薪酬来看，2019 年晶云公司销售工作人员共计11 人，年度总薪酬为 500 多万元，平均薪酬高达 40 多万元，反观公司的研发技术人员共计 100 多人，年度总薪酬为 900 多万元，平均薪酬仅约为 7.5 万元，与销售岗位的员工相比可谓相差巨大。另外，在晶云公司的招股书（申报稿）中披露出一起由国际医药巨头瑞士诺华制药有限公司（以下简称"诺华公司"）发起的专利侵权诉讼。纠纷起因为晶云公司的全资子公司苏州科睿思制药有限公司（以下简称"睿思公司"）寻求在沙库巴曲缬沙坦钠片原研专利到期前，获批首仿药上市并已向美国食品药品监督管理局（FDA）递交了相关的申请。诺华公司主张在其拥有的专利号为US8101659B2、US8796331B2、US8877938B2 及 US9388134B2 等 4 项美国专利到期前，科睿思公司提交的关于沙库巴曲缬沙坦钠片的首仿药申请，同时针对该首仿药寻求商业生产、使用、销售、许诺销售或进口沙库巴曲缬沙坦钠片的行为，构成对诺华公司的原研专利侵权。诺华公司原研专利涉及的药品沙库巴曲缬沙坦钠片是一款抗心衰的药物，2019 年在全球销售额高达 17.26 亿美元。该原研药采用了两种活性成分形成的共晶晶型，诺华公司在中国、美国均申请了专利，系首仿药开发及专利挑战的关键壁垒，该专利在中国和美国将分别于 2026 年和 2027 年过期。

美国 FDA 简略新药申请（ANDA）的橙皮书规定，仿制药申请专利分为 4 类：①无专利；②有专利，但专利已过期；③有专利，等专利过期后上市；④有专利，在专利到期前上市。基于美国仿制药申请及专利挑战制度，科睿思公司作为沙库巴曲缬沙坦钠片的仿制药申请人提出了与所申请仿制药相关的专利是无效的或仿制药不侵权（PIV）声明，即基于上述④的声明，主张沙库巴曲缬沙坦钠片的相关原研专利是无效的，或者其制造、使用或销售所提交申请的药品不会侵犯相关原研专利合法权益。晶云公司针对该点作出了回应，该类专利诉讼属于新药批件持有人和专利所有权人为了延缓首仿药申请的获批而进行的战略性诉讼，简单来讲，如果专利挑战成功，其全资子公司科睿思公司将获得沙库巴曲缬沙坦钠片首仿药的为期180天的市场独占期；假设该次专利挑战失败，则需要等待涉案专利过期后才能申请仿制药上市。

在原研药品上市后，若仿制药企业能够证明原研药的专利无效或其产品可以完全避开原研药的专利，则可向原研药发起附带不侵犯其专利声明的专利挑战，挑战成功后即在原研药专利到期前实现仿制药的提前销售，从而进一步获得市场独占权、抢占市场份额，最终获取高额的经济效益。涉外专利侵权案件也并非完全不会影响国内企业上市的进程，前文所述的上海拓璞公司与江苏微导纳米科技股份有限公司均是因遭遇涉外专利未决诉讼被相关审核机构终止审查，从而导致上市失败。

（三）涉外专利侵权纠纷应对措施

随着中国企业在国内外市场竞争综合实力不断增强，不少国外企业为了维护其在该国甚至是全球的市场垄断地位，发起了多起针对我国企业的知识产权诉讼纠纷，其中，不少纠纷是针对我国的高新技术企业，甚至导致有些拟上市或正在上市阶段的企业由于涉外专利纠纷上市失败，那么企业应当如何应对涉外专利纠纷呢？

第一，打铁必须自身硬，企业应当不断巩固自身企业的知识产权基础，通过多种有效、合法的手段掌握自主可控的知识产权储备。企业想在目前竞争日渐激烈的市场上占有一定的市场份额，从成立开始就该有规划、有计划、有体系地对企业自身知识产权进行全链条式的管理，尤其是有上市计划、有进军全球市场计划的企业，更应该注重企业在国内外的专利申请、维护和管理。企业在自身知识产权储备方面既可以自主创新，也可以不断对外收购高质量的专利，以此扩充企业知识产权储备，夯实知识产权基础。在国外专利申请与布局方面，我国是PCT和《保护工业产权巴黎公约》等国际条约的缔约国，国家政策也是鼓励企业进行海外专利申请、专利布局和储备海外知识产权的，所以在上述各个方面也向企业提供了许多便捷的措施。国内企业应当充分了解和运用这些措施，不断强化海外专利申请数量、专利布局，切实提升企业在海外专利特别是有效专利的数量和质量，为企业在海外市场竞争时提供有力支持，也能在上市期间有效应对来自国外竞争对手的专利诉讼问题。

第二，充分运用专利检索、分析方法，有效规避海外经营活动中的专利侵权风险。企业在开拓国际市场前，应当对目标国家或地区通过对相关技术领域、产品领域的专利文献进行收集、检索、分析，从上述数据和分析结论中客观了解该技术、产品在相关国家或地区的发展趋势、技术路线的选择、保护程度、同业竞争对手的研发方向等问题，从而进行有效转化，成为企业运筹帷幄的企业分析战略规划，最后到切实掌握该技术、产品在创新过程中需要规避的风险点，避免盲目进入市场后遭遇专利侵权危机，利于建立该地区企业自身的专利布局、形成专利壁垒等措施，维护好企业在国外的合法利益，也避免侵犯他人合法利益。

第三，积极应诉、适时反诉。涉外专利并不可怕，消极应对、盲目处理才是最可怕的，我国知名企业包括通领科技公司、华为公司、中兴通讯股份有限公司、三一重工股份有限公司等企业均遭遇过涉外专利侵权诉讼，但是这些企业均采取积极应诉、主动应对的方式处理，有的甚至将涉案专利完全无效，提起反诉侵权等手段维护了自身正当权益。

（四）案件点评

回顾 2020 年科创板企业上市情况，国内企业在科创板上市过程中遭受国外知名同业竞争企业的专利诉讼情况如表 8－13 所示。

表 8－13　遭受国外知名同业竞争企业的专利诉讼情况

序号	涉案企业名称	涉案类型	行业领域	上市状态
1	九号有限公司 vs. 美国 Inventist 公司等	专利互诉	电动滑板车	上市成功
2	吉林省中研高分子材料股份有限公司 vs. 比利时索尔维公司	专利侵权诉讼	化工类材料	终止
3	宁波容百新能源科技股份有限公司 vs. 比利时优美科公司	专利侵权诉讼	三元锂电	上市成功
4	深圳华大智造科技有限公司 vs. 美国因美纳公司	专利互诉	基因检测	上市成功
5	上海拓璞公司 vs. 迪菲厄公司	专利侵权诉讼	智能制造	终止
6	安徽大地熊新材料股份有限公司 vs. 日立金属株式会社	专利许可	稀土	上市成功
7	晶云公司 vs. 诺华公司	首仿药专利诉讼	制药行业	终止
8	广州中望龙腾软件股份有限公司 vs. 美国欧特克有限公司	源代码侵权诉讼	软件	上市成功
9	湖南长远锂电科技股份有限公司 vs. 德国巴斯夫股份公司	专利许可	三元锂电	上市成功
10	江苏微导纳米科技股份有限公司 vs. 日本色彩设计研究所（NCD）	专利互诉	半导体	终止

可见，近半数企业上市终止于涉外专利诉讼的问题上，案例中的晶云公司便是其中之一，虽然导致上诉企业上市的原因不仅是企业在涉外专利诉讼案件中受挫，但这也是一个不可忽视的因素，所以企业在上市过程中遭受专利诉讼或涉外专利诉讼的应对方式很重要，尽管专利诉讼本身不会导致企业上市的直接失败，但是由其引发的对企业研发、核心技术、财务销售等的综合影响，以及该影响对企业未来发展的不确定性才是导致企业上市失败的真正原因。

五、紫光照明公司商标侵权纠纷

（一）案例基本情况

1. 公司简介

紫光照明公司成立于 2007 年，坐落于深圳市宝安区高新奇战略新兴产业园，是一家服务于"工业智能照明"的国家高新技术企业。股东包含深圳市远致创业投资有限公司、中国风险投资有限公司、深圳市高新投集团有限公司等知名企业。该公司下属 2 家全资控股企业：深圳市紫光照明技术股份有限公司宝安分公司（以下简称"宝安分公司"）、深圳市紫光新能源技术有限公司（以下简称"紫光新能源公司"）。紫光新能源公司是国家高新技术企业、国家发展和改革委员会备案的节能服务公司。

该公司自主研发、生产、销售特种 LED 照明设备、智能软件控制系统等核心技术和产品，拥有多项独立知识产权。严格执行 ISO 9001 质量管理体系、ISO 14001 环境管理体系、ISO 45001 职业健康安全管理体系标准，通过创新设计理念和精密加工检测工艺，确保每款产品在各种特殊环境下可靠工作。多款产品获得了 CCC 认证、CE 认证、ATEX 认证、国家防爆认证、煤安认证及消防公安型式检测认证。❶

2. 上市详情

紫光照明公司于 2020 年 6 月 30 日申报在上交所科创板上市获得受理，如表 8 - 14 所示。2021 年 2 月 5 日，上交所科创板上市委发布 2021 年第 13 次审议会议结果，紫光照明公司首发科创板上市申请获通过。但根据上会稿，紫光集团于 2020 年 9 月提起诉讼，起诉紫光照明公司存在商标侵权及不正当竞争的行为，要求判令紫光照明公司停止侵害紫光集团的"紫光""清华紫光"等注册商标专用权行为，停止使用含有"紫光"字样的企业名称以及赔偿紫光集团经济损失 500 万元等诉讼主张。

---

❶ 深圳市紫光照明技术股份有限公司. 公司简介［EB/OL］.［2022 - 10 - 20］. http：//www. szzgco. com/about. aspx？TypeId = 1&FId = t1：1：1.

表 8 – 14　紫光照明公司上市详情

公司名称	紫光照明公司		
发行前总股本	11142.86 万股	拟发行后总股本	14857.15 万股
拟发行数量	3714.29 万股	占发行后总股本	25.00%
申报日期	2020 年 6 月 30 日	上会状态	上会通过
上会日期	2021 年 2 月 5 日	申购日期	
上市日期		拟上市地点	上交所科创板

（二）商标侵权纠纷问题

紫光集团于 2020 年 9 月 14 日向北京知识产权法院提交民事起诉状，对紫光照明公司和北京京东叁佰陆拾度电子商务有限公司提起民事诉讼，上市委在审核问询中对此案格外关注。上交所要求紫光照明公司说明所涉商标侵权和不正当竞争诉讼的具体案件详情，以及案件目前的进展，如案件败诉是否会对公司持续经营能力造成影响。如果紫光照明公司在此商标侵权案件中败诉，那么其公司所涉商标、企业名称变更的具体过程及时间、成本，是否存在实质性障碍问题。同时要求进一步具体分析前述商标、企业名称变更后对紫光照明公司持续经营能力的各方面影响。

从国家知识产权局商标局官网的检索结果可以看出，紫光集团"紫光""清华紫光"等字样在多个商标类别申请了注册商标且大多处于有效注册使用的状态，上述注册商标即构成了紫光集团提起商标权侵权诉讼的权利基础。

截至 2022 年 3 月 1 日，在中国裁判文书网上依然没有相关的涉及紫光集团、紫光照明公司、北京京东叁佰陆拾度电子商务有限公司的商标侵权及不正当竞争案件的生效判决书，但可以从紫光集团以"紫光"商标起诉杭州紫光节能技术有限公司（以下简称"杭州紫光公司"）的商标侵权及不正当竞争纠纷生效判决书中窥探一二。

原告紫光集团于 2019 年 3 月 20 日向北京知识产权法院起诉，以商标侵权及不正当竞争为由将杭州紫光公司告上法庭，原告提出诉讼请求：①判令被告立即停止对原告所享有的"紫光"驰名商标专用权的侵害，包括立即停止生产、销售侵权商品，以及销毁侵权商品、包装及宣传材料；②判令被告立即停止不正当竞争行为，即立即停止使用含有"紫光"字号的企业名称，并向工商登记部门办理变更登记；③判令被告在《消费者日报》就侵害原告驰名商标专用权及不正当竞争的行为连续 15 天刊登声明（声明内容须经法院审查确定），以消除对原告的不利影响；④判令被告赔偿经济损失 300 万元，以及律师费、公证费、调查费等合理支出计 40 万元，以上合计 340 万元。最终一审判决如下。❶

---

❶　参见北京知识产权法院（2019）京 73 民初 351 号民事判决书。

（1）被告杭州紫光节能技术有限公司于本判决生效之日起停止生产、销售标示有"紫光"或与之近似标识的"智能锁"商品；

（2）被告杭州紫光节能技术有限公司立即停止使用含有"紫光"字号的企业名称，并于本判决生效之日起十日内向工商行政主管部门提出办理变更企业名称申请，其新启用的企业名称中不得包含与"紫光"相同或近似的文字内容；

（3）被告杭州紫光节能技术有限公司于本判决生效之日起十日内在《消费者日报》连续十五日突出刊登声明以消除影响（内容须经本院审核）；逾期不履行，本院将在相关媒体上公布本判决的主要内容，刊登费用由被告杭州紫光节能技术有限公司负担；

（4）被告杭州紫光节能技术有限公司于本判决生效之日起十日内赔偿原告紫光集团有限公司经济损失一百五十万元及合理费用十万元，两项共计一百六十万元；

（5）驳回原告紫光集团有限公司的其他诉讼请求。

北京市高级人民法院于 2021 年 9 月 16 日维持了一审判决，最终被告杭州紫光公司停止使用"紫光"的字样，更改字号，并且向原告赔偿损失共计 160 万元。紫光集团与紫光照明公司、北京京东叁佰陆拾度电子商务有限公司之间的商标侵权纠纷及不正当竞争的具体结果不得而知，但是面对上交所的问询，紫光照明公司对此作出回应：即使败诉，但从以下三个方面来看，不会导致紫光照明公司在销售合同下对持续经营造成重大不利影响的违约或赔偿。一是对于终端用户类客户，其不会被认定为属于《商标法》（2019 年修正）第五十七条规定的侵犯注册商标专用权的情形，进而不存在遭受损失而需要公司向其赔偿的风险。二是对于非终端用户类客户，虽然其存在被认定为"销售侵犯注册商标专用权的商品"的风险，但其有权主张适用《商标法》（2019 年修正）规定的不需承担赔偿责任条款，承担赔偿责任的可能性较低，进而公司需向该等客户补偿损失的风险亦较低。三是该公司实际控制人对公司及子公司因该案所涉事由违反销售合同而遭受的损失出具了赔偿承诺。

（三）商标侵权纠纷应对措施

在第八章有关"同仁堂"商标的案例中，已较为详细地阐述了商标侵权纠纷及不正当竞争纠纷企业的应对措施，在此处将主要讲解企业在上市过程中遭受商标侵权诉讼如何处理的问题。首先，与专利侵权一样，商标侵权本身一般不会直接导致企业上市失败，但相关诉讼会不会对企业未来的可持续性经营能力、核心竞争力造成负面影响是上市委主要的关注点，在上市委的问询时，企业可以从以下三个方面进行答复。

第一，拟上市企业与利益相对人的企业主营业务不同、生产销售的产品类型也不一样，但在对方的注册商标被认定为驰名商标时，拟上市企业还是可能因为驰名商标的跨类保护而被认定侵权，所以该项选择主要是针对涉案商标并非驰名商标的情况下使用。

第二，就涉案注册商标提起无效宣告，或者在诉讼中根据具体情况主张在先使用等有效抗辩策略。

第三，做好最坏打算，即便被认定商标侵权，拟上市企业也可以作出更改企业名称无任何实质性障碍以及消极影响的分析、陈述，拟上市企业本身的主营业务、产品并不依赖其商标，或者可以更换为拟上市企业已经申请成功的其他注册商标，以此达到消除上市委对案件败诉后拟上市企业持续经营能力的疑虑。

（四）案件点评

该案例中，紫光照明公司遭受上交所针对商标侵权及不正当竞争案件的问询时，企业便着重从以下三个方面回复：①涉案"紫光"商标的"显著性"不强，同时不易引起相关公众产生混淆和误认，原告胜诉可能性较低；②紫光照明公司目前有正在申请中的且不含"紫光"二字的商标共计 28 项，即便不使用涉案"紫光"的商标，公司在短时间内也有大量备选商标进行替换；③公司实际控制人对外作出承诺，其实控人本人对商标侵权及不正当竞争案件给公司造成的全部损失由其个人承担，且放弃对公司进行追偿的权利。截至 2022 年 3 月 1 日，该商标侵权及不正当竞争纠纷案件尚未对紫光照明公司的上市造成实质性影响。

附　录　企业上市相关法律、行政法规、规则

附录一　企业上市相关法律、行政法规

一、企业上市相关法律、行政法规（汇总）

企业上市相关法律、行政法规的名称、制定机关、生效日期汇总如附表 1 所示。

附表 1　企业上市相关法律、行政法规

序号	法律、行政法规名称	制定机关	生效日期	类别
1	《民事诉讼法》（2021 年修正）	全国人民代表大会常务委员会	2022 年 1 月 1 日	法律
2	《审计法》（2021 年修正）	全国人民代表大会常务委员会	2022 年 1 月 1 日	法律
3	《安全生产法》（2021 年修正）	全国人民代表大会常务委员会	2021 年 9 月 1 日	法律
4	《专利法》（2020 年修正）	全国人民代表大会常务委员会	2021 年 6 月 1 日	法律
5	《著作权法》（2020 年修正）	全国人民代表大会常务委员会	2021 年 6 月 1 日	法律
6	《食品安全法》（2021 年修正）	全国人民代表大会常务委员会	2021 年 4 月 29 日	法律
7	《刑法》（2020 年修正）	全国人民代表大会常务委员会	2021 年 3 月 1 日	法律
8	《刑法修正案（十一）》	全国人民代表大会常务委员会	2021 年 3 月 1 日	法律

序号	法律、行政法规名称	制定机关	生效日期	类别
9	《民法典》	全国人民代表大会	2021 年 1 月 1 日	法律
10	《证券法》（2019 年修订）	全国人民代表大会常务委员会	2020 年 3 月 1 日	法律
11	《外商投资法》	全国人民代表大会	2020 年 1 月 1 日	法律
12	《商标法》（2019 年修正）	全国人民代表大会常务委员会	2019 年 11 月 1 日	法律
13	《反不正当竞争法》（2019 年修正）	全国人民代表大会常务委员会	2019 年 4 月 8 日	法律
14	《公司法》（2018 年修正）	全国人民代表大会常务委员会	2018 年 10 月 26 日	法律
15	《会计法》（2017 年修正）	全国人民代表大会常务委员会	2017 年 11 月 5 日	法律
16	《商业银行法》（2015 年修正）	全国人民代表大会常务委员会	2015 年 10 月 1 日	法律
17	《证券投资基金法》（2015 年修正）	全国人民代表大会常务委员会	2015 年 4 月 24 日	法律
18	《保险法》（2015 年修正）	全国人民代表大会常务委员会	2015 年 4 月 24 日	法律
19	《企业国有资产法》	全国人民代表大会常务委员会	2009 年 5 月 1 日	法律
20	《企业破产法》	全国人民代表大会常务委员会	2007 年 6 月 1 日	法律
21	《合伙企业法》（2006 年修订）	全国人民代表大会常务委员会	2007 年 6 月 1 日	法律
22	《证券期货行政执法当事人承诺制度实施办法》	国务院	2022 年 1 月 1 日	行政法规
23	《国务院关于进一步提高上市公司质量的意见》	国务院	2020 年 10 月 5 日	行政法规
24	《国务院办公厅关于贯彻实施修订后的证券法有关工作的通知》	国务院	2020 年 2 月 29 日	行政法规

续表

序号	法律、行政法规名称	制定机关	生效日期	类别
25	《证券交易所风险基金管理暂行办法》（2016 年修订）	国务院	2020 年 2 月 6 日	行政法规
26	《证券公司风险处置条例》（2016 年修订）	国务院	2016 年 2 月 6 日	行政法规
27	《国务院关于调整证券交易印花税中央与地方分享比例的通知》	国务院	2016 年 1 月 1 日	行政法规
28	《证券公司监督管理条例》（2014 年修订）	国务院	2014 年 7 月 29 日	行政法规
29	《国务院关于同意建立整治非法证券活动协调小组工作制度的批复》	国务院	2007 年 2 月 12 日	行政法规
30	《国务院办公厅关于严厉打击非法发行股票和非法经营证券业务有关问题的通知》	国务院	2006 年 12 月 12 日	行政法规
31	《国务院办公厅转发证监会关于证券公司综合治理工作方案的通知》	国务院办公厅	2005 年 7 月 29 日	行政法规
32	《国务院关于证券投资基金管理公司有关问题的批复》	国务院	2004 年 8 月 12 日	行政法规
33	《国务院关于〈中国证券监督管理委员会股票发行审核委员会暂行办法〉的批复》	国务院	2003 年 11 月 24 日	行政法规
34	《国务院办公厅关于严厉打击以证券期货投资为名进行违法犯罪活动的通知》	国务院办公厅	2001 年 8 月 31 日	行政法规
35	《国务院办公厅转发证监会清理整顿证券交易中心方案的通知》	国务院办公厅	1998 年 9 月 30 日	行政法规

二、企业上市相关法律、行政法规（摘录）

1. 《民事诉讼法》（2021 年修正）

第二百二十一条　债权人请求债务人给付金钱、有价证券，符合下列条件的，可以向有管辖权的基层人民法院申请支付令：

（一）债权人与债务人没有其他债务纠纷的；

（二）支付令能够送达债务人的。

申请书应当写明请求给付金钱或者有价证券的数量和所根据的事实、证据。

2.《审计法》（2021年修正）

第四十三条　审计人员通过审查财务、会计资料，查阅与审计事项有关的文件、资料，检查现金、实物、有价证券和信息系统，向有关单位和个人调查等方式进行审计，并取得证明材料。

向有关单位和个人进行调查时，审计人员应当不少于二人，并出示其工作证件和审计通知书副本。

3.《安全生产法》（2021年修正）

第七十八条　负有安全生产监督管理职责的部门应当建立安全生产违法行为信息库，如实记录生产经营单位及其有关从业人员的安全生产违法行为信息；对违法行为情节严重的生产经营单位及其有关从业人员，应当及时向社会公告，并通报行业主管部门、投资主管部门、自然资源主管部门、生态环境主管部门、证券监督管理机构以及有关金融机构。有关部门和机构应当对存在失信行为的生产经营单位及其有关从业人员采取加大执法检查频次、暂停项目审批、上调有关保险费率、行业或者职业禁入等联合惩戒措施，并向社会公示。

负有安全生产监督管理职责的部门应当加强对生产经营单位行政处罚信息的及时归集、共享、应用和公开，对生产经营单位作出处罚决定后七个工作日内在监督管理部门公示系统予以公开曝光，强化对违法失信生产经营单位及其有关从业人员的社会监督，提高全社会安全生产诚信水平。

4.《专利法》（2020年修正）

第四十二条　为补偿新药上市审评审批占用的时间，对在中国获得上市许可的新药相关发明专利，国务院专利行政部门应专利权人的请求给予专利权期限补偿。补偿期限不超过五年，新药批准上市后总有效专利权期限不超过十四年。

第七十六条　药品上市审评审批过程中，药品上市许可申请人与有关专利权人或者利害关系人，因申请注册的药品相关的专利权产生纠纷的，相关当事人可以向人民法院起诉，请求就申请注册的药品相关技术方案是否落入他人药品专利权保护范围作出判决。国务院药品监督管理部门在规定的期限内，可以根据人民法院生效裁判作出是否暂停批准相关药品上市的决定。

药品上市许可申请人与有关专利权人或者利害关系人也可以就申请注册的药品相关的专利权纠纷，向国务院专利行政部门请求行政裁决。

国务院药品监督管理部门会同国务院专利行政部门制定药品上市许可审批与药品上市许可申请阶段专利权纠纷解决的具体衔接办法，报国务院同意后实施。

5. 《食品安全法》（2021 年修正）

第一百一十三条 县级以上人民政府食品安全监督管理部门应当建立食品生产经营者食品安全信用档案，记录许可颁发、日常监督检查结果、违法行为查处等情况，依法向社会公布并实时更新；对有不良信用记录的食品生产经营者增加监督检查频次，对违法行为情节严重的食品生产经营者，可以通报投资主管部门、证券监督管理机构和有关的金融机构。

6. 《刑法》（2020 年修正）

第一百六十条 在招股说明书、认股书、公司、企业债券募集办法等发行文件中隐瞒重要事实或者编造重大虚假内容，发行股票或者公司、企业债券、存托凭证或者国务院依法认定的其他证券，数额巨大、后果严重或者有其他严重情节的，处五年以下有期徒刑或者拘役，并处或者单处罚金；数额特别巨大、后果特别严重或者有其他特别严重情节的，处五年以上有期徒刑，并处罚金。

控股股东、实际控制人组织、指使实施前款行为的，处五年以下有期徒刑或者拘役，并处或者单处非法募集资金金额百分之二十以上一倍以下罚金；数额特别巨大、后果特别严重或者有其他特别严重情节的，处五年以上有期徒刑，并处非法募集资金金额百分之二十以上一倍以下罚金。

单位犯前两款罪的，对单位判处非法募集资金金额百分之二十以上一倍以下罚金，并对其直接负责的主管人员和其他直接责任人员，依照第一款的规定处罚。

第一百六十一条 依法负有信息披露义务的公司、企业向股东和社会公众提供虚假的或者隐瞒重要事实的财务会计报告，或者对依法应当披露的其他重要信息不按照规定披露，严重损害股东或者其他人利益，或者有其他严重情节的，对其直接负责的主管人员和其他直接责任人员，处五年以下有期徒刑或者拘役，并处或者单处罚金；情节特别严重的，处五年以上十年以下有期徒刑，并处罚金。

前款规定的公司、企业的控股股东、实际控制人实施或者组织、指使实施前款行为的，或者隐瞒相关事项导致前款规定的情形发生的，依照前款的规定处罚。

犯前款罪的控股股东、实际控制人是单位的，对单位判处罚金，并对其直接负责的主管人员和其他直接责任人员，依照第一款的规定处罚。

第一百六十九条之一 上市公司的董事、监事、高级管理人员违背对公司的忠实义务，利用职务便利，操纵上市公司从事下列行为之一，致使上市公司利益遭受重大损失的，处三年以下有期徒刑或者拘役，并处或者单处罚金；致使上市公司利益遭受特别重大损失的，处三年以上七年以下有期徒刑，并处罚金：

（一）无偿向其他单位或者个人提供资金、商品、服务或者其他资产的；

（二）以明显不公平的条件，提供或者接受资金、商品、服务或者其他资产的；

（三）向明显不具有清偿能力的单位或者个人提供资金、商品、服务或者其他资产的；

（四）为明显不具有清偿能力的单位或者个人提供担保，或者无正当理由为其他单位或者个人提供担保的；

（五）无正当理由放弃债权、承担债务的；

（六）采用其他方式损害上市公司利益的。

上市公司的控股股东或者实际控制人，指使上市公司董事、监事、高级管理人员实施前款行为的，依照前款的规定处罚。

犯前款罪的上市公司的控股股东或者实际控制人是单位的，对单位判处罚金，并对其直接负责的主管人员和其他直接责任人员，依照第一款的规定处罚。

第一百七十九条　未经国家有关主管部门批准，擅自发行股票或者公司、企业债券，数额巨大、后果严重或者有其他严重情节的，处五年以下有期徒刑或者拘役，并处或者单处非法募集资金金额百分之一以上百分之五以下罚金。

单位犯前款罪的，对单位判处罚金，并对其直接负责的主管人员和其他直接责任人员，处五年以下有期徒刑或者拘役。

第一百八十条　证券、期货交易内幕信息的知情人员或者非法获取证券、期货交易内幕信息的人员，在涉及证券的发行，证券、期货交易或者其他对证券、期货交易价格有重大影响的信息尚未公开前，买入或者卖出该证券，或者从事与该内幕信息有关的期货交易，或者泄露该信息，或者明示、暗示他人从事上述交易活动，情节严重的，处五年以下有期徒刑或者拘役，并处或者单处违法所得一倍以上五倍以下罚金；情节特别严重的，处五年以上十年以下有期徒刑，并处违法所得一倍以上五倍以下罚金。

单位犯前款罪的，对单位判处罚金，并对其直接负责的主管人员和其他直接责任人员，处五年以下有期徒刑或者拘役。

内幕信息、知情人员的范围，依照法律、行政法规的规定确定。

证券交易所、期货交易所、证券公司、期货经纪公司、基金管理公司、商业银行、保险公司等金融机构的从业人员以及有关监管部门或者行业协会的工作人员，利用因职务便利获取的内幕信息以外的其他未公开的信息，违反规定，从事与该信息相关的证券、期货交易活动，或者明示、暗示他人从事相关交易活动，情节严重的，依照第一款的规定处罚。

第一百八十一条　编造并且传播影响证券、期货交易的虚假信息，扰乱证券、期货交易市场，造成严重后果的，处五年以下有期徒刑或者拘役，并处或者单处一万元以上十万元以下罚金。

第一百八十二条　有下列情形之一，操纵证券、期货市场，影响证券、期货交易价格或者证券、期货交易量，情节严重的，处五年以下有期徒刑或者拘役，并处或者单处罚金；情节特别严重的，处五年以上十年以下有期徒刑，并处罚金：

（一）单独或者合谋，集中资金优势、持股或者持仓优势或者利用信息优势联合或者连续买卖的；

（二）与他人串通，以事先约定的时间、价格和方式相互进行证券、期货交易的；

（三）在自己实际控制的账户之间进行证券交易，或者以自己为交易对象，自买自卖期货合约的；

（四）不以成交为目的，频繁或者大量申报买入、卖出证券、期货合约并撤销申报的；

（五）利用虚假或者不确定的重大信息，诱导投资者进行证券、期货交易的；

（六）对证券、证券发行人、期货交易标的公开作出评价、预测或者投资建议，同时进行反向证券交易或者相关期货交易的；

（七）以其他方法操纵证券、期货市场的。

单位犯前款罪的，对单位判处罚金，并对其直接负责的主管人员和其他直接责任人员，依照前款的规定处罚。

第二百二十九条　承担资产评估、验资、验证、会计、审计、法律服务、保荐、安全评价、环境影响评价、环境监测等职责的中介组织的人员故意提供虚假证明文件，情节严重的，处五年以下有期徒刑或者拘役，并处罚金；有下列情形之一的，处五年以上十年以下有期徒刑，并处罚金：

（一）提供与证券发行相关的虚假的资产评估、会计、审计、法律服务、保荐等证明文件，情节特别严重的；

（二）提供与重大资产交易相关的虚假的资产评估、会计、审计等证明文件，情节特别严重的；

（三）在涉及公共安全的重大工程、项目中提供虚假的安全评价、环境影响评价等证明文件，致使公共财产、国家和人民利益遭受特别重大损失的。

有前款行为，同时索取他人财物或者非法收受他人财物构成犯罪的，依照处罚较重的规定定罪处罚。

第一款规定的人员，严重不负责任，出具的证明文件有重大失实，造成严重后果的，处三年以下有期徒刑或者拘役，并处或者单处罚金。

7.《民法典》

第一千二百二十三条　因药品、消毒产品、医疗器械的缺陷，或者输入不合格的血液造成患者损害的，患者可以向药品上市许可持有人、生产者、血液提供机构请求赔偿，也可以向医疗机构请求赔偿。患者向医疗机构请求赔偿的，医疗机构赔偿后，有权向负有责任的药品上市许可持有人、生产者、血液提供机构追偿。

8.《证券法》（2019 年修订）

第二条　在中华人民共和国境内，股票、公司债券、存托凭证和国务院依法认定的其他证券的发行和交易，适用本法；本法未规定的，适用《中华人民共和国公司法》和其他法律、行政法规的规定。

政府债券、证券投资基金份额的上市交易，适用本法；其他法律、行政法规另有规定的，适用其规定。

资产支持证券、资产管理产品发行、交易的管理办法，由国务院依照本法的原则规定。

在中华人民共和国境外的证券发行和交易活动，扰乱中华人民共和国境内市场秩序，损害境内投资者合法权益的，依照本法有关规定处理并追究法律责任。

第三条　证券的发行、交易活动，必须遵循公开、公平、公正的原则。

第九条　公开发行证券，必须符合法律、行政法规规定的条件，并依法报经国务院证券监督管理机构或者国务院授权的部门注册。未经依法注册，任何单位和个人不得公开发行证券。证券发行注册制的具体范围、实施步骤，由国务院规定。

有下列情形之一的，为公开发行：

（一）向不特定对象发行证券；

（二）向特定对象发行证券累计超过二百人，但依法实施员工持股计划的员工人数不计算在内；

（三）法律、行政法规规定的其他发行行为。

非公开发行证券，不得采用广告、公开劝诱和变相公开方式。

第十一条　设立股份有限公司公开发行股票，应当符合《中华人民共和国公司法》规定的条件和经国务院批准的国务院证券监督管理机构规定的其他条件，向国务院证券监督管理机构报送募股申请和下列文件：

（一）公司章程；

（二）发起人协议；

（三）发起人姓名或者名称，发起人认购的股份数、出资种类及验资证明；

（四）招股说明书；

（五）代收股款银行的名称及地址；

（六）承销机构名称及有关的协议。

依照本法规定聘请保荐人的，还应当报送保荐人出具的发行保荐书。

法律、行政法规规定设立公司必须报经批准的，还应当提交相应的批准文件。

第十二条　公司首次公开发行新股，应当符合下列条件：

（一）具备健全且运行良好的组织机构；

（二）具有持续经营能力；

（三）最近三年财务会计报告被出具无保留意见审计报告；

（四）发行人及其控股股东、实际控制人最近三年不存在贪污、贿赂、侵占财产、挪用财产或者破坏社会主义市场经济秩序的刑事犯罪；

（五）经国务院批准的国务院证券监督管理机构规定的其他条件。

上市公司发行新股，应当符合经国务院批准的国务院证券监督管理机构规定的条件，具体管理办法由国务院证券监督管理机构规定。

公开发行存托凭证的，应当符合首次公开发行新股的条件以及国务院证券监督管理机构规定的其他条件。

第十三条　公司公开发行新股，应当报送募股申请和下列文件：

（一）公司营业执照；

（二）公司章程；

（三）股东大会决议；

（四）招股说明书或者其他公开发行募集文件；

（五）财务会计报告；

（六）代收股款银行的名称及地址。

依照本法规定聘请保荐人的，还应当报送保荐人出具的发行保荐书。依照本法规定实行承销的，还应当报送承销机构名称及有关的协议。

第十五条　公开发行公司债券，应当符合下列条件：

（一）具备健全且运行良好的组织机构；

（二）最近三年平均可分配利润足以支付公司债券一年的利息；

（三）国务院规定的其他条件。

公开发行公司债券筹集的资金，必须按照公司债券募集办法所列资金用途使用；改变资金用途，必须经债券持有人会议作出决议。公开发行公司债券筹集的资金，不得用于弥补亏损和非生产性支出。

上市公司发行可转换为股票的公司债券，除应当符合第一款规定的条件外，还应当遵守本法第十二条第二款的规定。但是，按照公司债券募集办法，上市公司通过收购本公司股份的方式进行公司债券转换的除外。

第二十九条　证券公司承销证券，应当对公开发行募集文件的真实性、准确性、完整性进行核查。发现有虚假记载、误导性陈述或者重大遗漏的，不得进行销售活动；已经销售的，必须立即停止销售活动，并采取纠正措施。

证券公司承销证券，不得有下列行为：

（一）进行虚假的或者误导投资者的广告宣传或者其他宣传推介活动；

（二）以不正当竞争手段招揽承销业务；

（三）其他违反证券承销业务规定的行为。

证券公司有前款所列行为，给其他证券承销机构或者投资者造成损失的，应当依法承担赔偿责任。

第四十二条　为证券发行出具审计报告或者法律意见书等文件的证券服务机构和人员，在该证券承销期内和期满后六个月内，不得买卖该证券。

除前款规定外，为发行人及其控股股东、实际控制人，或者收购人、重大资产交易方出具审计报告或者法律意见书等文件的证券服务机构和人员，自接受委托之日起至上述文件公开后五日内，不得买卖该证券。实际开展上述有关工作之日早于接受委托之日的，自实际开展上述有关工作之日起至上述文件公开后五日内，不得买卖该证券。

9.《外商投资法》

第十七条　外商投资企业可以依法通过公开发行股票、公司债券等证券和其他方式进行融资。

第四十一条　对外国投资者在中国境内投资银行业、证券业、保险业等金融行业，或者在证券市场、外汇市场等金融市场进行投资的管理，国家另有规定的，依照其规定。

10.《公司法》（2018 年修正）

第一百二十条　本法所称上市公司，是指其股票在证券交易所上市交易的股份有限公司。

第一百二十一条　上市公司在一年内购买、出售重大资产或者担保金额超过公司资产总额百分之三十的，应当由股东大会作出决议，并经出席会议的股东所持表决权的三分之二以上通过。

第一百二十二条　上市公司设独立董事，具体办法由国务院规定。

第一百二十三条　上市公司设董事会秘书，负责公司股东大会和董事会会议的筹备、文件保管以及公司股东资料的管理，办理信息披露事务等事宜。

第一百二十四条　上市公司董事与董事会会议决议事项所涉及的企业有关联关系的，不得对该项决议行使表决权，也不得代理其他董事行使表决权。该董事会会议由过半数的无关联关系董事出席即可举行，董事会会议所作决议须经无关联关系董事过半数通过。出席董事会的无关联关系董事人数不足三人的，应将该事项提交上市公司股东大会审议。

第一百四十二条　公司不得收购本公司股份。但是，有下列情形之一的除外：

（一）减少公司注册资本；

（二）与持有本公司股份的其他公司合并；

（三）将股份用于员工持股计划或者股权激励；

（四）股东因对股东大会作出的公司合并、分立决议持异议，要求公司收购其股份；

（五）将股份用于转换上市公司发行的可转换为股票的公司债券；

（六）上市公司为维护公司价值及股东权益所必需。

第一百四十四条　上市公司的股票，依照有关法律、行政法规及证券交易所交易规则上市交易。

第一百四十五条 上市公司必须依照法律、行政法规的规定,公开其财务状况、经营情况及重大诉讼,在每会计年度内半年公布一次财务会计报告。

第一百六十一条 上市公司经股东大会决议可以发行可转换为股票的公司债券,并在公司债券募集办法中规定具体的转换办法。上市公司发行可转换为股票的公司债券,应当报国务院证券监督管理机构核准。

11.《会计法》(2017 年修正)

第三十三条 财政、审计、税务、人民银行、证券监管、保险监管等部门应当依照有关法律、行政法规规定的职责,对有关单位的会计资料实施监督检查。

前款所列监督检查部门对有关单位的会计资料依法实施监督检查后,应当出具检查结论。有关监督检查部门已经作出的检查结论能够满足其他监督检查部门履行本部门职责需要的,其他监督检查部门应当加以利用,避免重复查账。

12.《商业银行法》(2015 年修正)

第四十三条 商业银行在中华人民共和国境内不得从事信托投资和证券经营业务,不得向非自用不动产投资或者向非银行金融机构和企业投资,但国家另有规定的除外。

13.《证券投资基金法》(2015 年修正)

第六十二条 基金份额上市交易,应当符合下列条件:

(一)基金的募集符合本法规定;

(二)基金合同期限为五年以上;

(三)基金募集金额不低于二亿元人民币;

(四)基金份额持有人不少于一千人;

(五)基金份额上市交易规则规定的其他条件。

第六十一条 申请基金份额上市交易,基金管理人应当向证券交易所提出申请,证券交易所依法审核同意的,双方应当签订上市协议。

第六十三条 基金份额上市交易规则由证券交易所制定,报国务院证券监督管理机构批准。

第六十四条 基金份额上市交易后,有下列情形之一的,由证券交易所终止其上市交易,并报国务院证券监督管理机构备案:

(一)不再具备本法第六十二条规定的上市交易条件;

(二)基金合同期限届满;

(三)基金份额持有人大会决定提前终止上市交易;

(四)基金合同约定的或者基金份额上市交易规则规定的终止上市交易的其他情形。

14. 《保险法》（2015 年修正）

第一百零七条　经国务院保险监督管理机构会同国务院证券监督管理机构批准，保险公司可以设立保险资产管理公司。

保险资产管理公司从事证券投资活动，应当遵守《中华人民共和国证券法》等法律、行政法规的规定。

保险资产管理公司的管理办法，由国务院保险监督管理机构会同国务院有关部门制定。

15. 《企业国有资产法》

第三十条　国家出资企业合并、分立、改制、上市，增加或者减少注册资本，发行债券，进行重大投资，为他人提供大额担保，转让重大财产，进行大额捐赠，分配利润，以及解散、申请破产等重大事项，应当遵守法律、行政法规以及企业章程的规定，不得损害出资人和债权人的权益。

16. 《企业破产法》

第一百三十四条　商业银行、证券公司、保险公司等金融机构有本法第二条规定情形的，国务院金融监督管理机构可以向人民法院提出对该金融机构进行重整或者破产清算的申请。国务院金融监督管理机构依法对出现重大经营风险的金融机构采取接管、托管等措施的，可以向人民法院申请中止以该金融机构为被告或者被执行人的民事诉讼程序或者执行程序。

17. 《合伙企业法》（2006 年修订）

第三条　国有独资公司、国有企业、上市公司以及公益性的事业单位、社会团体不得成为普通合伙人。

附录二 企业上市相关证券监管要求规则指引（摘录）

一、《科创板首次公开发行股票注册管理办法（试行）》（2020 年修正）

第二条 在中华人民共和国境内首次公开发行股票并在上海证券交易所科创板（以下简称科创板）上市，适用本办法。

第三条 发行人申请首次公开发行股票并在科创板上市，应当符合科创板定位，面向世界科技前沿、面向经济主战场、面向国家重大需求。优先支持符合国家战略，拥有关键核心技术，科技创新能力突出，主要依靠核心技术开展生产经营，具有稳定的商业模式，市场认可度高，社会形象良好，具有较强成长性的企业。

第十条 发行人是依法设立且持续经营 3 年以上的股份有限公司，具备健全且运行良好的组织机构，相关机构和人员能够依法履行职责。

有限责任公司按原账面净资产值折股整体变更为股份有限公司的，持续经营时间可以从有限责任公司成立之日起计算。

第十一条 发行人会计基础工作规范，财务报表的编制和披露符合企业会计准则和相关信息披露规则的规定，在所有重大方面公允地反映了发行人的财务状况、经营成果和现金流量，并由注册会计师出具标准无保留意见的审计报告。

发行人内部控制制度健全且被有效执行，能够合理保证公司运行效率、合法合规和财务报告的可靠性，并由注册会计师出具无保留结论的内部控制鉴证报告。

第十二条 发行人业务完整，具有直接面向市场独立持续经营的能力：

（一）资产完整，业务及人员、财务、机构独立，与控股股东、实际控制人及其控制的其他企业间不存在对发行人构成重大不利影响的同业竞争，不存在严重影响独立性或者显失公平的关联交易。

（二）发行人主营业务、控制权、管理团队和核心技术人员稳定，最近 2 年内主营业务和董事、高级管理人员及核心技术人员均没有发生重大不利变化；控股股东和受控股股东、实际控制人支配的股东所持发行人的股份权属清晰，最近 2 年实际控制人没有发生变更，不存在导致控制权可能变更的重大权属纠纷。

（三）发行人不存在主要资产、核心技术、商标等的重大权属纠纷，重大偿债风险，重大担保、诉讼、仲裁等或有事项，经营环境已经或者将要发生重大变化等对持续经营有重大不利影响的事项。

第三十四条 发行人申请首次公开发行股票并在科创板上市，应当按照中国证监会制定的信息披露规则，编制并披露招股说明书，保证相关信息真实、准确、完整。信息披露内容应当简明易懂，语言应当浅白平实，以便投资者阅读、理解。

中国证监会制定的信息披露规则是信息披露的最低要求。不论上述规则是否有明确规定，凡是对投资者作出价值判断和投资决策有重大影响的信息，发行人均应当予以披露。

二、《科创属性评价指引（试行）》（2021 年修订）

第一条　支持和鼓励科创板定位规定的相关行业领域中，同时符合下列 4 项指标的企业申报科创板上市：

（1）最近三年研发投入占营业收入比例 5% 以上，或最近三年研发投入金额累计在 6000 万元以上；

（2）研发人员占当年员工总数的比例不低于 10%；

（3）形成主营业务收入的发明专利 5 项以上；

（4）最近三年营业收入复合增长率达到 20%，或最近一年营业收入金额达到 3 亿元。

采用《上海证券交易所科创板股票发行上市审核规则》第二十二条第（五）款规定的上市标准申报科创板的企业可不适用上述第（4）项指标中关于"营业收入"的规定；软件行业不适用上述第（3）项指标的要求，研发投入占比应在 10% 以上。

第二条　支持和鼓励科创板定位规定的相关行业领域中，虽未达到前述指标，但符合下列情形之一的企业申报科创板上市：

（1）发行人拥有的核心技术经国家主管部门认定具有国际领先、引领作用或者对于国家战略具有重大意义；

（2）发行人作为主要参与单位或者发行人的核心技术人员作为主要参与人员，获得国家科技进步奖、国家自然科学奖、国家技术发明奖，并将相关技术运用于公司主营业务；

（3）发行人独立或者牵头承担与主营业务和核心技术相关的国家重大科技专项项目；

（4）发行人依靠核心技术形成的主要产品（服务），属于国家鼓励、支持和推动的关键设备、关键产品、关键零部件、关键材料等，并实现了进口替代；

（5）形成核心技术和主营业务收入的发明专利（含国防专利）合计 50 项以上。

第三条　限制金融科技、模式创新企业在科创板上市。禁止房地产和主要从事金融、投资类业务的企业在科创板上市。

三、《公开发行证券的公司信息披露内容与格式准则第41号——科创板公司招股说明书》

第三条　本准则的规定是对招股说明书信息披露的最低要求。不论本准则是否有明确规定，凡对投资者作出价值判断和投资决策有重大影响的信息，均应披露。

第十条　招股说明书应便于投资者阅读，浅白易懂、简明扼要、逻辑清晰，尽量使用图表、图片或其他较为直观的披露方式，具有可读性和可理解性：

（一）应客观、全面，使用事实描述性语言，突出事件实质，不得选择性披露，不得使用市场推广的宣传用语；

（二）应使用直接、简洁、确定的语句，尽量避免使用艰深晦涩、生僻难懂的专业术语或公文用语；

（三）披露的内容应清晰、明确，并结合发行人情况进行具体准确的解释说明；

（四）对不同章节或段落出现的同一语词、表述、事项的披露应具有一致性，在不影响信息披露的完整性和不致引起阅读不便的前提下，可以相互引征。

第二十一条　招股说明书扉页应列表载明下列内容：

（一）发行股票类型；

（二）发行股数，股东公开发售股数（如有）；

（三）每股面值；

（四）每股发行价格；

（五）预计发行日期；

（六）拟上市的交易所和板块；

（七）发行后总股本，发行境外上市外资股的公司还应披露在境内上市流通的股份数量和在境外上市流通的股份数量；

（八）保荐人、主承销商；

（九）招股说明书签署日期。

发行人股东公开发售股份的，还应载明发行人拟发行新股和股东拟公开发售股份的数量，并提示股东公开发售股份所得资金不归发行人所有。

第二十七条　招股说明书概览的内容至少包括下列各部分：

（一）列表披露发行人及本次发行的中介机构基本情况，参考格式如下：

（一）发行人基本情况			
发行人名称		成立日期	
注册资本		法定代表人	
注册地址		主要生产经营地址	

（一）发行人基本情况			
控股股东		实际控制人	
行业分类		在其他交易场所 （申请）挂牌或上市	
（二）本次发行的有关中介机构			
保荐人		主承销商	
发行人律师		其他承销机构	
审计机构		评估机构（如有）	

（二）列表披露本次发行概况，参考格式如下：

（一）本次发行的基本情况			
股票种类			
每股面值			
发行股数		占发行后总股本比例	
其中：发行新股数量		占发行后总股本比例	
股东公开发售股份数量		占发行后总股本比例	
发行后总股本			
每股发行价格			
发行市盈率			
发行前每股净资产		发行前每股收益	
发行后每股净资产		发行后每股收益	
发行市净率			
发行方式			
发行对象			
承销方式			
拟公开发售股份股东名称			
发行费用的分摊原则			
募集资金总额			
募集资金净额			
募集资金投资项目			
发行费用概率			

(二) 本次发行上市的重要日期	
刊登发行公告日期	
开始询价推介日期	
刊登定价公告日期	
申购日期和缴款日期	
股票上市日期	

(三) 列表披露发行人报告期的主要财务数据和财务指标,参考格式如下:

项 目				
资产总额(万元)				
归属于母公司所有者权益(万元)				
资产负债率(母公司)(%)				
营业收入(万元)				
净利润(万元)				
归属于母公司所有者的净利润(万元)				
扣除非经常性损益后归属于母公司所有者的净利润(万元)				
基本每股收益(元)				
稀释每股收益(元)				
加权平均净资产收益率(%)				
经营活动产生的现金流量净额(万元)				
现金分红(万元)				
研发投入占营业收入的比例(%)				

(四) 结合主要经营和财务数据概述发行人的主营业务经营情况,包括主要业务或产品、主要经营模式、竞争地位以及其他有助于投资者了解发行人业务特点的重要信息;

(五) 简要披露发行人技术先进性、模式创新性、研发技术产业化情况以及未来发展战略;

(六) 披露发行人选择的具体上市标准;

(七) 简要披露发行人公司治理特殊安排等重要事项;

(八) 简要披露募集资金用途。

第四十九条 发行人应清晰、准确、客观地披露主营业务、主要产品或服务的情况，包括：

（一）主营业务、主要产品或服务的基本情况，主营业务收入的主要构成；

（二）主要经营模式，如盈利模式、采购模式、生产或服务模式、营销及管理模式等，分析采用目前经营模式的原因、影响经营模式的关键因素、经营模式和影响因素在报告期内的变化情况及未来变化趋势。发行人的业务及其模式具有创新性的，还应披露其独特性、创新内容及持续创新机制；

（三）设立以来主营业务、主要产品或服务、主要经营模式的演变情况；

（四）主要产品的工艺流程图或服务的流程图；

（五）生产经营中涉及的主要环境污染物、主要处理设施及处理能力。

四、《上海证券交易所科创板上市公司自律监管指引第 1 号——规范运作》

6.1.3 科创公司应当建立健全公司治理机制和内部控制制度，切实防范财务造假、违规担保、资金占用等违法违规行为，维护公司及社会公众股东的合法权益。

6.1.5 科创公司控股股东、实际控制人应当严格依法行使股东权利，不得通过任何方式侵占科创公司利益。

科创公司董监高应当勤勉尽责，维护公司资金和财产安全，预防、发现并制止控股股东、实际控制人以及其关联方占用公司资金。

6.3.2 科创公司与控股股东、实际控制人及其关联方发生经营性资金往来时，应当严格履行相关审议程序和信息披露义务，明确经营性资金往来的结算期限，不得以经营性资金往来的形式变相为控股股东、实际控制人及其关联方提供资金等财务资助。

6.4.1 控股股东、实际控制人应当维护科创公司在提供担保方面的独立决策，支持并配合科创公司依法依规履行对外担保事项的内部决策程序与信息披露义务，不得强令、指使或者要求科创公司及相关人员违规对外提供担保。

控股股东、实际控制人强令、指使或者要求科创公司从事违规担保行为的，科创公司及其董监高应当拒绝，不得协助、配合、默许。

五、《上海证券交易所科创板上市公司自律监管指引第 2 号——自愿信息披露》

二、自愿信息披露的基本要求

（一）严格遵守真实、准确、完整的一般要求

真实、准确、完整，是《证券法》规定的信息披露的基本要求。自愿信息披露虽然不属于强制披露，但构成持续信息披露的组成部分，同样需要遵循上述原则，

不得有虚假记载，不得有误导性称述，不得有重大遗漏。科创公司进行自愿信息披露，应按照《科创板股票上市规则》关于信息披露基本原则的具体要求，保证所披露信息真实、准确、完整，尤其要注意充分披露相关事项可能存在的不确定性或者其他重大风险，不能"报喜不报忧"。

（三）保持必要的一致性与持续性

为明确投资者预期，自愿信息披露有必要保持一致的披露逻辑和标准，不应进行选择性信息披露。一方面，自愿披露的事项类型和披露标准要有一致性，不应基于个别主体的利益，对同类事项进行选择性披露；另一方面，自愿披露的内容要有持续性，同一事件的重要进展应当持续披露，既要披露正面、有利的进展，也要披露负面、不利的进展。

（六）研发及其进展

研发及其进展公告主要涉及在研产品或项目研发情况及其进展，披露重点是帮助投资者了解公司拟开展研发项目的具体情况，知悉在研项目的具体进展，以便于投资者判断研发项目价值及潜在风险，评估公司的研发实力和业务增长潜力。公告内容可以考虑下列因素：研发的基本情况；研发的可行性；必要的风险提示；研发对公司的影响。

六、《上海证券交易所科创板上市公司自律监管指引第3号——科创属性持续披露及相关事项》

第七条　科创公司应当确保充足的研发投入，保障研发项目有序推进，保持核心技术先进性。

科创公司应当在年度报告中披露研发投入较上一完整会计年度的变化情况，存在下列情形之一的，应当充分说明原因、合理性及影响：

（一）研发投入金额大幅下降；

（二）研发投入占营业收入比例大幅下降；

（三）研发投入费用化或资本化金额或比重发生大幅变化。

第八条　科创公司应当维持研发人员整体稳定，不断提升研发能力与水平。

科创公司应当在年度报告中披露研发人员数量、占比、学历结构、年龄结构及针对核心技术人员及其他研发人员的股权激励情况等信息；前述信息发生重大变化的，应当充分说明原因、合理性及影响。

第九条　科创公司应当定期评估并认定核心技术人员，并在年度报告、半年度报告中披露认定情况。

报告期内，科创公司新增技术负责人、研发负责人或履行类似职责的人员，但未认定为核心技术人员的，应当在年度报告、半年度报告中说明理由。

第十条　科创公司核心技术人员离职的，应当按照本所规定及时披露，说明原因及对公司未来发展的影响。

科创公司应当在年度报告、半年度报告中汇总披露报告期内核心技术人员离职的情况，并综合评估影响；报告期内核心技术人员数量较期初下降超过50%的，应当充分揭示核心技术人员变动风险，进一步说明公司维护研发人员稳定的合理措施。

第十二条　科创公司应当及时披露核心技术、主要在研产品的重大进展、阶段性成果。

科创公司核心技术、主要在研产品发生下列重大风险事项，应当及时披露原因及对公司核心竞争力和持续经营能力的具体影响：

（一）核心商标、专利、专有技术、特许经营权或核心技术许可丧失、到期或出现重大纠纷；

（二）主要产品、业务或所依赖的基础技术研发失败或被禁止使用；

（三）主要产品或核心技术丧失竞争优势；

（四）其他重大风险事项。

七、《监管规则适用指引——法律类第1号》

第一条第一款　首次备案：律师事务所从事《备案规定》第五条所列证券法律业务的，应当在签订服务协议之日起10个工作日内进行首次备案。律师事务所从事《备案规定》第五条所列证券法律业务时，只须进行一次首次备案即可，不需要"一事一备"。

第三条第一款　首次备案

根据《备案规定》第十条和第十二条的规定，律师事务所首次备案应当报送的材料包括：

1. 律师事务所备案表；

2. 律师事务所执业许可证；

3. 律师事务所及其从事证券法律业务的执业律师因执业行为涉嫌违法违规被立案调查，或者被司法机关立案侦查，以及近三年因执业行为受到刑事处罚、行政处罚、监督管理措施、自律监管措施和纪律处分的情况；

4. 从事证券法律业务风险控制制度等内部管理制度；

5. 负责证券法律业务风险控制的人员配备情况；

6. 截至备案上月末从事证券法律业务的合伙人、执业律师情况。

八、《上市公司信息披露管理办法》

第三条　信息披露义务人应当及时依法履行信息披露义务，披露的信息应当真实、准确、完整，简明清晰、通俗易懂，不得有虚假记载、误导性陈述或者重大遗漏。

第四条　上市公司的董事、监事、高级管理人员应当忠实、勤勉地履行职责，保证披露信息的真实、准确、完整，信息披露及时、公平。

第五条　除依法需要披露的信息之外，信息披露义务人可以自愿披露与投资者作出价值判断和投资决策有关的信息，但不得与依法披露的信息相冲突，不得误导投资者。

信息披露义务人自愿披露的信息应当真实、准确、完整。自愿性信息披露应当遵守公平原则，保持信息披露的持续性和一致性，不得进行选择性披露。

信息披露义务人不得利用自愿披露的信息不当影响公司证券及其衍生品种交易价格，不得利用自愿性信息披露从事市场操纵等违法违规行为。

第十二条　上市公司应当披露的定期报告包括年度报告、中期报告。凡是对投资者作出价值判断和投资决策有重大影响的信息，均应当披露。

年度报告中的财务会计报告应当经符合《证券法》规定的会计师事务所审计。

第二十三条　上市公司变更公司名称、股票简称、公司章程、注册资本、注册地址、主要办公地址和联系电话等，应当立即披露。

第二十七条　涉及上市公司的收购、合并、分立、发行股份、回购股份等行为导致上市公司股本总额、股东、实际控制人等发生重大变化的，信息披露义务人应当依法履行报告、公告义务，披露权益变动情况。

第三十九条　上市公司的股东、实际控制人发生以下事件时，应当主动告知上市公司董事会，并配合上市公司履行信息披露义务：

（一）持有公司百分之五以上股份的股东或者实际控制人持有股份或者控制公司的情况发生较大变化，公司的实际控制人及其控制的其他企业从事与公司相同或者相似业务的情况发生较大变化；

（二）法院裁决禁止控股股东转让其所持股份，任一股东所持公司百分之五以上股份被质押、冻结、司法拍卖、托管、设定信托或者被依法限制表决权等，或者出现被强制过户风险；

（三）拟对上市公司进行重大资产或者业务重组；

（四）中国证监会规定的其他情形。

应当披露的信息依法披露前，相关信息已在媒体上传播或者公司证券及其衍生品种出现交易异常情况的，股东或者实际控制人应当及时、准确地向上市公司作出书面报告，并配合上市公司及时、准确地公告。

上市公司的股东、实际控制人不得滥用其股东权利、支配地位，不得要求上市公司向其提供内幕信息。

附录三 企业上市相关证券交易部门规章、司法解释

企业上市相关证券交易部门规章、司法解释如附表 2 所示。

附表 2 企业上市相关证券交易部门规章、司法解释

序号	部门规章、司法解释名称	制定部门	生效时间	分类
1	《关于促进债券市场信用评级行业健康发展的通知》	中国人民银行、国家发展和改革委员会、财政部、中国银行保险监督管理委员会、中国证监会	2022 年 8 月 6 日	部门规章
2	《证券基金经营机构董事、监事、高级管理人员及从业人员监督管理办法》	中国证监会	2022 年 4 月 1 日	部门规章
3	《监管规则适用指引——法律类第 2 号：律师事务所从事首次公开发行股票并上市法律业务执业细则》	中国证监会、司法部，中华全国律师协会	2022 年 2 月 27 日	部门规章
4	《境内外证券交易所互联互通存托凭证业务监管规定》	中国证监会	2022 年 2 月 11 日	部门规章
5	《企业环境信息依法披露管理办法》	生态环境部	2022 年 2 月 8 日	部门规章
6	《关于注册制下提高招股说明书信息披露质量的指导意见》	中国证监会	2022 年 1 月 28 日	部门规章
7	《上市公司监管指引第 8 号——上市公司资金往来、对外担保的监管要求》	中国证监会、公安部、国务院国有资产监督管理委员会、中国银行保险监督管理委员会	2022 年 1 月 28 日	部门规章
8	《中国证监会关于北京证券交易所上市公司转板的指导意见》	中国证监会	2022 年 1 月 7 日	部门规章

续表

序号	部门规章、司法解释名称	制定部门	生效时间	分类
9	《公开发行证券的公司信息披露内容与格式准则第26号——上市公司重大资产重组》（2022年修订）	中国证监会	2022年1月5日	部门规章
10	《上市公司股东大会规则》（2022年修订）	中国证监会	2022年1月5日	部门规章
11	《上市公司监管指引第3号——上市公司现金分红》（2022年修订）	中国证监会	2022年1月5日	部门规章
12	《上市公司独立董事规则》	中国证监会	2022年1月5日	部门规章
13	《上市公司股份回购规则》	中国证监会	2022年1月5日	部门规章
14	《上市公司监管指引第2号——上市公司募集资金管理和使用的监管要求》（2022年修订）	中国证监会	2022年1月5日	部门规章
15	《上市公司监管指引第6号——上市公司董事长谈话制度实施办法》	中国证监会	2022年1月5日	部门规章
16	《上市公司分拆规则（试行）》	中国证监会	2022年1月5日	部门规章
17	《上市公司监管指引第7号——上市公司重大资产重组相关股票异常交易监管》	中国证监会	2022年1月5日	部门规章
18	《上市公司股票停复牌规则》	中国证监会	2022年1月5日	部门规章
19	《〈上市公司重大资产重组管理办法〉第十四条、第四十四条的适用意见——证券期货法律适用意见第12号》（2022年修订）	中国证监会	2022年1月5日	部门规章

序号	部门规章、司法解释名称	制定部门	生效时间	分类
20	《〈上市公司收购管理办法〉第六十二条有关上市公司严重财务困难的适用意见——证券期货法律适用意见第7号》（2022年修订）	中国证监会	2022年1月5日	部门规章
21	《上市公司现场检查规则》	中国证监会	2022年1月5日	部门规章
22	《上市公司董事、监事和高级管理人员所持本公司股份及其变动管理规则》（2022年修订）	中国证监会	2022年1月5日	部门规章
23	《上市公司监管指引第4号——上市公司及其相关方承诺》	中国证监会	2022年1月5日	部门规章
24	《〈上市公司重大资产重组管理办法〉第三条有关标的资产存在资金占用问题的适用意见——证券期货法律适用意见第10号》	中国证监会	2022年1月5日	部门规章
25	《上市公司监管指引第5号——上市公司内幕信息知情人登记管理制度》	中国证监会	2022年1月5日	部门规章
26	《上市公司章程指引》（2022年修订）	中国证监会	2022年1月5日	部门规章
27	《国家药监局关于发布〈已上市中药说明书安全信息项内容修订技术指导原则（试行）〉的通告》	国家药品监督管理局	2022年1月4日	部门规章
28	《公开征集上市公司股东权利管理暂行规定》	中国证监会	2021年12月3日	部门规章
29	《北京证券交易所上市公司和非上市公众公司相关行政许可事项有关事宜公告》	中国证监会	2021年11月15日	部门规章

续表

序号	部门规章、司法解释名称	制定部门	生效时间	分类
30	《非上市公众公司信息披露内容与格式准则第 19 号——定向发行可转换公司债券发行申请文件》	中国证监会	2021 年 11 月 15 日	部门规章
31	《非上市公众公司信息披露内容与格式准则第 18 号——定向发行可转换公司债券说明书和发行情况报告书》	中国证监会	2021 年 11 月 15 日	部门规章
32	《公开发行证券的公司信息披露内容与格式准则第 56 号——北京证券交易所上市公司重大资产重组》	中国证监会	2021 年 11 月 15 日	部门规章
33	《公开发行证券的公司信息披露内容与格式准则第 55 号——北京证券交易所上市公司权益变动报告书、上市公司收购报告书、要约收购报告书、被收购公司董事会报告书》	中国证监会	2021 年 11 月 15 日	部门规章
34	《证券交易所管理办法》	中国证监会	2021 年 10 月 30 日	部门规章
35	《会计师事务所从事证券服务业务备案指南》（2021年修订）	中国证监会	2021 年 10 月 22 日	部门规章
36	《关于依法开展证券期货行业仲裁试点的意见》	中国证监会、司法部	2021 年 10 月 15 日	部门规章
37	《首次公开发行股票并上市辅导监管规定》	中国证监会	2021 年 9 月 30 日	部门规章
38	《关于修改〈创业板首次公开发行证券发行与承销特别规定〉的决定》	中国证监会	2021 年 9 月 18 日	部门规章
39	《上市公司信息披露管理办法》	中国证监会	2021 年 5 月 1 日	部门规章

续表

序号	部门规章、司法解释名称	制定部门	生效时间	分类
40	《上市公司治理准则》	中国证监会	2018 年 9 月 30 日	部门规章
41	《最高人民法院关于审理证券市场虚假陈述侵权民事赔偿案件的若干规定》	最高人民法院	2022 年 1 月 22 日	司法解释
42	《最高人民法院办公厅 中国证监会办公厅关于建立"总对总"证券期货纠纷在线诉调对接机制的通知》	最高人民法院、中国证监会	2021 年 8 月 20 日	司法解释
43	《关于进一步规范人民法院冻结上市公司质押股票工作的意见》	最高人民法院、最高人民检察院、公安部、中国证监会	2021 年 7 月 1 日	司法解释
44	《最高人民法院关于对与证券交易所监管职能相关的诉讼案件管辖与受理问题的规定》（2020 年修正）	最高人民法院	2021 年 1 月 1 日	司法解释
45	《最高人民法院关于证券纠纷代表人诉讼若干问题的规定》	最高人民法院	2020 年 7 月 31 日	司法解释
46	《最高人民法院、最高人民检察院关于办理操纵证券、期货市场刑事案件适用法律若干问题的解释》	最高人民法院、最高人民检察院	2019 年 7 月 1 日	司法解释
47	《最高人民法院、中国证监会印发〈关于全面推进证券期货纠纷多元化解机制建设的意见〉的通知》	最高人民法院、中国证监会	2018 年 11 月 13 日	司法解释
48	《最高人民法院、中国证监会关于在全国部分地区开展证券期货纠纷多元化解机制试点工作的通知》	最高人民法院、中国证监会	2016 年 5 月 25 日	司法解释

续表

序号	部门规章、司法解释名称	制定部门	生效时间	分类
49	《最高人民法院、中国证监会关于加强信用信息共享及司法协助机制建设的通知》	最高人民法院、中国证监会	2014 年 12 月 9 日	司法解释
50	《最高人民法院印发〈关于审理上市公司破产重整案件工作座谈会纪要〉的通知》	最高人民法院	2012 年 10 月 29 日	司法解释
51	《最高人民法院 最高人民检察院关于贯彻执行〈关于办理证券期货违法犯罪案件工作若干问题的意见〉有关问题的通知》	最高人民法院、最高人民检察院	2012 年 3 月 14 日	司法解释
52	《最高人民法院、最高人民检察院、公安部、中国证监会关于印发〈最高人民法院最高人民检察院公安部中国证监会关于办理证券期货违法犯罪案件工作若干问题的意见〉的通知》	最高人民法院、最高人民检察院、公安部、中国证监会	2011 年 4 月 27 日	司法解释
53	《最高人民法院执行局关于法院能否以公司证券登记结算地为财产所在地获得管辖权问题的复函》	最高人民法院	2010 年 7 月 15 日	司法解释
54	《最高人民法院关于部分人民法院冻结、扣划被风险处置证券公司客户证券交易结算资金有关问题的通知》	最高人民法院	2010 年 6 月 22 日	司法解释
55	《最高人民法院关于依法审理和执行被风险处置证券公司相关案件的通知》	最高人民法院	2009 年 5 月 26 日	司法解释

序号	部门规章、司法解释名称	制定部门	生效时间	分类
56	《最高人民法院、最高人民检察院、公安部、中国证监会关于查询、冻结、扣划证券和证券交易结算资金有关问题的通知》	最高人民法院、最高人民检察院、公安部、中国证监会	2008 年 3 月 1 日	司法解释
57	《最高人民法院、最高人民检察院、公安部、中国证监会关于整治非法证券活动有关问题的通知》	最高人民法院、最高人民检察院、公安部、中国证监会	2008 年 1 月 2 日	司法解释
58	《最高人民法院关于中国证券登记结算有限责任公司履行职能相关的诉讼案件指定管辖问题的通知》	最高人民法院	2007 年 6 月 20 日	司法解释
59	《最高人民法院执行工作办公室关于执行案件中如何适用最高人民法院〈关于冻结、拍卖上市公司国有股和社会法人股若干问题的规定〉第八条第三款的请示的答复》	最高人民法院	2005 年 8 月 23 日	司法解释
60	《最高人民法院关于请求协调解决上市国有法人股股票变更问题的请示的答复函》	最高人民法院	2005 年 6 月 25 日	司法解释
61	《最高人民法院关于冻结、扣划证券交易结算资金有关问题的通知》	最高人民法院	2004 年 11 月 9 日	司法解释
62	《最高人民法院执行工作办公室关于上市公司发起人股份质押合同及红利抵债协议效力问题请示案的复函》	最高人民法院	2004 年 4 月 15 日	司法解释

序号	部门规章、司法解释名称	制定部门	生效时间	分类
63	《最高人民法院关于冻结、拍卖上市公司国有股和社会法人股若干问题的规定》	最高人民法院	2001 年 9 月 30 日	司法解释
64	《最高人民法院关于严格执行对证券或者期货交易机构的账号资金采取诉讼保全或者执行措施规定的通知》	最高人民法院	2001 年 7 月 17 日	司法解释
65	《最高人民法院关于恢复受理、审理和执行已经编入全国证券回购机构间债务清欠链条的证券回购经济纠纷案件的通知》	最高人民法院	2000 年 7 月 26 日	司法解释